D1860761

पुरवाइयाँ

1990-2025 (साढ़े तीन दशक...)

पद्‌मेश गुप्त की वैश्विक लेखन यात्रा के चयनित
आलेख और वक्तव्य

पद्‌मेश गुप्त

वाणी
प्रकाशन

प्रकाशन के उत्कृष्टतम 62 वर्ष

vaniprakashan.com

सजिल्द पहला संस्करण : 2025

वाणी प्रकाशन

4695, 21-ए, दरियागंज, नयी दिल्ली-110 002

फ़ोन : + 91 11 23273167, 23275710

शाखाएँ

अशोक राजपथ, पटना-800 004, बिहार

कॉफ़ी हाउस कैम्पस, महात्मा गांधी मार्ग, प्रयागराज-211 001, उत्तर प्रदेश

महात्मा गांधी अन्तरराष्ट्रीय हिन्दी विश्वविद्यालय, वर्धा-442 001, महाराष्ट्र

sales@vaniprakashan.in

vaniprakashan@gmail.com

PURVAIYAN
by Padmesh Gupt

ISBN : 978-93-7112-053-1
Journalism/Article/Speech

© पद्मेश गुप्त

मूल्य : ₹ 695

आभार : **पीयूष द्विवेदी**

इस पुस्तक के किसी भी अंश का किसी भी माध्यम में उपयोग करने के लिए प्रकाशक से लिखित अनुमति लेना अनिवार्य है।

जी.एस. ऑफ़सेट, दिल्ली-110 095 में मुद्रित

वाणी प्रकाशन का लोगो मक़बूल फ़िदा हुसैन की कूची से

हिन्दी के तीन श्रेष्ठ सम्पादक-
स्वर्गीय वेद प्रताप वैदिक, कन्हैया लाल नन्दन
एवं राजेन्द्र अवस्थी
को समर्पित
जिनके साहित्यिक और आत्मीय मार्गदर्शन में
आरम्भ हुई पुरवाई!

हिन्दी की विश्व यात्रा : पुरवाइयाँ

ब्रिटेन में 'पुरवाई' का जन्म और यात्रा विश्व में हिन्दी की यात्रा का एक महत्त्वपूर्ण अंग है। प्रवासी साहित्य ने एक विषय के रूप में विकसित होकर विश्व में विशेषकर भारत के अकादमिक जगत में अपना स्थान बनाया। 'पुरवाई' उसका प्रस्थान बिन्दु भी है।

ब्रिटेन के उच्चायुक्त रहते हुए डॉ. लक्ष्मीमल्ल सिंघवी के कार्यकाल में ही ब्रिटेन में अन्तरराष्ट्रीय कवि सम्मेलनों और हिन्दी सम्मेलनों की परम्परा प्रारम्भ हुई। इन कार्यक्रमों की परिणिति वर्ष 1999 में विश्व हिन्दी सम्मेलन के आयोजन में हुई। हिन्दी के इस अन्तरराष्ट्रीय विस्फोट में डॉ. सिंघवी के सेनानी ब्रिटेन में तत्कालीन हिन्दी और संस्कृति अधिकारी डॉ. सुरेन्द्र अरोड़ा और यू.के. हिन्दी समिति के अध्यक्ष श्री पद्मेश गुप्त थे। कार्यक्रम, कवि सम्मेलन और हिन्दी सम्मेलन एक प्रभाव तो सृजित करते हैं परन्तु स्थायी रूप से हिन्दी की जड़ें ब्रिटेन में स्थापित करने और साहित्यकारों की रचनाशीलता को उत्प्रेरित करने के लिए यह आवश्यक था कि ब्रिटेन से किसी साहित्यिक पत्रिका की शुरुआत हो। डॉ. पद्मेश गुप्त कठिन-से-कठिन काम हँसते-हँसते करने की कला में दक्ष हैं। यह गुरुतर भार उन्होंने उठाया और एक लघु पत्रिका के रूप में 'पुरवाई' प्रारम्भ हो गयी जो आगे चलकर प्रवासी साहित्य का बरगद बनी। पुरवाई की प्रसव वेदना की यह कहानी इस पुस्तक में दर्ज है। डॉ. पद्मेश लिखते हैं–" 'पुरवाई' का प्रथम अंक हमारे घर पर ही प्रकाशित हुआ। एक समय था जब श्री नरेश भारतीय जी ने लन्दन में हाथ से लिखकर पत्रिका (चेतक) का प्रकाशन आरम्भ किया था। हमने पुरवाई की पहली प्रति की टाइपिंग घर पर ही की और घर के ही प्रिंटर पर उसे छापा। क़रीब दो रातों तक प्रिंटर घर पर चलता रहा और पुरवाई के पन्ने छपते रहे। उस समय हिन्दी के इतने फॉन्ट और सॉफ्टवेयर उपलब्ध नहीं थे, फिर भी मैंने और उषा राजे जी ने हिम्मत की और

प्रकाशित की 'पुरवाई'। डॉ. लक्ष्मीमल्ल सिंघवी जी ने और कमला जी ने हमारे इस स्वपन को अपनी पलकों पर रखा और पुरवाई को स्वीकारते हुए हमें अपना संरक्षण प्रदान किया जिसमें हमें बहुत बल मिला। 11 सितम्बर को नेहरू केन्द्र में डॉ. सिंघवी जी के करकमलों द्वारा 'पुरवाई' का लोकार्पण हुआ। सिंघवी जी ने उस अवसर पर मुझसे कहा कि "मेरा नाम पुरवाई से जोड़ रहे हो, अब यह तुम्हारी ज़िम्मेदारी है कि यह पत्रिका लम्बे समय तक चलती रहे। "पुरवाई ने घुटनों के बल चलना आरम्भ किया। सबसे पहले अँगुलियाँ दी भारत के श्री कमल किशोर गोयनका जी और सोहन राही जी ने जिनकी मदद से पुरवाई का दूसरा और तीसरा अंक प्रकाशित हो सका। मेरा और उषा जी का हिन्दी टाइपिंग का अभ्यास बढ़ने लगा। हम पूरी ही पत्रिका अपने ही कंप्यूटर पर छापते और फिर प्रिंटिंग और बाइंडिंग के लिए कोई सहायक ढूँढ़ते। हमारी पुरवाई की तीसरी प्रति सोहन राही जी की दुकान पर फ़ोटोकॉपी मशीन पर छपी। उसके बाद पुरवाई ने मुड़कर नहीं देखा और ब्रिटेन के इतिहास में साहित्यिक यात्रा प्रारम्भ हो गयी। "ये हैं पुरवाई की रोचक और चुनौतीपुर्ण प्रारम्भिक यात्रा के कुछ पन्ने। हिन्दी की पत्रिकाओं को हाथ से लिखने की परम्परा केवल मॉरिशस में ही नहीं बल्कि ब्रिटेन में भी रही और पुरवाई का प्रारम्भ भी कुछ ऐसा ही था। हाँ, पेन की जगह कंप्यूटर द्वारा लेखन ने ले ली थी।

पुरवाई हिन्दी का एक विशिष्ट अभियान थी। साथ ही 'दूर बाग़ में सोंधी मिट्टी' एक संकलन था जिसकी महक से विश्व को सुगन्धित होना था। यह एक व्यक्ति का रचनाकर्म नहीं था। उच्च रचनात्मक प्रतिभाओं का सामूहिक यज्ञ था जिसके पुरुषार्थ से प्रभावी और ओजस्वी वातावरण का निर्माण होना था। ब्रिटेन से डॉ. उषा राजे सक्सेना, दिव्या माथुर, तेजेन्द्र शर्मा, प्राण शर्मा, डॉ. सत्येन्द्र श्रीवास्तव, डॉ. गौतम सचदेव, डॉ. के.के. श्रीवास्तव, भारत से कमलेश्वर, डॉ. कन्हैयालाल नन्दन, डॉ. कमल किशोर गोयनका, डॉ. अशोक चक्रधर जैसे लोगों के योगदान के कारण पुरवाई का यश दुनिया में फैलता गया और वह प्रवासी दुनिया की प्रमुख पत्रिका के रूप में उभरी। पुरवाई एक दीर्घकालिक यज्ञ था। लेखन एक प्रकार का दस्तावेज़ीकरण होता है और अपने समय और परिस्थिति को मापने का पैमाना होता है। हमें उससे 90 के दशक के उत्साह, ऊर्जा और पहल की जानकारी मिलती है। परन्तु डॉ. सिंघवी के समय ब्रिटेन में हिन्दी जागरण का कार्य हुआ और ब्रिटेन में हिन्दी की लहर चल पढ़ी। उस हिन्दी जागरण का माध्यम कवि सम्मेलन बने थे। डॉ. सिंघवी के उच्चायुक्त होने के कारण उन सम्मेलनों में अमिताभ बच्चन और

दिलीप कुमार जैसे प्रख्यात व्यक्तित्वों ने भाग लिया। फिर तो धूम मच गयी। उस समय का हिन्दी का कौन-सा प्रमुख कवि नहीं था जिसकी ब्रिटेन के कवि सम्मेलनों में भागीदारी न हुई हो—नीरज, सरोज, कन्हैयालाल नन्दन, शिवमंगल सिंह 'सुमन', अशोक चक्रधर, बाल कवि बैरागी, रामदरश मिश्र जैसे प्रख्यात कवियों को सुनने के लिए लन्दन, बर्मिंघम, मानचेस्टर का भारतीय बौद्धिक समाज जैसे उमड़ आता। डॉ. पद्मेश गुप्त इस अभियान के मुख्य स्तम्भ और प्रमुख संयोजक थे। डॉ. सिंघवी इस कार्य के लिए जिस अर्जुन को ढूँढ़ रहे थे, उन्हें वह डॉ. पद्मेश गुप्त के रूप में मिला। 'पुरवाइयाँ' पुस्तक में डॉ. गुप्त ब्रिटेन में कवि सम्मेलनों के प्रारम्भ, उसके पीछे की दृष्टि, कवियों के स्तर, कवि सम्मेलन बनाम हास्य सम्मेलन, गम्भीर गीतों, कविता का प्रभाव जैसे महत्त्वपूर्ण विषयों पर लिखते हैं। ब्रिटेन में यह कवि सम्मेलनों की परम्परा जब अपने शिखर पर थी तब तक भारत में कवि सम्मेलनों की परम्परा का बंटाधार हो रहा था/हो चुका था। लगभग 15 वर्ष तक डॉ. पद्मेश गुप्त ने अपने कंधों पर हिन्दी के कवि सम्मेलनों को दिशा दी। इससे भारत के प्रमुख कवियों को ब्रिटेन के कवि सम्मेलनों में बौद्धिक रूप से सक्षम समाज तक पहुँचने और जुड़ने का मौक़ा मिला। मैंने भी वर्ष 2000 से वर्ष 2004 तक इन कवि सम्मेंलनों में भाग लिया। मैंने भी अपनी कविताओं पर सैकड़ों लोगों को मन्त्रमुग्ध और भावुक होते देखा है। भारत की इस प्रख्यात वाचिक परम्परा को विदेशी क्षितिज देने और उसके श्रेष्ठतम स्वरूप को सात समुन्दर पार पहुँचाने का दायित्व डॉ. पद्मेश गुप्त ने निभाया। इस विषय में गहरा और सार्थक विमर्श इस पुस्तक में मिलता है।

डॉ. पद्मेश गुप्त को हिन्दी की अत्यन्त महत्त्वपूर्ण सेवा करने का अवसर वर्ष 1999 में मिला जब ब्रिटेन में छठे विश्व हिन्दी सम्मेलन का आयोजन हुआ। प्रारम्भ में यह सम्मेलन तो अमेरिका में होना था। वहाँ आपसी समन्वय बना नहीं। उस समय भारत सरकार कोई महत्त्वपूर्ण देश और सक्षम और संसाधन युक्त आयोजक ढूँढ़ रही थी। ऐसे में डॉ. पद्मेश गुप्त सामने आये। ब्रिटेन में इस विचार की शुरुआत कैसे हुई! उसका उल्लेख करते हुए डॉ. पद्मेश गुप्त लिखते हैं—"जहाँ तक मुझे ध्यान है, वर्ष 1999 में सिंघवी जी ब्रिटेन आये हुए थे। लन्दन के नेहरू केन्द्र में वे बहुत आत्मीयता से बोले, "कल मैं एक कार्यक्रम में बर्मिंघम जा रहा हूँ, मेरे साथ चलो। रास्ते में हिन्दी को लेकर चर्चा करेंगे।" मैं दूसरे दिन सिंघवी के साथ चल पड़ा। मैंने उन्हें बताया कि, "अमेरिका में विश्व हिन्दी सम्मेलन नहीं हो पा रहा है, यदि आप आज्ञा दें, तो उसका आयोजन यू.के. में कर सकते हैं।" सिंघवी जी को

प्रस्ताव पसन्द आया और उन्होंने तुरन्त भारतीय उच्चायुक्त श्री ललित मान सिंह से मुझे मिलवाया और उसी समय भारत सरकार को मुझसे पत्र लिखवाया। सिंघवी जी के आशीर्वाद से अब तक का सबसे बड़ा विश्व हिन्दी सम्मेलन आयोजित हुआ जिसमें 23 देशों के क़रीब छह सौ प्रतिनिधि लन्दन आये। इतने कम समय में यह कार्यक्रम होना, एक चमत्कार था। पुस्तक के लेखों से पता चलता है कि उनका संकल्प कितना गहरा और पुष्ट था। डॉ. पद्मेश गुप्त को वरिष्ठ लोगों ने कहा, "अरे यह तो मेला होगा, यह तो केवल पर्यटन है।" परन्तु उन्होंने उस बातचीत में भी सकारात्मकता के तत्त्व ढूँढ़ लिए। यही वह सम्मेलन था, जहाँ डॉ. विद्यानिवास मिश्र, नामवर सिंह, विष्णुकान्त शास्त्री, केदारनाथ सिंह, अशोक वाजपेयी, कमलेश्वर, कन्हैयालाल नन्दन जैसे नामचीन साहित्यकार उपस्थित थे। भारत से बाहर हिन्दी का सबसे प्रभावी सम्मेलन। इस सम्मेलन से ब्रिटेन में हिन्दी के प्रति सद्भाव और लगाव रखने वाले लोग बड़ी संख्या में सामने आ सके। मैं यह बात इसलिए भी कह सकता हूँ कि सम्मेलन वर्ष 1999 में हुआ और मैं हिन्दी और संस्कृति अधिकारी बन कर वर्ष 2000 में लन्दन में गया। डॉ. सिंघवी के मार्गदर्शन में डॉ. पद्मेश गुप्त ने 'पुरवाई' के प्रकाशन, कवि सम्मेलनों द्वारा राष्ट्रीय जागरण और वर्ष 1999 में विश्व हिन्दी सम्मेलन को स्थापित कर गिरमिट देशों से इतर ब्रिटेन को दुनिया में हिन्दी के मानचित्र में शीर्षस्थ स्थान पर ला दिया। वर्ष 2000 के दशक में उनके कामों को वैश्विक विस्तार मिलने लगा। मुझे ब्रिटेन पहुँच कर लगा कि कवि सम्मेलनों की इस परम्परा को तो सशक्त, प्रभावी और व्यापक बनाने की आवश्यकता है, परन्तु साथ ही नयी पीढ़ी को हिन्दी से जोड़ने के लिए सुव्यवस्थित और सुनियोजित प्रयास की आवश्यकता है। ब्रिटेन में हिन्दी परामर्श मण्डल का गठन हुआ जिसमें सभी प्रमुख विद्वानों को शामिल किया। इस प्रतियोगिता को प्रारम्भ में ब्रिटेन और बाद में यूरोप में हिन्दी की युवा पीढ़ी तक पहुँचने का काम डॉ. पद्मेश गुप्त ने किया। ब्रिटेन के हिन्दी अध्यापक एक मंच पर आ गये। ब्रिटेन के हिन्दी विद्यार्थियों की भारत यात्राओं का क्रम चल निकला। डॉ. पद्मेश गुप्त ने भारत आने वाले प्रारम्भिक दलों का नेतृत्व किया। भारत के शीर्षस्थ राजनीतिक नेतृत्व को इस अभियान की जानकारी मिली। इन विद्यार्थियों की भेंट तत्कालीन प्रधानमन्त्री जी से भी हुई। भारत से बाहर हिन्दी शिक्षण के लिए किया गया यह सबसे सशक्त प्रयास था। इस यात्रा के विचार बिन्दु, उपलब्धियाँ, महत्त्वपूर्ण भावनात्मक बिन्दु, यूरोप के विद्यार्थियों के रोचक उद्गार इस पुस्तक में मिलते हैं। इस नाते यह पुस्तक एक व्यक्ति की नहीं, एक अभियान की

रोचक कथा प्रस्तुत करती है। वर्ष 2005 में डॉ. पद्मेश गुप्त के लेखन का दायरा बढ़ने लगा। उन्होंने 'प्रवासी टुडे' का सम्पादन सँभाला। इधर नरेश शाण्डिल्य ने अक्षरम संगोष्ठी में स्तरीय रचनाओं का प्रकाशन कर डॉ. पद्मेश गुप्त के अभियान को सघन कर दिया। 'पुरवाई', 'प्रवासी टुडे' का सम्पादन और अक्षरम संगोष्ठी में स्तम्भ लेखन कर डॉ. पद्मेश ने भाषा और प्रवासी समाज के विभिन्न आयामों को छुआ। उन लेखों में प्रवासी दिवस के मूल मन्तव्य की बात थी। वर्ष 2007 में अमेरिका में विश्व हिन्दी सम्मेलन होने वाला था। डॉ. गुप्त ने उसका सन्दर्भ ले इन पत्रिकाओं में हिन्दी की वैश्विकता के विभिन्न आयामों पर क़लम चलायी।

इस पुस्तक लेखन में महत्त्वपूर्ण बात घटनाओं का वर्णन नहीं, बल्कि वह दृष्टि है जो अपने विवेकपूर्ण सोच से पाठकों को वैकल्पिक परिदृश्य और सोचने की दिशा देती है। कान्धार विमान अपहरण काण्ड पर वे लिखते हैं–"आतंकवाद की कालिमा में डूबी उस सदी की अन्तिम रात को ढकती हुई इस सदी की खिसियाती हुई पहली सुबह लिए कलंकित प्रकाश। यदि यात्रियों का एक भी सम्बन्धी शहीद भगत सिंह की माँ के शब्द दोहरा देता कि देश पर मर मिटने के लिए भगवान ने मुझे और बेटे क्यों नहीं दिये और अन्याय तथा असत्य के विरुद्ध देश के ऐसे हज़ारों वासी बलिदान के लिए उपलब्ध हैं तो कहाँ के रह जाते वे अपहरणकर्ता।" ('पुरवाई', जनवरी, 2000)

नये-पुराने के बीच के अन्तर्द्वन्द्व पर वे लिखते हैं–"नये वर्ष, नये स्वपन, नयी आशाएँ, नये संकल्प। कुछ नया कर देने की ख़्वाहिश, कुछ नया पा लेने की चाह स्वाभाविक है, परन्तु कितना नया और किस क़ीमत पर! पुराने संस्कार, पुरानी संस्कृति, पुरानी परम्परा जो हमारे समाज की नींव है, उसके शव पर किसी दूसरी सभ्यता और संस्कृति को खड़ा कर देने से या आज के परिवेश में अपने पूर्वजों के संस्कार में अपनी सुविधा के अनुसार परिवर्तन कर देने से?" (जनवरी, 2001)

वर्ल्ड ट्रेड सेंटर पर हुए हमले का सन्दर्भ और उसके बाद विश्व व्यापी उथल-पुथल पर वे लिखते हैं–"यदि सभी सही हैं तो ग़लत कौन है? यदि सभी ग़लत हैं तो सही कौन है? मैं समझता हूँ कि खोट सोच में नहीं क़दम में है। आग से आग बुझाने के क़दम में, सैलाब-से-सैलाब को रोकने के क़दम में, ज़हर को ज़हर से रोकने के क़दम में।" (आतंकवाद–अक्तूबर, 2001) डॉ. पद्मेश गुप्त स्वयं एक अच्छे कवि और कहानीकार हैं। वे कहानी की काव्यात्मक परिभाषा देते हैं–हमारे आसपास घटने वाली घटनाओं, जीवन के खट्टे-मीठे अनुभवों एवं

मर्मस्पर्शी अनुभूतियों को जब हम शब्दों में पिरोकर कहानी का रूप देते हैं तो समाज का अक्स साफ़ नज़र आने लगता है और काग़ज़ के पन्ने आईना हो जाते हैं।" वे भारत से जुड़ाव में भाषा के महत्त्व को रेखांकित करते हैं–"अपनी भाषा जानने वाला प्रवासी भारतीय जब भारत जाता है तब उसे भारत अपने घर जैसा लगता है। अंग्रेजी में वह भारत को देख तो सकता है, परन्तु महसूस नहीं कर सकता। हमें ऐसा क़दम उठाने की आवश्यकता है कि भारत का हर बेटा भारत को, भारतीयता को महसूस कर सके।" (जनवरी, 2004) प्रवासी लेखन का प्रस्थान बिन्दु तो उनकी पत्रिका 'पुरवाई' है। इतने पैमाने पर रचनात्मक प्रतिभाओं को एक साथ नियमित रूप से लाना, उनके वैचारिक पुरुषार्थ को दर्शाता है। 'पुरवाई', 'प्रवासी टुडे', 'अक्षरम संगोष्ठी' पत्रिकाएँ प्रवासी लेखन का सबसे बड़ी मंच बनीं। हिन्दी साहित्य को वैश्विकता प्रदान करने में जिन लोगों का सबसे बड़ा योगदान रहा है, उनमें डॉ. पद्मेश गुप्त प्रमुख हैं। वे लिखते हैं–"यदि प्रवासी हिन्दी क़लम न उठती तो हिन्दी साहित्य सिर्फ़ भारत का ही बनकर रह जाता और सही मायने में वैश्विक नहीं हो पाता। साहित्य समाज का दर्पण होता है, आज प्रवासी भारतीय पूरे विश्व के समाज के दर्पण को हिन्दी के माध्यम से प्रस्तुत कर रहे हैं।" (अप्रैल, 2008) इस दृष्टि से वे प्रवासी साहित्य के मुख्य प्रवर्तक हैं। हम लोगों द्वारा प्रारम्भ और संचालित की गयी हिन्दी ज्ञान प्रतियोगिता और विद्यार्थियों के भारत भ्रमण का ब्रिटेन और यूरोप में कैसा आकर्षण रहा होगा। इसका अन्दाज़ा आप उनके द्वारा वर्णित इस घटना से लगा सकते हैं। जब 2010 में यूरोप के विद्यार्थी आते थे। 2010 और 2012 में जब मुझे रूस जाने का अवसर मिला...वहाँ मैंने देखा 150 विद्यार्थी मेरा इन्तज़ार कर रहे थे...ऐसा लगा जैसे वे देख रहे हों कि इन्द्र दरबार से कोई दूत आया हो जो हमें भारत के दर्शन करायेगा। जब सब लोग मेरा चित्र खींच रहे थे तो एक बालिका जो सेंट पीट्सबर्ग से आयी थी और मेरा चित्र खींच रही थी, उससे मैंने मज़ाक़ में पूछा कि "आप जो मेरा चित्र खींच रही हैं, उसका क्या करेंगी। तो वह मुझसे बोली कि चित्र तो अपने कमरे में लगाऊँगी और रोज़ आपको याद दिलाऊँगी की मुझे भारत जाना है।" ऐसे ही एक बेहद दिलचस्प और ब्रिटेन में हिन्दी के शानदार शख़्स डॉ. के.के. श्रीवास्तव के बारे में लिखते हैं, "सच पूछिए तो यह शख़्स हिन्दी, उर्दू, अंग्रेज़ी और साहित्य का चलता-फिरता एनसाइक्लोपीडिया है। हिन्दी के मुहावरे हों या चुटकुले हों या फिर अंग्रेज़ी की सूक्तियाँ। के.के. जी को एक शब्द दे दीजिए और कोई रोचक बात सुन लीजिए।"

ऐसे ही विचार, सूत्र और दृष्टि हमें उस समय के सम्पादकियों और स्तम्भ लेखन में दृष्टिगोचर होती है। उनकी सूझबूझ, अनुभव, व्यापक फलक उनके लेखन में दिखाई देता है।

A man is known by the company he keeps. यानी एक व्यक्ति को उसके मित्रों के आधार पर जाना जा सकता है। ऐसे में उनकी पुस्तक में उल्लिखित डॉ. सत्येन्द्र श्रीवास्तव, डॉ. गौतम सचदेव, डॉ. लक्ष्मीमल सिंघवी, डॉ. दाऊजी गुप्त, कमलेश्वर, डॉ. कन्हैयालाल नन्दन, डॉ. सुरेन्द्र अरोड़ा, डॉ. के.के. श्रीवास्तव, जय वर्मा के लेख इस बात के साक्षी हैं कि पद्मेश जी अपने समय में ब्रिटेन और भारत की श्रेष्ठतम प्रतिभाओं के साथी, सहभागी रहे हैं। डॉ. पद्मेश गुप्त के जीवन और कार्यों में में इन लोगों का सक्रिय योगदान रहा। डॉ. लक्ष्मीमल्ल सिंघवी और डॉ. सुरेन्द्र अरोड़ा के मार्गदर्शन और सहयोग से पुरवाइओं की सुगन्ध ब्रिटेन में आ जाती है। कवि सम्मेलनों की कोकिला गूँजने लग जाती है और अतत: सिंघवी जी के सहयोग से ब्रिटेन में विश्व हिन्दी सम्मेलन जैसे हिन्दी के शिखर को छुआ जाता है। कमलेश्वर, डॉ. कन्हैयालाल नन्दन, डॉ. सत्येन्द्र श्रीवास्तव, डॉ. गौतम सचदेव, डॉ. नरेन्द्र कोहली जैसे लोग अपने समय की प्रख्यात रचनात्मक प्रतिभाएँ थीं। हिन्दी के रचनात्मक क्षितिज को छुआ जाना इनके वैचारिक अवदान के बिना सम्भव नहीं था।

हिन्दी की वैश्विकता के प्रमुख व्यक्तित्व होने के चलते इस पुस्तक का महत्त्व इसलिए भी है कि इसमें हिन्दी की विश्व यात्रा का, विश्व हिन्दी सम्मेलनों का उल्लेख और आकलन है। एक तरह से यह उचित ही है क्योंकि डॉ. दाऊजी गुप्त जब तक जीवित रहे, विभिन्न विश्व हिन्दी सम्मेलनों में भागीदारी करते रहे। पहले विश्व हिन्दी सम्मेलन वर्ष 1975 से लेकर मॉरिशस में हुए विश्व हिन्दी सम्मेलन तक आदरणीय दाऊजी सदा उपस्थित रहे। डॉ. पद्मेश गुप्त विश्व हिन्दी सम्मेलनों के परिदृश्य से वर्ष 1999 में जुड़े। वहाँ केन्द्रीय भूमिका में रहे। वर्ष 2002 में सूरीनाम में हुए विश्व हिन्दी सम्मेलन में भी वे अत्यन्त सक्रिय रहे, सम्मेलन समाचार में तो अशोक चक्रधर की टीम में जुटे थे। उनकी कविता ख़ूब पसन्द की गयी। वर्ष 2007 में उन्हें भारत सरकार द्वारा विश्व हिन्दी सम्मान से सम्मानित किया गया, तथा विभिन्न सत्रों में भी उनकी भूमिका थी। वर्ष 2012 में जोहेनसबर्ग के सम्मेलन में उनकी प्रमुख रूप से भागीदारी हुई। वर्ष 2018 में मॉरिशस में आयोजित विश्व हिन्दी सम्मेलन भी उनकी महत्त्वपूर्ण भागीदारी रही। कभी-कभी तो लगता है कि

विशिष्टता के बावजूद वे डॉ. दाऊजी गुप्त 2.0 हैं। यह हिन्दी की वैश्विकता के प्रति इस परिवार की विरासत और योगदान का भी संकेत है। परन्तु यह लेख केवल विवरण मात्र नहीं है। वे सम्मेलन में पारित प्रस्तावों के आधे-अधूरे कार्यान्वयन के सवाल को उठाते हैं। वे पूछते हैं कि यदि वर्ष 1999 के विश्व हिन्दी सम्मेलन तक आयोजन ग़ैर-सरकारी संस्थाओं के हाथ तो यह स्थिति क्यों बदली? ऐसे ही दर्जनों प्रासांगिक प्रश्न इन लेखों में मिलेंगे। वे इन सम्मेलनों के सच्चे और सार्थक प्रतिभागी और विश्लेषक रहे हैं।

यह पुस्तक इसलिए भी महत्त्वपूर्ण हैं क्योंकि इसमें डॉ. लक्ष्मीमल्ल सिंघवी, कमलेश्वर, कन्हैयालाल नन्दन, डॉ. दाऊजी गुप्त, डॉ. गौतम सचदेव, सोहन राही, डॉ. सुरेन्द्र अरोड़ा जैसे व्यक्तित्वों के संस्मरण हैं। इन लेखों से उन नामचीन व्यक्तित्वों के बारे में जानकारी प्राप्त होती ही है, उनके व्यक्तित्व की परतें खुलती हैं, उस समय और परिस्थितियों में उनके हस्तक्षेप और दृष्टि का पता चलता है। उन्हें जानना हिन्दी के वैश्विक रंग को जानना है, वैश्विक हिन्दी साहित्य में उनके अवदान को समझना है। उनसे पद्मेश जी के सम्बन्धों को समझना डॉ. पद्मेश गुप्त के चरित्र और सोच की बुनावट के बारे में भी बताता है। साथ ही इन व्यक्तित्वों को जानना-समझना उस युग को समझना है।

पुस्तक में एक रोचक और प्रेरणादायक लेख उनके सुपर हीरो–डॉ. दाऊजी गुप्त के बारे में है। दाऊजी नगर पिता कहलाते थे, पर वही नगर पिता आपातकाल में जेल में डाल दिया जाता है। डॉ. दाऊजी गुप्त की उस समय की लिखी एक कविता उनके दिमाग़ में सदा के लिए घर गयी–ओ मेरे बच्चो पंकज, रत्तू, अनु तुम अपने पापा को बहुत शक्तिशाली समझते थे न!

यह मत समझना
मेरी ताक़त कम हो गयी है।
असली ताक़त ज़ंजीरों में नहीं
विचारों में हुआ करती है।

यह पुस्तक ब्रिटेन में हिन्दी की वर्ष 1990 से अनुक्रमणिका है जिसमें सभी महत्त्वपूर्ण परियोजनाओं, विचारों, हस्तक्षेपों, घटनाओं का विस्तृत उल्लेख है। फिर हम देखते हैं कि वे अपना दायरा बढ़ाते हैं और धीरे-धीरे हिन्दी की विश्व यात्रा में महत्त्वपूर्ण स्थान बना लेते हैं। विश्व हिन्दी सम्मेलनों में उनकी महत्त्वपूर्ण भूमिका है।

हिन्दी ज्ञान प्रतियोगिता के माध्यम से वे नयी पीढ़ी में हिन्दी की सबसे बड़ी मुहिम में प्रमुख भूमिका में आ जाते हैं। कवि के रूप में वे दिग्गज कवि हैं, लेखन और मंच के पुरोधा। एक कहानीकार के रूप में कम क़दमों में उन्होंने मीलों की दूरी तय कर ली। 'पुरवाई', 'प्रवासी टुडे', 'अक्षरम' के माध्यम से वे प्रवासी लेखन में प्रमुखता से स्थापित होते हैं। आज वैश्विक हिन्दी परिवार और वातायन के माध्यम से वैश्विक हिदी जगत में प्रमुख भूमिका का निर्वाह कर रहे हैं। पुस्तक में इस लम्बी और महत्त्वपूर्ण यात्रा की उपलब्धियाँ, चुनौतियाँ, पड़ाव, मिलने वाले विशिष्ट व्यक्तित्व, घाटियाँ, संवादी, विसंवादी स्वर एक गहन दीवानगी और दृष्टि और एक सन्तुलित और विवेकपूर्ण आवाज़ मिलेगी। मेरी शुभकामनाएँ।

–अनिल जोशी

फोन नं. 989955209

अनुक्रम

प्रवासी आउटलुक सम्पादकीय

प्रवासी टुडे सम्पादकीय

चयनित आलेख और वक्तव्य

पुरवाई

सम्पादकीय

सितम्बर, 1997 : प्रवेशांक

वर्षों से मन में इंग्लैंड में एक साहित्यिक हिन्दी पत्रिका की तलाश एवं इंग्लैंड में बसे भारतीयों के मन की व्यथा जानने की तड़प रही है मुझे। यहाँ पर लिखे जा रहे भारतीय साहित्य को लेखकों की डायरियों से बाहर लाने का स्वप्न अक्सर बेचैन करता रहा है। कुछ ही सप्ताह पूर्व मेरी किश्ती को जैसे किनारा मिल गया। मुझे पता चला कि मेरा स्वप्न डॉ. सुरेन्द्र अरोड़ा और दिव्या माथुर भी सँजोए हुए हैं, इंग्लैंड में एक साहित्यिक हिन्दी पत्रिका की तलाश उषा राजे सक्सेना तथा डॉ. कृष्ण कुमार को भी है, फिर क्या था कारवाँ बनता गया। यू.के. में भारतीय उच्चायुक्त प्रख्यात साहित्यकार डॉ. लक्ष्मीलल्ल सिंघवी एवं लब्धप्रतिष्ठित लेखिका श्रीमती कमला सिंघवी जी के आशीर्वाद एवं संरक्षण ने मंज़िल की राह दिखा दी।

कुछ वर्ष पूर्व भारत से यहाँ पधारे प्रख्यात साहित्यकार डॉ. वेद प्रताप वैदिक हिन्दी समिति की एक गोष्ठी में महात्मा गांधी एवं सुभाष चन्द्र बोस का उदाहरण देते हुए यह सन्देश देकर गये कि हम भारत से बाहर रहकर भी भारत के लिए बहुत कुछ कर सकते हैं। हिन्दी समिति के निमन्त्रण पर लन्दन आये भारत के वरिष्ठ पत्रकार एवं साहित्यकार डॉ. कन्हैया लाल नन्दन के शब्द हैं, "पद्मेश विदेशों में लिखे जा रहे हिन्दी साहित्य को संग्रहित करने की विशेष आवश्यकता है, गम्भीरता से सोचो।"

उन दिनों मैं 'हिन्दी' नामक पत्र का सम्पादन एवं प्रकाशन कर रहा था और उसकी माँग और प्रसिद्धि देख कर साहित्यिक पत्रिका के प्रकाशन का विचार अक्सर मन में दस्तक देता था। किसी अज्ञात कवि की वह पंक्तियाँ याद आती हैं, "अन्धकार है वहाँ जहाँ आदित्य नहीं है, मुर्दा है वह देश जहाँ साहित्य नहीं है।" मुझे गर्व होता है यह कहते हुए कि आज हमारे प्रवासी मित्रों एवं विदेशी हिन्दी साहित्यकारों की क़लम से प्रस्फुटित हो रहा है वह साहित्य जो हिन्दी के साहित्य को भारत की सरहदों से बाहर विश्वव्यापी बना रहा है या यूँ कहा जाये कि भारतीयता

के आदित्य को दुनिया भर में प्रकाशित कर रहा है। ये न केवल भारतीय संस्कृति को आयु दे रहा है बल्कि जैसे पूरे विश्व को भारतमय करने का प्रयास कर रहा है। आज डॉ. रूपर्ट स्नेल, डॉ. सत्येन्द्र श्रीवास्तव, डॉ. अचला शर्मा, डॉ. गौतम सचदेव, श्री भारतेन्दु विमल, डॉ. महेन्द्र वर्मा तथा डॉ. उषा वर्मा जैसे दिग्गज साहित्यकारों द्वारा जिस रफ़्तार से इंग्लैड की धरती पर हिन्दी साहित्य को गति दी जा रही है, वह दिन दूर नहीं लगता जब भारत की भूमि यहाँ लिखे जा रहे हिन्दी साहित्य को माथे पर सजायेगी।

मुझे आशा ही नहीं अपितु पूर्ण विश्वास है कि 'पुरवाई' के ज़रिये हम इंग्लैंड में एक ऐसा मंच स्थापित करने में सफल होंगे जिसके द्वारा न केवल यूरोप में भारतीय संस्कृति, साहित्य एवं भाषाओं का प्रचार तथा प्रसार होगा बल्कि भारत एवं यूके के साहित्यकार भी आपस में जुड़ सकेंगे।

सर्वविदित है कि यहाँ के हिन्दी प्रेमियों के प्रेरणास्रोत, क़दम-क़दम पर साहित्य के क्षेत्र में इंग्लैंड के भारतवंशी समाज को मार्गदर्शन तथा संरक्षण देने वाले महामहिम उच्चायुक्त डॉ. लक्ष्मीमल्ल सिंघवी एवं श्रीमती कमला जी ने इंग्लैंड में भारतीय भाषाओं एवं संस्कृति को प्रचारित करने के लिए जो कार्य किया है, हमें जो दिशा दिखाई है, उनका आलोकित किया हुआ यह सूर्य कभी न डूबने के लिए उदय हुआ है। इस महान दम्पती को ऐतिहासिक कार्य का श्रेय देने के लिए शब्दों का विशाल महासागर भी कम है।

भारत की स्वाधीनता की स्वर्ण जयन्ती के सुअवसर पर यूरोप में द्वितीय अन्तरराष्ट्रीय हिन्दी सम्मेलन में पुरवाई का जन्म हो रहा है। हमारा स्वप्न धरती पर उतर रहा है। इसकी दीर्घायु पाठकों के हाथ में है। इसे साहित्य जगत के साथ-साथ आप के मन में भी स्थान मिले, यही कामना है।

जनवरी, 1998 : सभ्यता, संस्कृति और भाषा

सभ्यता, संस्कृति और भाषा का सम्बन्ध वैसा ही है जैसा शरीर, आत्मा और जीवन का होता है। यदि सभ्यता शरीर है तो संस्कृति उसकी आत्मा तथा सभ्यता एवं संस्कृति से उत्पन्न हुई भाषा उसका जीवन है। बिना भाषा के किसी भी संस्कृति व सभ्यता के अस्तित्व का बना रहना असम्भव है। हमारी भारतीय संस्कृति भी हमारी अपनी हिन्दी भाषा पर टिकी हुई है। भाषा संस्कृति का आधार है, उसका अधिष्ठान है। अपनी संस्कृति, अपनी सभ्यता का महत्त्व, उसकी विशेषताएँ, उसके गुण-

अवगुण, हम बिना अपनी भाषा के कैसे जान पायेंगे। कैसे अनुभव कर सकेंगे वे अनुभव जो हमारे पूर्वजों ने किये थे? कैसे अनुगमन और अनुसरण कर सकेंगे हम उस मार्ग का जो उन्होंने हमें दिखाया है? हम उन मूल्यों, सिद्धान्तों और आदर्शों का सम्मान कैसे करेंगे यदि हम अपनी भाषाओं को जानेंगे नहीं? कालिदास, तुलसी, सूर, बिहारी, जायसी को हम अंग्रेज़ी या फ्रेंच में तो पढ़ नहीं सकते। हिन्दी साहित्य में सावन, मेघ, बादलों जैसे प्रकृति के वरदान का विशेष स्थान है। सावन के साथ ही निकल पड़ती है कवियों की लेखनी, प्रारम्भ होने लगती हैं मेघदूत जैसी रचनाएँ, जन्म लेने लगते हैं मेघ मल्हार, हृदय में उतरने लगते हैं मोर के नृत्य। परन्तु, यही बादल, यही वर्षा, जब यूरोप के आकाश का द्वार खटखटाती है, लोगों के चेहरे उतर जाते हैं, साहित्यकार खिड़कियों पर पर्दे डाल कर सो जाते हैं, कलाकारों, पेंटरों के ब्रश के डिब्बे बन्द हो जाते हैं अब आप ही बताइये कि बिना हिन्दी भाषा के भारतीय संस्कृति और उसके साहित्य का निर्माण कैसे हो पाता?

संस्कृति मानव की पहचान है, उसके कर्म का मापदण्ड है और उसकी आधारशिला व उसकी रूपरेखा है। भारत की अनादि सभ्यता एवं संस्कृति में हज़ारों वर्षों की वाणी, हिन्दी की आत्मा में राष्ट्रवाणी बन कर समाहित है। उसी संस्कृति की यह परम्परा रही है कि हर्षवर्धन तथा अकबर जैसे शासकों ने समय-समय पर बुद्धिजीवियों के सम्मेलनों का आयोजन कर राष्ट्रीय तथा अन्तरराष्ट्रीय स्तर पर शास्त्रार्थ और सत्संग कराये हैं। उस सहस्राब्दियों पुरानी परम्परा को आगे बढ़ाते हुए महामहिम उच्चायुक्त डॉ. लक्ष्मीमल्ल सिंघवी जी के संरक्षण में, इंग्लैंड की धरती पर पिछले सात वर्षों के दौरान उनके कार्यकाल में जितने भारत से साहित्यकार एवं बुद्धिजीवियों का आगमन हुआ है उतना सम्भवत: कभी नहीं हुआ है। मुझे याद पड़ता है, किसी के वे शब्द जो डॉ. सिंघवी के लन्दन प्रवास के दौरान रचित रचना पढ़ कर कहे गये कि जेलों में तथा संघर्ष के समय तो सभी कविताएँ करते हैं परन्तु उच्चायुक्त जैसे शीर्ष पद पर रहते हुए लन्दन जैसे नगर में कविताओं की रचना करना निश्चय ही अनोखी बात है। हाल ही में सिंघवी जी एवं श्रीमती कमला जी के मुख्य संरक्षण में यूके में हुए दूसरे अन्तरराष्ट्रीय हिन्दी सम्मेलन में मैनचेस्टर से शेक्सपियर के जन्म स्थान जाते समय डॉ. सिंघवी अपनी कार छोड़कर साहित्यकारों की वैन में बैठकर यात्रा करने लगे। संस्कृति एवं साहित्य के प्रति उनका प्रेम देखकर पूरी यात्रा के दौरान उच्चायुक्त नहीं, अपितु लक्ष्मीमल्ल सिंघवी के रूप में एक कवि के साथ यात्रा करने का आनन्द मिला। भारत लौटने पर डॉ. लक्ष्मीमल्ल सिंघवी को पद्म

भूषण से सम्मानित कर भारत सरकार ने एक प्रकार से सम्पूर्ण भारतीय संस्कृति एवं सभ्यता को सम्मानित किया है।

डॉ. लक्ष्मीमल्ल सिंघवी को हिन्दी समिति की ओर से हार्दिक बधाई। यू. के. में पधारे हुए नये भारतीय उच्चायुक्त महामहिम श्री सलमान हैदर साहब तथा श्रीमती कुसुम हैदर जी का हार्दिक अभिनन्दन तथा पाठकों को नववर्ष की बधाई।

अप्रैल, 1998 : विज्ञान के साथ मानवता

सन् 1957 में संस्कृत के अंग्रेज़ विद्वान मैक्समुलर ने महारानी विक्टोरिया को भेजे पत्र में लिखा था, "यदि मुझसे पूछा जाये कि किस देश में मानव मस्तिष्क ने अपने मुख्यतम गुणों का विकास किया, जीवन की सबसे महत्त्वपूर्ण समस्या पर सबसे अधिक गहराई के साथ सोच विचार किया और उनमें से कुछ ऐसे समाधान ढूँढ़ निकाले जिनकी ओर उन्हें भी ध्यान देना चाहिए जिन्होंने प्लेटो और कांट का अध्ययन किया है तो मैं भारतवर्ष की ओर ही संकेत करूँगा। और यदि मैं आप से पूछूँ कि किस साहित्य का आश्रय लेकर हम योरोपीय, जो कि बहुत दिन केवल यूनानियों, रोमनों और एक सेनेटिक जाति के यानी यहूदियों के विचार के साथ-साथ पले हैं, न केवल अपने इस आध्यात्मिक जीवन को अधिकाधिक विकसित, अत्यन्त व्यापक उच्चतम मानवीय बना सकेंगे जो जीवन इस लोक से ही सम्बद्ध न हो अपितु शाश्वत एवं दिव्य हो, तो मैं फिर भारतवर्ष की ही ओर संकेत करूँगा। इसी प्रकार डॉ. धीबो ने कहा था कि संसार रेखागणित के लिए भारत का ऋणी है, यूनान का नहीं और कोलबुक के अनुसार, भारत ने चीन और अरब को ज्योतिष और अंकगणित सिखाया है। मस्तिष्क का विकास हो या समस्याओं पर विचार, साहित्य हो या अध्यात्म या फिर ज्योतिष, अंकगणित या रेखागणित, भाषा ही भाव को अभिव्यक्त करने का श्रेष्ठतम माध्यम है और इतिहास साक्षी है कि भारतीय भाषाओं का कितना महत्त्वपूर्ण योगदान है संसार के निर्माण में। भारतीय भाषाएँ जहाँ एक ओर साहित्यकारों, चिन्तकों एवं विचारकों की प्रिय भाषा रही हैं, वहीं संस्कृति एवं कलाओं के क्षेत्र में भी उनका पूर्ण योगदान रहा है। भगवान कृष्ण के अधरों पर मुरली, देवी सरस्वती के हाथों में वीणा, भगवान शिव का ताण्डव नृत्य इत्यादि इस बात का प्रमाण है कि हमारे यहाँ बिना संगीत के भगवान भी पूरे नहीं माने गये हैं। भारतीय भाषाओं का उपहार सात सुरों की सरगम से ही जन्म हुआ है संगीत का। किसी भी देश की सभ्यता तथा संस्कृति बिना भाषा के जीवित नहीं रह सकती और

यदि हम अपनी भाषा को ही भूलने लगेंगे तो हमारी सभ्यता, संस्कृति का नाम लेने वाला भी कोई नहीं रहेगा। फिर भारत की राष्ट्रभाषा हिन्दी में जैसा लिखा जाता है, वैसा ही पढ़ा भी जाता है। आज जहाँ एक ओर चन्द्रमा पर पाँच सितारा होटल बनाने की होड़ लगी हुई है, वहीं दूसरी ओर पृथ्वी पर न्यूक्लियर हथियार बनाने की होड़ है। ऐसे में, आइए पहले हम भारत के महान साहित्य के द्वारा इस धरती को ही एक युद्धस्थल बनने से न बचायें बल्कि साहित्यकारों की कल्पना नगरी चन्द्रमा पर बसने वाले नगरों को भी केवल एक आधुनिक लोहे और पत्थरों का जंगल होने से बचायें। विज्ञान के साथ-साथ मानवता को भी आगे बढ़ायें।

जुलाई, 1998 : भारत को स्वाधीनता

भारत को स्वाधीनता प्राप्त किये 51 वर्ष पूरे हो रहे हैं। यूँ भी कहा जा सकता है कि अंग्रेज़ों को भारत छोड़े 51 वर्ष पूरे हो रहे हैं। परन्तु क्या भारत वाक़ई आज़ाद हो पाया है? क्या अंग्रेजियत भाषा ही नहीं परन्तु संस्कृति के रूप में आज भी भारत को नहीं क़ैद किये हुए है? क्या संसद से ले कर टी स्टाल तक लोग स्वयं को भारतीय की जगह इंडियन कहना अधिक नहीं पसन्द करते? क्या गोरा रंग आज भी सांवलेपन का तिरस्कार नहीं करता? आदि आदि। मैं पहला व्यक्ति नहीं हूँ जो इन प्रश्नों पर चिन्तित हूँ। ये सवाल तब तक हर जागरूक इन्सान को डसते रहेंगे जब तक अंग्रेज़ी संस्कृति का यह विष भारत में फैला रहेगा। किसी दूसरी भाषा या संस्कृति को जानने या समझने में, यहाँ तक कि मैं कहूँगा कि आवश्यकता पड़ने पर अपनाने में भी कोई बुराई नहीं है परन्तु, चिन्ता का विषय तब उत्पन्न होता है जब दूसरी संस्कृति अपनी संस्कृति पर हावी होने लगती है। 200 वर्षों तक अंग्रेज़ भारत में रहे, परन्तु उनकी टाई नहीं उतरी, लेकिन भारतीयों ने गर्व के साथ उस टाई संस्कृति को स्वीकार ही नहीं किया अपितु हज़ारों सालों की अपनी संस्कृति को उतार भी दिया और स्वयं को अन्तरराष्ट्रीय समझने लगे। यह विषय तो बहुत लम्बा एवं गहरा है, दिन-प्रतिदिन दुर्भाग्यवश यह विकट भी होता जा रहा है। इस विषय पर डॉ. वेद प्रताप वैदिक की पुस्तक 'अंग्रेज़ी हटाओ : क्यों और कैसे?' पढ़िए तो आँखें खुल जाती हैं। उनके द्वारा दिये नारे जैसे 'अंग्रेज़ी की क्या पहचान भारत माँ की कटी ज़ुबान' आदि किसी भी स्वाभिमानी भारतीय को जगाने के लिए काफ़ी हैं। परन्तु, अभी परिस्थिति हाथ से निकली नहीं है। कुछ भारतवंशियों ने तो अपनी भाषा को इंग्लैंड में ऐसा सम्मान दिलाया है कि विश्वविद्यालयों, स्कूलों में ही नहीं बड़े-बड़े अंग्रेज़ी संस्थानों एवं

दफ़्तरों को भी हिन्दी तथा अन्य भारतीय भाषाओं की सुविधाएँ देनी पड़ रही हैं। इन प्रश्नों का मेरे मस्तिष्क में उभरना, इन विषयों पर चिन्तित होने का कारण मेरा विदेश प्रवास ही है। हिन्दी की महत्ता, उसकी विशेषता मैं कभी न समझ पाता यदि मैं भारत से बाहर न आता। मेरा दुर्भाग्य है कि आईना देखने के लिए मुझे घर से बाहर जाना पड़ा। भारत ऐसा देश रहा है जिस पर जितने वार हुए हैं उसने सदा उतने ही वीर जन्मे है। मुझे अपनी ही कविता की पंक्तियाँ याद आ रही हैं :

फूलों में फूलों-सा महकना है तो,
काँटों में काँटों से उलझना ही पड़ेगा,
चन्दन की धरती पर जन्म लिया है हमने,
साँपों से मुक़ाबला तो करना ही पड़ेगा।

अक्टूबर, 1998 : यू.के. से प्रेरणा

आज भारत में हिन्दी के प्रति इतनी आस्था, इतनी श्रद्धा, इतना प्रेम नहीं है जितना यहाँ इंग्लैंड में दिख रहा है। भारत के अनेक गण्यमान्य, वरिष्ठ साहित्यकारों का यह अनुभव इस भाव को प्रमाणित करता है। 14 सितम्बर, 1998 की शाम, लन्दन स्थित नेहरू केन्द्र का परिसर, जहाँ एक ओर भारत के प्रतिष्ठित लेखक डॉ. जगदीश चतुर्वेदी कहे बिना रह न पाये कि आज भारत को हिन्दी साहित्य की सेवा के लिए यू.के. से प्रेरणा लेनी पड़ेगी। वहीं दूसरी ओर श्रीमती कुसुम अंसल का वक्तव्य कि हिन्दी के लिए जो भारत से बाहर प्रवासी भारतीय कर रहे हैं वो भारत में बैठ कर लोग नहीं कर रहे हैं। हम विदेश में बसने वाले लोग यदि भारत से कुछ ला पाये हैं तो वह है भारतीयता। हमारा गौरव, हमारी पहचान, हमारा अस्तित्व, हमारी अस्मिता। हमारी संस्कृति, हमारा साहित्य ही हमारी पहचान है, हमारी अस्मिता है। भारतीय संस्कृति, भारतीय भाषाओं के द्वारा कहीं भी पनप सकती है, जी सकती है, इसका एक अनूठा उदाहरण है श्रीलंका। जी हाँ! श्रीलंका का प्राचीन इतिहास पाया गया है 'द्वीपवंश' एवं 'महावंश' नामक प्राचीन ग्रन्थों में। वो ये है कि राजकुमार विजय को सिंहपुर से निकाल दिया गया अत: वह कुछ साथियों के साथ समुद्री मार्ग से होते हुए एक द्वीप पर पहुँचे जहाँ यक्ष तथा नाग नामक जंगली आबादियाँ रहती थीं। राजकुमार ने यक्ष राजकुमारी से विवाह कर सिंहल राज्य स्थापित किया। अब यदि ध्यानपूर्वक देखिए तो सिंहली भाषा दक्षिण की अन्य भाषाओं से भिन्न है परन्तु

हिन्दी से उसके अनेक शब्द मिलते हैं। जैसे एक-एक, दस-दहरा, कितना-कीयदा, ग्राम-गाम, मैं गया-मिम गया इत्यादि।

सबसे महत्त्वपूर्ण बात तो यह है कि जैसे भारत में गंगा को सबसे प्रमुख एवं पवित्र नदी माना गया है। सिंहल में नदी शब्द के लिए गंगा का ही प्रयोग होता है जैसे महाबली गंगा, कंवली गंगा इत्यादि। यही कारण है कि आज भी हमारी संस्कृति आपस में बहुत मिलती-जुलती है। यही कारण है कि बौद्ध धर्म को सिंहल देश ने आसानी से स्वीकार कर लिया। भगवान बुद्ध की बातें वहाँ के लोगों की समझ में आसानी से आ गयीं।

भाषा का ही प्रभाव है कि सिंहल बौद्ध, बुद्ध के अलावा स्कन्द, कार्तिकेय एवं विष्णु जी की भी पूजा करते हैं। संस्कृत, पाली व हिन्दी के अनगिनत शब्द एशिया के अनेक देशों की भाषाओं में मिलते हैं। लाओस की राजभाषा तो आज भी संस्कृत है। भाषा जहाँ भी जायेगी अपनी सभ्यता-संस्कृति को लेकर जायेगी। हमारी भारतीय संस्कृति, हमारी विचारधाराओं, दृष्टिकोणों, धारणाओं, गुणों, सभ्यता एवं विनम्रता के तत्त्वों से गुँथी एक शृंखला ही तो है जिसके अस्तित्व का दर्शन हमें विभिन्न कलाओं एवं साहित्य में प्रतिबिम्बित होता है। सामाजिक मूल्यों से पनपी हमारी संस्कृति आज भी हमारा मार्गदर्शन कर रही है। यदि साउथ अफ्रीका से आरम्भ हो सकता है गांधी का आन्दोलन, इंग्लैंड की भूमि पर हो सकता है गांधी के जीवन का प्रथम सार्वजनिक भाषण, यदि भारत से बाहर कर सकते हैं सुभाष चन्द्र बोस आज़ाद हिन्द फ़ौज का गठन तो अवश्य ही इन महान विभूतियों की प्रेरणा से हिन्दी को अन्तरराष्ट्रीय मंच दे सकता है प्रवासी भारतीय।

जनवरी, 1999 : विज्ञान के साथ-साथ ज्ञान

राज्य में सुख एवं शान्ति है या नहीं, इस विचार से एक बार जंगल का राजा शेर अपने राज्य के दौरे पर निकला। शेरनी भी उसके साथ चल दी। कुछ दूर जाते ही उसे दो बकरियों के आपस में लड़ने की आवाज़ सुनाई देती है। वह देखता है कि वे दोनों बकरियाँ घास के कुछ टुकड़ों के लिए एक-दूसरे को नोच रही हैं। शेर ने एक दहाड़ के साथ क्षण भर में दोनों बकरियो को लहूलुहान कर मार डाला और आगे की ओर बढ़ते हुए शेरनी से बोला, "मैं शान्तिप्रिय राजा हूँ, मुझे हिंसा पसन्द नहीं।" इसी प्रकार एक बड़ा राष्ट्र, छोटे राष्ट्र पर हमला करता है, उसे सबक सिखाने के लिए और ढिंढोरा पीटता है कि वह अपना कर्तव्य निभा रहा है, मानवता की मदद

कर रहा है। हमले से मानवता की मदद? हाँ, उस देश के लिए सब कुछ सम्भव है जो शक्तिशाली है, जिसने सिर्फ़ जीतना सीखा है, हारना नहीं, जो विज्ञान के द्वारा चाँद को भी जीत चुका है। यह सच है कि हमारी पौराणिक कथाओं, हमारे प्राचीन ग्रन्थों में, हमारे पूर्वजों की कल्पनाओं या अनेक पुराणों में जो आश्चर्य हमें मिलते हैं, आज विज्ञान उनसे भी कई क़दम आगे बढ़ गया है। विज्ञान आज जिस रफ़्तार से आगे बढ़ रहा है, कल के अख़बार में क्या चमत्कार पढ़ने को मिल जाये, कुछ पता नहीं। कम्प्यूटर, इंटरनेट की सेवाएँ, सब मानव की देन हैं और हमें मानव के इन आविष्कारों पर गर्व है, पर सोचता हूँ कि इन आविष्कारों के साथ ही बुद्ध, विवेकानन्द या गांधी क्यों नहीं जन्म ले लेते। युद्ध का दृश्य देख कर कोई शासक अशोक क्यों नहीं हो जाता। अंग्रेज़ों ने भारत जैसे देशों पर राज्य किया परन्तु वे देश इंग्लिस्तान तो नहीं हो गये किन्तु बुद्ध ने तो अपना भी राज्य छोड़ दिया था, और कितने ही राष्ट्र बौद्ध हो गये वो भी किसी माइक जैसे वैज्ञानिक उपकरण के बग़ैर जिससे वे सैकड़ों कानों तक अपनी आवाज़ पहुँचा सकते। महात्मा गांधी की कही बात याद आती है कि विज्ञान को विज्ञान तभी कह सकते हैं जब वह शरीर, मन और आत्मा की भूख मिटाने की पूरी ताक़त रखता हो। आज के बदलते परिवेश में, आधुनिक शैली में कुछ ऐसा कहे जाने की आवश्यकता है जो विज्ञान के साथ-साथ ज्ञान को भी गति दे।

विज्ञान का उपयोग हिंसा नहीं, मानवता के सच्चे मूल्यों के लिए किया जाये। ब्रिटिश कवि ब्राउनिंग की पंक्तियों से अपनी बात को विराम देना चाहूँगा कि "जब मनुष्य का युद्ध अपने आप के साथ आरम्भ होता है तब उसका कुछ मूल्य होता है।"

मुझे प्रसन्नता एवं आशा है कि नये वर्ष में पुरवाई के इस अंक के साथ, डॉ. गौतम सचदेव 'कुछ कही कुछ सुनी' नामक नये स्तम्भ के द्वारा साहित्य एवं इतिहास के रोचक प्रसंगों के माध्यम से हमारे चिन्तन को नयी दिशा प्रदान करेंगे।

अप्रैल, 1999 : हिन्दी की किताब, इंग्लैंड में हिन्दी कौन पढ़ेगा

दिल्ली के अन्तरराष्ट्रीय हवाई अड्डे पर सामान का वज़न अधिक होने के कारण मेरा सूटकेस खुलवाया जाता है, कर्मचारी तो विदेशी एयरलाइन का है, परन्तु भारतीय है। 'क्या लिए जा रहे हो?' उसका प्रश्न स्वाभाविक था, अपने काम के प्रति निष्ठा एक अच्छे व्यक्ति की ही पहचान कही जायेगी। मैंने भी सामान खोल दिया, कहा कि "भाई साहब, साहित्यकार के पास आपको किताबों के अलावा और

क्या मिलेगा।" किताबों का बोझ देख वह पुरवाई की एक प्रति पलटते हुए बोला, "हिन्दी की किताब? इंग्लैंड में हिन्दी कौन पढ़ेगा?" मैं उस पल उस विदेशी के मन में चल रहे भारतीय साहित्य के अभियान के विषय में तो कुछ कह नहीं सकता था, बस यही कह पाया कि, "कोई तो पढ़ेगा ही, अगर आप कुछ छूट दे सकते हों तो ठीक है, नहीं तो कुछ किताबें यहीं छोड़ जाता हूँ, यह तो देश का काम है।" उत्तर में वह बोला, "हम भी देश का ही काम कर रहे हैं।" मैंने गल्फ एयर के बोर्ड की ओर देखा, वह शायद मेरा आशय समझ गया, कहीं न कहीं भारत के प्रति इसका प्रेम उमड़ा और उसने कुछ सामान हाथ में ले जाने की इजाज़त दे दी। मुझे उसके चरित्र में अपने काम के प्रति ईमानदारी के साथ-साथ देश के प्रति श्रद्धा के दर्शन भी हुए।

भारत का नागरिक पृथ्वी के किसी कोने में क्यों न बस जाये, उसकी परिधि में भारतीय सभ्यता, भारतीय संस्कृति, भारतीय परम्परा रहती है। एक समय था, जब कहा जाता था कि ब्रिटिश राज्य में सूर्य अस्त नहीं होता, परन्तु आज हम गर्व के साथ यह कह सकते हैं कि भारतीय डायसपोरा पर सूरज नहीं डूबता। विश्व में जहाँ भारतीय मूल के लोग रह रहे हैं, गर्व के साथ रह रहे हैं, सम्मान के साथ रह रहे हैं। जिस देश में रह रहे हैं, वह देश उनसे बहुत कुछ पा रहा है। उनकी आत्मा जितना भारत के साथ जुड़ी हुई है, उनकी निष्ठा उतनी ही उस देश के साथ, अपने कर्तव्य के साथ, अपने कार्य के साथ जुड़ी हुई है। इसका उदाहरण है अमेरिका के सिनेट में भारतीयों का चयन होना, ब्रिटेन की संसद में भारतीय मूल के लोगों का भाग लेना। क्षेत्र चाहे प्यापार का हो या राजनीति का या फिर साहित्य का, भारतीय विश्व में कहीं पीछे नहीं हैं।

हमारा प्रयास है कि पुरवाई के माध्यम से हम भारत को विदेशों में बसे भारतीयों से अवगत करायें, उनके विचारों के प्रकाशन से भारतीय साहित्य को अन्तरराष्ट्रीय आयाम मिल सके। जहाँ एक ओर प्रवासी भारतीय अपने भारत से जुड़ सकें, वहीं दूसरी ओर भारत में रहने वाला भारतीय नागरिक भारत से बाहर बसे हुए भारत के दर्शन कर सके। पुरवाई के इस अंक में श्री कैलाश बुधवार द्वारा भारतीय भाषा सम्मेलन में प्रस्तुत किये आलेख में आपको भारतीय भाषाओं पर अन्तरराष्ट्रीय दृष्टिकोण देखने को मिलेगा और डॉ. गौतम सचदेव के व्यंग्यात्मक लेख के साथ-साथ भारत एवं प्रवासी भारतीयों के विचारों का संकलन कहीं कविता, तो कहीं कहानियों में पिरोया नज़र आयेगा।

जुलाई, 1999 : छठा विश्व हिन्दी सम्मेलन

छठे विश्व हिन्दी सम्मेलन के सुअवसर पर सर्वप्रथम मैं पुरवाई परिवार की ओर से विश्व भर से आये सभी साहित्यकारों तथा प्रतिनिधियों का हार्दिक अभिनन्दन एवं अभिवन्दन करता हूँ। छठे विश्व हिन्दी सम्मेलन का आयोजन ऐसे समय हो रहा है जब पूरा पश्चिम जगत मिलेनियम यानी सहस्त्राब्दियों के स्वागत की तैयारी में लगा हुआ है। ऐसे समय में छठे विश्व हिन्दी सम्मेलन को लन्दन में, जो केवल ब्रिटेन ही नहीं अपितु पश्चिम जगत की राजधानी कहा जा सकता है, आयोजित करने के हमारे प्रस्ताव, हमारे संकल्प, हमारी योजना का विश्व के समस्त भारतीय साहित्य प्रेमियों ने ह्रदय से स्वागत किया तथा यू.के. में भारत के उच्चायुक्त श्री ललित मान सिंह जी ने संरक्षण दिया। पिछले विश्व हिन्दी सम्मेलनों के आयोजन भारत, मॉरीशस एवं त्रिनिदाद में किये गये हैं। वहाँ भारतीय मूल के लोगों का वर्चस्व है परन्तु ब्रिटेन तो अंग्रेज़ों का देश है। यहाँ की राजभाषा एवं सम्पर्क भाषा अंग्रेज़ी ही है। ब्रिटेन में रहने वाले भारतीयों के अपनी मातृ भाषा के प्रति अपार प्रेम का परिणाम है कि आज ब्रिटेन की बहुराष्ट्रीय कम्पनियाँ जैसे ब्रिटिश टेलिकॉम एवं एस.एम.ए. मिल्क तथा अनेक काउंसिल एवं बार अपने विज्ञापन हिन्दी एवं अन्य भारतीय भाषाओं में कर रहे हैं। यहाँ तक कि अनेक स्कूल, कॉलेज एवं विश्वविद्यालयों में हिन्दी पढ़ाई जा रही है। परन्तु पिछले कुछ वर्षों से यह चिन्ता भारत मूल के निवासियों को अवश्य सता रही है कि यहाँ हिन्दी के विद्यार्थियों में कुछ कमी आ रही है और इस विषय को लेकर कई जागरूक संस्थाएँ इस विचार से प्रयास में लग गयी हैं कि अपनी भाषा ही हमारी संस्कृति की संवाहिका है, अत: हमें अपने बच्चों को भारतीय भाषाएँ पढ़ानी चाहिए। इसी परिप्रेक्ष्य में छठे विश्व हिन्दी सम्मेलन का मुख्य विषय 'हिन्दी एवं भावी पीढ़ी' रखा गया है। हम इस सत्य से भी इनकार नहीं कर सकते कि ब्रिटेन के मैक्समुलर, सिलवा लेवी, स्लेगन, कीथ तथा कामिल बुल्के जैसे भारतीय भाषाओं के विद्वानों ने भारतीय साहित्य को जो कुछ दिया है, यह किसी से छिपा नहीं हैं। वे अंग्रेज़ ही थे जिन्होंने जायसी, सूर, तुलसी की खोज कर उन्हें प्रकाशित कर भारत का उस स्वर्णिम साहित्य से श्रृंगार किया। पीताम्बर दत्त बड़थ्वाल को हिन्दी में डी.लिट्. की डिग्री देने वाला भी इंग्लैंड का विश्वविद्यालय था। ब्रिटेन एवं भारत की साहित्यिक एवं आध्यात्मिक मित्रता हमें इस बात के लिए और अधिक प्रेरित करती रही कि हम विश्व हिन्दी सम्मेलन जैसे आयोजन से इस ऐतिहासिक मित्रता का सम्मान एवं अभिनन्दन करें। सितम्बर 1997 में लन्दन के नेहरू केन्द्र में डॉ. लक्ष्मीमल्ल सिंघवी

एवं कमला जी के संरक्षण एवं मार्गदर्शन में पुरवाई का जन्म हुआ। भारत एवं यू.के. के साहित्यकारों को एक ऐसा मंच देने का संकल्प लिया गया जो इन दोनों देशों को एक साहित्यिक सेतु प्रदान कर सके। आज दो वर्षों के उपरान्त हमारा वह स्वप्न साकार हो रहा है। पुरवाई की सह-सम्पादिका श्रीमती उषा राजे के नेतृत्व में सम्पादक मण्डल के अथक परिश्रम से छठे विश्व हिन्दी सम्मेलन में विशेषांक के रूप में 'पुरवाई' हम हिन्दी के इस अन्तरराष्ट्रीय मंच पर प्रस्तुत कर रहे हैं।

अक्टूबर, 1999 : इस शताब्दी का अन्तिम विश्व हिन्दी सम्मेलन

छठा विश्व हिन्दी सम्मेलन सम्पन्न हुआ उस देश में जिसने 200 वर्षों से अधिक भारत में राज्य किया। लन्दन की भूमि पर इस शताब्दी का अन्तिम विश्व हिन्दी सम्मेलन। अनेक खट्टे-मीठे अनुभवों के साथ।

हिन्दी विश्व भाषा के रूप में उभरी ही नहीं, स्वीकार भी की गयी। जहाँ एक ओर लन्दन में उज्बेकिस्तान के राजदूत श्री तेशोबेव ने कहा कि 70 करोड़ लोगों द्वारा बोली जाने वाली भाषा हिन्दी अन्तरराष्ट्रीय भाषा है। वहीं दूसरी ओर ब्रिटेन के प्रधानमन्त्री श्री टोनी ब्लेयर ने अपने सन्देश में यह कहा कि हिन्दी 21 वीं सदी की भाषा है और फिजी के प्रधानमन्त्री ने तो अपने सन्देश में सातवें विश्व हिन्दी सम्मेलन का निमन्त्रण ही दे डाला। जापान से तोमियो मिजोकामि के नेतृत्व में जापानी विद्यार्थियों के दल ने हिन्दी नाटक के मंचन के द्वारा ब्रिटेन के पाँच महानगरों में हिन्दी एवं कला प्रेमियों का मन मोह लिया।

विश्व सम्मेलनों में भारत के अशोक चक्रधर तथा कुँअर बेचैन के साथ-साथ नेपाल, मॉरीशस, अमेरिका, सूरीनाम जैसे क़रीब 10-12 देशों से आये कवियों ने हिन्दी कविता को अभूतपूर्व अन्तरराष्ट्रीय मंच, कन्हैया लाल नन्दन जी के संचालन में, लन्दन में प्रदान किया। कवियों के इस दल का हार्दिक स्वागत यू.के. के अन्य नगरों में भी किया गया। छठे विश्व हिन्दी सम्मेलन में आशा से अधिक लोगों का भाग लेना जहाँ एक ओर कुछ अव्यवस्था का कारण बना, वहीं दूसरी ओर सैकड़ों हिन्दी के जाने माने चेहरों का आवागमन लन्दन की सड़कों पर ब्रिटेनवासियों के लिए आकर्षण उत्पन्न करने वाला सिद्ध हुआ।

कुछ लोगों के अनुसार यह सम्मेलन नहीं, एक मेला था। मैं स्वागत करता हूँ ऐसे समीक्षाकारों की दृष्टि का, यदि अंग्रेज़ों के गढ़ में हिन्दी के नाम पर, सम्मेलन एक मेले में परिवर्तित हो गया तो यह हम आयोजकों के लिए और गौरव की बात

है। भारत के प्रधानमन्त्री माननीय अटल जी ने तो अपने सन्देश में छठे विश्व हिन्दी सम्मेलन को हिन्दी के महाकुम्भ की संज्ञा दे ही दी थी।

विश्व के क़रीब 25 देशों से आये विभिन्न धर्मों के प्रतिनिधियों का हिन्दी के एक मंच पर एकत्रित होना, लन्दन में स्वामीनारायण मन्दिर एवं यंग मेन्स क्रिश्चियन एसोसिएशन के साथ-साथ मुसलमान उद्योगपति श्री जी.के. नून एवं सिख तथा पंजाबी समुदाय के व्यापारी श्री जोगिन्दर सांगर एवं श्री रमन लूम्बा की सक्रिय भागीदारी, पाँचों दिन इन संस्थाओं तथा यू.के. के इन नागरिकों का सभी प्रतिनिधियों को भोजन कराना एवं छठे विश्व हिन्दी सम्मेलन में विश्व के सैकड़ों ग़ैर भारतीय प्रतिनिधियों का प्रतिनिधित्व इस बात को कितना स्पष्ट कर देता है कि 21वीं सदी में पूरा विश्व धर्म, जाति, राष्ट्र से उपर उठ कर हिन्दी के स्वागत के लिए तैयार है। हिन्दी केवल भारत या हिन्दुओं की भाषा नहीं है, यह पूरे विश्व की भाषा है।

जनवरी, 2000 : आतंकवाद की कालिमा

आतंकवाद की कालिमा में डूबी उस सदी की अन्तिम रात को ढँकती हुई इस सदी की खिसियाती हुई पहली सुबह लिए हुए कलंकित प्रकाश।

1999 के अन्तिम दिन विश्व भर की निगाह तालिबान पर लगी थी। इंडियन एयरलाइंस का प्लेन कुछ हाईजैकर्स की गिरफ़्त में था। 150 यात्री जीवन और मृत्यु के बीच लटके हुए थे। अन्ततः भारत सरकार को समझौता करना पड़ा, 150 यात्रियों के बदले तीन आतंकवादी क़ैदियों को रिहा किया गया। इन आठ दिनों के दौरान समाचार पत्रों एवं दूरदर्शन के माध्यम से क्षण-क्षण की सूचना सम्पूर्ण विश्व को प्राप्त हो रही थी।

समाचार पत्र यात्रियों की पीड़ा को जितना अधिक भावनात्मक रूप देते उनके अख़बारों की बिक्री भी उतनी अधिक होती। सरकार पर आरोपों और प्रत्यारोपों के प्रहार पूरी ताक़त से किये जा रहे थे। विमान में फंसे यात्रियों के सगे-सम्बन्धियों के भारत सरकार के मन्त्रियों के निवासों पर प्रदर्शन भी धड़ाधड़ हो रहे थे। एक फ़िज़ा-सी फैला दी गयी कि यदि यात्रियों को कुछ भी हुआ तो सरकार गिरा दी जायेगी आदि आदि। सरकार क्या है और कौन है? हम लोगों में से ही जो लोग राजनीति के क्षेत्र में चले जाते हैं या सरकारी नौकरी प्राप्त कर लेते हैं वही सरकार है। प्रश्न यह है कि विमान अपहरणकर्ताओं से निपटने के लिए हमने क्या किया? सरकार पलटने

का दावा करने वाले पत्रकारों ने देश पर आयी इस विपत्ति पर सरकार का कितना सहयोग दिया? यह घटना कल फिर हो सकती है। कल फिर कोई स्कूल बस या किसी विशेष व्यक्ति का अपहरण हो सकता है। फिर क़ैदियों की रिहाई की माँग उठ सकती है। क्या फिर सरकार यूँ ही माँगें स्वीकार कर लेगी? एक आतंकवादी को पकड़ने के लिए कितने सैनिक अपनी जान पर खेलते हैं और जान गँवाते भी हैं, उनके भी भाई, बहन और रिश्तेदार होते हैं जिन सैनिकों ने भारत सरकार द्वारा छोड़े गये आतंकवादियों को अपनी जान पर खेल कर बन्दी बनाया होगा उन पर क्या बीती होगी? यह आतंकवादी जब कल फिर मासूम और सीधे-सादे लोगों को क़त्ल करेंगे तो कौन ज़िम्मेदार होगा? मेरे विचार में हमारी मीडिया ने भारत सरकार नहीं, आतंकवादियों की मदद की है। यात्रियों के सम्बन्धियों की पीड़ा को बिना सोचे समझे हाईलाइट किया जिसके कारण जहाँ एक ओर अपहरणकर्ताओं के हौसले बुलन्द हुए वहीं दूसरी ओर भारत सरकार को उन पर दबाव डालने में परेशानी का सामना करना पड़ा।

भावनाओं के जो शब्द पत्रकारों ने विमान में फँसे यात्रियों के लिए प्रयोग किये, उन्हीं शब्दों का प्रयोग यदि उनके हौसले बुलन्द करने के लिए किया होता, कारगिल के उन वीर जवानों के बलिदानों को याद करने के लिए लिखे जाते, भारत सरकार का मनोबल बढ़ाने का कुछ प्रयास किया जाता तो सम्भवतः हम बेहतर स्थिति में होते। मेरे कहने का अभिप्रायः यह है कि ऐसी कठिन परिस्थितियों में हमें भावनाओं का शिकार होने के बजाय उनका उपयोग करना चाहिए। यदि यात्रियों का एक भी सम्बन्धी शहीद भगद सिंह की माँ के शब्द दोहरा देता कि देश पर मर मिटने के लिए भगवान ने मुझे और बेटे क्यों नहीं दिये और अन्याय तथा असत्य के विरुद्ध देश के ऐसे हज़ारों वासी बलिदान के लिए उपलब्ध हैं तो कहाँ के रह जाते वे अपहरणकर्ता? मैं यह नहीं कहता कि हमें ऐसे समय सरकार की आलोचना नहीं करनी चाहिए या किसी कमज़ोरी पर पर्दा डालना चाहिए, हम कहाँ ग़लत थे या हमसे कहाँ चूक हुई, हमें अवश्य ही उसका विश्लेषण करना चाहिए, यह घटना फिर न हो अवश्य ही उसकी तैयारी करनी चाहिए परन्तु ऐसी परीक्षा के समय अपने साहित्य, अपनी क़लम से देश को, उसकी सरकार को बल प्रदान करना चाहिए, हर उस शक्ति का, जो उस कठिन परिस्थिति का सामना कर रही है, साथ देना चाहिए।

अपनी इन भावनाओं के साथ नयी सदी एवं नववर्ष पर आप सभी पाठकों को मंगलकामनाएँ।

अप्रैल, 2000 : नयी शताब्दी का जन्म

नयी शताब्दी का जन्म हुआ है इंटरनेट की क्रान्ति के साथ। आज कम्प्यूटर एक फ़ैशन का स्टेटस सिम्बल नहीं है, आवश्यकता बन गया है। साधारण से साधारण परिवार में कम्प्यूटर का होना कोई आश्चर्य की बात नहीं है।

एक कम्प्यूटर के माध्यम से पूरा दफ़्तर चलाया जा सकता है। ई-मेल तथा फ़ैक्स की सुविधा के कारण कम्युनिकेशन को अत्यन्त आसान कर के कम्प्यूटर ने सारी दुनिया को एक-दूसरे से जोड़ दिया है। अब यह सदी कम्प्यूटर की सदी कहलायी जायेगी। पुस्तकों का नया नाम, नया रूप सी.डी. रॉम है। इन पुस्तकों की समीक्षा पढ़ी जायेगी वेबसाइट पर जिसे हम अख़बारों और पत्रिकाओं का नया रूप कह सकते हैं।

एक पत्रिका के साइज़ में लैपटॉप या पाल्म टॉप कम्प्यूटर में पूरी की पूरी लाइब्रेरी हर वक़्त हमारे साथ रहेगी। कोई भी पुस्तक उसके शीर्षक से पल भर में एक बटन के माध्यम से स्क्रीन पर आ जायेगी, पुस्तकालय में घण्टों उसे ढूँढ़ना नहीं पड़ेगा।

यहाँ तक कि कोई विशेष विषय जिसका पठन हम करना चाहेंगे या किसी विशेष लेखक की कृति हम पढ़ना चाहेंगे तो पल भर में वह हमारे सामने होगी। कभी पत्थरों और कपड़ों पर लेखन होता था फिर काग़ज़ों पर होने लगा जिसे बाँध कर और आकर्षक तरीक़े से बाइंड करके पुस्तक कहा जाने लगा। अब प्रकाशक सी.डी. रॉम प्रकाशित करेंगे और हमारे लेख भी उन्ही में बिकेंगे।

रूप केवल पुस्तक का बदलेगा, साहित्य का नहीं। लेखन पर कभी विराम नहीं लगने वाला। नाटकों की किताबें-वीडियो कैसेट्स, कविताएँ एवं गीत-ऑडियो कैसेट्स तथा सी.डी., उपन्यास से लेकर अध्यापन की पुस्तकें-सी.डी. रॉम एवं समाचार-पत्र और पत्रिकाएँ–वेबसाइट के माध्यम से नयी सदी में जानी जायेंगी।

सोचिए, भगवान बुद्ध पेड़ों की छाँव में बैठ कर उपदेश दिया करते थे परन्तु उनके विचारों में इतनी शक्ति थी कि लोग उनकी बात दूसरे गाँवों तक पहुँचाते और अन्ततः कितने देश बौद्ध हो गये, महावीर स्वामी, दयानन्द सरस्वती, स्वामी विवेकानन्द भी उन लोगों में से हैं कि यदि कम्युनिकेशन का यह माध्यम उनके पास होता तो आज मानवता का क्या रूप होता?

आज आवश्यकता इस बात की है कि हम अच्छे से अच्छे साहित्य को आधुनिक रूप में पेश करने से कतरायें नहीं। यह सच है कि गुण और दोष हर चीज़

में होते हैं, कम्प्यूटर के दोषों से बचें और उसके गुणों का लाभ उठाते हुए वक़्त के साथ वैज्ञानिक युग का स्वागत करें।

विज्ञान को हथियार बनायें और ज्ञान को उसके हाथ। हथियार का इस्तेमाल हाथ काटने के लिए नहीं, उसकी सुरक्षा के लिए करें।

जुलाई, 2000 : कार्यक्रम नहीं, एक आन्दोलन

किसी भी संस्था की स्थापना के पीछे किसी जागरूक व्यक्ति का स्वप्न होता है। समाज के किसी हिस्से को वह अपनी दृष्टि देना चाहता है। इन्द्रधनुष के किसी रंग या रंगों को अपने कार्यों के कैनवस पर उतारना चाहता है। संस्था का हर कार्यक्रम उसका अगला क़दम होता है, उसके स्वप्न महल की एक ओर इमारत जहाँ खड़ा होकर वह अपनी दृष्टि का मूल्यांकन करता है। समान विचारधारा के लोगों का एक रथ पर बैठकर यात्रा करना ही किसी संस्था को परवरिश देना है।

इसी प्रकार यूके हिन्दी समिति का प्रत्येक आयोजन हमारे लिए महज़ एक और कार्यक्रम नहीं, एक आन्दोलन होता है–साहित्यिक आन्दोलन का लक्ष्य होता है भारतीय भाषा के माध्यम से भारतीयता की बात करना और विचारों के मन्थन के द्वारा एक ऐसे निष्कर्ष की तलाश जिसमें साहित्यिक प्रकाश लिये सूर्य नयी पीढ़ी का मार्गदर्शन कर सके। हम अपनी परिधि में एक ऐसे माहौल को जन्म देने का प्रयास करते हैं जहाँ रोज़ाना की दिनचर्या से दूर हमारे साथी एक ऐसे वातावरण को आत्मसात् करें जिसमें आन्तरिक सुख और जागरूक भावनाएँ भरी होती हैं। भाषा यदि भावों को अभिव्यक्त करने का श्रेष्ठतम माध्यम है तो कविता भावों को अभिव्यक्त करने का सुन्दरतम माध्यम। इस सुन्दरतम माध्यम के माध्यम से प्रति वर्ष हम यू.के. में अपने मित्रों से संवाद करते हैं। कवि सम्मेलन के आयोजनों में भारत के साहित्यकारों की पंक्तियाँ केवल यू.के. में बहती हुई लेखनी के साथ अपनी धारा नहीं जोड़तीं बल्कि उनके द्वारा अक्सर ऐसे संवाद को जन्म देते हैं, जिनमें भावनाएँ मन के सन्देश और अनुभव के उपदेश लिये ऐसी दुनिया का निर्माण करती हैं जो हमारी भी हैं, आपकी भी हैं और हम सबकी हैं।

आध्यात्मिक शक्ति भौतिक शक्ति से बढ़कर है, विचार ही संसार पर शासन करते हैं। एमर्सन का यह कथन कितना सत्य नज़र आता है जब हमारे बीच कविताओं में विचार अपनी महक बिखेरते हैं और हम स्वयं को साहित्यिक माहौल में समर्पित पाते हैं।

साहित्य क्या है? वह रचना जो हमें मानसिक और आध्यात्मिक तृप्ति दे सके, जो समाज का आईना हो, मन में जन्म लेने वाले वो विचार जो लेखनी के माध्यम से पाठकों तक पहुँच सकें, वही साहित्य है।

एकान्त चिन्तन और एकान्त साधना ही ऐसे साहित्य को जन्म देने में सक्षम हैं, जिसमें हमारी चित्तवृत्ति का संचित प्रतिबिम्ब होता है। प्रतिवर्ष विराट कवि सम्मेलनों के आयोजनों का अब इस देश के साहित्य प्रेमियों को इन्तज़ार रहता है, यही हमारी उपलब्धि है और आप सबका आशीर्वाद।

अक्टूबर, 2000 : विश्व दलित साहित्य सम्मेलन

सन् 2000, इक्कीसवीं सदी प्रथम वर्ष लन्दन एक बार फिर भारतीय साहित्य को लेकर चर्चा में रहा। भारत के साहित्यकारों का यू.के. में भ्रमण का सिलसिला जारी रहा। जून में 'कथा' संस्था द्वारा भारत की लब्ध प्रतिष्ठित साहित्यकार श्रीमती चित्रा मुद्गल को उनके बहुचर्चित उपन्यास 'आवाँ' के लिए अन्तरराष्ट्रीय सम्मान दिया गया तथा कैम्ब्रिज विश्वविद्यालय के डॉ. सत्येन्द्र श्रीवास्तव को उनके काव्य-संग्रह 'थेम्स में बहती गंगा की धार' के लिए सम्मानित किया गया। अक्टूबर में विश्व दलित साहित्य सम्मेलन का आयोजन साउथ हॉल लन्दन में सम्पन्न हुआ। इसमें भारत से डॉ. महीप सिंह, श्री माता प्रसाद, डॉ. दाउजी गुप्त, नेपाल से श्री परियार एवं अमेरिका से श्री बरार जी आये। इनके अलावा भारत के विभिन्न प्रान्तों के क़रीब 25-30 प्रतिनिधियों ने भी हिस्सा लिया। इस सिलसिले में लन्दन में बी.बी.सी. में कार्यरत भाई अरुण अस्थाना का एक साक्षात्कार में यह प्रश्न बहुत मुनासिब था कि क्या केवल नाम रख लेने से कोई पुरस्कार या कार्यक्रम राष्ट्रीय या अन्तरराष्ट्रीय हो जाता है? यह बात अवश्य है कि कार्यक्रम जहाँ भी होता है वहाँ के स्थानीय लोगों में एक जागृति उभर कर सामने आती है। जहाँ एक ओर डॉ. सत्येन्द्र श्रीवास्तव को लन्दन में सम्मान मिलने से यहाँ के लेखकों को उम्मीद जागी कि उनके साहित्य को पहचान देने वाला कोई है तथा प्रोत्साहन की अभूतपूर्व ऊर्जा दिखाई दी और इसके लिए दिव्या माथुर एवं तेजेन्द्र शर्मा जी साधुवाद के पात्र हैं। वहीं दूसरी ओर विश्व दलित लेखकों के सम्मेलन में यह तथ्य और तर्क उचित लगा कि लन्दन में उनके विचारों की चर्चा होने से दलित साहित्य को अन्तरराष्ट्रीय मंच मिला। परन्तु प्रश्न यह चर्चा में ज़रूर रहा कि क्या लन्दन में कोई सम्मान देने से अथवा आयोजन कर लेने से वह सम्मान या कार्यक्रम अन्तरराष्ट्रीय हो जाता है? अन्तरराष्ट्रीय सम्मान

या कार्यक्रम का मूल्यांकन उस चयन समिति या संस्थान से करना चाहिए जिसमें अन्तरराष्ट्रीय जगत् के चुने हुए लोग हों या फिर मात्र उस स्थान के चयन से उसका स्वरूप अन्तरराष्ट्रीय हो जाता है जहाँ उस कार्यक्रम का आयोजन हो रहा हो?

इसी प्रकार किसी भी कार्यक्रम को आप स्थानीय, राष्ट्रीय या अन्तरराष्ट्रीय कब कहते हैं? कोई भी कार्यक्रम लोगों की भागीदारी के अनुसार राष्ट्रीय या अन्तरराष्ट्रीय होते हैं या फिर उसमें उठे मुद्दों के अनुसार। संस्था हो या आयोजन, क्षेत्र कोई भी हो कला, साहित्य या खेल, उसके अन्तरराष्ट्रीय स्वरूप की परिभाषा क्या होनी चाहिए? मैं चाहूँगा कि पुरवाई के पाठक मेरे इस प्रश्न पर रोशनी डालें।

जनवरी, 2001 : संस्कार, संस्कृति और परम्परा

नया वर्ष, नये स्वप्न, नयी आशाएँ, नये संकल्प। कुछ नया कर देने की ख़्वाहिश, कुछ नया पा लेने की चाह स्वाभविक है, परन्तु कितना नया और किस क़ीमत पर? पुराने संस्कार, पुरानी संस्कृति, पुरानी परम्परा जो हमारे समाज की नींव है, उसके शव पर किसी दूसरी सभ्यता और संस्कृति को खड़ा कर देने से या आज के परिवेश में अपने पूर्वजों के संस्कार में अपनी सुविधा के अनुसार परिवर्तन करने से?

आज केवल ब्रिटेन में 90 लाख भारतीय मूल के वो लोग हैं जो भारतीय परम्परा की पूरी समझ रखते हैं। परन्तु प्रश्नचिह्न उस गिनती पर आ जाता है कि कितने लोग उस संस्कृति को जीवित रखना चाहते हैं। मेरी एक अंग्रेज़ मित्र जो भारत भ्रमण से लौटी और मेरे एक प्रश्न के उत्तर में वह कहने लगी कि उसे भारत में सबसे अच्छी चीज़ वहाँ के बच्चों में वो संस्कार लगे कि जिसके घर में भी वह गयी, उनके बच्चों ने उसे पूरा समय दिया और यहाँ के बच्चों के संस्कार में उसे यह कमी हमेशा खलती रही है।

यहाँ पर पिता के मित्र को अंकल कहना तो दूर की बात है, घर आये अतिथि से मिलने का भी रिवाज बच्चों में नहीं है। कुछ मानसिकता ऐसी है कि माँ-बाप के मित्र सिर्फ़ माँ-बाप के मित्र हैं और बच्चों के नहीं। यहाँ तक कि बड़े भाई का मित्र उसका मित्र है और उसका मित्र बड़े भाई का नहीं।

मुझे भारत की प्रशंसा सुन कर मन ही मन गर्व महसूस हो रहा था, परन्तु उस गर्व की उम्र अधिक न थी। उस मित्र से संवाद में जब यहाँ के भारतीय मूल के बच्चों पर बात चली और मैंने कहा कि वही भारतीय बच्चे यहाँ रह कर अपने संस्कार भूल जाते हैं तो सपाट से उसने उत्तर दिया कि ब्रिटेन में इतने भारतीय परिवार हैं

कि अपनी संस्कृति जो कि वैसे ही इतनी सम्पन्न है, यदि वे चाहें तो पूरे इंग्लैंड को उससे प्रभावित कर सकते हैं। उन्हें पश्चिमी संस्कृति को अपनाने की आवश्यकता ही क्यों पड़ती है? और यह संवाद मेरे लिए एक गम्भीर सोच का कारण बन गया।

हमें कुछ नया करने के लिए किसी त्याग की ज़रूरत है। हाँ, वक़्त के साथ आवश्यकता के अनुसार उसे समय-समय पर सँवारने की ज़रूरत अवश्य है। बच्चों में संस्कार वही पड़ते हैं जिनका हम जीवन में पालन करते हैं। हिन्दी के प्रकाण्ड विद्वान स्व. राम प्रताप त्रिपाठी ने कहीं लिखा है कि जैसे कुम्हार द्वारा मिट्टी के बर्तन में खींची गयी रेखाएँ फिर कभी नहीं छूटतीं, उसी प्रकार माता-पिता द्वारा डाले गये संस्कार बच्चों के मन से कभी नहीं छूटते। नयी सदी में, नयी पीढ़ी के लिए नये मार्ग का सशक्त निर्माण पुरानी संस्कृति की नींव पर ही हो सकता है। हमें बच्चों पर कुछ भी थोपने की आवश्यकता नहीं है, बस स्वयं अपने पूर्वजों के संस्कारों का पालन अपने जीवन में करने की ज़रूरत है। इन्हीं भावनाओं के साथ पाठकों को नववर्ष की बधाई।

अप्रैल, 2001 : योगदान

"परहित सरिस धरम नहिं भाई, पर पीड़ा सम नहिं अधमाई" जिस देश, जिस धर्म की भूमि पर यह बात कही गयी थी उसी के कुछ लोगों ने उसी धर्म के नाम पर 6 दिसम्बर, 1992 को बाबरी मस्जिद ध्वस्त की थी और जिस बुद्ध के अहिंसा उपदेश को याद करते हुए मैंने 'फोरम फ़ॉर मेनटेनिंग कम्युनल हारमोनी संस्था' की लन्दन में स्थापना करके हाइड पार्क से ट्रैफेलगर स्केयर तक शान्ति मार्च का संयोजन किया तो स्वप्न में भी नहीं सोचा था कि उसी की प्रतिमाओं पर भी मज़हब के नाम पर आक्रमण होगा। परन्तु, बुद्ध का अनुयायी होने के कारण एक बार फिर मैंने बुद्ध से संवाद करते हुए यही सोचा कि तुम तो स्वयं मूर्ति पूजा के पक्षधर नहीं थे तो तुम्हारे दर्शन को इन आक्रमण से क्या हानि हो सकती है? लेकिन हानि हुई, हमारी भावनाओं की, तुम्हारे प्रति हमारे प्रेम की, और ऐतिहासिक धरोहर की, लेकिन आस्था की नहीं, विश्वास की नहीं। पिछले सैकड़ों वर्षों में तुम्हारी प्रतिमाएँ देखकर भी तुम हमें इतना याद नहीं आये जितना आज आये, ऐसा लगा कि तुम्हारी प्रतिमा को ध्वस्त करके इतिहास ने तुम्हें एक बार फिर जन्म दे दिया है।

कभी राष्ट्र के नाम पर तो कभी धर्म के नाम पर, कभी न्याय के नाम पर तो कभी आत्मरक्षा के नाम पर आदमी, आदमी को मारना अपना कर्तव्य कहता है,

लेकिन प्राकृतिक प्रकोप की चपेट में आये किसी भी मानव के प्रति हमारा हृदय हमेशा पिघल जाता है जिसका ताज़ा उदाहरण है, हाल ही में आया गुजरात में भूकम्प। भारत में आये इस भूकम्प का असर भारत एवं उसके पड़ोसी देशों से अधिक यू.के. के नागरिकों की आँखों में दिखाई दिया। राह चलते अंग्रेज़ भारतीय लोगों से गम्भीरतापूर्वक केवल उनके परिवार की कुशलक्षेम ही नहीं पूछे परन्तु सामाजिक संस्थाओं द्वारा चलाये जा रहे गुजरात भूकम्प पीड़ितों के सहायतार्थ अभियान में हृदय खोल कर दान करने में भी आगे रहे। ब्रिटेन के आम नागरिकों को बार्कलेज बैंक की शाखाओं, सेन्सबरी जैसे सुपर स्टोर्स एवं अनेक डाकघरों की दानपेटी में पाउंड्स डालते आसानी से देखा जा रहा था। गुजरात के इस प्रकोप के समाचारों को मीडिया ने जिस सफलता के साथ हम तक पहुँचाया है, वह भी प्रशंसनीय है।

यह कहने की आवश्यकता नहीं है कि प्रवासी भारतीय आज भारत के विषय में भारत में रहने वालों से कहीं अधिक भावनात्मक रूप से जुड़ा हुआ है। भारत में आयी इस विपत्ति के समय मेरी जानकारी में ऐसा कोई प्रवासी भारतीय नहीं है, जिसने अपनी सामर्थ्यानुसार कुछ योगदान न किया हो।

नेहरू केन्द्र में हिन्दी समिति के सहयोग से जहाँ लन्दन की एशियन महिलाओं की 'बबलीज' संस्था ने एक शाम में 32,000 पाउंड एकत्रित किये वहीं 'होली मिलन हास्य कवि सम्मेलन' के आयोजन के द्वारा यू.के. हिन्दी समिति एवं कथा यू.के. ने अच्छी-खासी धनराशि भारतीय उच्चायोग को सौंपी। यू.के. हिन्दी समिति ने श्रीमती उषा गोयल जैसे सदस्यों एवं गीतांजलि समुदाय बर्मिंघम के सहयोग से 500 किलो सामग्री एयर इंडिया द्वारा गुजरात भेजी। पुरवाई की सह-सम्पादिका उषा राजे जी तो स्वयं को रोक ही न पायी और पीड़ितों के सहायतार्थ भुज चली गयी।

ऐसे नाज़ुक मोड़ पर जब मनुष्य अपने अहं, जाति या रंग के भेद को भूल कर थामता है असहाय का हाथ तो मानवता के प्रति उसका प्रेम एक सुन्दर भविष्य के हमें साफ़ दर्शन कराता है।

मुझे याद है कि सन् 1993 में महाराष्ट्र के लातूर ज़िले में आये भूकम्प पीड़ितों की सहायतार्थ मैं पूर्वी लन्दन के एक सांस्कृतिक कार्यक्रम का संचालन कर रहा था और दानपेटी में एक सोने की ज़ंजीर देख कर मैंने सोचा कि सम्भवतः यह किसी महिला की ग़लती से गिर गयी है और उस सिलसिले में मेरे एनाउंसमेंट पर एक बंगाली वृद्ध महिला मंच पर आयी और माइक लेकर बोली, "यह ज़ंजीर मेरी है, आज वक़्त ज़ंजीर पहनने का नहीं बल्कि उतारने का है।"

जुलाई, 2001 : कवि सम्मेलनों के आयोजन

हिन्दी प्रेमियों, हिन्दी के कार्यकर्ताओं के साथ-साथ हिन्दी साहित्यकारों का एक महत्त्वपूर्ण केन्द्र माना जाता है आज ब्रिटेन। यू.के. हिन्दी समिति ने पिछले दस-ग्यारह वर्षों में यह साबित कर दिया कि कवि सम्मेलनों और गोष्ठियों के माध्यम से आम लोगों को केवल साहित्य से जोड़ा ही नहीं जा सकता अपितु उनके अन्दर के साहित्यकार को जगाया भी जा सकता है। किसी भी मंच में बहुत शक्ति होती है! जहाँ वह एक ओर विद्वानों को आम आदमी तक पहुँचाता है। वहीं दूसरी ओर एक ईमानदार मंच नयी प्रतिभा को सामने लाता है, उसे आत्मविश्वास देता है।

पुरवाई इस बात का प्रत्यक्ष प्रमाण है। मैं यह मानता हूँ कि किसी भी व्यक्ति का लेखन उसकी रचना के प्रकाशन से ही सामने आता है, लेकिन मैं नये रचनाकारों से यह अनुरोध अवश्य करूँगा कि उन्हें यह स्वयं तय करना चाहिए कि उन्होंने अपनी रचना आत्मसुख के लिए लिखी है अथवा प्रकाशन या किसी कार्यक्रम के लिए। अच्छी से अच्छी रचना भी बेकार हो जाती है यदि पाठक या श्रोता उसे मान्यता नहीं देता। शब्दार्थ या भावार्थ सामने वाले को जितनी गहनता से छुएँगे वह रचना उतनी ही सफल होगी। साथ ही, केवल प्रकाशन या कहीं सुनाने के लिए लिखी गयी रचना अपने आप हल्की पड़ जाती है और गम्भीर रचनाकारों के मध्य एक उपहास बन कर रह जाती है। ग़लती उन संयोजकों की भी है जो ऐसी रचनाओं को बिना सोचे-समझे मंच दे देते हैं और कई बार कार्यक्रमों का संचालन तक देकर उनके साथ-साथ स्वयं का भी मज़ाक़ उड़वाते हैं। एक साहित्यिक कार्यक्रम का संचालन महज़ एनाउंसमेंट नहीं है जो दो-चार पंक्तियों और क़िस्सों को याद कर के किया जा सके। संचालन वस्तुतः एक कवि सम्मेलन की जान होता है। जो साहित्यिक गरिमा के साथ-साथ उतनी रोचकता लिए रहे कि कार्यक्रम नीरस न होने पाये। मंच को, श्रोताओं से जोड़े रखना और मंच पर हो रहे काव्यपाठ की समझ एक कुशल संचालक की सफलता की कुंजी है।

हिन्दी दिवस के अवसर पर इस वर्ष भी यू.के. में कवि सम्मेलनों के आयोजन देश के चार महानगरों में हुए। यू.के. में हिन्दी के सबसे बड़े कार्यक्रम होते हैं, ये बहस हमेशा बनी रही कि कविता क्या है? आज कवि सम्मेलन के माध्यम से जिन व्यंग्य और हास्य रचनाओं अथवा चुटकुलेबाज़ी के माध्यम से कवि प्रसिद्धि प्राप्त कर रहे हैं और लोगों का मनोरंजन कर रहे हैं, वह कविता है या फ़िल्मी गीतों और धुनों पर आधारित सस्वर काव्यपाठ कर लोगों को रिझाने वाले गीत और ग़ज़ल

को कविता माना जा सकता है। शैली कोई भी हो, मन को स्पर्श करने वाले शब्दों का श्रोताओं ने हमेशा स्वागत किया है। पिछले कुछ वर्षों में हमारे मंच पर हुल्लड़ मुरादाबादी, अशोक चक्रधर के साथ-साथ कुँअर बेचैन, नीरज, रमानाथ अवस्थी, सोम ठाकुर तो पधारे ही हैं, साथ ही केदारनाथ सिंह, शिव मंगल सिंह सुमन, गिरधर राठी, इन्दु जैन, जगदीश चतुर्वेदी जैसे नयी कविता के दिग्गज भी आये हैं। यू.के. के श्रोताओं ने सभी को सराहा। जहाँ एक ओर उन्हें हास्य और व्यंग्य मनोरंजन देता है, वहीं दार्शनिक कविताओं को वे बार-बार सुनना चाहते हैं और बिना गीतकार के तो वे कवि सम्मेलन को पूर्ण मानते ही नहीं। हर विधा की कविता के चाहने वाले हैं इस देश में। यह एक सुखद बात है। और इस बात का प्रमाण है कि यहाँ भी विभिन्न विधाओं की रचनाओं का सृजन हो रहा है। जब इस वर्ष के आरम्भ में यू.के. हिन्दी समिति ने यह घोषणा की कि इस वर्ष से हम किसी एक पाण्डुलिपि का चयन कर उसे प्रकाशित करायेंगे तो हमारे पास गीत-संग्रह, कविता-संग्रह एवं कुछ उपन्यास की पाण्डुलिपियाँ आयीं। हमारे निर्णायक मण्डल के सदस्य डॉ. गौतम सचदेव एवं श्री अनिल शर्मा ने श्री भारतेन्दु विमल के उपन्यास 'सोन मछली' को चुना।

यू.के. हिन्दी समिति ने इस वर्ष हिन्दी परामर्श मण्डल का गठन कर के एक और महत्त्वपूर्ण क़दम उठाया है। डॉ. सत्येन्द्र श्रीवास्तव की अध्यक्षता में बनी इस कमेटी के माध्यम से हमारा प्रयास होगा कि हिन्दी के प्रचार एवं प्रसार को देश के कुछ ऐसे वरिष्ठ लोगों का संरक्षण एवं मार्गदर्शन प्राप्त हो जो हिन्दी के इतिहास को एक स्वर्णिम अध्याय दे सकें।

अक्टूबर, 2001 : दहशत के बादल

आज विश्व बारूद के ढेर पर बैठा हुआ है। आकाश पर दहशत के बादल गिद्धों की तरह मँडरा रहे हैं। दहशत हवाओं में हर पहर तैर रही है। दहशत हर सुबह डाक में आती है। दहशत हर शाम खाने की मेज़ पर बहस का निवाला होती है। जो लोग हर सुबह फूलों को पानी देते हैं, चिड़ियों के दाना खिलाते हैं, आज समाचार पत्र और दूरदर्शन की ख़बरों में उलझे हुए हैं।

जिन लोगों को न राजनीति से कोई मतलब है न जेहाद से कोई लेना-देना है, वो लोग जिनके लिए हर सुबह नये जीवन की शुरुआत है, हर रात नये सपनों का जन्म होता है। आज करवटों में बिता रहे हैं अपनी रात और आतंक के साये में अपने दिन। क्यों?

क्योंकि कोई मज़हब का ठेकेदार बना है, कोई न्याय का तो कोई शान्ति का। कोई ईश्वर की बनायी सबसे बड़ी सृष्टि मानव को अपने ख़ुदा के लिए मार रहा है, कोई अन्याय के विरुद्ध कहीं न कहीं, किसी न किसी के साथ अन्याय कर रहा है और कोई शान्ति के लिए दुनिया भर में शोर मचा रहा है। सभी अपने-अपने कोण से अपनी-अपनी दृष्टि की सरहद से जो देख रहे हैं उसे ही सही मान रहे हैं। यदि हम लादेन का हाथ थाम कर देखें तो क्या अपने मज़हब के लिए लड़ना अनुचित है? क्या हम न्यूयॉर्क के सहमे हुए मैनहेटन शहर में खड़े होकर बुश को कह सकते हैं कि तुम्हारे देशवासियों के साथ जो अन्याय हुआ है उसके लिए तुम मत लड़ो? विश्व शान्ति के लिए ब्रिटेन का बिगुल बजाना भी अपनी जगह सही है।

यदि सभी सही हैं तो ग़लत कौन है? और यदि सभी ग़लत हैं तो सही कौन है?

मैं समझता हूँ कि खोट सोच में नहीं है, क़दम में है।

आग से आग बुझाने के क़दम में, सैलाब को सैलाब से रोकने के क़दम में, ज़हर को ज़हर से मारने के क़दम में।

आज यदि आवश्यकता है तो शीतल मन के निर्मल जल से अहं और बदले की अग्नि को बुझाने की। ज़रूरत है तो ऐसे पौधों को सींचने की जिनमें फूल ज़्यादा हों और काँटे कम। हमें ऐसा मरहम चाहिए जो आतंकवाद एवं संकीर्णता की विषैली सोच को जड़ से मिटा सके।

आज सबसे बड़ी ज़रूरत है हमारे अन्दर सो रहे ईसा, बुद्ध, महावीर, गांधी और हज़रत अली को जगाने की। वरना हमारे कन्धों पर झूलते हुए बच्चों से हम कल क्या कहेंगे? दिनांक 8 नवम्बर, 2001 को उ.प्र. हिन्दी संस्थान, उ.प्र. सरकार ने मुझे विदेशों में हिन्दी प्रसार के लिए पुरस्कृत किया। मैं उनके प्रति अपना आभार व्यक्त करते हुए यही कहूँगा कि यह पुरस्कार एक महत्त्वपूर्ण प्रोत्साहन है, प्रेरणा है और आशीर्वाद है, यू.के. के हर उस साहित्यकार, उस कार्यकर्ता के लिए जो हिन्दी के लिए समर्पित है। मेरे लिए सबसे बड़ी उपलब्धि यही है कि आज भारत सरकार की आँखें ब्रिटेन में हो रहे हिन्दी के कार्यों को सराहने एवं उन्हें मान्यता देने लगी हैं और मुझे विश्वास है कि इस श्रृंखला में हिन्दी के और भी सेवकों को भविष्य में सम्मानित किया जायेगा।

जनवरी, 2002 : हिन्दी एवं उर्दू

उर्दू और हिन्दी में बस फ़र्क़ है इतना
उर्दू में देखते ख़्वाब और हिन्दी में सपना?

भारत की दो मुख्य भाषाओं हिन्दी एवं उर्दू के रिश्ते को यह शेर कितनी सहजता, सरलता और गहनता से प्रस्तुत करता है। ये वो भाषाएँ हैं जो सदियों से दो बहनों की तरह एक ही परिवार में केवल रह ही नहीं रही हैं एक-दूसरे की आत्माओं में बसी हुई हैं।

संस्कृत, पाली, अरबी और फ़ारसी की कोख से जन्मी भारतवर्ष में हिन्दी एवं उर्दू। इनका मिश्रण भारत की वह आम ज़ुबान बनी जिसने हमारे देश की सभ्यता और संस्कृति को ही नहीं, उसके इतिहास, उसके संघर्ष, उसकी सोच को भी ज्ञान दर्शन दिया है। गोस्वामी तुलसीदास जी की रामायण में ऐसे अनेक शब्द हैं जो इसका उदाहरण हैं :

गनी ग़रीब ग्राम नर नागर,
पण्डित मूल मलीन उजागर

इन पंक्तियों में तुलसीदास ने "गनी" शब्द जो अरबी का है उसका प्रयोग किया जहाँ वे 'गनी' की जगह 'धनी' शब्द का भी प्रयोग कर सकते थे। परन्तु उन्होंने रामायण भारत की आम भाषा में लिखा, बोलचाल की उस भाषा में लिखा जो सभी को स्वीकार्य थी। सम्भवत: यही कारण है कि भारत के अनेक लोकप्रिय साहित्यकार केवल लिपि के कारण ही उर्दू या हिन्दी के जाने जाते हैं, उनके गीत ग़ज़ल केवल सुन कर उन्हें किसी एक भाषा में बाँधना मुश्किल हो जाता है।

इसी मिलीजुली भाषा का भारत के स्वाधीनता-संघर्ष में कितना महत्त्वपूर्ण योगदान था, यह किसी से छिपा नहीं है। कश्मीर से लेकर कन्याकुमारी तक उर्दू और हिन्दी की रचनाओं ने प्रभात फेरियों से लेकर ज़रूरतें एवं जनसभाओं में जनता ने देशभक्ति एवं त्याग की अभूतपूर्व स्फूर्ति को जन्म दिया तथा क्रान्तिकारियों से लेकर सत्याग्रहियों तक का मार्गदर्शन किया।

ध्यान से देखिए तो आप पायेंगे कि यदि हिन्दी से संस्कृत एवं पाली के क्लिष्ट शब्द निकाल दें तो वह उर्दू हो जाती है तथा यदि उर्दू से अरबी एवं फ़ारसी के जटिल शब्द निकाल दें तो वह हिन्दी हो जाती है। इन्हीं भावनाओं को ध्यान में रखकर हमने 16 फ़रवरी, 2002 को लन्दन के नेहरू केन्द्र में 'मजाज़ लखनवी' की स्मृति में 'मजाज़ फाउंडेशन' की स्थापना की। लन्दन की सलमा एवं अरुण अस्थाना के

साथ हमने भारत की सबसे लोकप्रिय भाषा हिन्दी एवं उर्दू के साहित्यकारों के साथ एक मंच से यह सन्देश दिया कि एकता, अखण्डता एवं प्रेम की यह भाषाएँ आज भी हर भारतवासी के ही नहीं, अपितु प्रवासी भारतीय के भी हृदय में धड़कती हैं।

इनका साहित्य विश्व के आईने में भारतीय संस्कृति का अक्स है। इन्हीं भाषाओं में गूँजते हुए साहित्य का असर है कि जब एक ओर ख़बर आती है कि भारत के गणतन्त्र दिवस के सुअवसर पर कुछ नेताओं ने भारत के राष्ट्रीय गान को सम्मान देने के लिए अपनी कुर्सी से खड़ा होना उचित नहीं समझा। इंग्लैंड के सिनेमाघरों में हाल ही में आयी एक फ़िल्म में जब भारत का राष्ट्रगान बजा, अपनी-अपनी कुर्सियों को छोड़कर लोगों को खड़े होते देखा गया। हम चाहे उर्दू कहें या हिन्दी, दर्द वही है, भाव वही है, सन्देश वही है।

भाषा वही काम की होगी, जो कि ख़ास व आम की होगी।
हिन्दी में कहो या उर्दू में, सूरज ढले तो शाम ही होगी।

अप्रैल, 2002 : ब्रिटेन में हिन्दी कहानियाँ

हमारे आसपास घटने वाली घटनाओं, जीवन के खट्टे-मीठे अनुभवों एवं मर्मस्पर्शी अनुभूतियों को जब हम शब्दों में पिरोकर कहानी का रूप देते हैं तो समाज का अक्स साफ़ नज़र आने लगता है और काग़ज़ के पन्ने आईना हो जाते हैं।

एक कहानीकार पात्रों के माध्यम से कभी ऐसे चरित्र को सामने लाता है जो आदर्श होते हैं तो कभी उनके माध्यम से समाज की उस गन्दगी से हमें परिचित कराता है जिसका अहसास हम कई बार उस शर्मनाक वातावरण में रहते हुए भी नहीं कर पाते।

यही एक कहानीकार की उपलब्धि है कि पाठक उसकी कहानी के द्वारा अपने समाज को इतने नजदीक से देखने में समर्थ होता है।

ब्रिटेन में हिन्दी कहानियों का विस्तार बहुत अधिक नहीं रहा है। कारण कहानी लेखन की कमी नहीं, कहानी प्रकाशन की कमी है। ऐसे मंचों का इतिहास नहीं रहा जो कहानियों को प्रकाश में लायें। उषा राजे जी द्वारा सम्पादित 'मिट्टी की सुगन्ध' ऐसा पहला कहानी-संग्रह है जो नये-पुराने, उभरते-स्थापित एवं समकालीन कहानीकारों की रचनाओं को प्रकाश में लाया और जो ऐसी नयी परम्परा डालने में सफल हुआ जिसने जहाँ एक ओर स्थापित लेखन को प्रचलित किया वहीं दूसरी ओर नये लेखन को उत्साहित।

सच पूछिए तो ब्रिटेन की हिन्दी कहानी के इतिहास का प्रथम अध्याय है 'मिट्टी की सुगन्ध'। इस अध्याय की दूसरी कड़ी मैं कहूँगा कि सूरज प्रकाश द्वारा सम्पादित 'कथा लन्दन' जिसने न केवल कथा यू.के. संस्था की गोष्ठियों में कही जाने वाली कहानियों को संग्रहित किया अपितु ब्रिटेन के हिन्दी पाठकों के हिन्दी कहानियों के प्रति समीक्षात्मक दृष्टिकोण से भी हमें अवगत कराया।

ब्रिटेन का आम पाठक ओंकारनाथ श्रीवास्तव, सत्येन्द्र श्रीवास्तव तथा गौतम सचदेव जैसे प्रतिष्ठित लेखकों से तो परिचित वर्षों से है, परन्तु उनके साहित्य को आत्मसात् करने का मौक़ा उसे हाल ही के वर्षों में 'पुरवाई' एवं इन कहानी-संग्रहों ने दिया है।

शैल अग्रवाल, उषा वर्मा, तोषी अमृता एवं दिव्या माथुर वह नाम हैं जो इन प्रकाशनों के माध्यम से ही आज ब्रिटेन के आम हिन्दी पाठकों से परिचित हुए हैं। आज ब्रिटेन की हिन्दी कहानियों को अभूतपूर्व स्फूर्ति यदि किसी से मिली है तो वह नाम है, तेजेन्द्र शर्मा का।

तेजेन्द्र शर्मा अपनी अद्‌भुत आयोजन क्षमता से इस देश में हिन्दी कहानियों की संत्ता को विस्तार दे रहे हैं। 'पुरवाई' का यह विशेष अंक इसी श्रृंखला का एक और प्रयास है।

जब से यू.के. में हिन्दी कहानियाँ प्रकाश में आयी हैं हम इस आधुनिक समाज की मनोदशा को, वर्तमान पीढ़ी की नयी सोच को, भारतीय दृष्टिकोण से देखने में सफल हुए हैं–

कही व्यंग्य है, कटाक्ष है तो कहीं संवेदना है। कहीं क्रोध है, तेवर है तो कहीं शान्ति का सन्देश है। कहीं सुन्दर समाज की परिकल्पना है तो कहीं उसकी विसंगतियाँ। कहीं हम भारत को अन्तरराष्ट्रीय नज़रों से देखते हैं तो कहीं हम विदेशी समाज पर भारतीय दृष्टि डालते हैं। कहीं हम स्वयं से पराये हो जाते हैं तो कहीं हमारा स्वयं से परिचय होता है। ब्रिटेन की हिन्दी कहानियों की यही विशिष्टता है कि वह हमें 'हमसे' मिलाती हैं।

जुलाई, 2002 : हिन्दी का नियमित प्रकाशन

भारत से बाहर आज अमेरिका, ब्रिटेन, मॉरीशस, यूरोप, सूरीनाम, फिजी और त्रिनिदाद जैसे देशों में हिन्दी की अनेक संस्थाएँ चल रही हैं। अपने-अपने क्षेत्र

में हिन्दी भाषा के माध्यम से भारतीय साहित्य एवं संस्कृति को जीवित रखने का महत्त्वपूर्ण कार्य कर रही हैं।

इनमें से कुछ संस्थाएँ ऐसी हैं जो नियमित रूप से हिन्दी की पत्रिका अथवा पत्र प्रकाशित कर रही हैं। मैं समझता हूँ कि हिन्दी का नियमित प्रकाशन हिन्दी के प्रचार-प्रसार का सबसे महत्त्वपूर्ण माध्यम है। पत्र-पत्रिका से एक तो हिन्दी प्रेमियों को अपनी बात कहने एवं लिखने का अवसर प्राप्त होता है जिससे उन्हें केवल प्रोत्साहन ही नहीं मिलता बल्कि एक साहित्यिक वातावरण भी तैयार होता है। दूसरा हिन्दी में हो रहे कार्यों का इतिहास संगृहीत होता है।

उस देश में लिखे जा रहे लेखन से वहाँ की समस्याएँ, भावनाएँ, चिन्तन और दृष्टिकोण को एक ऐसा मंच मिलता है जो उनकी आवाज़ को जन-जन तक पहुँचाता है और उनकी लेखनी को अमर कर देता है। नियमित रूप से कोई पत्रिका देवनागरी लिपि में डाक से घर में आती है, ड्राइंग रूम की मेज पर रखी रहती है तो घर के बच्चों की भी निगाह उस पर पड़ती है। घर में जब उस पत्रिका के किसी लेख पर कोई ज़िक्र छिड़ता है तो हिन्दी की गूँज पूरे घर में सुनी जा सकती है। यही बनाता है वातावरण हिन्दी का उस घर में जिसका प्रभाव नयी पीढ़ी पर पड़ता है। ब्रिटेन में सनराइज रेडियो एवं हिन्दी के टेलीविज़न चैनल्स तो हिन्दी पत्रकारिता का एक सशक्त माध्यम हैं ही, परन्तु हिन्दी साहित्य को जन-जन तक पहुँचाना एक अत्यन्त आवश्यक एवं महत्त्वपूर्ण कार्य है।

अंक 20 के साथ 'पुरवाई' के पाँच वर्ष पूरे हो रहे हैं। आज मुझे गर्व होता है कि 'पुरवाई' एक ऐसा सेतु बन चुकी है जो भारत और भारत से बाहर लिखे जाने वाले साहित्य को जोड़ने में सक्षम हो सकी है। डॉ. लक्ष्मीमल्ल सिंघवी एवं कमला जी के संरक्षण तथा डॉ. सुरेन्द्र अरोड़ा के मार्गदर्शन में अक्टूबर 1997 में आरम्भ हुई थी 'पुरवाई'। 'पुरवाई' का लोकार्पण करते हुए दिनांक 11 सितम्बर, 1997 को नेहरू केन्द्र में सिंघवी जी ने कहा था कि उन्हें आशा ही नहीं पूरा विश्वास है कि 'पुरवाई' प्राचीन और प्रतीचि के भारतवंशियों के बीच एक सार्थक साहित्यिक एवं सांस्कृतिक सेतु की पहचान लेकर उभरेगी।

'गगनांचल' के सम्पादक श्री कन्हैया लाल नन्दन जी का वह पत्र मुझे आज भी याद है जिसमें उन्होंने लिखा था कि 'पद्मेश, पुरवाई का प्रकाशन तुम शुरू कर रहे हो और इसे लक्ष्मीमल्ल सिंघवी तथा कमला जी का संरक्षण प्राप्त है, यह कार्य तो अब बाध्य है सफलता के लिए।'

ऐसे ही आशीर्वाद एवं शुभकामनाओं के प्रताप से आज 'पुरवाई' विश्व के कई देशों में जा ही नहीं रही, अपितु भारत एवं ब्रिटेन के अलावा अमेरिका, नॉर्वे, मॉरिशस, त्रिनिदाद, जापान जैसे देशों के लेखक इसमें अपना साहित्यिक एवं रचनात्मक योगदान भी दे रहे हैं।

आज ब्रिटेन में हिन्दी के कई ऐसे रचनाकार हैं जिनकी रचनाएँ पहली बार 'पुरवाई' में प्रकाशित हुई हैं। ऐसे भी कुछ लोग मिलेंगे जिन्होंने 'पुरवाई' के लिए ही लिखना आरम्भ किया है। यही सबसे बड़ी उपलब्धि है हमारी पत्रिका की।

हिन्दी प्रेमियों में ऐसी जागृति को जन्म देना हमारा लक्ष्य है जो उन्हें हिन्दी लिखने-पढ़ने को उत्सुक करती है। हमारे कई साहित्यकार बन्धु इस बात को मानते हैं कि जब से 'पुरवाई' का प्रकाशन यू.के. में आरम्भ हुआ है, हिन्दी के पाठकों की संख्या बढ़ गयी है। हिन्दी की पुस्तक प्रदर्शनी में लोगों की रुचि पैदा हो गयी है। पुस्तकों के लोकार्पण कार्यक्रमों में केवल लोग आते ही नहीं बल्कि पुस्तकें भी ख़रीदते हैं। 'पुरवाई' के पाठकों एवं सम्पादक मण्डल को अपना आभार देते हुए आप सब लोगों से यही प्रार्थना है कि 'पुरवाई' को आप अपना आशीर्वाद ऐसे ही देते रहिए।

अक्टूबर, 2002 : हिन्दी पढ़ाने की उचित सामग्री

हिन्दी भारत की वह भाषा है जिसे पढ़ने एवं सीखने की इच्छा विश्व के कई लोग रखते हैं, परन्तु कमी है तो सही पाठ्यक्रम की तथा व्यवस्था की जिसके कारण अनेक लोग हिन्दी सीखने की चाह रखते हुए भी उसे नहीं सीख पा रहे हैं। न ही हिन्दी पढ़ाने की उचित सामग्री उपलब्ध है और न ही शिक्षकों को हिन्दी पढ़ाने का उचित ज्ञान।

मेरा इशारा विश्वविद्यालय के स्थापित प्राध्यापकों की ओर नहीं है परन्तु उन शिक्षकों की ओर है जो गली-गली, मुहल्लों-मुहल्लों में स्वैच्छिक रूप से मिशनरीज़ के रूप में हिन्दी का अध्यापन कर रहे हैं। मेरा संकेत उन लोगों की तरफ़ है जो मन्दिरों, हिन्दू सेंटर्स तथा चैरिटी संस्थाओं में हिन्दी पढ़ा रहे हैं।

ब्रिटेन में हिन्दी ज्ञान प्रतियोगिता के दौरान जब मैं हिन्दी के शिक्षण केन्द्रों में गया तो पाया कि सभी शिक्षक अपनी-अपनी तरह से हिन्दी पढ़ा रहे हैं। हमारे सहयोगी वेद मोहला जी एवं अनिल शर्मा जी को 'हिन्दी ज्ञान प्रतियोगिता' के लिए प्रश्न पत्र बनाते समय अच्छा-ख़ासा परिश्रम करना पड़ा। एक ऐसा कॉमन प्रश्न पत्र जो सभी विद्यार्थियों की समझ में आसानी से आ जाये।

प्रत्येक भाषा का अपना व्याकरण, अपना उच्चारण एवं अपनी संस्कृति होती है। किसी भी विदेशी भाषा के व्यक्ति को जब हम हिन्दी पढ़ाने चलते हैं तो मेरे विचार में सबसे पहले हमें उस भाषा के व्याकरण, उच्चारण एवं संस्कृति को समझ लेना चाहिए और वह समानता ढूँढ़नी चाहिए जो हिन्दी तथा उस भाषा में मिलती है।

यदि हम शिक्षा का प्रारम्भ दोनों भाषाओं के उन समान शब्दों, वाक्य संरचना, व्याकरण अथवा संस्कृति से करें तो विदेशी भाषी को हिन्दी पढ़ाना आसान हो जाता है। मेरे कहने का तात्पर्य है कि हमें हिन्दी शिक्षण में साहित्यिक नहीं, व्यावहारिक पद्धति का उपयोग करना चाहिए।

हिन्दी का ऐसा विश्वस्तरीय संगठन होना चाहिए जिसका सामान्य पाठ्यक्रम हो, प्रशिक्षित शिक्षक हों और सबका आपस में पूरा समन्वय हो। इसके साथ कुछ ऐसे कार्यक्रमों की ठोस व्यवस्था हो जो विदेशियों एवं आप्रवासी भारतीयों में हिन्दी के प्रति एक आकर्षण पैदा कर सके। यह कटु सत्य है कि आज विश्व में जो हिन्दी बोली या समझी जा रही है उसमें हिन्दी फ़िल्मों एवं गीतों का बहुत बड़ा योगदान है।

चूँकि, हिन्दी समिति ने पिछले वर्ष 'हिन्दी ज्ञान प्रतियोगिता' का आयोजन लन्दन के हिन्दी विद्यार्थियों के लिए किया था। उसकी अपार सफलता का प्रमाण है कि इस वर्ष यह प्रतियोगिता पूरे ब्रिटेन में आयोजित हो रही है तथा समिति ने निश्चय किया है कि इस वर्ष के क़रीब 10 चयनित प्रतिभाशाली विद्यार्थियों के प्रतिनिधिमण्डल को भारत की अध्ययन यात्रा पर ले जाया जायेगा। समिति की सहयोगी संस्थाओं का हिन्दी के प्रति बढ़ता प्रेम, उत्साह एवं निष्ठा के पीछे मैं इस वार्षिक कवि सम्मेलनों एवं समिति के नियमित कार्यक्रमों की अहम भूमिका और योगदान मानता हूँ।

इस वर्ष के विराट कवि सम्मेलन की अभूतपूर्व सफलता का परिणाम है कि ब्रिटेन के ऐसे अनेक लोग स्वयं हमारे सामने आये जो हिन्दी समिति के कार्यक्रमों को तन, मन और धन से सहयोग करना चाहते हैं। कवि सम्मेलन हों, गोष्ठियाँ हों या फिर 'पुरवाई' का प्रकाशन, हमारा उद्‌देश्य है हिन्दी भाषा के माध्यम से भारतीय संस्कृति एवं सभ्यता के प्रति वर्तमान पीढ़ी में जागृति उत्पन्न करना। ब्रिटेन में हिन्दी के साहित्यकारों को प्रोत्साहन देने के लिए पिछले वर्ष की भाँति इस वर्ष समिति के निर्णायक मण्डल ने मोहन राणा के कविता-संग्रह 'इस छोर से' का प्रकाशन के लिए चयन किया है। इन शब्दों के साथ 'पुरवाई' के सम्पादक मण्डल की ओर से आप सबको दीपावली एवं नववर्ष की हार्दिक शुभकामनाएँ।

जनवरी, 2003 : भारत और ब्रिटेन के रिश्ते

“मुझे विश्वास है कि अगले दस वर्षों में भारत और ब्रिटेन के रिश्ते और अधिक मज़बूत होंगे।” दिनांक 7 जनवरी, 2003 को दिल्ली के इम्पीरियल होटल में प्रवासी भारतीयों एवं भारतीय व्यापारियों के सम्मान में यह, इन्हीं शब्दों में हिन्दी में कहा ब्रिटेन की ट्रेड मिनिस्टर सुश्री पैट्रीशिया ह्यूविट ने।

फिर 9 से 12 जनवरी तक दिल्ली में हुए प्रवासी भारतीय सम्मेलन में भारत के प्रधानमन्त्री से लेकर मॉरीशस के प्रधानमन्त्री तक, अधिकांश वक्ताओं ने अपने सम्बोधन का अन्त हिन्दी में ही किया।

यह इस बात का प्रमाण है कि हिन्दी ही भारत की अस्मिता है, पहचान है। विश्व के कोने-कोने में बचे भारतीयों का भारतीयों से पूर्व मिलन। एक अत्यन्त सुखद आत्मीय वातावरण में डूबा रहा दिल्ली का प्रगति मैदान। सदियों से भारत से दूर हुए भारतीयों को पहली बार यह अहसास दिलाया गया कि वे भारत की सन्तान हैं। वे पराये नहीं अपने हैं। मेरा हमेशा से मानना है कि भारतीय भारत से तो बाहर निकल जाता है परन्तु भारत भारतीय के मन से कभी नहीं निकल पाता, पीढ़ियों दर पीढ़ियों नहीं निकल पाता। इन भावनाओं को समझा लक्ष्मीमल्ल सिंघवी जी ने। और केवल समझा ही नहीं बल्कि प्रवासी भारतीय दिवस की अपनी वर्षों पुरानी परिकल्पना को उन्होंने अन्ततः अत्यन्त व्यावहारिक रूप से साकार भी किया। दोहरी नागरिकता का मार्ग निकालकर वर्तमान और आगामी पीढ़ी को भारत से जोड़ने का रास्ता प्रशस्त किया है। इस महायज्ञ में विदेश मन्त्रालय के श्री जे.सी. शर्मा की भूमिका अत्यन्त सराहनीय रही।

सम्मेलन में चिन्तनपूर्ण एवं वैचारिक सत्रों के साथ-साथ सांस्कृतिक कार्यक्रमों के वृहद् आयोजन के माध्यम से विश्व के प्रतिनिधियों का स्वागत किया गया। मैं इस सम्मेलन को और इस सम्मेलन से अधिक इसकी परिकल्पना को नमन करता हूँ। साथ ही इस तथ्य को भी सामने रखना चाहूँगा कि मैं मानता हूँ कि 62 देशों से आये क़रीब 3,000 प्रतिनिधियों की बात तीन दिनों में सुनना असम्भव है, परन्तु प्रत्येक सत्र और कार्यक्रम में ऐसा लगा कि विश्व भर से प्रवासी भारतीयों को सुनाने के लिए बुलाया गया है, सुनने के लिए नहीं।

प्रवासी भारतीयों के मुक़ाबले भारतवासियों के भाषण कहीं अधिक थे। विशेष रूप से भारत के विभिन्न राजनेताओं के सम्बोधनों में एक ही बात की पुनरावृत्ति रही कि प्रवासी भारतीयों को भारत में पैसा लगाना चाहिए। कहीं-कहीं तो ऐसा महसूस

हुआ जैसे कि भारत की नज़र सभी प्रवासियों की भावनाओं, उनके मन पर कम उनके धन पर अधिक है।

सम्मेलन के उपरान्त जब मेरे अनेक मित्रों ने, यहाँ तक कि भारत के एक पत्रकार ने भी यह प्रश्न किया कि प्रवासी भारतीय सम्मेलन के दौरान आपने कितना पैसा इनवेस्ट किया तो मेरे मन में सवाल उठा कि क्या एक प्रवासी के जीवन भर के संघर्ष को सिर्फ़ उसके बैंक बैलेन्स से तौलना उचित है? क्या उसकी सांस्कृतिक, सामाजिक और साहित्यिक उपलब्धियों एवं सेवाओं का कोई मोल नहीं?

क्या भारत की निगाह में मात्र राजनीति और व्यापार में तरक़्क़ी ही उपलब्धि की पहचान है, भारत की सांस्कृतिक विरासत को, सभ्यता की धरोहर को भारत से सुदूर बसे प्रवासियों को, पीढ़ी दर पीढ़ी भारत एवं भारतीयता से जोड़े रखने वालों का कोई महत्त्व नहीं? यदि यह सच है कि भाषा ही संस्कृति की संवाहिका है, तो भारत सरकार द्वारा सम्मानित हस्तियों में हिन्दी का व्यक्ति कौन था? मैं अनिरुद्ध जगन्नाथ एवं लॉर्ड ढोलकिया के सम्मान का सम्मान करता हूँ, परन्तु अभिमन्यु अनत एवं सत्येन्द्र श्रीवास्तव जैसे लोगों की तरफ़ भारत का ध्यान आकर्षित करना चाहूँगा, जिन्होंने अपने लेखन के द्वारा प्रवासी भारतीय समाज का मार्गदर्शन किया है, भारतीयता को बीसवीं शताब्दी से इक्कीसवीं शताब्दी तक भाषा के रथ पर लाये हैं। विश्व भर में फैले, विभिन्न क्षेत्रों में सरल भारतीयों को भारत से जोड़ने का कार्य सदियों से भारतीय भाषाओं के लेखक करते आये हैं।

आज ब्रिटेन में यू.के. हिन्दी समिति 'हिन्दी ज्ञान प्रतियोगिता' जैसे आयोजनों के माध्यम से युवा पीढ़ी को हिन्दी के लेखन से जोड़ने का प्रयास कर रही है। अन्तरराष्ट्रीय हिन्दी सम्मेलन के द्वारा यूरोप में हिन्दी की स्थिति सदृश विषयों पर चर्चा करने जा रही है। यदि भाषा न रही तो अगली पीढ़ी को भारत से भारत की संस्कृति नहीं, व्यवसाय जोड़ेगा और जिस प्रकार अभी हमारी यह धारणा है कि हमें यह नहीं सोचना चाहिए कि भारत हमें क्या दे रहा है, हमें सिर्फ़ यह सोचना चाहिए कि हम भारत को क्या दे सकते हैं। आगामी प्रवासी पीढ़ी यह भूल जायेगी कि वह भारत को क्या दे रही है, उसका मतलब केवल इस बात से रहेगा कि भारत उसे क्या दे रहा है? मैं समझता हूँ कि हम प्रवासी भारतीयों का यह दायित्व है कि हम अपनी सन्तानों को भारतीयता से जोड़े रखें जिसके लिए अपनी भाषा को उनके मध्य जीवित रखना अनिवार्य है। नववर्ष की शुभकामनाएँ।

अप्रैल, 2003 : तृतीय अन्तरराष्ट्रीय हिन्दी सम्मेलन

दिनांक 5 से 9 जून 2003 को सूरीनाम में होने वाले सातवें विश्व हिन्दी सम्मेलन की ओर हम सब की निगाह लगी हुई है। 21वीं शताब्दी का प्रथम विश्व हिन्दी सम्मेलन। कोई विचार लेकर आयेगा तो कोई योजनाएँ लेकर आयेगा, कोई प्रस्ताव ले कर आयेगा तो कोई समस्याओं के समाधान। विचारों और बहस का सिलसिला चलेगा।

इसमें भी दो राय नहीं है कि लोग भ्रमण करने के उद्‌देश्य से आयेंगे। कोई इसे हिन्दी का एक और मेला कहेगा तो कोई हिन्दी की एक और प्रदर्शनी सबका अपना-अपना दृष्टिकोण है। मेरी संश्लेषात्मक दृष्टि तो यही कहती है कि सातवें विश्व हिन्दी सम्मेलन के माध्यम से हम विश्व के एक और भू-क्षेत्र को हिन्दी का तीर्थ स्थान बनाने जा रहे हैं।

जहाँ एक ओर कोई साहित्यकार सम्मेलन को अपने विचार देगा तो दूसरी ओर हिन्दी का कोई कार्यकर्ता उसे अपना उत्साह देगा और भ्रमण की दृष्टि से आये हुए प्रतिनिधि का महत्त्व भी मेरी निगाह में काम नहीं है, क्योंकि मैं समझता हूँ कि उसका आगमन भले ही सम्मेलन के अकादमिक सत्रों के लिए विशेष महत्त्व न रखता हो परन्तु आयोजन के उस शहर और देश में उसका घूमना-फिरना हिन्दी का माहौल और वातावरण अवश्य देता है।

छठे विश्व हिन्दी सम्मेलन का लन्दन में आयोजन भले ही भारत के कुछ पत्रकारों या विद्वानों के लिए महत्त्वपूर्ण न रहा हो परन्तु मैं लन्दन में बसा हिन्दी का एक कार्यकर्ता होने के नाते हिन्दी के सम्मेलन के प्रभाव को अच्छी तरह जा जनता हूँ और मानता हूँ कि आज ब्रिटेन में हिन्दी की गतिविधियों में ऐसे सम्मेलनों का कितना महत्त्वपूर्ण योगदान है।

ब्रिटेन के हिन्दी प्रेमियों ने केवल अपने देश में ही नहीं बल्कि अन्य देशों में चल रही हिन्दी की गतिविधियों का समन्वय करने के लिए समय-समय पर अन्तरराष्ट्रीय हिन्दी सम्मेलनों का आयोजन किया है।

इन सम्मेलनों की परम्परा 1993 में तत्कालीन भारतीय उच्चायुक्त डॉ. लक्ष्मीमल्ल सिंघवी जी के संरक्षण में आरम्भ हुई थी। मुझे याद है कि उस अवसर पर सिंघवी जी ने कहा था कि जिस प्रकार थेम्स और गंगा जैसी नदियाँ एक छोटी-सी धार से आरभ होती हैं, वैसे ही हिन्दी सम्मेलनों की यह परम्परा एक दिन थेम्स और गंगा की ही तरह विशाल रूप लेगी। मैं यह तो नहीं जानता कि सम्मेलनों की

वह छोटी-सी धार पिछले दस वर्षों में नदी का रूप ले पायी है कि नहीं, परन्तु इतना अवश्य कह सकता हूँ कि इन दस वर्षों में ब्रिटेन में आयोजित तीन अन्तरराष्ट्रीय एवं एक विश्व हिन्दी सम्मेलनों में विचारों के समुद्र का जो मन्थन हुआ है, यूरोपियन यूनियन का केन्द्र भले ही लन्दन न बन पाया हो किन्तु उसने आज लन्दन को यूरोप का हिन्दी केन्द्र अवश्य बना दिया है।

तृतीय अन्तरराष्ट्रीय हिन्दी सम्मेलन में यूरोप के सभी विद्वानों ने लन्दन को हिन्दी का मुख्य केन्द्र मानते हुए 'यूरोपियन हिन्दी समिति' के गठन की घोषणा एक स्वर से कर दी। घोषणा या संकल्प किसी भी यात्रा का पहला क़दम तो हो सकता है, परन्तु उद्देश्य को हासिल करने के लिए, स्वप्न को साकार करने के लिए, संकल्प को परिणाम देने के लिए क़दम को गति देनी होगी।

मुझे ख़ुशी है कि तृतीय अन्तरराष्ट्रीय हिन्दी सम्मेलन के समापन सत्र में हॉलैंड के डॉ. मोहन गीतन जी की इस घोषणा ने कि अगले वर्ष चतुर्थ अन्तरराष्ट्रीय सम्मेलन हॉलैंड में होगा एवं मॉस्को की श्रीमती लुदमिला वसील्येवा का वक्तव्य कि सन् 2005 में पाँचवें अन्तरराष्ट्रीय हिन्दी सम्मेलन को मॉस्को में करवाने का प्रस्ताव वे अपनी समिति के समक्ष रखेंगी, मुझे लगा कि सम्मेलन में हुए विचारों एवं संकल्पों के परिणाम सामने आने लगे हैं और हमारी हिन्दी की यूरोप यात्रा आरम्भ हो गयी है।

ब्रिटेन में पिछले अनेक वर्षों से होने वाले बहुचर्चित अन्तरराष्ट्रीय हिन्दी कवि सम्मेलनों ने तो पिछले वर्ष ही अपने क़दम यूरोप में बढ़ा दिये थे। ब्रिटेन में होने वाली हिन्दी के विद्यार्थियों के लिए हिन्दी ज्ञान प्रतियोगिता को हंगरी एवं इटली में करवाने का प्रस्ताव तो आ ही चुका है।

तृतीय अन्तरराष्ट्रीय विश्व हिन्दी सम्मेलन में यूरोपियन हिन्दी समिति की स्थापना को मैं अत्यन्त महत्त्वपूर्ण और चुनौतियों से भरा क़दम मानता हूँ। मैं मानता हूँ कि यूरोप के हिन्दी समुदाय का यह मंच न केवल यूरोप के हिन्दी सेवियों एवं विद्वानों को एक सूत्र में पिरोयेगा अपितु हिन्दी को संयुक्त राष्ट्र संघ से मान्यता प्राप्त भाषा का दर्जा दिलाने के लिए संयुक्त राष्ट्र संघ तक एक मज़बूत स्वर से अपनी आवाज़ भी पहुँचायेगा।

जुलाई, 2003 : सातवाँ विश्व हिन्दी सम्मेलन

सूरीनाम में एक और विश्व हिन्दी सम्मेलन सम्पन्न हुआ। मैं इन सम्मेलनों के आयोजनों का हिन्दी के विकास में बहुत बड़ा योगदान मानता हूँ। ब्रिटेन में प्रथम

अन्तरराष्ट्रीय हिन्दी सम्मेलन का आयोजन 1993 में हुआ था। उसके बाद से अब तक दो अन्तरराष्ट्रीय हिन्दी सम्मेलन और एक विश्व हिन्दी सम्मेलन के आयोजन हो चुके हैं जिनका परिणाम यह है कि दस वर्षों में ब्रिटेन विश्व में हिन्दी का एक केन्द्र बन चुका है। लेकिन इसका कारण सिर्फ़ सम्मेलन का आयोजन नहीं बल्कि उसमें स्थानीय लोगों की सक्रिय सफलता का असली राज़ है।

हिन्दी के एक कार्यकर्ता के रूप में मैं जानता हूँ कि ऐसे सम्मेलन हम जैसे लोगों के मिशन के लिए कितने महत्त्वपूर्ण हैं। उस अनुभव के आधार पर मैं यह भी कहना चाहूँगा कि विश्व हिन्दी के समक्ष चुनौतियों को भारत की स्वैच्छिक संस्थाओं को एक अन्तरराष्ट्रीय टीम की आवश्यकता है। अपने-अपने अनुभवों को बाँटने की आवश्यकता है जिसकी कमी मुझे विश्व हिन्दी सम्मेलनों में साफ़ नज़र आ रही है।

सबसे बड़ा उदाहरण यह है कि 1974 के प्रथम विश्व हिन्दी सम्मेलन से लेकर अब तक हुए सभी सम्मेलनों में यह प्रस्ताव हर बार पारित होता है कि हिन्दी को संयुक्त राष्ट्र संघ की भाषा के रूप में मान्यता दिलायी जाये। प्रस्ताव तो पारित हो जाते हैं, परन्तु उसको कार्यान्वित करने के लिए कोई समिति नहीं बनती और विश्व हिन्दी सम्मेलन बस एक आयोजन बनकर रह जाता है। अंग्रेज़ी का एक शब्द मैं यदि प्रयोग करूँ तो वह है–Re-Inventing Wheel.

हम हर विश्व हिन्दी सम्मेलन में बार-बार यह नया पहिया बनाते हैं, पहिये को आगे बढ़ाने के लिए चालक के विषय में सोचते ही नहीं। मैं पूछना चाहता हूँ कि क्या इस विश्व हिन्दी सम्मेलन के लिए विश्व हिन्दी सम्मेलनों की शुरुआत करने वाली संस्था राष्ट्र भाषा समिति वर्धा, मॉरीशस में दो विश्व हिन्दी सम्मेलन करवाने वाली संस्था महात्मा गांधी इंस्टीट्यूट, त्रिनिदाद में विश्व हिन्दी सम्मेलन की आयोजक हिन्दी निधि और छठे विश्व हिन्दी सम्मेलन की आयोजन की समिति के अनुभवों का लाभ लिया गया? जी नहीं।

उधर भारत सरकार में भी वह मन्त्री और अधिकारी बदल जाते हैं जिन्हें सम्मेलन का अनुभव होता है। इसलिए मैं समझता हूँ कि अब नयी शताब्दी में हमें नये ढंग से एक ऐसी स्थायी समिति का गठन करना चाहिए जिसका काम प्रस्ताव को क्रियान्वित कराना हो।

विश्व हिन्दी सम्मेलन का आयोजन इसलिए होता है कि विश्व भर के हिन्दी सेवियों को एक मंच पर बुलाया जा सके। यह विश्व हिन्दी सम्मेलन है न कि भारत हिन्दी सम्मेलन। इसका कारण यही है कि जिस प्रकार भारत की समन्वय समिति

बनती है उसी प्रकार विदेश की एक समिति बननी चाहिए जिसकी अत्यन्त अहम भूमिका हो सकती है और उनको करनी भी चाहिए।

इस प्रकार विश्व हिन्दी सम्मेलन में अतिथि नहीं, परिवार के सदस्य होंगे। सबसे बड़ी बात यह है कि वे 'मोबिलाइज़' होंगे। मैं सीधे-सीधे शब्दों में बस यही कहना चाहता हूँ कि यह विश्व हिन्दी के हित में नहीं है कि भारत सरकार द्वारा भारत के 250 प्रतिनिधियों को यात्रा व्यय दिया जाये और विदेश के सिर्फ़ 20 प्रतिनिधियों को जो उसका 10% भी नहीं है।

भारत से 10,000 मील दूर सूरीनाम में कई सौ किलो गगनांचल की प्रतियाँ आयी थीं, जो अधिकांश 250-300 भारतीयों के साथ भारत वापस जानी चाहिए। बताना चाहूँगा कि पिछले विश्व हिन्दी सम्मेलन में ऐसा ही हुआ था। उनके जाने के बाद जब उनके कमरों की सफ़ाई हुई तो हम लोगों को इतनी किताबें मिलीं जिसे न देखते बनता था और ना रखते।

यह अवश्य कहूँगा कि श्री अशोक चक्रधर के सम्पादन में सातवें विश्व हिन्दी सम्मेलन में रोज़ाना निकलने वाला सम्मेलन समाचार-पत्र एक महत्त्वपूर्ण उपलब्धि थी। नयी शताब्दी में विश्व हिन्दी के समक्ष बड़ी और पहली चुनौती तो यह है कि हमें भारत से बाहर निकलना होगा। मुट्ठी खोलनी होगी। हिन्दी के विषय में जब भी सोचें, खुले मस्तिष्क से सोचें। विदेशियों के रचनात्मक लेखन को भारत की मूलधारा से जोड़ें और उसे विश्व की मूलधारा बनायें। इन आयोजनों में हुए विचारों के मन्थन को अंजाम दें। पारित प्रस्तावों को कार्यान्वित करने की योजना पर बल दें।

अक्टूबर, 2003 : ब्रिटेन के हिन्दी विद्यार्थियों के दल

"अगले वर्ष हिन्दी ज्ञान प्रतियोगिता के एक विजेता की भारत यात्रा का प्रयोजन हम विद्यार्थी मिल कर करेंगे।" भारत यात्रा से लौटे ब्रिटेन के हिन्दी विद्यार्थियों के दल की ओर से बर्मिंघम में नीरज पॉल की इस घोषणा ने ब्रिटेन में हिन्दी के सुनहरे भविष्य का वह द्वार खोल दिया जिसकी हममें से किसी ने कल्पना भी नहीं की थी।

इसे मैं पूरी हिन्दी ज्ञान प्रतियोगिता की सबसे बड़ी उपलब्धि मानता हूँ। इस यात्रा की उपलब्धियों के भण्डार में से यदि साहित्यिक दृष्टि से देखा जाये तो दूसरी उपलब्धि अनुज अग्रवाल का हिन्दी कवि के रूप में उभरना है।

यह बात अक्सर उभरकर सामने आती रही है कि हमारी असली जीत तब होगी जब ब्रिटेन में जन्मा कोई व्यक्ति हिन्दी के रचनात्मक लेखन में कहानीकार या कवि

बनकर सामने आयेगा। एक उदाहरण या प्रतीक के रूप में ही सही लेकिन यह हो गया है। बीज पड़ चुका है। अब देखना यह है कि कितने और फूल खिलते हैं।

हम आयोजकों ने भी यह नहीं सोचा था कि ब्रिटेन के हिन्दी विद्यार्थियों को भारत की अध्ययन यात्रा कराने से ऐसे अद्भुत परिणाम सामने आयेंगे। हिन्दी दिवस के अवसर पर यू.के. द्वारा आयोजित 'यू.के. हिन्दी शिक्षक सम्मेलन' भी इस वर्ष की एक महत्त्वपूर्ण उपलब्धि रही। हिन्दी के वे अध्यापक जो वर्षों से मिशनरीज़ के रूप में हिन्दी की नयी पौध को सींचने में लगे हुए हैं, उन्होंने एक साथ एक मंच पर हिन्दी शिक्षण के विभिन्न पहलुओं पर खुलकर विचार विमर्श किया।

'हिन्दी ज्ञान प्रतियोगिता' के पाठ्यक्रम से लेकर जी.सी.एस.सी. की परीक्षाओं में हिन्दी को वापस लाने की योजनाएँ बनीं। अब आवश्यकता है उन योजनाओं को कार्यान्वित करने की, जिसके लिए मैं समझता हूँ कि इन्हीं में से कुछेक को कार्यकर्ता का रूप लेना होगा और हिन्दी शिक्षण के क्षेत्र में नये कीर्तिमान बनाने होंगे। जहाँ एक ओर इस वर्ष ब्रिटेन के हिन्दी विद्यार्थियों की भारत यात्रा, यूरोप हिन्दी समिति का गठन और यू.के. के हिन्दी शिक्षकों का सम्मेलन हुआ वहीं ब्रिटेन के वार्षिक कवि सम्मेलन में पूरे देश में एक बार फिर अपनी पूरी गरिमा के साथ आयोजित हुए। यू.के. हिन्दी समिति ने लन्दन में लगातार दसवाँ 'अन्तरराष्ट्रीय कवि सम्मेलन' आयोजित किया। इन कवि सम्मेलनों के आयोजन का उद्देश्य रहा है हिन्दी का वातावरण बनाना। हिन्दी के प्रति लोगों में रुचि पैदा करना जिसमें हम पूर्णत: सफल हुए।

आज भारत से बाहर ब्रिटेन में हिन्दी का जितना रचनात्मक लेखन हो रहा है उतना सम्भवत: किसी और देश में नहीं हो रहा है। मैं इन कवि सम्मेलनों का इसमें बहुत बड़ा योगदान मानता हूँ। 1994 में ये सम्मेलन लन्दन तथा मैनचेस्टर में हुए, उसके बाद बर्मिंघम एवं न्यूयॉर्क से जुड़े तथा इस वर्ष लेस्टर में पहली बार अत्यन्त सफल कवि सम्मेलन हुआ। अब पेरिस एवं हॉलैंड भी इन कवि सम्मेलनों से जुड़ चुके हैं।

पिछले दस वर्षों में इन कवि सम्मेलनों के अन्तरराष्ट्रीय संयोजक के रूप में जो अनुभव मुझे हुए हैं उनके आधार पर यह बात मैं पूरे विश्वास और अधिकार से कह सकता हूँ कि इन आयोजनों में भारत से आने वाले कवियों ने सिर्फ़ ब्रिटेन को अपनी रचनाएँ और सान्निध्य ही नहीं दिया अपितु इस देश को अनेक नये सशक्त रचनाकार भी दिये हैं जिसका 'पुरवाई' सबसे बड़ा प्रमाण है। आज ब्रिटेन के हिन्दी

कवि भारत में भी प्रतिष्ठा पा रहे हैं। पिछले दस वर्षों से ब्रिटेन में रह रहे सभी हिन्दी साहित्यकारों को आभार देते हुए 'पुरवाई' का 25वाँ अंक आपके समक्ष प्रस्तुत करते हुए मैं अत्यन्त हर्ष का अनुभव कर रहा हूँ।

जनवरी, 2004 : प्रवासी भारतीय दिवस

प्रवासी भारतीय दिवस दिल्ली में पूरी भव्यता के साथ सम्पन्न हुआ। एक बार फिर हम सभी को यह महसूस हुआ कि भारत अपने उन बेटों को खोना नहीं चाहता जो उससे दूर जा बसे हैं। भारत के राष्ट्रपति एवं प्रधानमन्त्री से लेकर आम नागरिकों और भारतीय मीडिया तक सभी ने प्रवासी भारतीयों को सिर आँखों पर रखा। पूरे आयोजन के दौरान भारतीय व्यंजन और सांस्कृतिक कार्यक्रमों के माध्यम से हमारे आनन्द का भरपूर ख़याल रखा गया।

हम सभी प्रसन्नता से 'पर्यटन' करते रहे। पर्यटन! जी हाँ, पर्यटन! जैसे हम योरोप और अमरीका घूमते हैं, हमें अच्छा लगता है, बहुत अच्छा। 'पर्यटन' किसे अच्छा नहीं लगता, लेकिन क्या 'पर्यटन स्थल' कभी किसी को अपने घर से अधिक अच्छा लग सकता है? जी नहीं, घर तो वह होता है जहाँ अपनत्व होता है, आत्मीयता होती है, भावनाएँ होती हैं। घर में व्यापार नहीं होते, सौदा नहीं होता, मोल-तोल, लेन-देन नहीं होता। माना कि उद्योग, ट्रेड, इन्वेस्टमेंट हमारे घर, हमारे भारत की ज़रूरत है, पर क्या कोई अपने घर के साथ व्यापार करता है। जी नहीं, मैं समझता हूँ कि भारतीय मूल का व्यक्ति भारत के साथ इसलिए जुड़ना चाहता है क्योंकि वह भारत जैसे देश का सम्मान करता है, उससे प्रेम करता है, उसे विश्व के मानचित्र में सबसे ऊपर देखना चाहता है। यदि वह भारत के साथ व्यापार करेगा तो उससे भारत का लाभ कभी नहीं होगा, क्योंकि व्यापार कमाने के लिए किया जाता है, वह भारत को दस पैसे देगा तो इस आशा, इस उम्मीद के साथ कि भारत से बीस पैसे पायेगा। परन्तु, यदि वह पैसा व्यापार नहीं प्रेम से लगायेगा तो मुनाफ़े या फ़ायदे के लिए नहीं, बल्कि भारत को फलता-फूलता देखने की दृष्टि से लगायेगा। मैं यह नहीं कहता कि वह नुक़सान के लिए व्यापार करेगा परन्तु, अपने लाभ के लिए वह अपने भारत को हानि नहीं पहुँचायेगा। और इस अपनत्व और आत्मीयता के लिए प्रवासी भारतीय को भारत के संस्कारों से जोड़ना होगा, उसकी सभ्यता से जोड़ना होगा और इस सबके लिए उसे भारतीय भाषा के साथ जोड़ना अत्यन्त आवश्यक है।

अपनी भाषा जानने वाला प्रवासी भारतीय जब भारत जाता है तो उसे भारत अपने घर जैसा लगता है। अंग्रेज़ी में वह भारत को देख तो सकता है, परन्तु महसूस

नहीं कर सकता। हमें ऐसा क़दम उठाने की आवश्यकता है कि भारत का हर बेटा भारत को, भारतीयता को महसूस कर सके। वह भारत की भूमि पर यदि मकान ख़रीदे तो केवल अपने लिए, व्यापार के लिए नहीं। वह भारत की भूमि पर कारोबार करे तो महज़ मुनाफ़े के लिए नहीं बल्कि भारत की उन्नति के लिए। वह भारतीय सामान दूसरे देश में मँगाये तो सिर्फ़ इसलिए नहीं कि उसे पैसे कमाने हैं बल्कि इसलिए भी कि वह उससे प्रेम करे। हम-आप जो भारत से बाहर आ बसे हैं, अपने भारत के संस्कार नयी पीढ़ी को देने का प्रयास तो कर ही रहे हैं, परन्तु हमारे भारत के भाइयों का भी यह फ़र्ज़ बनता है कि वे प्रवासी भारतीयों को सिर्फ़ धन के लिए ही याद न करें।

भारत सरकार के आयोजनों में मनोरंजन के नाम पर एकाध सांस्कृतिक कार्यक्रमों में ही अपनी भाषा सुनने को मिली, परन्तु 'अक्षरम' संस्था द्वारा आयोजित प्रवासी भारतीय कवि सम्मेलन में अविस्मरणीय आत्मीयता महसूस हुई। इस प्रवासी भारतीय दिवस में पीड़ा और निराशा के साथ मेरे कवि मन में जन्मी पंक्तियाँ प्रस्तुत हैं–

बोला प्रवासी निवासी से,
'हम तो भारत तन और मन के साथ आये हैं।'
बोला निवासी प्रवासी से,
'यहाँ तन और मन की किसे कमी,
यह बतायें कि कितने धन के साथ आये हैं?'

अप्रैल, 2004 : हिन्दी ज्ञान प्रतियोगिता, यूरोप

'हिन्दी ज्ञान प्रतियोगिता' पहले वर्ष लन्दन में आयोजित हुई, दूसरे वर्ष पूरे ब्रिटेन में तथा इस साल वह ब्रिटेन के अलावा यूरोप के अन्य देशों में भी। यह हम आयोजकों के लिए अत्यन्त प्रोत्साहन और गर्व की बात है क़रीब 600 विद्यार्थियों के साथ-साथ उनके परिवार भी हमारे अभियान से जुड़े। प्रतियोगिता में भाग लेने वाले हिन्दी विद्यार्थियों के लिखे निबन्धों में एवं भाषण प्रतियोगिता के दौरान उनकी बातों में उनकी भारत से जुड़ने की इच्छा साफ़ दिखाई देती रही।

बच्चे चाहें भारतीय मूल के हों या फिर विदेशी मूल के, कहीं बॉलीवुड का शौक़, गीत-संगीत के प्रति आकर्षण, तो कहीं भारतीय इतिहास, योग और भोजन की बातें होती रहीं। सम्पूर्ण प्रतियोगिता बार-बार यह प्रमाणित करती रही कि भाषा के माध्यम से व्यक्ति किस तरह अपने आप संस्कृति से जुड़ता चला जाता है।

यहाँ बच्चों में एक बार हिन्दी या किसी अन्य भारतीय भाषा में रुचि पैदा करने की आवश्यकता है, फिर भाषा में स्वयं ही इतनी शक्ति होती है कि उसके सागर में बच्चा डूबता चला जाता है। और बच्चों को भारतीय भाषा से जोड़ने का दायित्व होता है उनके माता-पिता का।

विदेशों की बात तो दूर, आज भारत में ही हिन्दी का जो हश्र है, उसकी ज़िम्मेदार वही पीढ़ी है, जो अंग्रेज़ी और पश्चिमी संस्कृति के वर्चस्व का रोना रो रही है। मैं मानता हूँ कि अंग्रेज़ी का ज्ञान आवश्यक रहा है, परन्तु यदि अंग्रेज़ी भारत में एक भाषा के रूप में पढ़ी जाती तो बेहतर होता लेकिन कॉन्वेंट कल्चर में इसका उल्टा हुआ और हिन्दी महज़ एक भाषा के रूप में पढ़ी जाने लगी और उपेक्षित होती रही।

मुझे प्रसन्नता है कि आज भारत से बाहर ऐसे हज़ारों परिवार हैं जो भाषा के महत्त्व से परिचित हैं तथा अपने बच्चों को हिन्दी, गुजराती, उर्दू, पंजाबी तथा अन्य भारतीय भाषाओं से जोड़े हुए हैं। आज यह महसूस होता है कि हिन्दी ज्ञान प्रतियोगिता से न केवल वे बच्चे जो हिन्दी सीख रहे हैं, प्रकाश में आये हैं बल्कि उनके साथ उनके संस्कार, उनके विचार तथा उनके परिवार भी प्रकाश में आये हैं। हिन्दी के प्रचार-प्रसार का अर्थ केवल भाषा को लोगों तक पहुँचाना ही नहीं, अपितु इससे नयी पीढ़ी से लेकर अहिन्दी भाषा-भाषी लोगों को जोड़ना भी है। इसी उद्देश्य से आज ब्रिटेन के अलग-अलग क्षेत्रों में अनेक संस्थाएँ काम कर रही हैं। इसी क्रम में यू.के. में प्रतिवर्ष अलग-अलग नगरों में राष्ट्रीय कवि सम्मेलन के आयोजन किये जाते हैं। इस वर्ष जब हाल ही में लीड्स विश्वविद्यालय में कवि सम्मेलन का आयोजन हुआ तो उसमें यू.के. के प्रतिष्ठित कवियों की उपस्थिति नगण्य रही, जिससे आयोजकों के उत्साह को बहुत ठेस पहुँची। सामाजिक-स्वैच्छिक संस्थाएँ कार्यक्रम का आयोजन तो कर सकती हैं, परन्तु उनके मंच, अभियान एवं उद्देश्यों को परिणाम देने का दायित्व तो हिन्दी के साहित्यकारों का ही बनता है। हिन्दी के प्रतिष्ठित लेखकों को यदि अध्यक्ष या मुख्य अतिथि बनाकर न बुलाया जाये या फिर उनकी पुस्तक पर विशेष कार्यक्रम न हो तो क्या वे कार्यक्रम में नहीं आयेंगे? क्या उन्हें आने-जाने का किराया दिया जाये या फिर कोई पुरस्कार या सम्मान दिया जाये, तभी वे आयोजनों में आयेंगे? कुछ ऐसे ही प्रश्नों के साथ इस राष्ट्रीय कवि सम्मेलन का समाप्त होना हिन्दी के भविष्य के लिए उचित नहीं है।

जुलाई, 2004 : बॉलीवुड और हिन्दी संगीत

पुस्तकों, पत्रिकाओं, मीडिया और फ़िल्मों में जो भारत दिखाया जाता है उसमें और यथार्थ में कितना अन्तर है, यह सम्भवतः एक विदेशी ही बता सकता है। कहीं भारत का वह दृश्य चित्रित होता है जो भूखा और नंगा है तो कहीं वह भारत जो महलों और संग्रहालयों से सम्पन्न है। कहीं रिश्वतखोरों, जेबकतरों, मोड़-मोड़ पर लुटेरों के आतंक का भारत, तो कहीं साधु-सन्तों, महापुरुषों और विद्वानों के भारत का वर्णन होता है।

कौन भारत को किस दृष्टि से देखता है, अनुभव करता है, कह पाना अत्यन्त कठिन है। विदेशों में जो भारतीय मूल के बच्चे हैं, वे जन्म से ही अपने माता-पिता की आँखों से देखते हैं जिसमें उन्हें पूरे भारत में अपने परिवार और पूर्वजों के दर्शन होते हैं। फ़िल्मों के माध्यम से वे भारत की चमक-दमक और सौन्दर्य से आकर्षित होते हैं। परन्तु विदेशी मूल के लोगों के लिए भारत आज भी संपेरों और ग्वालों का देश है। बन्दरों और भालुओं के खेल का देश है। यूरोप के हिन्दी विद्यार्थियों के साथ इस वर्ष जब मुझे भारत भ्रमण का अवसर मिला तो मैंने पाया कि ब्रिटेन के विद्यार्थियों के भारत के प्रति दृष्टिकोण में और यूरोप के विद्यार्थियों के भारत के प्रति दृष्टिकोण में फ़र्क़ है। सम्भवतः ब्रिटेन के हिन्दी विद्यार्थी भारत को यूरोपियन छात्राओं के मुक़ाबले ज़्यादा अच्छी तरह से जानते और समझते थे।

ब्रिटेन की छात्राओं को बॉलीवुड और हिन्दी संगीत के कार्यक्रम अधिक आकर्षित कर रहे थे तो मास्को और जाग्रिब की छात्राओं को रिक्शे और ऊँट की सवारी। हिन्दी ज्ञान प्रतियोगिता के माध्यम से चयनित इन बच्चों ने सोचा भी नहीं था कि उन्हें भारत यात्रा का अवसर इस प्रकार से मिलेगा। आश्चर्य और उत्साह से विभोर हिन्दी के इन विद्यार्थियों का भारत भ्रमण 14 अगस्त को दिल्ली से आरम्भ हुआ तो मैंने पाया कि जहाँ एक तरफ़ क़ुतुब मीनार और लाल क़िला देखकर वे प्रसन्न हो रही थीं, वहीं भारत में मैकडोनल्ड जैसे अन्तरराष्ट्रीय रेस्तराँ देखकर आश्चर्यचकित।

भारत से पूरा सम्पर्क रहने के बावजूद आश्चर्य तो मुझे भी दिल्ली के एयरपोर्ट पर हुआ, जब एक हिन्दी छात्रा के आग्रह पर मैन एयरपोर्ट की हर दुकान, हर स्टाल को छान मारा, अंग्रेज़ी के तो सारे परन्तु उन पर हिन्दी का एक भी अख़बार नहीं मिला। मैं भी कल्पना करने लगा कि अगर कभी इंग्लैंड की राजधानी लन्दन के हीथ्रो एयरपोर्ट पर अंग्रेज़ी का एक भी अख़बार न उपलब्ध हो तो क्या हो? फिर

मैंने अपने आपको यह कहकर बहलाया कि भारत की राजधानी के एयरपोर्ट पर हिन्दी का अख़बार नहीं है तो क्या हुआ, ऑक्सफ़ोर्ड के नवीनतम शब्दकोश में हिन्दी के अनेक नये शब्दों का जुड़ना तो हमारे लिए विशेष बात है। छाप, अच्छा, पान, क़िला, यार, देवी, लाख, ज़िन्दाबाद जैसे शब्दों को ऑक्सफ़ोर्ड के नवीनतम शब्दकोश में हम पा रहे हैं।

यूरोप के विदेशी हिन्दी छात्र जब भारत में लोगों से हिन्दी में बात करते थे, तो उन्हें अंग्रेज़ी में जवाब मिलता था। भारत की युवा पीढ़ी अत्यन्त आश्चर्य से इन बच्चों को देखती रही। जिस प्रकार से ये हिन्दी के यूरोपियन छात्र भारत में हिन्दी के प्रचारक-प्रसारक बने, मुझे लगने लगा है कि भारत में हिन्दी वापस पश्चिम से ही लौटेगी।

अक्टूबर, 2004 : अन्तरराष्ट्रीय कवि सम्मेलनों का योगदान

ब्रिटेन में भारत के उच्चायुक्त डॉ. लक्ष्मीमल्ल सिंघवी एवं श्रीमती कमला सिंघवी जी के संरक्षण एवं भारतीय उच्चायोग में कार्यरत तत्कालीन हिन्दी एवं संस्कृति अधिकारी डॉ. सुरेन्द्र अरोड़ा के मार्गदर्शन का परिणाम था कि 1994 से आई.सी. सी.आर. भारत सरकार के सौजन्य से प्रति वर्ष भारत के लोकप्रिय कवियों का ब्रिटेन आना आरम्भ हुआ और ब्रिटेन में अन्तरराष्ट्रीय हिन्दी कवि सम्मेलन के वार्षिक आयोजनों के दौर दो महानगरों–मैनचेस्टर एवं लन्दन में शुरू हो गये।

1998 से भारत के वरिष्ठ राजनेता एवं कवि श्री केशरीनाथ त्रिपाठी ने भी उत्तर प्रदेश से हिन्दी कवियों को हमारे निमन्त्रण पर ब्रिटेन भेजना आरम्भ किया। ब्रिटेन में अन्तरराष्ट्रीय कवि सम्मेलनों के इतिहास में सन् 2004 अत्यन्त विशेष रहा। इन ग्यारह-बारह वर्षों के इतिहास में इस वर्ष कवि सम्मेलन ब्रिटेन के छह नगरों लन्दन, मैनचेस्टर, बर्मिंघम, लीड्स, वुल्वरहैम्पटन एवं नॉटिंघम में आयोजित हुए और पहली बार आई.सी.सी.आर. भारत सरकार द्वारा कवियों को यहाँ भेजने की संख्या दो-तीन-चार से बढ़कर छह तक पहुँच गयी।

इस वर्ष आई.सी.सी.आर. ने हिन्दी दिवस के अवसर पर कुछ उर्दू के शायरों को भी भेजा। मैं इसके लिए लन्दन में नेहरू केन्द्र के निदेशक श्री पवन वर्मा एवं आई.सी.सी.आर. के कार्यक्रम निदेशक श्री अजय गुप्त का विशेष रूप से आभारी हूँ। मैं श्री शैलेन्द्र नाथ श्रीवास्तव के मैनचेस्टर के कवि सम्मेलन में दिये उस वक्तव्य का स्वागत करता हूँ कि "जिस प्रकार उर्दू के शायर हिन्दी दिवस मना रहे हैं, उसी

प्रकार यदि हिन्दी के रचनाकारों को भी उर्दू के कार्यक्रमों में बुलाया जाये तो कितना अच्छा हो।"

मैं आरम्भ से ही इन कवि सम्मेलनों से संयोजक के रूप में जुड़ा रहा हूँ और मैंने यह पाया है कि ब्रिटेन में हिन्दी की निरन्तर बढ़ती हुई लोकप्रियता तथा पूरे देश में हिन्दी का सशक्त वातावरण बनाने में इन अन्तरराष्ट्रीय कवि सम्मेलनों का सबसे बड़ा योगदान है। हिन्दी कविता को सरलता और सहजता के साथ जनमानस तक पहुँचाना ही कवि सम्मेलन का उद्देश्य है। सम्भवतः इसीलिए मंच पर वही कवि सफल हो सके हैं, जिनकी भाषा में जहाँ एक ओर सरलता है, वहीं दूसरी ओर उनके काव्यपाठ में सहजता। ऐसी रचनाओं का पाठ जो हिन्दी साहित्य की समझ रखने वाले के साथ-साथ हिन्दी भाषा का ज्ञान रखने वाले की समझ में भी आये। जिन रचनाओं में श्रोताओं को अपनी कहानी नज़र आये। शायद इसीलिए आज के युग में हास्य रचनाओं को सबसे अधिक पसन्द किया जाता है। परन्तु, हम आयोजकों ने ब्रिटेन में आयोजित कवि सम्मेलनों में हास्य के साथ-साथ कविता की अन्य विधाओं को भी श्रोताओं तक पहुँचाने का कार्य किया है। और यह पाया है कि ब्रिटेन के श्रोता हर शैली के कवि को सहृदय स्वीकारते हैं। यहाँ के कार्यक्रमों में हास्य के अलावा गीत, ग़ज़ल एवं नयी कविता को भी पसन्द किया जाता रहा है। यहाँ कविता की प्रत्येक विधा को पूरा सम्मान दिया जाता है। यह वर्षों से चले आ रहे अन्तरराष्ट्रीय कवि सम्मेलनों की प्रेरणा है कि आज ब्रिटेन में हर विधा के मंचीय कवियों की ऐसी टीमें तैयार हो चुकी हैं जो अपने बल पर एक उच्चस्तरीय कवि सम्मेलन करने की क्षमता रखती हैं। पुरवाई के माध्यम से श्रीमती पुष्पा भार्गव ने भी यहाँ के नये कवियों को मंच देने का बीड़ा उठा लिया है जो निश्चित ही प्रशंसा के योग्य है।

जनवरी, 2005 : 'प्रवासी टाइम्स'

पुरवाई के 30वें अंक के विषय में मैं विचार कर ही रहा था कि हमारे संरक्षक डॉ. लक्ष्मीमल्ल सिंघवी जी का आदेश एवं पुरवाई की सह-सम्पादिका उषा जी का प्रस्ताव आया कि यह अंक जैनेन्द्र जी की स्मृति में प्रकाशित किया जाये। जैनेन्द्र जी का नाम आते ही मुझे उनकी धुँधली-सी छवि याद आ गयी, जब बचपन में मैं अपने पिता जी (दाऊजी गुप्त) के साथ दिल्ली के पुराने कॉफ़ी हाउस में उनसे मिला था। यह वाक़या मुझे इसलिए भी याद है क्योंकि पापा जी के द्वारा मैंने उस मुलाक़ात का ज़िक्र कई बार सुना है। 1971-72 की बात थी, पापा जी लखनऊ के नये-नये

मेयर बने थे और वे विश्व मेयर सम्मेलन में भाग लेने होनोलुलु जा रहे थे। हम सब सपरिवार उन्हें छोड़ने दिल्ली आये थे। अमेरिका जाने से पहले पापा जी अपने कुछ मित्रों से मिलने कॉफ़ी हाउस पहुँचे वहाँ जैनेन्द्र जी ने पापा जी से कहा कि उन्हें विश्व मेयर सम्मेलन में हिन्दी में भाषण देना चाहिए। उनकी बात का अनुसरण करते हुए होनोलुलु में पापा जी ने हिन्दी में ही भाषण दिया और उसके बाद उन्हें विश्व महापौर संगठन का निदेशक एवं उपाध्यक्ष चुना गया। परन्तु, आज परिस्थिति यह है कि भारत में प्रवासी भारतीय दिवस के एक सत्र में इंग्लैंड के हिन्दी प्रेमी प्रवासी भारतीय डॉ. कृष्ण कुमार को यह आवाज़ उठानी पड़ी कि यदि आप हिन्दी में अपना वक्तव्य नहीं दे रहे तो कोई बात नहीं, परन्तु कम-से-कम यदि कोई हिन्दी में बोल रहा है तो उसका तो सम्मान किया जाये।

इसमें कोई दो राय नहीं कि आज भारत से बाहर रह रहे भारतीयों में भारतीय भाषाओं एवं संस्कृति के प्रति जो सम्मान है, वह सम्भवत: भारत में नहीं। प्रवासी भारतीयों के इसी प्रेम और आशीर्वाद के परिणामस्वरूप सितम्बर, 1997 में पुरवाई का जन्म हुआ था और तब से अब तक 29 अंकों के साथ पुरवाई भारत और ब्रिटेन के बीच एक साहित्यिक एवं वैचारिक सेतु के रूप में सक्रिय भूमिका अदा करती आयी है। पुरवाई के पाठक और रचनाकार अक्सर मुझसे पूछते हैं कि पुरवाई त्रैमासिक से मासिक कब हो रही है? इस पत्रिका की बढ़ती हुई सफलता और इसके प्रति पाठकों का प्रेम देखते हुए हमने हिन्दी की एक ऐसी मासिक पत्रिका की कमी को महसूस किया जो समाचार, विचार और प्रवासी दृष्टिकोण के साथ हमारे सामने आये। हिन्दी के प्रति अथाह प्रेम रखने वाले अनिल शर्मा, दिवाकर सुकुल, दयाल शर्मा, उमेश शर्मा, नीरव प्रधान जैसे मेरे कुछ मित्रों ने यह प्रस्ताव रखा कि यदि ब्रिटेन से कोई मासिक पत्रिका आरम्भ होती है तो वे तन-मन-धन के साथ उससे जुड़ना चाहेंगे। मुझे लगा कि जैसे कुआँ प्यासे के पास आ गया है और मैंने उनके इस प्रस्ताव को सहर्ष स्वीकार करते हुए ब्रिटेन में एक मासिक पत्रिका की तैयारी आरम्भ कर दी। आज मुझे यह लिखते हुए अपार प्रसन्नता हो रही है कि 3 जून 2005 से हिन्दी एवं अंग्रेज़ी में पहली बार 'प्रवासी टाइम्स' के नाम से एक पारिवारिक मासिक पत्रिका का जन्म हो रहा है। इसके साथ ही साथ यू.के. के प्रतिष्ठित साहित्यकार तेजेन्द्र शर्मा जी पुरवाई के सम्पादन से जुड़ रहे हैं। मुझे आशा ही नहीं, पूर्ण विश्वास है कि जिस प्रकार पुरवाई को आपका प्रेम मिला है, राजनैतिक, सामाजिक और

आर्थिक विषयों के साथ बॉलीवुड, हेल्थ, फ़ैशन और विज्ञान जैसे विषयों पर चर्चा करने वाले 'प्रवासी टाइम्स' को भी आप अपने परिवार की सदस्यता देंगे।

अप्रैल, 2005 : पुरवाई से प्रेम

'पुरवाई' के प्रकाशन को अब 8 वर्ष हो रहे हैं। इन 8 वर्षों में 'पुरवाई' ने अपना एक छोटा-सा पाठकों एवं लेखकों का समाज बनाया है। इसके प्रकाशन के दौरान एक साहित्यिक पत्रिका के सम्पादक के रूप में मैंने बहुत कुछ सीखा और अनुभव किया। एक पत्रिका कितनी सरलता के साथ लेखक और पाठक के बीच आत्मीय रिश्ता क़ायम कर देती है, इसका एहसास मुझे तब हुआ जब ब्रिटेन के कुछ हिन्दी एवं भारत प्रेमियों ने मुझ पर एक नयी द्विभाषीय पत्रिका 'प्रवासी टाइम्स' को सम्पादित करने के लिए ज़ोर दिया। सच पूछा जाये तो मैं 'पुरवाई' के प्रकाशन में इतना मग्न था कि किसी और पत्रिका से जुड़ने का ख़याल भी कभी मन में नहीं उभरा। 'पुरवाई' के अनेक प्रेमी मुझसे यह प्रश्न अक्सर पूछते कि 'पुरवाई' त्रैमासिक से मासिक कब हो रही है और उनकी बात मैं हँसकर टाल देता। इसमें कोई दो राय नहीं, इस प्रकार की साहित्यिक पत्रकाएँ लोगों को आत्मिक सुख अवश्य देती हैं, परन्तु इन्हें विज्ञापन अथवा आर्थिक सहयोग नहीं मिल पाता है। सम्भवतः यही कारण है कि भारत में भी आज हिन्दी की साहित्यिक पत्रिकाओं का अभाव होता चला जा रहा है। फिर 'गुरवाई' तो वैसे भी स्वैच्छिक संस्था 'यू.के. हिन्दी समिति' द्वारा ही प्रकाशित हो रही है।

'प्रवासी टाइम्स' के प्रकाशन के प्रस्ताव ने मुझे असमंजस में डाल दिया। एक तरफ़ 'पुरवाई' का मोह, दूसरी ओर ब्रिटेन में हिन्दी की एक नयी मासिक पत्रिका की शुरुआत। अपने आप से जूझते हुए मैंने क़रीब के कुछ मित्रों से भी इस पर राय माँगी। सभी ने यही कहा कि 'पुरवाई' को बन्द नहीं होना चाहिए और 'प्रवासी टाइम्स' को भी शुरू होना चाहिए। मेरा मन दोनों पत्रिकाओं के सम्पादक के रूप में कार्य करने को तैयार नहीं था। मुझे लग रहा था कि यदि मैं दोनों पत्रिकाओं को सम्पादित करूँगा तो शायद दोनों ही के साथ न्याय नहीं कर पाऊँगा।

मैं इस दुविधा से जूझ रहा था कि यदि 'प्रवासी टाइम्स' न शुरू हुई तो लोगों की हिन्दी की मासिक पत्रिका की ख़्वाहिश कैसे पूरी होगी और यदि 'पुरवाई' बन्द हुई तो उस रिश्ते का क्या होगा जो 'पुरवाई' के लेखकों और पाठकों के बीच पल रहा है। इस बीच श्री प्राण शर्मा जी ने 'पुरवाई' के ऊपर अत्यन्त मार्मिक ग़ज़ल भेज दी

और सूरीनाम से पुष्पिता जी ने मुझे फ़ोन पर बताया कि उन्होंने सूरीनाम में 'पुरवाई सगोष्ठी' की स्थापना कर दी है। मैंने जैसे ही अपने इस भावनात्मक बोझ का ज़िक्र भाई तेजेन्द्र शर्मा से किया, वे तुरन्त बोले कि 'पुरवाई' बन्द नहीं होनी चाहिए और वे तन-मन-धन से उसे सहयोग देंगे। तेजेन्द्र जी के प्रस्ताव ने मुझे अत्यन्त गहन दुविधा से निकाला और 'पुरवाई' को नया सम्पादक मिल गया। तेजेन्द्र जी एक सुलझे हुए साहित्यकार एवं हिन्दी के एक जुझारू कार्यकर्ता हैं। मुझे विश्वास है कि तेजेन्द्र जी के सम्पादन में 'पुरवाई' दीर्घायु होगी और आप सबका सहयोग यथावत मिलता रहेगा।

जुलाई, 2005 : विश्व की भावी पीढ़ी

विश्व की भावी पीढ़ी को हिन्दी से जोड़ने का जो अभिनव अभियान क़रीब चार वर्ष पूर्व 'हिन्दी ज्ञान प्रतियोगिता' के माध्यम से आरम्भ हुआ था, उसके अब नये-नये परिणाम सामने आने लगे हैं। इस वर्ष हिन्दी ज्ञान प्रतियोगिता में ब्रिटेन के अलावा यूरोप के पाँच देशों–रोमानिया, रूस, क्रोशिया, आयरलैंड एवं हंगरी के क़रीब 1200 हिन्दी के छात्रों ने भाग लिया। भारत यात्रा के लिए चयनित 9 विद्यार्थियों में से 4 यूरोपियन मूल एवं 5 भारतीय मूल के थे जिनमें सरदार बलजीत चावला का जन्म अफ़ग़ानिस्तान में हुआ था और कार्तिक सुब्बुराज दक्षिण भारतीय मूल के हैं। विद्यार्थियों के इस पूरे दल ने एक संयुक्त परिवार की तरह अत्यन्त प्रेम और सद्भावना के साथ क़रीब दो सप्ताह की भारत यात्रा की। अद्भुत बात यह थी कि यूरोपियन छात्राएँ यूरोप के अलग-अलग देशों से आयी थीं, अत: उन सबकी मातृभाषाएँ भी भिन्न थीं। आमतौर पर अंग्रेज़ी यूरोप में नहीं बोली जाती है। इस कारण सभी यूरोपियन छात्राओं की भारत यात्रा के दौरान सम्पर्क भाषा हिन्दी ही थी।

एक कार्यक्रम में यूरोप के इन छात्रों से जब पूछा गया कि "आपको भारत में क्या अच्छा नहीं लग रहा? कहीं आप लोग धूप, प्रदूषण से परेशान तो नहीं हो रहे?" तो एक छात्रा ने मुस्कुराकर उत्तर दिया कि भारतीय लोगों के प्रेम, सम्मान और स्वागत के आगे उन्हें ऐसी कोई नकारात्मक चीज़ दिखाई ही नहीं दे रही जिसे वे कोई परेशानी कहें। यह सच ही तो है, भारतीय संस्कृति भारत की अन्दरूनी सुन्दरता है, जिसे विदेशी पसन्द करते हैं। परन्तु, सम्भवत: ऐसा लगता है कि आज भारतीय अपनी इस सुन्दरता को देख और समझ नहीं पा रहे हैं और प्रगति के नाम पर संस्कृति को कोई पुरानी वस्तु समझ रहे हैं। भारत में यह सोच फैलती जा रही है

कि पश्चिमी सभ्यता ही आधुनिकता है, प्रगति है और फ़ैशन है। जब क्रोशिया की छात्रा ने एक कार्यक्रम में अपने वक्तव्य में बताया कि यूरोप में अंग्रेज़ी नहीं बल्कि उनकी अपनी भाषाएँ बोली जाती हैं तो यह बात वहाँ बैठे कुछ श्रोताओं में चर्चा का विषय रही। भारत में संयुक्त परिवार की परम्परा ने विद्यार्थियों के इस दल को जहाँ एक ओर प्रभावित किया वहीं अंग्रेज़ी के बढ़ते प्रभाव ने दुखी भी किया। एक-दो दिनों के अनुभवों के बाद विदेशी मूल की छात्राओं में भारतीयों का उनसे अंग्रेज़ी में बात करना एक प्रकार के हास्य का विषय बन गया। जैसे ही कोई उनसे अंग्रेज़ी में 'हेलो' कहकर हाथ मिलाने के लिए अपना हाथ बढ़ाता वे मुस्कुराकर अपने दोनों हाथों को जोड़कर उनका अभिवादन करतीं और नमस्ते कहते हुए एक-दो वाक्य हिन्दी में बोल देतीं, फिर आपस में हँसतीं।

इस वर्ष यूरोप के इन विद्यार्थियों के साथ भारत यात्रा के बाद मुझे हिन्दी ज्ञान प्रतियोगिता की एक और उपलब्धि का एहसास हुआ कि इस प्रतियोगिता से न केवल यूरोप में हिन्दी का प्रचार हो रहा है बल्कि भारत में भी इन छात्रों के माध्यम से हिन्दी के प्रति सम्मान बढ़ रहा है।

अक्टूबर, 2005 : पुरवाई वह हिन्दी सेतु है

ब्रिटेन में हिन्दी की बढ़ती हुई गतिविधियों की गूँज आज भारत की चर्चित पत्रिकाओं, अख़बारों और मीडिया में सुनी जा रही है। दिल्ली की प्रतिष्ठित साहित्यिक गोष्ठियों में लन्दन का ज़िक्र आम बात हो गयी है। पुरवाई वह हिन्दी सेतु है जो भारत और ब्रिटेन के हिन्दी जगत को जोड़ने का कार्य पिछले 8 वर्षों से कर रही है। मुझे लगता है कि अब हमें हिन्दी भाषा और साहित्यिक गतिविधियों से ऊपर उठकर उन अभियान, आवश्यकताओं और उद्देश्यों की ओर ध्यान देना चाहिए जिनके कारण ब्रिटेन के कुछ हिन्दी सेवी अपनी पूरी निष्ठा और लगन के साथ वर्षों से प्रवासी भारतीयों को हिन्दी से जोड़ने में लगे हुए हैं। ऐसा सम्भव है कि भारत के कुछ कवियों या लेखकों के लिए लन्दन सिर्फ़ एक पर्यटन स्थल हो या उनके ब्रिटेन में कार्यक्रमों के आयोजन मात्र स्टेटस सिम्बल। ऐसा भी हो सकता है कि लन्दन में मिला सम्मान उनके लिए भारत के किसी शीर्ष पुरस्कार के लिए एक महत्त्वपूर्ण सीढ़ी हो या फिर किसी गम्भीर भारतीय लेखक के लिए यू.के. भ्रमण उनके किसी संस्मरण या अन्तरराष्ट्रीय विषय पर लिखी जाने वाली पुस्तक का नया अध्याय हो। ब्रिटेन में आयोजित कार्यक्रमों का उद्देश्य सिर्फ़ एक और रंगारंग कार्यक्रम

का आयोजन नहीं होता और न ही यहाँ भारत के किसी साहित्यकार को घूमने के लिए बुलाया जाता है। यहाँ हिन्दी का कोई आयोजन पैसा कमाने की दृष्टि से भी नहीं किया जाता है। यहाँ प्रत्येक कार्यक्रम उन हज़ारों प्रवासी भारतीय परिवारों और विदेशी भारत प्रेमियों को भारत और भारतीयता से जोड़ने के लिए किया जाता है जिसके समय-समय पर अद्‌भुत परिणाम भी सामने आये हैं।

मैं नहीं जानता कि भारत ब्रिटेन से आये हिन्दी साहित्यकार यहाँ से क्या ले गये हैं, परन्तु यह पूरे विश्वास के साथ कह सकता हूँ कि ब्रिटेन ने उनसे बहुत पाया है। जहाँ एक ओर उनके सान्निध्य से यहाँ के रचनात्मक लेखकों को मार्गदर्शन और प्रेरणा मिलती रही है, वहीं दूसरी ओर हिन्दी प्रेमी समुदाय को भारतीय साहित्य एवं संस्कृति का सुन्दर वातावरण मिलता रहा है। इसके साथ ही नयी पीढ़ी में हिन्दी की बढ़ती लोकप्रियता सबसे अधिक महत्त्वपूर्ण है। मैं भारत के अपने अग्रज पत्रकारों और साहित्यकारों से यह निवेदन करना चाहता हूँ कि वे ब्रिटेन में होने वाली गतिविधियों को महज़ एक कार्यक्रम से ऊपर उठकर देखें और यहाँ पर हिन्दी सेवा का ढिंढोरा पीटने वाले कुछ पर्यटकों के साथ सम्बन्ध बनाने की जगह उन समस्याओं के समाधान, उद्‌देश्यों और विचारों की ओर ध्यान दें जिससे भारतीय भाषाएँ और साहित्य अन्तरराष्ट्रीय स्तर पर विश्व को वह विचारधारा दे सके जिसके लिए भारत सदैव जाना जाता रहा है।

ब्रिटेन में हिन्दी की बात होने पर उन विषयों को उठायें जिनसे विश्व को वैचारिक और आध्यात्मिक योगदान मिल सके। भारत में आपके द्वारा कही जाने वाली या लिखी जाने वाली बात ब्रिटेन के लिए महत्त्वपूर्ण सन्देश होती है।

जनवरी, 2006 : भारतीय सिनेमा

इसमें कोई दो राय नहीं कि आज भारत में ही नहीं, अपितु विश्व में भारतीय संस्कृति के प्रचार में भारतीय सिनेमा का सबसे बड़ा योगदान है। मैं इस बात से सहमत हूँ कि भारत में पश्चिमी संस्कृति की कुरीतियों का प्रचार भी सिनेमा के माध्यम से होता रहा है। परन्तु, भारतीय सिनेमा की बहुत बड़ी विशेषता यह है कि उसकी कहानियों के अन्त में सदैव सच्चाई और अच्छाई की ही जीत होती है जो कि हमेशा सकारात्मक सन्देश देती है।

सिनेमा वह सशक्त माध्यम है जो विश्व में सबसे अधिक लोगों तक पहुँचता है। विशेष बात यह है कि लोग सिनेमा मनोरंजन के लिए देखते हैं, परन्तु सिनेमा

का प्रभाव इतना गहरा होता है कि गम्भीर दृश्यों में वे अपनी संवेदना को रोक नहीं पाते और बिलख-बिलखकर रोते भी हैं। कारण यही है कि वे सिनेमा की कहानियों और पात्रों से कहीं न कहीं अपने जीवन को जोड़ते हैं। यदि देखा जाये तो आज ही नहीं परन्तु पीढ़ियों से लोग फ़िल्मों के कलाकारों के तौर-तरीक़ों, हेयर स्टाइल, चलने-फिरने के ढंग और वेश-भूषा में अपने आपको ढाल लेते हैं। यहाँ तक कि फ़िल्मों के गीत, संवाद और प्रसंगों को अपने जीवन में बार-बार दोहराते हैं। लोगों के पसन्दीदा कलाकार उनके जीवन के आदर्श बन जाते हैं। प्रश्न यह है कि आम लोगों पर इतना प्रभाव डालने वाले सिनेमा के इतने सशक्त माध्यम के लेखन को भारतीय साहित्यिक समाज का एक विशेष वर्ग साहित्य मानने से क्यों कतराता है?

मैं समझता हूँ कि किसी भी फ़िल्मकार का सिनेमा बनाते समय लक्ष्य अधिक से अधिक लोगों तक पहुँचने का होता है। हर उम्र के लोगों तक अपनी बात पहुँचाने का होता है। लोगों तक पहुँचने के लिए हमें सदैव सरल और सहज भाषा का ही प्रयोग करना होता है। यदि गोस्वामी तुलसीदास ने रामचरितमानस जनसामान्य की भाषा में नहीं लिखी होती तो क्या आज तुलसी रामायण घर-घर तक पहुँच पाती? भले ही तुलसीदास को रामचरितमानस में अरबी-फ़ारसी शब्दों का प्रयोग ही क्यों न करना पड़ा हो।

आज भारत के बड़े-बड़े राजनेता भले ही संसद में अंग्रेज़ी का प्रयोग करते हों, परन्तु आम चुनावों में उन्हें हिन्दी का ही सहारा लेना पड़ता है। मुंशी प्रेमचन्द जैसे लेखक इतने लोकप्रिय क्यों हुए? क्योंकि उन्होंने उस भाषा का प्रयोग किया जो जनमानस की भाषा थी। वैसे ही सिनेमा भी उन्हीं प्रसंगों और भाषा का प्रयोग करता है जो हर उम्र, हर सम्प्रदाय और हर वर्ग की समझ में आती है। सरल और सहज भाषा के प्रयोग का यह मतलब नहीं है कि वह साहित्य नहीं है। साहित्य वह है जो समाज के अक्स को भाषा के माध्यम से हमारे सामने प्रस्तुत करता है। यह अलग बात है कि हर साहित्यिक लेखन जनमानस तक नहीं पहुँचता। कुछ लेखन केवल बुद्धिजीवी वर्ग के ही बीच चर्चा का विषय बनता है और देश और समाज के मार्गदर्शन का माध्यम बनता है। साथ ही कुछ लेखन समाज के कोने-कोने में फैलता है और सराहा जाता है, जिसे हम प्रचलित साहित्य कह सकते हैं। मैं मानता हूँ कि सिनेमा में लेखन प्रचलित साहित्य है जिसका उद्देश्य अधिक से अधिक लोगों तक पहुँचना है। हमारे हिन्दी सिनेमा जगत में निश्चित ही ऐसे कई लेखक हुए हैं जो सभी साहित्यिक मान्यताओं और गरिमा का सम्मान करते हुए लोगों तक पहुँचने में

सफल हुए हैं। मैं चाहता हूँ कि अच्छे लेखकों को सिनेमा के माध्यम से सामने आना चाहिए, इससे एक अच्छे समाज के निर्माण को बल मिलेगा। हमारे फ़िल्मकारों को भी अपनी फ़िल्म के निर्माण में अच्छे लेखकों का प्रयोग करना चाहिए।

अप्रैल, 2006 : हिन्दी के सम्मेलन में अंग्रेज़ी के पर्चे

भारत में अंग्रेज़ी के बढ़ते वर्चस्व पर हम हिन्दी प्रेमी अक्सर चिन्ता व्यक्त करते रहे हैं। पार्लियामेंट से लेकर नगरपालिकाओं तक अधिकांश कार्य अंग्रेज़ी में ही होते हैं। सम्भवतः समय के साथ हमने यह स्वीकार भी कर लिया है। पिछले अनेक वर्षों से लन्दन में रहते-रहते, यहाँ पर राष्ट्रीय और अन्तरराष्ट्रीय सम्मेलन आयोजित करते-करते, अनुभव के आधार पर हमने यह भी स्वीकार किया कि भारत सरकार से कोई भी सहायता लेने के लिए पत्र यदि अंग्रेज़ी में ही लिखा जाये तो अच्छा है। उस पर कार्रवाई जल्दी होने की सम्भावना रहती है। मैं इसका एक उचित कारण भी मानती हूँ। आवश्यक नहीं है कि वह अधिकारी, जिसके पास मेरा पत्र जा रहा है, हिन्दी भाषी हो, वह बंगाल या फिर केरल का भी हो सकता है। सम्भव है कि उसे मेरा हिन्दी पत्र पूरी तरह से समझ में न आये और वह किसी अनुवादक के पास भेज दिया जाये। इससे एक तो कार्य में देर हो सकती है और दूसरे यह ख़तरा भी रहता है कि अनुवादक ने कोई ग़लती कर दी तो अर्थ का अनर्थ हो जायेगा। परन्तु, अब जो बात मेरे गले से नहीं उतर रही है, वह है हिन्दी के सम्मेलन में अंग्रेज़ी के पर्चे। जी हाँ, इस बढ़ती हुई प्रथा को कैसे रोका जाये, इस पर हमें विशेष ध्यान देना चाहिए। कुछ वर्ष पूर्व मैं त्रिनिदाद में अन्तरराष्ट्रीय हिन्दी सम्मेलन में गया। वहाँ हिन्दी के बड़े-बड़े दिग्गज अंग्रेज़ी में इस प्रकार पर्चे पढ़ रहे थे जैसे अंग्रेज़ी बोलने पर उन्हें त्रिनिदाद की सरकार कोई बड़ा सम्मान दे देगी। हालाँकि वहाँ के आयोजकों ने यह कहा था कि त्रिनिदाद में अधिकांश हिन्दी प्रेमी हिन्दी ठीक से नहीं जानते, लेकिन प्रश्न यह उठता है कि ऐसी जगह हिन्दी सम्मेलन की बजाय हिन्दी की कार्यशाला क्यों नहीं आयोजित की गयी?

ख़ैर, माना कि त्रिनिदाद की समस्या श्रोताओं का अच्छा हिन्दी न जानना थी, परन्तु इस वर्ष मास्को के सम्मेलन में क्या हुआ जहाँ सम्मेलन की मुख्य आयोजिका लुडमिया वासेल्विया से जब मैंने पूछा कि यहाँ हिन्दी न जानने वाले कितने लोग हैं तो उन्होंने उत्तर दिया कि शायद सौ में से एक ऐसा होगा जो आपकी बात हिन्दी में नहीं समझेगा। मास्को के हिन्दी एवं भारतीय भाषा सम्मेलन में भारत से आये सात

प्रतिनिधियों में से पाँच ने अंग्रेज़ी में पर्चे पढ़े, परन्तु ख़ुशी की बात यह है कि इंग्लैंड से पहुँचे छह प्रतिनिधियों में से पाँच ने हिन्दी में सम्बोधन किया और जिस एक युवा ने अंग्रेज़ी में अत्यन्त प्रभावशाली पर्चा पढ़ा, उसका विषय था, "मैं आज अंग्रेज़ी में पर्चा क्यों पढ़ रहा हूँ, हिन्दी में क्यों नहीं?"

साथ ही मैं यह भी बताता चलूँ कि इस सम्मेलन में क़रीब 18 योरोपीय मूल के लोगों में से 9 या 10 ने हिन्दी में ही पर्चे पढ़े। इनमें से रूसी वक्ता श्रीमती गवरुशिना का विषय था–'पुरवाई पत्रिका की कहानियाँ'। अब मास्को सम्मेलन के आँकड़ों से आप स्वयं का अन्दाज़ा लगा सकते हैं कि हिन्दी सम्मेलन या कार्यक्रम में हिन्दी की समस्याओं के समाधानों एवं हिन्दी साहित्य पर चर्चा यदि अंग्रेज़ी में ही होती रही तो वह दिन दूर नहीं जब हम हिन्दी अंग्रेज़ी में बोलेंगे। यह हास्यास्पद अवश्य है परन्तु मैं मानता हूँ कि अत्यन्त गम्भीर विषय है। लन्दन में भी हिन्दी के ऐसे कार्यक्रम देखने को मिलते हैं जहाँ एक या दो अंग्रेज़ श्रोताओं के लिए हिन्दी का कार्यक्रम अंग्रेज़ी में परिवर्तित हो जाता है।

मैं अंग्रेज़ या फिर किसी अन्य भाषी श्रोता का हिन्दी के कार्यक्रम में आना पसन्द करता हूँ, परन्तु यह निवेदन करता हूँ कि यदि हिन्दी के कार्यक्रम में कोई ऐसी परिस्थिति आ जाये जहाँ श्रोता दूसरी भाषा से हो तो या तो आयोजकों को हिन्दी की गरिमा के लिए इंटरप्रेटर की व्यवस्था करनी चाहिए जो बहुत आसान है या फिर बोले हिन्दी में, परन्तु अंग्रेज़ी में अपना पर्चा बँटवा दे अथवा हिन्दी में अपने सम्बोधन के बाद सारांश अंग्रेज़ी में बोल दे। मैं मनाता हूँ कि इससे उनकी बात सब तक पहुँच भी जायेगी और हिन्दी की गरिमा भी बनी रहेगी।

जुलाई, 2006 : ब्रिटेन में हिन्दी लेखन

ब्रिटेन में हिन्दी लेखन इस समय शिखर पर है। पिछले एक दशक में जितनी पुस्तकों के प्रकाशन एवं लेखक सामने आये हैं उसकी सम्भवत: 80 के दशक में किसी ने कल्पना भी नहीं की थी। 1997 में पुरवाई पत्रिका का मंच एवं ब्रिटेन के 25 कवियों का कविता-संग्रह, फिर 'मिट्टी की सुगन्ध' कहानी-संग्रह ने ब्रिटेन के कहानीकारों को जो मंच प्रदान किया उससे मैं कहूँगा कि यहाँ हिन्दी के रचनात्मक लेखकों को सामने आने का एक सुन्दर अवसर प्राप्त हुआ। कथा यू.के. संस्था की स्थापना ने न केवल ब्रिटेन में नये हिन्दी कहानीकारों को जन्म दिया अपितु पहले से कहानियाँ लिख रहे लेखकों को भी प्रोत्साहित किया।

आज ब्रिटेन या भारत ही नहीं विश्व के अनेक देशों में ब्रिटेन के हिन्दी साहित्य की चर्चा हो रही है। यह सब सुनने एवं पढ़ने में निश्चित रूप से अच्छा लगता है। परन्तु हमें इन सब मीठी-मीठी बातों में बहकना नहीं चाहिए। चार लोगों की प्रशंसा पाकर प्रोत्साहित तो होना चाहिए परन्तु सन्तुष्ट नहीं होना चाहिए। मैं इस वास्तविकता की ओर ध्यान दिलाना चाहता हूँ कि आज यहाँ हिन्दी में लिखने वाले किस उम्र, किस पीढ़ी के लोग हैं? उनके लेखन को किस उम्र के लोग पढ़ रहे हैं? इस समय ब्रिटेन में क़रीब 25 हिन्दी के लेखक हैं जिनके लिए कहा जा सकता है कि वे नियमित रूप से लिख रहे हैं। जहाँ तक मैं समझता हूँ, इनमें से अधिकांश लेखक 60 की उम्र पार कर चुके हैं। दो-तीन 40 से 50 वर्ष की आयु के बीच के हैं। और बाक़ी जिन्होंने 60 की उम्र पार नहीं की है, वे साल दो साल में पार कर लेंगे। मैं कहना चाहता हूँ कि यह सच है कि ब्रिटेन में हिन्दी की वर्तमान स्थिति अत्यन्त सुन्दर है, परन्तु इसका भविष्य क्या है?

हिन्दी ज्ञान प्रतियोगिता जैसे आयोजन हिन्दी के बच्चों को हिन्दी पढ़ने के लिए प्रोत्साहित तो कर सकते हैं, परन्तु हिन्दी के नये युवा रचनात्मक लेखकों को जन्म देने के लिए हमें कुछ और विचार करना होगा। जहाँ तक संख्या का विषय है, मैं उसके प्रति चिन्तित नहीं हूँ। आज यदि 25 लेखक हैं, तो दस साल बाद हिन्दी के 40 लेखकों का होना कोई आश्चर्य की बात नहीं होनी चाहिए। आज विद्यार्थियों के रूप में भारत से हज़ारों की संख्या में युवा ब्रिटेन आ रहे हैं। ये भावी प्रवासी भारतीय हैं। आने वाले समय में इनमें से अनेक प्रवासी भारतीय लेखक बनकर उभरेंगे। हिन्दी का परचम यूँ ही लहराता रहेगा। मैं लेखकों की संख्या की दृष्टि से नहीं, अपितु ब्रिटेन के प्रवासी भारतीयों की दूसरी या तीसरी पीढ़ी एवं अंग्रेज़ छात्रों को हिन्दी के लेखन से जोड़ना चाहता हूँ। हिन्दी के सुनहरे भविष्य के लिए हमें नयी पीढ़ी को अपने साथ जोड़ने के लिए उचित क़दम उठाने होंगे। लेखक नहीं तो कम-से-कम युवा पाठक वर्ग तो तैयार किये जायें वरना आज का लेखन कल पढ़ेगा कौन?

अक्टूबर, 2006 : आयोजन की सफलता-असफलता

किसी भी आयोजन की सफलता-असफलता का मूल्यांकन आयोजन के उद्देश्य से होता है। यदि किसी दावतनामे या प्रीतिभोज का मूल्यांकन करना हो तो निश्चित रूप से स्वादिष्ट भोजन एवं मेहमाननवाज़ी का सलीक़ा महत्त्वपूर्ण हो जाता है। शादी-विवाह में बारातियों की व्यक्तिगत आवश्यकताओं का ख़याल ज़रूरी है। मन्दिर

में पूजा या यज्ञ के कार्यक्रम में पूजा के विधि-विधान और पण्डित के प्रवचन का विशेष महत्त्व होता है।

किसी सांस्कृतिक कार्यक्रम में सारा दारोमदार स्टेज मैनेजमेंट, एक्युस्टिक्स एवं कलाकार के परफॉरमेंस पर निर्भर होता है। इसी प्रकार किसी साहित्यिक आयोजन की सफलता-असफलता का मूल्यांकन विचारों की गम्भीरता और चिन्तन से होना चाहिए। यदि शहर के सबसे आलीशान हॉल में कवि सम्मेलन का आयोजन बिना अच्छे कवियों के आयोजित हो तो क्या श्रोता उस आयोजन की प्रशंसा कर सकेंगे? वे सम्भवत: पूरे कार्यक्रम में बैठ भी नहीं सकेंगे, वहीं दूसरी ओर भारत के अच्छे कवि सम्मेलन में हज़ारों लोग दरियों पर बैठकर पूरी रात कवि सम्मेलनों का आनन्द लेते हैं। जिस प्रकार एक साहित्यिक गोष्ठी का मूल्यांकन श्रोताओं की गिनती या फिर एयरकंडीशन कमरे की सुविधा से नहीं होता, जिस प्रकार एक अच्छे रचनाकार की कृति का मूल्यांकन उसकी पुस्तक के कवर पृष्ठ से नहीं होता और जिस प्रकार योग्यता का मूल्यांकन व्यक्ति के वस्त्रों से नहीं होता, मेरे विचार में भाषा और साहित्य के किसी भी कार्यक्रम का मूल्यांकन व्यवस्था अथवा ग्लैमर से नहीं उसके मूल उद्देश्य एवं लक्ष्य से होना चाहिए।

कई आयोजनों में लोगों की उचित संख्या आवश्यक है, परन्तु भीड़ नहीं। वैचारिक मतभेद ही नयी दृष्टि और विचारों को जन्म देते हैं, परन्तु राजनीति से प्रेरित विचार एवं विचारकों व चिन्तकों के अहं न केवल आयोजन को ख़राब करते हैं अपितु समाज का भी अहित करते हैं। नयी पीढ़ी एवं युवाओं के ऊपर ऐसे आयोजनों के प्रभाव को मैं सबसे बड़ी सफलता मानता हूँ। आज विश्व में हिन्दी के अधिकांश कार्यक्रम प्रचार-प्रसार के उद्देश्य से हो रहे हैं। हमें इन आयोजनों में ऐसे क़दम उठाने चाहिए जो नयी पीढ़ी को हिन्दी से जोड़ सकें। हमें अपने कार्यक्रमों में युवा प्रतिनिधियों को महत्त्व देना चाहिए। अपने अहं और अपनी विद्वत्ता से उन्हें दबाना नहीं बल्कि उन्हें प्रोत्साहित करना चाहिए। अपने अनुभव और सिद्धान्तों को उन पर थोपने के बजाय उन्हें उचित अवसर देकर सही मार्ग पर बढ़ने में मदद करनी चाहिए। अभी हाल ही में प्रवासी टुडे में प्रकाशित अनिल जोशी के लेख 'प्राण शर्मा का महत्त्व' पढ़कर मुझे ऐसा लगा कि हिन्दी के हर वरिष्ठ व्यक्ति को प्राण शर्मा से प्रेरणा लेकर नये समाज के निर्माण के लिए प्राण शर्मा की भूमिका को अपनाना ही नहीं, अपितु गली-गली में प्राण शर्मा जैसे लोगों का सृजन करना चाहिए। जो अच्छे काम करने वाले हर व्यक्ति को आशीर्वाद और प्रोत्साहन दें।

जनवरी, 2007 : कमलेश्वर के आँसू

कमलेश्वर जी अत्यन्त भावुक व्यक्ति थे। उनके लेखन से लेकर उनके व्यक्तित्व में भावुकता कूट-कूट कर भरी हुई थी। मुझे ऐसे अनेक क्षणों का अनुभव है जब कमलेश्वर जी का हृदय उनके शब्दों में महसूस किया जा सकता हो। सूरीनाम के विश्व हिन्दी सम्मेलन में कमलेश्वर के आँसू एक बहुत बड़ा प्रसंग एवं समाचार बनकर उभरा। किसी ने कहा कि वे व्यवस्था से दुखी थे, कोई बोला कि कमलेश्वर इसलिए रोए क्योंकि उनकी भारत सरकार के किसी अधिकारी से बहस हो गयी थी। यह सच बात है कि कमलेश्वर रोए थे जिसमें उनका दुख और उनकी नाराज़गी दोनों शामिल थी। मैं कमलेश्वर जी के साथ सूरीनाम के राष्ट्रपति भवन में उस वक़्त मौजूद था। मेरे सामने कमलेश्वर की आँखें नम हुई थीं। कमलेश्वर जी को वहाँ भावुक अवस्था में कई लोगों ने देखा। रूसी साहित्यकार वारान्निकोव का हाथ पकड़े हुए वे ब़ार-बार भारत सरकार की व्यवस्था पर नाराज़गी भी व्यक्त कर रहे थे।

दरअसल कमलेश्वर जी की आँखों में आँसू, उनके हृदय में पीड़ा उस रूसी साहित्यकार के अपमान और परेशानी की पीड़ा थी। वारान्निकोव को भारत सरकार ने एक सम्मानित साहित्यकार के रूप में सूरीनाम बुलाया था, परन्तु वहाँ सम्मानित साहित्यकारों की सूची में से वारान्निकोव का नाम ग़ायब था। दूसरी दुर्घटना वारान्निकोव के साथ यह हुई थी कि कहीं रास्ते में उनके पैसे खो गये थे। अत: वे परेशान थे। हालाँकि वारान्निकोव की परेशानी ऐसी नहीं थी, जिसका हल मुमकिन न हो। परन्तु कमलेश्वर जी अपने भावुक स्वभाव के कारण वारान्निकोव की पीड़ा को अपना दर्द बना बैठे और इतना भावुक हो गये कि रोने लगे।

कमलेश्वर जी अपने मित्रों एवं सहयोगियों से भी अत्यन्त भावुक रिश्ता बनाकर रखते थे। जब मैं पहली बार हिन्दी ज्ञान प्रतियोगिता के चयनित छात्रों को लेकर योरोप से भारत गया था तब से कमलेश्वर जी मुझे दूसरा कोलम्बस कहने लगे थे। मुझे याद है कि जब यू.के. हिन्दी समिति की ओर से हमने ब्रिटेन के किसी हिन्दी लेखक की पाण्डुलिपि का चयन कराकर प्रकाशित करने का प्रोजेक्ट आरम्भ किया था और भारतेन्दु विमल के उपन्यास 'सोन मछली' और कमलेश्वर से भूमिका लिखवाने के लिए मैं उनके दिल्ली स्थित निवास चार्मवुड विलेज गया तब उन्होंने न केवल इस उपन्यास की भूमिका लिखी बल्कि हमारे विशेष निमन्त्रण पर वे उस पुस्तक के लोकार्पण कार्यक्रम में लन्दन भी आये। मैंने हमेशा पाया कि कमलेश्वर जी में एक बड़े साहित्यकार या फिर सिनेमा जगत की सफल विभूति का अहंकार

नहीं था। वे बड़ी सोच वाले साधारण व्यक्ति थे। नये लेखकों को प्रोत्साहन देने में उन्हें संकोच नहीं था। लन्दन के विश्व हिन्दी सम्मेलन में जब भारत सरकार की सूची में उनका नाम नहीं था, सम्मेलन के केवल सप्ताह पूर्व मैंने उनसे फ़ोन पर बात की, वे मेरे व्यक्तिगत निमन्त्रण पर लन्दन आये और उन्होंने हमें पूरा सहयोग दिया। समय-समय पर कमलेश्वर जी ने मुझे पुरवाई के सम्पादन पर भी सुझाव दिये। नये रचनाकारों को मंच देने पर सदैव उन्होंने बल दिया। कमलेश्वर जी का व्यक्तित्व एवं कृतित्व सदैव हमारे जीवन में प्रेरणा बनकर रहेगा।

अप्रैल, 2007 : पुरवाई के जीवनकाल का तीसरा विश्व हिन्दी सम्मेलन

पुरवाई के जीवनकाल का यह तीसरा विश्व हिन्दी सम्मेलन है। लन्दन में हुए छठे विश्व हिन्दी सम्मेलन एवं सूरीनाम में आयोजित सातवें विश्व हिन्दी सम्मेलन के सुअवसर पर पुरवाई विशेषांक लेकर आयी थी। विश्व भर के अनेक हिन्दी प्रेमियों तक पत्रिका पहुँची। इस बार विश्व हिन्दी सम्मेलन के अवसर पर मैंने सोचा कि क्यों न पुरवाई को विश्व हिन्दी सम्मेलन पर पूर्णतः आधारित न करते हुए उसे कुछ वास्तविक रंग में प्रस्तुत करूँ। विश्व हिन्दी सम्मेलन पर पूर्णतः समर्पित तो अनेक पत्रिकाएँ अमरीका जाने की तैयारी में लगी हुई हैं। परन्तु, हमारी पुरवाई इस विश्व हिन्दी सम्मेलन में समर्पण के लिए तैयार हुई है अपने सहज और सरल शृंगार के साथ।

पुरवाई का वास्तविक परिचय यही है, नये लेखकों को प्रेरित करना, स्थापित रचनाकारों का आशीर्वचन लेना, हर रंग के साहित्य को स्थान देना, सिर्फ़ भारत या इंग्लैंड ही नहीं अपितु विश्व के जिस कोने से हिन्दी की आवाज़ आये, उसे आत्मसात करना और जहाँ हिन्दी ख़ामोश हो वहाँ हिन्दी को आवाज़ देना। किसी एक विधा या दृष्टिकोण की पत्रिका नहीं है पुरवाई। किसी एक विचार या एक सोच की पत्रिका भी नहीं है पुरवाई। पुरवाई में सम्पूर्ण भारत बसता है। हमारा सौभाग्य है कि आज विश्व के क़रीब 26 देशों में पुरवाई अपने क़दम रख चुकी है। इस विश्व हिन्दी सम्मेलन में दस वर्षीय पुरवाई उस नन्ही बालिका की तरह है, जिसकी आँखों में बड़े-बड़े सपने उमड़ने लगे हैं। वह देख सकती है कि हिन्दी का बुरा और भला किसमें है। सदा की तरह पुरवाई इस बार भी सकारात्मक दृष्टि के साथ विश्व हिन्दी सम्मेलन में पहुँच रही है। किसी भी भेदभाव से ऊपर उठकर हम आठवें विश्व हिन्दी सम्मेलन को हिन्दी का एक और महायज्ञ मानते हैं। मैं चाहता हूँ कि इस सम्मेलन से

अमेरिका के सैकड़ों हिन्दी प्रेमियों को वही सुख मिले जो 1999 में ब्रिटेन के हिन्दी प्रेमियों को मिला था। अपने प्रिय लेखकों का सान्निध्य, दूर अलग-अलग देशों से आये प्रतिनिधियों से परिचय और विभिन्न संस्थाओं के कार्यकर्ताओं से प्रेरणा मिलना ही विश्व हिन्दी सम्मेलन की सबसे महत्त्वपूर्ण उपलब्धि है। मैं आभारी हूँ अपने साहित्यकार भाई तेजेन्द्र शर्मा जी का जिन्होंने पिछले दो वर्षों में पुरवाई के सम्पादक के रूप में पुरवाई को अपने साहित्यिक अन्दाज़ में प्रस्तुत किया। इस पत्रिका को भारत के शीर्ष साहित्यकारों से जोड़ा। पुरवाई अब फिर हिन्दी प्रेमियों की गोद में आ गयी है और अपने बड़ों के आशीर्वाद के साथ विश्व के समस्त उभरते हुए हिन्दी रचनाकारों के स्वागत में अपने दोनों हाथ फैलाये आप सबका अभिवादन कर रही है।

जुलाई, 2007 : सिंघवी जी नहीं रहे

डॉ. लक्ष्मीमल्ल सिंघवी एवं कमला जी के संरक्षण में पुरवाई का जन्म सितम्बर 1997 में एक पत्रिका के रूप में हुआ था। सिंघवी जी आज हमारे बीच नहीं रहे। पुरवाई के नामकरण से लेकर लोकार्पण तक पत्रिका की रूपरेखा को मार्गदर्शन दिया था डॉ. सिंघवी ने। आज ऐसा लग रहा है कि हमारे ऊपर से परिवार के सबसे बड़े सदस्य का साया उठ गया है। सिंघवी जी और कमला जी के संरक्षण एवं मार्गदर्शन में देखते ही देखते यह पत्रिका एक अन्तरराष्ट्रीय अभियान बन गयी। अभियान नये रचनाकारों के मंच का, अभियान प्रवासी भावनाओं की अभिव्यक्ति का, अभियान विश्व के हिन्दी लेखकों को जोड़ने का। पुरवाई को देश-विदेश में अद्भुत प्रेम और स्नेह मिला। पुरवाई का सौभाग्य रहा कि जहाँ एक ओर उसे नये रचनाकारों की डायरी के पन्नों का अक्स बनने का अवसर मिला, वहीं दूसरी ओर भारत और ब्रिटेन के श्रेष्ठ लेखकों की रचनाओं की गरिमा भी मिली। रामदरश मिश्र, लल्लन प्रसाद व्यास, केदारनाथ सिंह, कमलेश्वर, अशोक चक्रधर, कन्हैया लाल नन्दन, राजेन्द्र अवस्थी जैसे वरिष्ठ लेखकों ने पुरवाई के आरम्भिक दौर में ही अपनी लेखनी के माध्यम से इसे गौरवान्वित किया। उसके बाद नरेन्द्र कोहली, नरेश शांडिल्य, अनिल शर्मा जोशी, कुसुम अंसल, सुनीता जैन एवं निर्मला सिंह जैसे रचनाकारों ने भी पुरवाई को अपना साहित्यिक योगदान दिया। मैं इन लोगों का कृतज्ञ हूँ कि यह जानते हुए भी कि पुरवाई सिर्फ़ एक साहित्यिक पत्रिका नहीं बल्कि हिन्दी के प्रचार एवं प्रसार के लिए एक योजना भी है, अपनी उत्कृष्ट लेखनी से पुरवाई को हिन्दी की मूल धारा से जुड़ने का अवसर प्रदान किया। ब्रिटेन के रामकृष्ण, कैलाश

बुधवार, निखिल कौशिक, सोहन राही, नरेश भारतीय, कादम्बरी मेहरा, महेन्द्र दवेसर, मोहन राणा एवं महेन्द्र वर्मा जैसे महारथियों ने पत्रिका को विशेष स्तर प्रदान किया। आज पुरवाई की दसवीं वर्षगाँठ पर मैं अपनी विशेष कृतज्ञता अर्पित करता हूँ ब्रिटेन की उन दस विभूतियों को जिन्होंने पुरवाई पत्रिका को हृदय से अपनाया और प्रकाशन में मेरी विशेष मदद की, उनके नाम हैं–डॉ. सत्येन्द्र श्रीवास्तव, दिव्या माथुर, के. बी. एल. सक्सेना, कृष्ण कुमार, एवं उषा वर्मा। भारत से दीपक गुप्त और विमल कुमार सिंह पुरवाई के दो ऐसे मित्र हैं, जिन्होंने पर्दे के पीछे से पुरवाई के प्रकाशन में अत्यन्त महत्त्वपूर्ण भूमिका निभायी है।

पुरवाई के प्रथम अंक से मैं यह कहते आया हूँ कि पुरवाई का प्रकाशन तभी सार्थक होगा जब इसमें नये उभरते हुए लेखकों को स्थान मिलेगा और उनकी साहित्यिक साधना का पाठकों से परिचय होगा। शैल अग्रवाल, जय वर्मा, तितिक्षा शाह, दिवाकर सुकुल, रश्मि तिवारी, कान्ति वाधवा, अनुराधा शर्मा, चंचल जैन, स्वर्ण तलवाड़, रमा जोशी एवं वन्दना मुकेश कुछ ऐसे नाम जिनके योगदान को मैं पुरवाई की विशेष उपलब्धि मानता हूँ।

ब्रिटेन और भारत के अलावा आज पुरवाई को अमेरिका, कनाडा, मॉरीशस, हंगरी, क्रोशिया, नॉर्वे, ऑस्ट्रेलिया जैसे क़रीब 23 देशों के रचनाकारों एवं पाठकों का स्नेह मिल रहा है। हमारा पूरा प्रयत्न रहेगा कि पुरवाई स्व. डॉ. सिंघवी जी के स्वप्नों को साकार करती रहे और भारतीय मूल के लोगों को भाषा और संस्कृति के माध्यम से जोड़ती रहे।

अक्टूबर, 2007 : हिन्दी के आयोजनों में बच्चे और जवान

भारत से बाहर विदेशों में हिन्दी की बढ़ती हुई संस्थाएँ और नये-नये साहित्यिक एवं शैक्षिक अभियान यह प्रमाणित करते हैं कि प्रवासी भारतीयों की हिन्दी के प्रति निष्ठा एवं प्रतिबद्धता दिन-प्रतिदिन विकसित होती जा रही है। हिन्दी का विश्व में पनपना आज चिन्ता का विषय नहीं है, अपितु संवाद का विषय है। इस संवाद में उत्सुकता है, उमंग है और उपलब्धि है। अभी हाल के एक कार्यक्रम में मेरे मित्र और सहयोगी, लैस्टर के हिन्दी सेवी श्री संजय मान सिंह ने मुझसे प्रश्न किया कि उन्हें हिन्दी के आयोजनों में बच्चे और जवान नज़र नहीं आते, सिर्फ़ सफ़ेद बाल वाले ही दिखते हैं। कहीं ऐसा तो नहीं कि अगले दस वर्षों में हमारे श्रोता और दर्शक कम होते चले जायें? मैंने उन्हें उत्तर दिया कि पन्द्रह साल पहले मैं भी यही सोचता था।

परन्तु, मैंने कभी अपने किसी भी कार्यक्रम में लोगों की गिनती में कमी नहीं पायी है। हाँ...चेहरे अवश्य बदल गये हैं। कई पुराने चेहरों की जगह नये चेहरों ने ले ली है।

मैं समझता हूँ कि उम्र के साथ लोगों की प्राथमिकताएँ बदलती हैं। बच्चों के ऊपर पढ़ाई का बोझ और नवजवानों के पास अपने कॅरियर के प्रति संघर्ष होते हैं। इस कारण उनकी प्राथमिकता में सामाजिक कार्यों के लिए समय नहीं निकल पाता है। पच्चीस से पैंतीस वर्ष की आयु के लोग अपने परिवार को बसाने में, नये घर को स्थापित करने में एवं भविष्य सँजोने में व्यस्त रहते हैं।

चालीस की आयु होते-होते वे एक सीमा तक सक्षम हो जाते हैं और उनके पास सामाजिक कामों के लिए समय होने लगता है। आज यदि हम ब्रिटेन को ही लें तो हिन्दी ज्ञान प्रतियोगिता के आयोजन में सबसे आगे अधेड़ उम्र की ही पीढ़ी है। ब्रिटेन में जो सैकड़ों बच्चे इस प्रतियोगिता में भाग ले रहे हैं, सप्ताह के अन्त में अपने छोटे-छोटे बच्चों को हिन्दी क्लासेस में जो माता-पिता ले जाते हैं, वो अधेड़ उम्र के ही लोग हैं। बच्चों को हिन्दी पढ़ाने वाली अधिकांश टीचर्स भी पैंतीस से पचास के उम्र की ही हैं। इस प्रतियोगिता की परिकल्पना करने वाले अनिल शर्मा, आरम्भ के दो-तीन वर्षों तक पाँच बच्चों की भारत यात्रा स्पांसर करने वाले राम भट्ट, भारत में अक्षरम के माध्यम से हिन्दी ज्ञान प्रतियोगिता के चयनित छात्रों को संरक्षण देने वाले नरेश शांडिल्य, राजेश चेतन जैसे हिन्दी सेवी यह प्रमाणित करते हैं कि हिन्दी के विश्वव्यापी अभियान को आगे ले जाने में, विश्व में प्रवासी भारतीयों तथा हिन्दी के प्रति समर्पित विदेशियों की नयी पीढ़ी मार्गदर्शन देने में एवं हिन्दी भाषा तथा साहित्य के वैश्वीकरण में हिन्दी सेवियों की कमी कभी नहीं होगी। नये कार्यकर्ता जन्म लेते रहेंगे, नये अभियान और मिशन चलते रहेंगे, साहित्य को विश्व स्तर पर नये दृष्टिकोण, भाव और विचार मिलते रहेंगे। आज की पीढ़ी की आवश्यकता है तो बस अगली पीढ़ी के लिए मार्ग प्रशस्त करने की और ऐसे सशक्त मंचों को विकसित करते रहने की जिन पर आने वाले वर्षों में हिन्दी प्रेमियों की अगली पीढ़ी नाज़ कर सके।

जनवरी, 2008 : पश्चिमी देशों में लोकप्रिय हिन्दी मीडिया

आज से क़रीब 30 वर्ष पूर्व ब्रिटेन में प्रवासी भारतीय हिन्दी सिनेमा देखने के लिए तरस जाते थे। सम्भवत: एकाध सिनेमा हॉल कहीं वर्ष में दो-चार हिन्दी फ़िल्में दिखा देते थे। कोई सोच ही नहीं सकता था कि कभी हिन्दी रेडियो अथवा हिन्दी टेलीविज़न

भी इस देश में आयेगा। उस समय इस बात पर भी चर्चा होती थी कि यदि कोई हिन्दी रेडियो या टेलीविज़न शुरू करेगा तो उसे सुनने-देखने वाले कितने लोग होंगे? जिस प्रवासी भारतीय की नयी पीढ़ी ने इस देश में जन्म लिया था, वह तो हिन्दी बोलने से भी कतराती थी। लोगों का मानना था कि ब्रिटेन में हिन्दी मीडिया का कोई भविष्य नहीं है। परन्तु, कुछ लोग इस विचार को लेकर सकारात्मक थे। 80 के दशक में सनराइज रेडियो और 90 के आरम्भ में टी.वी. एशिया की शुरुआत हुई। फिर हिन्दी सिनेमा का ब्रिटेन के बड़े पर्दे के सिनेमा घरों में पदार्पण हुआ। 30 साल पूर्व जिस हिन्दी मीडिया की ब्रिटेन में कल्पना करना मुश्किल था, वह आज ब्रिटेन ही नहीं अपितु योरोप और अमेरिका में भी दिन-प्रतिदिन प्रगति कर रही है।

90 के दशक में जब हमने पुरवाई पत्रिका के प्रकाशन के विषय में सोचना आरम्भ किया, तब भी एक हिन्दी पत्रिका के प्रकाशन के विचार की सराहना तो हुई परन्तु उसके प्रकाशन की आयु पर प्रश्नचिह्न अवश्य लगा था। आज पुरवाई भी अपने दस वर्ष सफलता के साथ पूरे कर चुकी है। आज ब्रिटेन का कोई ऐसा शहर नहीं है जहाँ हिन्दी सिनेमा नहीं चल रहा है। भारत की 80 प्रतिशत फ़िल्में जो रिलीज़ हो रही हैं, यहाँ के सिनेमा घरों में भी दिखाई जा रही हैं। भारत का एक भी ऐसा बड़ा हिन्दी चैनल नहीं है जो ब्रिटेन के टेलीविज़न पर उपलब्ध नहीं है। मनोरंजन ही नहीं अपितु समाचार और धर्म से जुड़े हिन्दी चैनल्स यहाँ घर में बड़े चाव से देखे जा रहे हैं।

अब से तीन दशक पहले जो लोग इस देश में प्रवासी भारतीयों की दूसरी पीढ़ी को हिन्दी मीडिया का ग्राहक नहीं मानते थे, वे अचरज में हैं कि आज प्रवासी भारतीय की तीसरी पीढ़ी के बीच भारतीय सिनेमा और संगीत कितना लोकप्रिय है। लन्दन के मैडम तुसाद म्यूज़ियम में अमिताभ बच्चन, ऐश्वर्या राय और शाहरुख़ खान के पुतले इस बात के प्रमाण हैं कि हिन्दी मीडिया के चमकते सितारे आज प्रवासी भारतीयों की तीसरी और चौथी पीढ़ी में कितने अधिक लोकप्रिय हैं। भारतीय उत्सव हों या फिर प्रवासी भारतीयों के घर विवाह की रस्में, भारतीय संगीत की गूँज यहाँ भारत से कम नहीं सुनाई पड़ती। आज दूसरी और तीसरी पीढ़ी के कितने ही नौजवान सर हिन्दी सिनेमा देख ही नहीं रहे अपितु हिन्दी फ़िल्मों में काम भी कर रहे हैं।

यह सही बात है कि फ़िल्म मनोरंजन का माध्यम है और मनोरंजन लोगों को आसानी से आकर्षित करता है, लेकिन आज हिन्दी के न्यूज़ चैनल्स और धार्मिक

चैनल्स जिस प्रकार से पश्चिमी देशों में लोकप्रिय हो रहे हैं, उससे यह बात साबित होती है कि यहाँ मार्केट हर प्रकार के लोगों की है और बड़ी संख्या में है। जब हमारी फ़िल्में, रेडियो, मनोरंजन से लेकर न्यूज़ और धार्मिक हिन्दी चैनल्स पश्चिमी देशों में इतनी अपार सफलता अर्जित कर सकते हैं, तो हिन्दी के अन्तरराष्ट्रीय अख़बार को प्रकाशित करने के विचार को हम क्यों नहीं बढ़ा रहे हैं? मेरे विचार में भारत के किसी-न-किसी हिन्दी के राष्ट्रीय समाचार पत्र को विश्व मंच पर शीघ्र आना चाहिए और विश्व के करोड़ों प्रवासी भारतीय पाठकों की आवश्यकता को भी समझना चाहिए।

अप्रैल, 2008 : प्रवासी हिन्दी लेखन

भारत से बाहर आज प्रवासी हिन्दी लेखन की चरम सीमा पर है। अमेरिका, कनाडा, मॉरीशस और ब्रिटेन में रहने वाले प्रवासी भारतीय हिन्दी के रचनात्मक लेखन को लेकर बहुत सक्रिय एवं गम्भीर हैं। अपनी रचनाओं के माध्यम से वे भारतीय डायस्पोरा के उन पहलुओं को पूरी स्वतन्त्रता के साथ छू रहे हैं, जिन पहलुओं तक भारत के लेखक कभी पहुँच ही नहीं सकते हैं। भारत के अनेक साहित्यकारों ने इंग्लैंड, अमेरिका जैसे देशों में कुछ दिन छुट्टियाँ बिताकर प्रवासी जीवन पर लिखा अवश्य है। परन्तु उन्होंने वह लिखा है जो उन्होंने देखा है या फिर जो उन्हें बताया गया है। उन्होंने इस जीवन को जिया नहीं है। अतः उनके लेखन के भाव एवं यथार्थ की तुलना इन प्रवासी भारतीयों के लेखन से इस सन्दर्भ में नहीं की जा सकती है। हिन्दी साहित्य को प्रवासी हिन्दी लेखन आज विश्व में सम्पूर्णता दे रहा है। यदि प्रवासी हिन्दी क़लम न उठती तो हिन्दी साहित्य सिर्फ़ भारत का ही बनकर रह जाता और सही मायने में वैश्विक नहीं हो पाता। साहित्य समाज का दर्पण होता है, आज प्रवासी भारतीय पूरे विश्व के समाज के दर्पण को हिन्दी के माध्यम से प्रस्तुत कर रहे हैं। यह सच है कि भाषा और तकनीक के लिहाज़ से प्रवासी हिन्दी लेखन भारतीय लेखकों के लेखन के बराबर नहीं है और सम्भवतः हो भी नहीं सकता। शायद यही कारण है कि भारत के अनेक शीर्ष लेखक प्रवासी हिन्दी साहित्य को मान्यता देने से हिचकिचाते हैं। प्रवासी लेखन की भाषा में, जिस देश में लेखक रहता है, उस देश की भाषा, व्याकरण एवं मुहावरों का शामिल होना स्वाभाविक है। इसके कई कारणों में से दो मुख्य कारण यह हैं कि उसकी दिनचर्या में हिन्दी भाषा का प्रयोग बहुत कम होता है और दूसरा यह है कि जहाँ वह रहता है, वहाँ के

समाज एवं जीवन के अक्स को अपने लेखन में उतारते समय वहाँ की भाषा तथा जीवन का असर आयेगा ही।

मैं प्रशंसा करता हूँ भारत के उन साहित्यकारों की जिन्होंने प्रवासी हिन्दी लेखन को केवल प्रोत्साहित ही नहीं किया अपितु उसे पूरी मान्यता भी दी है। गगनांचल के माध्यम से डॉ. कन्हैया लाल नन्दन जी और कादम्बिनी के माध्यम से डॉ. राजेन्द्र अवस्थी ने 90 के दशक में ब्रिटेन के हिन्दी लेखन को प्रतिष्ठित किया। इसी परम्परा को आगे बढ़ाते हुए आज गगनांचल के श्री अजय गुप्ता, अक्षरम के श्री नरेश शांडिल्य एवं नया ज्ञानोदय के माध्यम से श्री रवीन्द्र कालिया जी जैसे भारत के यशस्वी सम्पादक प्रवासी भारतीयों के हिन्दी लेखन को पूरा सम्मान दे रहे हैं। पिछले 11 वर्षों से पुरवाई पत्रिका भी इसी अभियान में लगी है। पुरवाई प्रवासी हिन्दी प्रेमियों की भावनाओं का मंच है। यह ब्रिटेन के साथ-साथ विश्व के अन्य देशों के हिन्दी प्रेमियों के बीच भी एक साहित्यिक सेतु की भूमिका अदा कर रही है।

जुलाई, 2008 : ब्रिटेन में उभरती नयी संस्थाएँ

ब्रिटेन में हिन्दी के आयोजनों को गति देने के लिए नयी संस्थाओं और नये लोगों को आगे आते हुए देखकर बहुत अच्छा लग रहा है। 1990 में यू.के. हिन्दी समिति के गठन के समय कोई भी हिन्दी की सक्रिय संस्था नहीं थी। उस समय यू.के. हिन्दी समिति के छोटे-छोटे आयोजनों के माध्यम से हिन्दी प्रेमियों का ग्रुप तैयार होने लगा। 1992 में तत्कालीन भारतीय उच्चायुक्त डॉ. लक्ष्मीमल्ल सिंघवी जी एवं श्रीमती कमला सिंघवी जी के प्रयत्न से मैनचेस्टर में अहिंसम भारतीय का जन्म हुआ और फिर 1994-95 में बर्मिंघम में गीतांजलि समुदाय की स्थापना हुई।

लन्दन, बर्मिंघम एवं मैनचेस्टर में हिन्दी संस्थाओं की सक्रियता से पूरे इंग्लैंड में हिन्दी का बिगुल बजने लगा। अन्तरराष्ट्रीय वार्षिक कवि सम्मेलनों के दौर से ब्रिटेन के इन तीनों महानगरों में हिन्दी का प्रचार-प्रसार होने लगा। 1999 में यॉर्क में भारतीय भाषा संगम एवं मैनचेस्टर में हिन्दी भाषा समिति बनी। सन् 2000 में लन्दन में कथा यू.के. एवं 2002 में मिडलैंड्स में कृति यू.के. ने ब्रिटेन के लेखकों को साहित्यिक मंच देना प्रारम्भ किया। आज लन्दन में वातायन, नॉटिंघम में गीतांजलि ट्रेंट तथा लैस्टर में चौपाल संस्थाएँ हिन्दी के क्षेत्र में प्रशंसनीय कार्य कर रही हैं।

हाल में यहाँ भारत में आरम्भ विश्व हिन्दी अभियान की यू.के. शाखा भी सक्रिय हो गयी है। अहिंसम भारतीय को छोड़कर आज की तारीख़ में सभी संस्थाएँ सक्रिय

हैं। कथा यू.के. के अलावा ब्रिटेन की ये सभी संस्थाएँ हिन्दी दिवस के उपलक्ष्य में अन्तरराष्ट्रीय वार्षिक कवि सम्मेलनों के माध्यम से एक दूसरे से जुड़ी हुई हैं तथा धर्म, राजनीति एवं पारिवारिक प्रसिद्धि के लोभ से ऊपर उठकर देश, भाषा और संस्कृति के लिए नि:स्वार्थ काम कर रही हैं।

इन अन्तरराष्ट्रीय वार्षिक कवि सम्मेलनों के नियमित आयोजनों में सभी समुदाय के लोगों की सहभागिता इस बात को प्रमाणित करती है कि हिन्दी का व्यक्ति किसी भी धर्म, देश या राजनैतिक संगठन का क्यों न हो, वह सभी का समानता से सम्मान करता है और हिन्दी के प्रचार-प्रसार के लक्ष्य को प्राथमिकता देता है। सम्भवत: यही कारण है कि ब्रिटेन में हिन्दी संस्थाओं का यह सशक्त नेटवर्क बढ़ता जा रहा है और प्रतिवर्ष नये-नये शहरों में नये-नये लोग हिन्दी के अभियान से जुड़ते जा रहे हैं।

अक्टूबर, 2008 : नये रचनाकारों को मंच

पिछले 12 वर्षों से पुरवाई पत्रिका ब्रिटेन, भारत और अन्य देशों के नये-पुराने रचनाकारों का मंच बनी हुई है। हिन्दी भाषा और साहित्य के प्रचार-प्रसार के उद्देश्य को लेकर जन्मी पुरवाई ने अब तक ब्रिटेन के न जाने कितने नये रचनाकारों को मंच दिया है, भारत के कितने ही लेखकों की रचनाओं द्वारा उन्हें प्रवासी भारतीयों से परिचित कराया है और प्रवासी भारतीयों का एक विशेष पाठक वर्ग तैयार किया है। हमारा यही प्रयास रहा है कि लेखन के माध्यम से हम प्रवासी भावनाओं को संग्रहित कर सकें और प्रवासी विचारों को प्रकाश में लायें। पुरवाई ने सदैव प्रवासी भावनाओं और विचारों का सम्मान किया है और यह पत्रिका किसी भी धार्मिक अथवा राजनैतिक प्रभाव से दूर रही है। यह हिन्दी प्रेमियों की पत्रिका है, हिन्दी पाठकों की पत्रिका है, यह हिन्दी सेवियों की पत्रिका है।

हम कभी यह नहीं देखते कि हिन्दी प्रेमी के चेहरे का रंग क्या है, हम किसी को धर्म के आधार पर पाठक नहीं बनाते और हिन्दी की सेवा के भाव से हमारा साथ देने वाले से यह नहीं पूछते कि वह किस राजनैतिक दल का सदस्य है? हमारा उद्देश्य हिन्दी भाषियों के परिवार को जोड़ना है उसे जाति, धर्म, रंग भेद और राजनैतिक कारणों से तोड़ना नहीं है। मैं अपने हिन्दी परिवार के सदस्यों तथा पुरवाई के लेखकों एवं पाठकों को सतर्क करना चाहता हूँ कि कुछ लोग अपनी संकीर्णता, अज्ञानता अथवा द्वेष के कारण प्रवासी हिन्दी सेवियों को धार्मिक एवं राजनैतिक संगठनों से जोड़कर प्रवासी भावनाओं को ठेस पहुँचाने का प्रयास कर रहे हैं। हमारे व्यक्तिगत

विचार अलग हो सकते हैं, परन्तु हिन्दी को लेकर हमारा उद्देश्य साफ़ है कि हम भारतीय भाषाओं के माध्यम से भारतीय संस्कृति को नयी पीढ़ी तक पहुँचाने का काम कर रहे हैं। हमारी पत्रिका, हमारी संस्था हर उस व्यक्ति का स्वागत करती है जो हिन्दी के प्रति समर्पित है, चाहे वह किसी भी राजनैतिक व धार्मिक संगठन का क्यों न हो और उसका विरोध करती है जो व्यक्तिगत प्रसिद्धि अथवा व्यक्तिगत महत्त्वाकांक्षा के लिए हिन्दी को माध्यम बनाकर अपने किसी स्वार्थ को पूरा कर रहा है। पुरवाई हर उस हिन्दी प्रेमी की पत्रिका है जो अपनी भाषा, साहित्य और संस्कृति के प्रति निष्ठावान है।

जनवरी, 2009 : अन्तरराष्ट्रीय कवि सम्मेलनों का योगदान

ब्रिटेन में प्रवासी भारतीयों और हिन्दी प्रेमियों को हिन्दी साहित्य से जोड़ने में सबसे बड़ा योगदान मैं अन्तरराष्ट्रीय कवि सम्मेलनों का मानता हूँ। 1994 से प्रारम्भ हुए अन्तरराष्ट्रीय कवि सम्मेलनों ने इस देश में हिन्दी कविता के ज़रिये सैकड़ों-हज़ारों श्रोताओं के मन को छुआ है तथा उनमें हिन्दी के प्रति जागृति उत्पन्न की है। कवि सम्मेलनों के कारण जो माहौल बना, उससे प्रेरित होकर कई प्रवासी भारतीयों ने हिन्दी में लिखना शुरू कर दिया। सबसे बड़ी बात तो यह हुई कि यहाँ के अनेक नगरों में हिन्दी के कार्यकर्ताओं का एक संगठित स्वरूप उभरकर सामने आया।

अब तक सौ से ऊपर भारत के कवि इन सम्मेलनों में भाग ले चुके हैं। वे ब्रिटेन के हिन्दी प्रेमियों के घरों पर ठहरे हैं। यहाँ के प्रवासी भारतीय परिवारों ने हमेशा उनका हृदय से स्वागत किया है। कवि सम्मेलनों के माध्यम से भारत के साहित्य जगत और ब्रिटेन के प्रवासी भारतीयों के बीच एक सम्बन्ध स्थापित हुआ है जिसका सम्मान दोनों ही करते हैं। भारत से आये हुए कवि किसी गाँव के हों या फिर महानगर के, कोई राजनेता हों या फिर पत्रकार, हिन्दी जगत में स्थापित नाम हों या फिर उभरते हुए लेखक, हम सब ने पूरे आदर-सत्कार के साथ सभी का सम्मान किया है और उनकी रचनाओं से प्रेरणा ली है।

मुझे कुछ ऐसे लोगों के वक्तव्यों पर हँसी आती है और साथ ही अफ़सोस भी होता है जो अपने आपको एक ओर तो हिन्दी का सैनिक बताते हैं, वहीं दूसरी ओर हिन्दी के प्रति निःस्वार्थ भाव से काम कर रहे हम प्रवासी भारतीयों के काम में विघ्न डालने का भी प्रयास करते हैं। मज़े की बात यह है कि ऐसी बेहूदी बातें भी वही करते हैं जो हमारे निमन्त्रण पर ब्रिटेन आने के लिए भारत में एड़ी-चोटी

का ज़ोर लगाते हैं और फिर भी बात न बनने पर हमारे पसन्द के कवियों और लेखकों के विषय में आपत्तिजनक टिप्पणियाँ करते हैं और बेवजह प्रवासी भावनाओं को ठेस पहुँचाते हैं।

अपने घर अपने पसन्द के अतिथि को बुलाने का अधिकार हमें है, हमारे परिवार के सदस्यों को है और हमारे ब्रिटेन के श्रोताओं को है, न कि उनको जो इस बात से क्षुब्ध हैं कि हमने उन्हें क्यों नहीं बुलाया और लन्दन रिटर्न का ख़िताब क्यों नहीं दिया? मैं आभारी हूँ भारतीय सांस्कृतिक सम्बन्ध परिषद्, लन्दन के भारतीय उच्चायोग एवं नेहरू केन्द्र का जो वर्षों से इन कवि सम्मेलनों में सहयोग करते हुए ब्रिटेन के हिन्दी प्रेमियों को अत्यन्त आत्मिक साहित्यिक सुख की अनुभूति प्रदान कर रहे हैं।

अप्रैल, 2009 : कम्प्यूटर का विस्तार

कम्प्यूटर के विस्तार से आज हिन्दी के लेखक विश्व भर में पढ़े जा रहे हैं। आज कम्प्यूटर पर हिन्दी की जितनी वेबसाइट्स उपलब्ध हैं, उतनी तो सम्भवत: विश्व में हिन्दी की पत्र-पत्रिकाएँ भी नहीं हैं। इसमें कोई दो राय नहीं कि कम्प्यूटर और इंटरनेट ने आज हर घर की लाइब्रेरी का रूप ले लिया है। हिन्दी ही नहीं अपितु समस्त भाषाओं के पाठकवर्ग के पास अपनी पसन्द के साहित्य तक पहुँचने के लिए इंटरनेट सबसे सुलभ माध्यम बन गया है। युवाओं में इसकी लोकप्रियता तेज़ी से बढ़ रही है। हालाँकि बुजुर्ग साहित्यकारों के मामले में स्थिति थोड़ी अलग है। कुछ गिने-चुने साहित्यकारों को छोड़ दिया जाये तो अधिकतर साहित्यकार इस नये माध्यम से बहुत अधिक जुड़ नहीं पाये हैं। वे यहाँ अपनी रचनाएँ देने से कतराते हैं।

यह सच है कि जिस तरह अच्छी और ख़राब दोनों तरह की पत्रिकाएँ होती हैं, वैसे ही अच्छी और ख़राब वेबसाइट्स भी हैं। लेकिन इन दोनों माध्यमों में एक बुनियादी अन्तर है। पत्रिका में जो चीज़ एक बार छप गयी, उसे सुधारना असम्भव है। पत्रिका के सम्पादक को अपनी ग़लती अनन्तकाल तक ढोनी पड़ती है। इसके विपरीत वेबसाइट्स में छपाई जैसी कोई अन्तिम चीज़ नहीं होती है। वेबसाइट पर डाली गयी चीज़ को कभी भी सुधारा जा सकता है। प्रकाशित करने के बाद उसे कितनी बार सुधारा जा चुका है, इसका पाठक को कभी पता नहीं चलता। पत्रिका के सम्पादक को मालूम होता है कि उसे अपनी ग़लती सुधारने का मौक़ा नहीं मिलेगा, इसलिए वह अपना काम पूरी गम्भीरता से करता है। यह गम्भीरता कई बार वेबसाइट

के प्रकाशकों में नहीं दिखती। यही कारण है कि अनेक वेबसाइट्स पर आज जो भी हिन्दी साहित्य उपलब्ध है, उनकी विश्वसनीयता पर सन्देह बना रहता है। कई ऐसी वेबसाइट्स हैं जहाँ किसी भी रचना को, किसी भी रूप में छाप दिया जाता है। कई बार तो लेखकों को यह भी पता नहीं होता कि उनकी कौन-सी रचना, कितनी ग़लतियों के साथ, किस-किस वेबसाइट पर छपी है और किस ब्लॉग पर उसकी चर्चा हो चुकी है। यह स्थिति सुखद नहीं है।

जिस प्रकार हिन्दी वेबसाइट्स की पहुँच बढ़ रही है, उसे देखते हुए वेबसाइट्स के प्रकाशकों की ज़िम्मेदारी बहुत बढ़ गयी है। उनसे हिन्दी जगत अपेक्षा करता है कि वे भाषा और तत्त्व पर अधिक ध्यान दें। हिन्दी के जानकारों को चाहिए कि उनकी जानकारी में जो अच्छी वेबसाइट्स हैं, उन पर चर्चा करें और उनके प्रचार में सहयोग प्रदान करें ताकि गम्भीर पाठकों को हिन्दी के अच्छे साहित्य का और अधिक लाभ मिल सके।

जुलाई, 2009 : अंग्रेज़ी, हिन्दी और क्षेत्रीय भाषा की शिक्षा

बिना हिन्दी बोले भारत में चुनाव नहीं जीता जा सकता और बिना अंग्रेज़ी के पार्लियामेंट नहीं चलायी जा सकती है। बॉलीवुड के फ़िल्मकार फ़िल्में तो हिन्दी में बनाते हैं, परन्तु उनके साक्षात्कार और समारोह ज़्यादातर अंग्रेज़ी में ही होते हैं। एक आम आदमी को अच्छी नौकरी पाने के लिए अंग्रेज़ी जानना आवश्यक है, परन्तु यदि उसे कम्पनी का सामान बेचना हो तो हिन्दी अथवा क्षेत्रीय भाषा अनिवार्य हो जाती है। हमें यह मान लेना चाहिए कि भारत में रहने के लिए अब कम-से-कम दो भाषाओं का ज्ञान परम आवश्यक है। यदि व्यक्ति हिन्दी भाषी इलाक़े का नहीं है तो उसके लिए तीसरी भाषा के रूप में क्षेत्रीय भाषा की जानकारी भी अनिवार्य हो जाती है। अभी हाल ही में भारत के मानव संसाधन विकास मन्त्री श्री कपिल सिब्बल का बयान चर्चा में रहा जब उन्होंने सम्पूर्ण भारत में तीन भाषाओं–अंग्रेज़ी, हिन्दी और क्षेत्रीय भाषा की शिक्षा की बात उठायी। मैं कपिल सिब्बल जी के इस विचार से पूर्णतः सहमत हूँ। हम इस सत्य से क्यों भाग रहे हैं कि भारत बहुभाषीय देश है और एक से अधिक भाषाओं की जानकारी हमारी नयी पीढ़ी के लिए लाभकारी होगी। भारत के कुछ लोग और क्षेत्र, कपिल जी के इस विचार से शायद इसलिए सहमत नहीं हैं, क्योंकि वे हिन्दी भाषा के विरुद्ध हैं और भाषा की राजनीति में उलझकर अपने ही बच्चों का नुक़सान करना चाहते हैं। वे इस सत्य को स्वीकार नहीं करते कि हिन्दी भारत की सबसे बड़ी

सम्पर्क भाषा है और विश्व में बोलने एवं समझने वाली भाषाओं में तीसरा स्थान रखती है।

भारतीय सिनेमा की प्रतिष्ठा और लोकप्रियता इस बात का सबसे बड़ा उदाहरण है कि हिन्दी भाषा में बनी फ़िल्में भारत एवं भारत के बाहर अन्य भारतीय भाषाओं की तुलना में सबसे अधिक देखी जाती हैं। पिछले अनेक वर्षों से पूरे योरोप और ब्रिटेन में सभी विद्यार्थियों को एक से अधिक भाषा सीखने पर ज़ोर दिया जाता है। पुराने सारे ऐतिहासिक मतभेद भूलकर यहाँ के बच्चे अपने भविष्य को प्राथमिकता देते हैं। फ्रांस और जर्मनी जैसे देशों के नागरिक जिन्हें एक समय में अंग्रेज़ी भाषा से जैसे परहेज था, आज समय के साथ अंग्रेज़ी को विश्व की सबसे बड़ी सम्पर्क भाषा के रूप में स्वीकार चुके हैं और अपने बच्चों को अंग्रेज़ी पढ़ने के लिए प्रेरित कर रहे हैं।

भाषा की राजनीति से ऊपर उठकर हमें अपने बच्चों के भविष्य की ओर देखना चाहिए जिनके भविष्य से देश का भविष्य जुड़ा हुआ है और उन्हें क्षेत्रीय भाषा और अंग्रेज़ी के अलावा उस भाषा को सीखने के लिए प्रेरित करना चाहिए जिससे वे भारत के किसी भी प्रान्त में जाकर अपने भविष्य को सँवार सकें।

अक्टूबर, 2009 : नयी शब्दावली

एक भाषा में दूसरी भाषाओं के नये शब्दों का आना, स्वीकारा जाना कोई नयी बात नहीं है। सदियों से हर भाषा में नये-पुराने शब्दों का आना-जाना लगा रहा है। कहीं इसका विरोध हुआ है तो कहीं स्वागत। आज विश्व की प्रत्येक भाषा आये दिन नये शब्दों से भरती जा रही है। इसका सबसे बड़ा कारण टेक्नोलॉजी है। हिन्दी तो एक ज़माने से अंग्रेज़ी और उर्दू के शब्दों को समाहित करती रही है। भारत में यदि हिन्दी का अख़बार पढ़ें तो उसमें अंग्रेज़ी के कितने ही शब्द मिलेंगे और यदि अंग्रेज़ी का अख़बार पढ़ें तो हिन्दी के अनगिनत शब्दों का प्रयोग मिलेगा।

आज इंग्लैंड और अमेरिका जैसे देश भी एक नये बदलाव से गुजर रहे हैं। यह बदलाव है 13 से 19 वर्ष की आयु के बच्चों की अंग्रेज़ी का प्रयोग। आज भाषा को लेकर इंग्लैंड और अमेरिका में सबसे गरमागरम विषय है टीनएजर्स की अंग्रेज़ी। उनकी अंग्रेज़ी का ये हाल है कि बच्चों की बातें उनके माता-पिता की समझ में भी नहीं आती हैं। किशोरों द्वारा बोली जाने वाली इस अंग्रेज़ी को टीनिंग्लिश कहा जाता है। इस समस्या को ध्यान में रखते हुए 'टीनिंग्लिश डिक्शनरी' का आविष्कार किया

गया है ताकि माता-पिता को अपने बच्चों से संवाद करने में आसानी हो सके। यदि हम अंग्रेज़ी को देखते हैं तो शेक्सपियर की अंग्रेज़ी सिर्फ़ अंग्रेज़ी के अध्यापकों और भाषाविद् लोगों की ही समझ में आती है। इंग्लैंड में राजघराने की अंग्रेज़ी भी जनमानस की अंग्रेज़ी से अलग है। कुछ समय पहले खेल जगत के शब्द भाषा पर हावी हो रहे थे और नये मुहावरों को जन्म दे रहे थे। क्रिकेट का खेल लें तो उसके शब्दों का इस्तेमाल हम अपने संवाद में मज़े से करते हैं। जैसे 'क्या गुगली फेंकी है' और 'आप की बात बाउंसर हो गयी' वग़ैरह-वग़ैरह। ये नये शब्द और नाम जो आये दिन नये-नये गैजेट्स और उनके प्रयोग में आविष्कृत हो रहे हैं, उनके इस्तेमाल हमारी रोज़मर्रा की ज़िन्दगी में भी प्रवेश कर रहे हैं और नये मुहावरों और कहावतों को भी जन्म दे रहे हैं।

यदि कम्प्यूटर को ही लिया जाये तो 'लॉक कर देते हैं', 'ब्राउज करके देखते हैं', 'दिमाग़ की फ़ाइल सेव है' और 'दिमाग़ से डिलीट हो गया' जैसे नये मुहावरे रोज़ प्रयोग में लाये जाते हैं। सिर्फ़ बोलने में ही नहीं, लेखन में भी ईमेल एवं मोबाइल फ़ोन पर टेक्स्ट सन्देश के रूप में शब्दों को छोटा कर के जिस तरह से लिखा जा रहा है उससे भाषा का स्वरूप बदल रहा है। बोलचाल में ही नहीं बल्कि आज कविताओं एवं कहानियों में भी इस बदलते स्वरूप की झलक देखी जा सकती है। दिलचस्प बात यह है कि टेक्नोलॉजी की इस नयी शब्दावली का प्रयोग विश्व की समस्त भाषाओं में, ऐसी ही कहावतों में और इन्हीं अर्थों में पाया जा रहा है। नयी शब्दावली का प्रयोग हर भाषा के रचनात्मक लेखन में हो रहा है। सम्भवतः हमें मान लेना चाहिए कि हमारे भावी साहित्य की भाषा का स्वरूप बहुत नया होगा।

जनवरी, 2010 : पुरवाई का 50वाँ अंक

पुरवाई का 50वाँ अंक आपको सौंपते हुए मुझे अत्यन्त हर्ष का अनुभव हो रहा है। हमारे जीवन के 13 वर्षों के अनुभवों और कार्यों का दस्तावेज़ है पुरवाई। पुरवाई के सम्पादक के रूप में मुझे कुछ ऐसी विभूतियों के साथ काम करने का अवसर प्राप्त हुआ जिनके कारण आज यह पत्रिका अपने मूल उद्देश्यों को पाने में सफल हो पायी है। 'पुरवाई' के नामकरण से लेकर लोकार्पण तक पत्रिका के हर पहलू के बारे में हमें मार्गदर्शन दिया था–डॉ. लक्ष्मीमल्ल सिंघवी जी ने। सिंघवी जी और कमला जी के मार्गदर्शन में, देखते ही देखते यह पत्रिका, एक अन्तरराष्ट्रीय अभियान बन गयी

है। 'पुरवाई' के प्रथम अंक से हमारी सह-सम्पादक उषा राजे जी, पुरवाई को जी रही हैं और पुरवाई उषा जी को जी रही है। मेरी निगाह में पुरवाई पत्रिका का अगर कोई पर्यायवाची शब्द हो सकता है, तो वह 'पुरउषा'। तात्पर्य यह कि पुरवाई को पूरब से पश्चिम लाने का काम उषा करती हैं। मुझे आज भी याद है कि जब पुरवाई आरम्भ हुई तो दिव्या माथुर जी ने पुरवाई का उछलकर गरमागरम स्वागत किया और इसे लन्दन के अत्यन्त विशेष वर्ग से जोड़ा। कला, संस्कृति और साहित्य के अनेक प्रतिष्ठित लोगों के बीच उन्होंने पुरवाई को स्थापित किया। किसी भी पत्रिका का प्रकाशन व्यर्थ है यदि वह पाठकों तक न पहुँचे। के.बी.एल. सक्सेना साहब ने इस पत्रिका को यू.के. में प्रत्येक हिन्दी प्रेमी के घर-घर तक पहुँचाया, इसके वितरण की पूरी ज़िम्मेदारी उठायी। अपने लेखों से न केवल सत्येन्द्र जी ने पत्रिका को स्तरीयता प्रदान की, बल्कि कई बार इसे दिशा भी प्रदान की। उन्होंने पुरवाई को सदा हृदय से प्रेम किया है। डॉ. गौतम सचदेव जी हमारे बीच एक सशक्त आलोचक के रूप में प्रसिद्ध हैं। अपनी उसी सूक्ष्म दृष्टि के कारण उन्होंने पुरवाई को सदैव आलोचना से बचाया है। हिन्दी कहानियों पर विशेषांक के सुझाव के साथ-साथ गौतम जी ने पत्रिका में पाठकों से संवाद आरम्भ किया था। जहाँ-जहाँ कोई कमी दिखी, गौतम जी ने अपनी लेखनी से उसे पूरा किया। उषा वर्मा जी ने अनेक लेखकों की प्रकाशित पुस्तकों की समीक्षा पुरवाई के लिए लिखी। अपनी समीक्षाओं में उषा जी ने हमेशा इस बात का ख़याल रखा कि पुरवाई का उद्देश्य है लेखकों को प्रोत्साहित करना। अतः उन्होंने अपनी सभी समीक्षाओं में लेखकों को उचित प्रोत्साहन प्रदान किया।

डॉ. के.के. श्रीवास्तव जी ने मुस्कान स्तम्भ के लिए, जैसे अपने यहाँ लतीफों का कारख़ाना ही खोल दिया है। हर अंक में वे पुरवाई के पाठकों को मीठी मुस्कान भेंट करते रहे हैं। के.के. जी ने इस स्तम्भ के द्वारा पत्रिका को बहुत रोचकता प्रदान की है। प्राण शर्मा जी ने पुरवाई को अपने प्राणों से अधिक प्रेम किया है। ग़ज़लों पर विशेष लेखों की शृंखला के साथ-साथ 'खेल निराले हैं दुनिया में' के नाम से चलने वाले स्थायी स्तम्भ के द्वारा प्राण जी ने पुरवाई को अत्यन्त पठनीय बनाया है। भारत के हमारे मित्र श्री विमल कुमार सिंह व दीपक गुप्त के कारण पुरवाई के निरन्तर प्रकाशन व इसके निखार में सदैव वृद्धि होती रही है। मुझे विश्वास है कि अपने सब मित्रों और पाठकों के सहयोग से हम पुरवाई का 100वाँ अंक भी धूम-धाम से प्रकाशित करेंगे।

अप्रैल, 2010 : प्रवासी भारतीयों की तीसरी पीढ़ी

यू.के. और अमेरिका जैसे देशों में लाखों भारतीय मूल के लोग अब तीसरी और चौथी पीढ़ी में प्रवेश कर चुके हैं। जहाँ तक उनकी पहली पीढ़ी का सवाल है, वो अपनी भारतीय भाषा को ही अपनी प्रथम भाषा मानते रहे हैं और अंग्रेज़ी भाषा को अपनी दूसरी भाषा के रूप में मानते हैं। प्रवासी भारतीयों की पहली पीढ़ी जो 60 के दशक में पश्चिमी देशों में आयी, उसके लिए हिन्दी लिखने और पढ़ने का सबसे बड़ा माध्यम पत्राचार रहा है। अपने भाई-बन्धुओं से उनका सम्पर्क पत्रों के माध्यम से हुआ करता था। दूसरी पीढ़ी के प्रवासी भारतीय घर में तो हिन्दी में थोड़ी-बहुत बातचीत करते रहे परन्तु उनकी पहली भाषा अंग्रेज़ी ही रही। उनके लिए हिन्दी से जुड़े रहने का हिन्दी गीत-संगीत और फ़िल्में सबसे सशक्त माध्यम रही हैं।

अब युग आ गया है प्रवासी भारतीयों की तीसरी पीढ़ी का। इन बच्चों के लिए हिन्दी उसी प्रकार से होकर रह गयी है, जैसे हमारे लिए संस्कृति, और पालि, हमारे बाप-दादाओं की कोई पुरानी भाषा। आज हमें विदेशों में हिन्दी को इस नयी पीढ़ी तक पहुँचाने के लिए नये क़दम उठाने होंगे। आज के वातावरण के हिसाब से नयी योजनाओं पर विचार करना होगा। आज के बच्चे पुस्तक कम पढ़ते हैं, कम्प्यूटर और इलेक्ट्रॉनिक उपकरणों का अधिक प्रयोग करते हैं। वे वही करते हैं जिसमें उनकी रुचि होती है। उदासीनता से वे दूर भागते हैं। उनके अन्दर धैर्य की कमी है। हमें उनकी इस मानसिकता को समझना होगा।

इस भागते हुए युग में तेज़ चलना होगा। ऐसे कार्यक्रम बनाने होंगे जिनमें उनकी रुचि हो। ऐसे मार्ग खोजने होंगे जिससे प्रवासी भारतीय एवं हिन्दी प्रेमियों की नयी पीढ़ी के बीच के प्रति रुचि को बढ़ाया जाये। आज हिन्दी फ़िल्मों का बाज़ार विश्व में अत्यन्त गरम है। टेलीविज़न के माध्यम से हिन्दी में हास्य-रस को पसन्द किया जा रहा है। नाट्य मंचन एवं कवि सम्मेलन जैसे आयोजनों में भी लोगों की रुचि होती है।

मेरे विचार में हमें ऐसे आयोजनों की आवश्यकता है जिनमें हिन्दी साहित्य के गम्भीर विषयों पर अधिक ध्यान देने की जगह हिन्दी प्रचार एवं प्रसार के उन विषयों पर ध्यान दिया गया हो, जिससे हिन्दी के अध्यापक, युवा पीढ़ी एवं हिन्दी से प्रेम करने वाले लोगों को नयी दिशा मिल सके। हमें प्रयास करना चाहिए कि हम ऐसे विषयों पर बातचीत करें जो आप प्रवासी भारतीयों के जीवन से जुड़े हों। हमें हिन्दी की उन चुनी हुई पुस्तकों को प्रकाश में लाना चाहिए जिससे प्रवासी भारतीय समाज को लाभ मिले।

इंटरनेट और कम्प्यूटर में हिन्दी के प्रयोग का प्रचार अत्यन्त आवश्यक है, विशेष रूप से ऐसी वेबसाइट्स जो अच्छी सामग्री के साथ रोचकता भी रखती हों। जिस प्रकार से भाषा और साहित्य के सम्मेलन करते हैं, उन्हीं स्तर पर हमें नयी पीढ़ी के लिए विशेष सम्मेलन करने चाहिए तथा उनकी बातों को सुनना और समझना चाहिए।

जुलाई, 2010 : हिन्दी समिति के 20 वर्ष

जुलाई, 2010 में यू.के. हिन्दी समिति के 20 वर्ष पूरे हो रहे हैं। स्मृतियों, मधुर स्मृतियों, कुछ संघर्ष, कुछ उपलब्धियों, कुछ ज्ञान-सीख, कुछ ग़लतियों, कुछ प्रशंसा, कुछ आलोचना, बहुत सारे मित्र और कुछ भाइयों के सहयोग से, कुल मिलाकर खट्टे-मीठे अनुभवों का अत्यन्त आत्मीयतापूर्ण सफ़र रहा है। यू.के. में हिन्दी शिक्षा का विस्तार, कवि सम्मेलनों, गोष्ठियों के माध्यम से हिन्दी लेखकों को मंच प्रदान करना, हिन्दी पुस्तकों की प्रदर्शनी, हिन्दी साहित्य का प्रकाशन एवं शिविरों, कार्यशालाओं तथा जुलाई 1990 में यू.के. हिन्दी समिति का बीजारोपण हुआ। हिन्दी समिति के कुछ परिवारों के साथ मिलकर हम ज़मीन तलाश कर ही रहे थे कि सिंघवी जी ने हिन्दी समिति पर हाथ रखा और हम हिन्दी के सिपाहियों को जैसे सिकन्दर का नेतृत्व मिल गया।

सिंघवी जी एवं कमला जी के संरक्षण से यहाँ साख-साख पर हिन्दी के पुष्प खिलने लगे और नर-नर हिन्दी की संस्थाएँ बनने लगीं। इसमें कोई दो राय नहीं कि 90 का दशक ब्रिटेन में हिन्दी का स्वर्णिम युग रहा। सन् 1994 में विराट कवि सम्मेलनों के आयोजनों से यू.के. के आम प्रवासी भारतीयों एवं हिन्दी प्रेमियों को हिन्दी साहित्य से जोड़ना आरम्भ कर दिया। इस वर्ष लन्दन में भारत के शीर्ष कवि श्री हरिवंश राय बच्चन के पुत्र एवं प्रसिद्ध कलाकार श्री अमिताभ बच्चन एवं मैनचेस्टर में वरिष्ठ कलाकार श्री दिलीप कुमार के भाग लेने से कवि सम्मेलन के आयोजन को ब्रिटेन में अभूतपूर्व ख्याति मिली।

हिन्दी समिति ने बर्मिंघम एवं मैनचेस्टर की संस्थाओं के साथ ऐसा राष्ट्रीय नेटवर्क बनाया जिससे ब्रिटेन के तीन महानगरों में हिन्दी के भव्य कार्यक्रम आरम्भ हो गये। 1995 में भारत के वरिष्ठ राजनेता एवं कवि श्री केशरीनाथ त्रिपाठी उत्तर प्रदेश हिन्दी संस्थान के अध्यक्ष के रूप में सम्मेलन में भाग लेने लन्दन आये और यहाँ के कार्यों से प्रभावित होकर उन्होंने एलान किया कि उत्तर प्रदेश से भी हिन्दी

कवियों को वे हमारे निमन्त्रण पर ब्रिटेन भेजेंगे। आज तक त्रिपाठी जी के सहयोग से प्रति वर्ष उत्तर प्रदेश से हिन्दी शीर्ष कवि ब्रिटेन आ रहे हैं।

समय-समय पर साहित्यिक गोष्ठियों का आयोजन, ब्रिटेन के लेखकों के साहित्यिक आदान-प्रदान का मंच बनने लगी है हिन्दी समिति। 1998 से हिन्दी समिति ने ब्रिटेन में हिन्दी एवं संस्कृति के क्षेत्र में कार्य करने वाली विभूतियों को सम्मानित करने की परम्परा डाली। 1999 में 20वीं सदी का अन्तिम और सबसे बड़ा विश्व हिन्दी सम्मेलन लन्दन में आयोजित हुआ। 1997 में भारत की स्वाधीनता की पचासवीं वर्षगाँठ पर हमने ब्रिटेन के 25 कवियों की 50 रचनाओं के साथ 'दूर बाग़ में सोंधी मिट्टी' का प्रकाशन किया। फिर उषा राजे जी के सम्पादन में ब्रिटेन के हिन्दी कहानीकारों की कृतियाँ 'मिट्टी की सुगन्ध' नाम से प्रकाशित हुईं। उषा जी ही ने फिर ब्रिटेन में हिन्दी के इतिहास को सँजोया और विश्व के पाठकों को ब्रिटेन में हिन्दी की सम्पन्नता से परिचित कराया। हमारे साथ क़रीब 7 सालों से दिव्या माथुर जी के नेतृत्व में 'वातायन' ने हिन्दी समिति के आयोजनों को और अधिक सँवारा है।

अनेक गोष्ठियों, सम्मेलनों, प्रकाशनों के अलावा सन् 2001 से आरम्भ हुई 'हिन्दी ज्ञान प्रतियोगिता' की उपलब्धि को हम अत्यन्त विशेष मानते हैं। यू.के. हिन्दी समिति की 20वीं वर्षगाँठ के सुअवसर पर नेहरू केन्द्र के सहयोग से हम हिन्दी के अनेक सेमिनार कर रहे हैं।

अक्टूबर, 2010 : सिनेमा की नींव कहानी रखती है

साहित्य और भाषा के बिना सिनेमा का निर्माण असम्भव है। किसी भी सिनेमा की नींव कहानी रखती है, पटकथा उसकी इमारत तैयार करती है और कविता, गीत सिनेमा में भावों की अभिव्यक्ति का शृंगार करते हैं। साहित्य को सिनेमा से अलग नहीं किया जा सकता, इसी भाव को साबित करते हुए अभी हाल में मेरे हाथ लगी लखनऊ से प्रकाशित त्रैमासिक पत्रिका 'लमही'। ऋत्विक राय के सम्पादन में 'लमही' का यह अंक विश्व के अनेक लेखकों के विचारों और चिन्तन को प्रकाशित करते हुए न केवल विश्व सिनेमा की समीक्षा करता है अपितु मूल्यों से समझौता करते सिने-निर्माताओं पर सवाल भी खड़े करता है।

वरिष्ठ हिन्दी लेखक कुँवर नारायण जी द्वारा रूसी फ़िल्मकार आंद्रे तारकोव्सकी के सिनेमाओं की समीक्षा अन्तरराष्ट्रीय सिनेमा पर भारतीय दृष्टि का श्रेष्ठ उदाहरण है। डॉ. गौतम सचदेव जी ने हिन्दी फ़िल्मों के साथ प्रेमचन्द के अनुभवों के विषय

में वह बातें लिखीं जो कितने ही लोगों को पता नहीं हैं। प्रेमचन्द स्वयं हिन्दी फ़िल्मों से जुड़ने के लिए बम्बई गये परन्तु नाराज़ होकर वापस लौट आये। इतना ही नहीं, उन्होंने अपने एक लेख में हिन्दी सिनेमा की धज्जियाँ उड़ा दीं। साहित्यिक कृतियों पर बनी हिन्दी फ़िल्मों पर अत्यन्त स्पष्ट संवाद करते हुए डॉ. सत्यदेव त्रिपाठी ने जहाँ एक ओर उन फ़िल्मों का उल्लेख किया जिनके निर्माता-निर्देशकों ने मौलिक कहानियों के मायने बदल दिये, वहीं उन फ़िल्मकारों का भी ज़िक्र किया जिन्होंने कृति में कुछ सार्थक परिवर्तन किये। ललित मोहन जोशी जी की गुलज़ार साहब से खुली बातचीत अत्यन्त पठनीय है।

भारतीय सिनेमा और साहित्य के विषय को लेकर ललित जी तो वर्षों से लन्दन में काम कर ही रहे हैं, परन्तु अब इस विषय को लेकर कहानीकार तेजेन्द्र शर्मा जी ने 'लमही' में हिन्दी फ़िल्मों के गीतों को साहित्य का दर्जा न मिलने का विषय उठाया है। तेजेन्द्र जी पिछले कुछ समय से लन्दन के नेहरू केन्द्र में इसी विषय को लेकर कार्यक्रमों का सिलसिला बनाये हुए हैं। आज विश्व की अनेक युनिवर्सिटियों में हिन्दी फ़िल्मी गीतों के माध्यम से हिन्दी पढ़ाई जा रही है। मुझे सिनेमा काग़ज़ पर लिखे गीत और कहानियों का नाटकीय रूपान्तर ही लगता है। रामानन्द सागर की 'रामायण' और बी.आर. चोपड़ा की 'महाभारत' का टेलीविज़न धारावाहिक और क्या था?

हिन्दी सिनेमा निश्चय ही भारतीय जीवन का विशेष अंग रहा है और आज भी है। उसे भारतीय साहित्य से भी अलग नहीं किया जा सकता है। हाँ, जहाँ तक हिन्दी साहित्य की मुख्य धारा की बात है, वहाँ क्या स्वीकार होता है और क्या नहीं, यह अलग बात है। हिन्दी सिनेमा के हर गीत को साहित्यिक गीत या कविता मान लें तो यह भी सही नहीं है। हर फ़िल्म की पटकथा को हिन्दी साहित्य का अंग नहीं माना जा सकता है। उसकी मौलिकता, भाषा और स्तर का आकलन तो होना ही चाहिए। गीत अथवा कहानी जितनी प्रचलित क्यों न हो जाये, यदि मौलिक नहीं है अथवा भाषा के बेसिक नियमों को नहीं छूती है तो उसे साहित्य में स्थान कौन दे सकता है?

वैसे हिन्दी सिनेमा और हिन्दी साहित्य के इस विवाद को दूसरी दृष्टि से देखा जाये तो आज हिन्दी सिनेमा ने अपनी एक अलग साहित्यिक दुनिया बना ली है। आज हिन्दी सिनेमा, उसके इतिहास तथा सिने-कलाकारों पर भारत सहित विश्व के अनेक प्रकाशक केवल पत्र-पत्रिकाएँ ही नहीं, अपितु पुस्तकें भी प्रकाशित कर रहे हैं, जिन्हें विश्वविद्यालयों में पढ़ाया जा रहा है। आज हिन्दी सिनेमा का जितना

योगदान हिन्दी भाषा के प्रचार में है उतना किसी और विधा का नहीं है। सत्य को स्वीकारना ही समझदारी है और मेरा मत है कि हिन्दी सिनेमा को भी उतने ही सम्मान के साथ देखा जाना चाहिए, जितने सम्मान के साथ हम साहित्य को देखते हैं।

जनवरी, 2011 : यू.के. के लेखकों द्वारा रचित साहित्य

यू.के. में लिखे जा रहे हिन्दी साहित्य को मैं अत्यन्त महत्त्वपूर्ण मानता हूँ। प्रवासी हिन्दी साहित्य का लेखन अनेक देशों में हो रहा है, परन्तु मेरी दृष्टि में यू.के. के लेखकों द्वारा रचित साहित्य भारतीय डायस्पोरा एवं प्रवासी हिन्दी साहित्य का सबसे बड़ा प्रतिनिधित्व करता है। भारतीय डायस्पोरा क्या है? विश्व का वह स्थान जहाँ भारतीय मूल के लोग रहते हैं। भारतीय मूल के अधिकांश लोग कहाँ रहते हैं? उन देशों में जहाँ ब्रिटिश साम्राज्य था जैसे मॉरीशस, फिजी, कैरिबियन, सिंगापुर, मलेशिया, कनाडा, ऑस्ट्रेलिया और यू.के.। हाँ, पिछले 20-25 सालों में अमेरिका और अरब देशों में भी भारतीयों का बसना हुआ है। इतिहास को देखा जाये तो अमेरिका के जन्म में भी ब्रिटेन का ही योगदान है। आज हम सब यह बड़े गर्व से कहते हैं कि एक समय था जब यह कहा जाता था कि ब्रिटिश राज्य में सूर्य नहीं डूबता और आज का तथ्य यह है कि भारतीय डायस्पोरा में सूर्य नहीं डूबता। यदि दोनों की समानता को देखा जाये तो इस सच्चाई से कैसे इनकार किया जा सकता है कि भारतीय डायस्पोरा के 80 से 90 प्रतिशत वही हैं जो ब्रिटिश राज्य के अंग थे या फिर आज कॉमनवेल्थ देशों के सदस्य हैं? जिस प्रकार ब्रिटिश राज्य की राजधानी लन्दन रही है, उसी प्रकार आज भारतीय डायस्पोरा के हिन्दी लेखन की राजधानी यदि लन्दन को ही माना जाये तो मेरे विचार में यू.के. के लेखकों द्वारा रचित साहित्य भारतीय डायस्पोरा एवं प्रवासी हिन्दी साहित्य का सबसे महत्त्वपूर्ण प्रतिनिधित्व करता है।

मैं इन्हीं कारणों से मानता हूँ कि ब्रिटेन के हिन्दी लेखन का विश्व के हिन्दी साहित्य और जगत में अत्यन्त विशेष महत्त्व है। यहाँ लिखी जा रही कहानियों, कविताओं, लेखों और विचारों को साहित्य के आईने का वह अक्स माना जाना चाहिए जो भारतीय डायस्पोरा की सच्ची तस्वीर उतारने में न केवल सक्षम है बल्कि भारत और भारतीयता को विश्व के मानचित्र पर मुख्य केन्द्र बनाने में अद्भुत भूमिका निभा रहा है। लेखन की अधिकतम विधाओं पर यू.के. के लेखक हिन्दी लेखन को

अपना रचनात्मक योगदान दे रहे हैं। हिन्दी कविताओं और कहानियों की मौलिकता को यदि आँका जाये तो यू.के. सम्भवत: भारत को भी पीछे छोड़ देगा।

मुझे याद है कि जब लन्दन के लेखक श्री भारतेन्दु विमल जी के उपन्यास 'सोन मछली' की पाण्डुलिपि का चयन यू.के. हिन्दी समिति द्वारा वर्ष की सर्वश्रेष्ठ पाण्डुलिपि के रूप में किया गया और उसे वाणी प्रकाशन, भारत ने प्रकाशित किया, तब उस पुस्तक के विमोचन के अवसर पर श्री अशोक चक्रधर ने कहा था कि यदि इस प्रकार का चयन भारत की पाण्डुलिपियों के साथ भी किया गया होता तब भी 'सोन मछली' का ही चयन होता।

सामाजिक विषयों पर विश्व की वर्तमान परिस्थितियों को लेकर भी ब्रिटेन की 'हिन्दी क़लम' धाराप्रवाह लिख रही है। जहाँ एक ओर इस देश में आधी शताब्दी से अधिक समय गुज़ारने वाले डॉ. सत्येन्द्र श्रीवास्तव, नरेश भारतीय, गौतम सचदेव, प्राण शर्मा जैसे लोग निरन्तर लिख रहे हैं। वहीं शिखा वार्ष्णेय, वन्दना मुकेश और दीपक मशाल जैसे नये नाम उभरकर सामने आ रहे हैं। प्रिंट मीडिया के अलावा इलेक्ट्रॉनिक मीडिया, रेडियो और टेलीविज़न भी अपने पूरे शबाब पर यू.के. में हिन्दी का वर्चस्व बनाये हुए हैं। यदि विश्व हिन्दी का सरकारी सचिवालय मॉरीशस में है, विश्व हिन्दी का साहित्यिक केन्द्र यू.के. है।

अप्रैल, 2011 : हिन्दी सम्मेलनों की गम्भीरता

कुछ समय से मैं देख रहा हूँ कि हिन्दी सम्मेलनों को लोगों ने गम्भीरता से लेना बन्द कर दिया है। कई लोगों में यह धारणा बन गयी है कि सम्मेलनों का आयोजन पैसे का दुरुपयोग है और इन आयोजनों का हिन्दी के विकास में कोई योगदान नहीं है। हालाँकि मैं इस धारणा से पूरी तरह से सहमत नहीं हूँ परन्तु सम्मेलनों को लेकर ऐसी नकारात्मक धारणा के कारण पर विचार अत्यन्त आवश्यक है।

पिछले वर्ष लन्दन में नेहरू केन्द्र की निदेशिका श्रीमती मोनिका मेहता जी ने यू.के. की हिन्दी संस्थाओं की एक मीटिंग बुलायी जिसमें यू.के. में एक हिन्दी सम्मेलन का प्रस्ताव रखा। सम्मेलनों को लेकर ब्रिटेन में मेरे साथ जुड़े अनेक हिन्दी कार्यकर्ताओं के मनोभावों को जानते और समझते हुए मैंने उस मीटिंग में कहा कि यदि यू.के. में एक और सम्मेलन करना है तो ठीक बात है परन्तु यदि सम्मेलन के माध्यम से हिन्दी के विकास में एक और क़दम बढ़ाना है तो हमें व्यापक विषयों को

लेकर नहीं अपितु हिन्दी के भविष्य को ध्यान में रखकर, उन पर केन्द्रित सम्मेलन करना होगा।

हमारी सहयोगी सुरेखा चोफला जी अक्सर कहती हैं कि हिन्दी के यह लेखक ऐसे सम्मेलनों पर सम्मेलन करते रहेंगे परन्तु यदि उनकी पुस्तकों को पढ़ने वाला ही कोई नहीं होगा तो इस लेखन और उनकी किताबों का लाभ क्या होगा? यू.के. हिन्दी समिति ने हिन्दी शिक्षण पर केन्द्रित हिन्दी सम्मेलन का प्रस्ताव मोनिका जी को दिया जिसे मोनिका जी ने पसन्द किया। नेहरू केन्द्र, लन्दन एवं आई.सी.सी.आर. भारत के सहयोग से हिन्दी समिति यू.के. में हिन्दी शिक्षण पर केन्द्रित हिन्दी सम्मेलन करने में सफल हुई। हिन्दी अकादमी से श्री अशोक चक्रधर जी के साथ आई.सी.सी.आर. के श्री अजय गुप्त भारत से हिन्दी शिक्षण के विशेषज्ञों के दल को लेकर यू.के. पहुँचे। मैंने इस सम्मेलन की रूपरेखा में अपने सभी सहयोगी हिन्दी शिक्षकों और विद्यार्थियों को शामिल किया जिन्होंने सम्मेलन के सत्रों और विषयों को आकार दिया।

सबने तय किया कि यह सम्मेलन केवल वक्ताओं का सम्मेलन नहीं होगा परन्तु श्रोताओं और प्रतिभागियों का भी सम्मेलन होगा तथा इसका पूरा स्वरूप संवादात्मक होगा। इतना ही नहीं, हमने यह भी तय किया कि सम्मेलन के सत्र एक जगह ना होकर अलग-अलग नगरों में हों जिससे हिन्दी शिक्षण से जुड़े मुद्दे अधिक से अधिक लोगों तक पहुँच सकें। यह सम्मेलन 11, 12 और 13 मार्च को बर्मिंघम, नॉटिंघम और लन्दन में आयोजित हुआ। यू.के. के जो हिन्दी शिक्षक इस सम्मेलन में आये वे इस सम्मेलन को ब्रिटेन में हिन्दी शिक्षण के क्षेत्र में मील का पत्थर मानते हैं। हिन्दी शिक्षण की आधुनिक तकनीक से लेकर रचनात्मक तरीक़ों पर हुए सत्रों ने यू.के. के हिन्दी शिक्षकों को बहुत प्रभावित किया।

फ़िल्मी गीतों और खेलों के माध्यम से हिन्दी शिक्षण को दिलचस्प बनाने की विधाओं पर खुलकर चर्चा हुई। यहाँ तक कि भारत के सुविख्यात हिन्दी शिक्षक एवं साहित्यकार श्री सुधीश पचौरी जी ने यहाँ के हिन्दी शिक्षकों के उत्साह और काम से प्रभावित होकर कहा कि जिस प्रकार अनेक देशों में भारत सरकार हिन्दी के शिक्षकों को प्रशिक्षण के लिए भेजती है, उसे ब्रिटेन भी भेजना चाहिए। इस सम्मेलन की सबसे बड़ी उपलब्धि यह है कि जल्द ही यू.के. के हिन्दी शिक्षक एक दिवसीय कार्यक्रम करने जा रहे हैं, जिसमें हिन्दी शिक्षण की नयी-नयी विधाओं पर चर्चा होगी।

चार अन्तरराष्ट्रीय और एक विश्व हिन्दी सम्मेलन के संयोजन के अनुभवों के आधार पर मैं पूरे विश्वास के साथ कहता हूँ कि किसी भी आयोजन की सच्ची उपलब्धि इतिहास का एक और अध्याय बनने में नहीं बल्कि ऐसी ज्योति बनने में होती है जो न केवल लोगों को, नयी पीढ़ी को प्रकाश दे अपितु ऐसी और अनेक ज्योतियों को जलाये जो आन्दोलन बनकर पूरे समाज को प्रकाशमय करके पीढ़ियों दर पीढ़ियों का मार्गदर्शन कर सकें।

जुलाई, 2011 : अपना पर्व, अपनी भाषा

भारत के स्वतन्त्रता दिवस का आयोजन जब अंग्रेज़ी में मनाया जाता हुआ देखता हूँ तो ऐसा लगता है जैसे दीपावली के सुअवसर पर जीसस की तस्वीर के सामने दीया जलाया जा रहा है। अपने पर्व को अपनी भाषा में मनाने में क्या संकोच है? इस मानसिकता को समझ पाना एक चुनौती बनता जा रहा है। यह हम सभी स्वीकार कर चुके हैं कि अंग्रेज़ी भारत की एक प्रमुख भाषा है, काम की भाषा है, विज्ञान की भाषा है, आधुनिकता की भाषा है, संसद की भाषा है, व्यापार की भाषा है। परन्तु तीज-त्योहार, उत्सव और पर्व तो हम सदैव अपनी मातृभाषा में ही मनाते हैं।

हिन्दी फ़िल्म समारोह के कार्यक्रम जब अंग्रेज़ी में मनाये जाते हैं तो हास्यास्पद होते ही हैं, हिन्दी के आयोजन में जब भारतीय मुख्य अतिथि अंग्रेज़ी में शुभकामनाएँ देते हैं तो हिन्दी के श्रोताओं के चेहरों पर हँसी की लहर छा जाती है। हिन्दी के कार्यक्रमों का अंग्रेज़ी में संचालन भी एक फ़ैशन बनता जा रहा है। भारत में आयोजकों का क्या कारण है, मैं नहीं जानता परन्तु यहाँ इंग्लैंड में अमूमन यह कहा जाता है कि कुछ अंग्रेज़ भी कार्यक्रम में हैं, अत: कम-से-कम वह यह तो जान सकें कि कार्यक्रम में हो क्या रहा है, इसलिए कार्यक्रम में अंग्रेज़ी भाषा में संचालन ज़रूरी है। मैं इस तर्क से सहमत नहीं हूँ।

पहली बात यो यह कि 100 भारतीयों या हिन्दी भाषियों के बीच दो-चार अंग्रेज़ों के लिए हम हिन्दी के पूरे कार्यक्रम को अनुवादित करके उसे हिन्दी के आयोजन का नाम दें, यह हिन्दी के साथ न्याय नहीं है। मैं मानता हूँ कि यदि हम ऐसा कर रहे हैं तो हम उसे हिन्दी का नाम न देकर द्विभाषी कार्यक्रम का नाम दें। हाँ, आवश्यकतानुसार कुछ सूचना अथवा विज्ञापन अंग्रेज़ी या क्षेत्रीय भाषा में करना ठीक है परन्तु संचालन और वक्तव्य दूसरी भाषा में करके केवल विषय हिन्दी को लेकर, किसी आयोजन को हिन्दी का आयोजन [illegible] मैं अनुचित मानता हूँ।

यह कैसी हिन्दी सेवा है जिसमें आप निमन्त्रण से लेकर संचालन तक अंग्रेज़ी में कीजिए और संस्था के लिए अनुदान हिन्दी के नाम पर माँगिये। ऐसे ही एक हिन्दी के आयोजन में अंग्रेज़ी के वर्चस्व पर जब मैंने प्रश्न किया तो आयोजक की तरफ़ से मुझे उत्तर मिला कि कार्यक्रम के स्पांसर को हिन्दी नहीं आती है और वे अपने परिवार के साथ कार्यक्रम में आये हैं, अतः कार्यक्रम को अंग्रेज़ी में संचालित करना आयोजक की मजबूरी है। अनुदान देने वाला वह अंग्रेज़ कार्यक्रम के बाद मुस्कुराता हुआ चला गया। एक तरफ़ आयोजक सीना ठोंक कर कह रहा था कि देखो मैंने अंग्रेज़ से हिन्दी के नाम पर अनुदान लिया और दूसरी ओर अंग्रेज़ कह रहा होगा कि देखो किसी दूसरी भाषा पर अपनी भाषा कैसे थोपी जाती है? कभी-कभी लगता है कि जैसे हमारी स्थिति उस तोते जैसी है जिसे पिंजरे से आज़ादी तो मिल गयी है परन्तु पर काट लिये गये हैं।

अक्टूबर, 2011 : नेहरू केन्द्र, हिन्दी का मुख्य केन्द्र है

लन्दन का नेहरू केन्द्र अपने जन्म से ही ब्रिटेन में हिन्दी का मुख्य केन्द्र रहा है। नेहरू केन्द्र के प्रथम निदेशक श्री गोपाल गांधी से लेकर पिछली निदेशिका श्रीमती मोनिका मेहता ने हिन्दी को नेहरू केन्द्र में विशेष स्थान दिया है। प्रोफ़ेसर इन्द्रनाथ चौधरी ने 1999 के विश्व हिन्दी सम्मेलन के अवसर पर नेहरू केन्द्र को सम्मेलन का केन्द्रीय दफ़्तर ही बना दिया था। श्री पवन वर्मा जी और मोनिका जी ने सभी हिन्दी संस्थाओं को नेहरू केन्द्र में कार्यक्रम करने के लिए केन्द्र के अलावा अन्य सुविधाएँ भी उपलब्ध करायी जो यू.के. के समस्त हिन्दी प्रेमी सदैव याद रखेंगे।

नेहरू केन्द्र के जन्म से आज तक, सभी निदेशकों के बीच हिन्दी भाषा के प्रति आदर और स्नेह के अलावा एक और बात समान रही है और वह है दिव्या माथुर। दिव्या जी हिन्दी की लेखिका हैं, आपका हिन्दी प्रेम किसी से छुपा नहीं है। आप 'वातायन' संस्था की संस्थापिका हैं और वह स्थायी कड़ी हैं जिसने लन्दन शहर के बीचोंबीच स्थित नेहरू केन्द्र के माध्यम से पिछले 15-16 वर्षों में हिन्दी को ऐसे महत्त्वपूर्ण और गरिमापूर्ण कार्यक्रम दिये हैं जो सम्भवतः भारत में भी देखने को नहीं मिलेंगे। यही कारण था कि पवन वर्मा जी ने लन्दन में अपने कार्यकाल के दौरान दिव्या माथुर जी को कहा कि वे 'वातायन' की समस्त गोष्ठियाँ नेहरू केन्द्र में ही किया करें। यह इन अविस्मरणीय आयोजनों का ही फल है कि आज विश्व के अन्य देशों में जहाँ नेहरू केन्द्र हैं, वहाँ लन्दन के नेहरू केन्द्र का नाम

प्रेरणा के रूप में लिया जाता है। मुझे इस बात का अहसास तब हुआ जब कुछ माह पूर्व मास्को में नेहरू केन्द्र द्वारा आयोजित एक कार्यक्रम में मैं गया और वहाँ मैंने लन्दन के नेहरू केन्द्र की चर्चा सुनी। साउथ अफ्रीका में नेहरू केन्द्र के निदेशक श्री विनोद संदलेश जी भी लन्दन के नेहरू केन्द्र से प्रभावित हैं। आई.सी.सी.आर. भारत सरकार की शाखा के रूप में, भारतीय उच्चायोग लन्दन का यह अंग विश्व में भारतीय सांस्कृतिक और साहित्यिक धरोहर को न केवल जीवित रखे हुए है बल्कि नयी पीढ़ी में कला, साहित्य और संस्कृति को बढ़ावा देने का कार्य कर रहा है।

किसी भी संस्था की सबसे बड़ी उपलब्धि मैं यह मानता हूँ कि उसे समाज अपना समझे। नेहरू केन्द्र के समस्त पदाधिकारियों ने सदैव हिन्दी के लोगों को प्रोत्साहन दिया है। यही कारण है, ब्रिटेन ही नहीं भारत का भी हिन्दी जगत नेहरू केन्द्र को अपना मानता है। मुझे आशा ही नहीं अपितु पूरा विश्वास है कि नेहरू केन्द्र की नयी निदेशिका श्रीमती संगीता बहादुर जी के समर्थन और मार्गदर्शन में नेहरू केन्द्र हिन्दी जगत में नये कीर्तिमान स्थापित करेगा।

जनवरी, 2012 : डॉ. गौतम सचदेव के पुस्तक प्रकाशन की स्वर्ण जयन्ती

डॉ. गौतम सचदेव की पहली पुस्तक 1962 में प्रकाशित हुई थी। मेरे मन आया कि क्यों न गौतम जी के पुस्तक प्रकाशन की स्वर्ण जयन्ती मनायी जाये। इसी विचार से पुरवाई के प्रकाशन के पन्द्रहवें वर्ष को मनाते हुए हम यह अंक हिन्दी के अत्यन्त ईमानदार योद्धा के नाम कर रहे हैं। गौतम जी ने साहित्य की अनेक विधाओं को अपनी अभिव्यक्ति का माध्यम बनाया है, परन्तु मुझे वे मूलतः व्यंग्यकार नज़र आते हैं। अपनी कविता, ग़ज़ल और कहानियों में भी वे व्यंग्य करने से बच नहीं पाते। मैं समझता हूँ कि गौतम जी के व्यंग्य को सम्भवतः हर व्यक्ति समझ नहीं सकता, क्योंकि उनके व्यंग्य में हास्य नहीं मिलता। साथ ही गौतम जी हल्की बात नहीं कहते।

गौतम जी विद्वान हैं, हर चीज़ को गम्भीरता से लेना उनके स्वभाव में है। वे स्वयं कहते हैं, उससे उत्पन्न पीड़ा तलवार की उस दूसरी धार को तीखा बनाती है। उनके अनुसार व्यंग्य को विनोद से बचना चाहिए। व्यंग्य उनके लिए अत्यन्त गम्भीर विधा है। सम्भवतः यही कारण है कि गौतम जी के समस्त व्यंग्य लेखों में अव्यवस्था, अनैतिकता एवं असामाजिकता पर तीखा प्रहार नज़र आता है।

सरल एवं सहज शब्दों में गौतम जी की अनेक कहानियाँ न केवल गम्भीर व्यंग्य करती हैं, अपितु उनकी विद्वत्ता एवं बुद्धिजीविता का भी परिचय देती हैं।

उनके कहानी-संग्रह 'साढ़े सात दर्जन पिंजरे' में जहाँ 'चमड़े का सिक्का' कहानी में अंग्रेज़ प्ले-ब्वॉय के चरित्र पर व्यंग्य है, 'लोकतन्त्र' एवं 'सरदार का चुनाव' जैसी कहानियों में राजनीति पर व्यंग्य है, वहीं 'दमयन्ती की ग़लती' कहानी में उन्होंने योरोपीय चित्रकार पिकासो गौतम जी ने जैनेन्द्र का सन्दर्भ लेकर अपनी साहित्यिक विद्वत्ता का परिचय दिया है। गौतम जी की अनेक कविताएँ भी राजनीति, अधर्म और असामाजिकता पर तीखा प्रहार करने से नहीं चूकतीं। उनकी अनेक ग़ज़लें हमें प्रख्यात कवि दुष्यन्त कुमार की याद दिलाती हैं।

भाषा, शिल्प, शैली एवं विषय के चयन तथा उसके प्रयोग में गौतम जी माहिर हैं। एक वरिष्ठ समीक्षक एवं आलोचक की भूमिका भी गौतम जी ख़ूब निभाते हैं। साथ ही एक कुशल वक्ता होने के कारण मंचों से भी वे श्रोताओं को बाँधने का गुण जानते हैं। लन्दन के बी.बी.सी. रेडियो की हिन्दी सेवा में वर्षों काम करते हुए गौतम जी ने पत्रकारिता को नये आयाम दिये। मैं गौतम जी को क़रीब 22 वर्षों से जानता हूँ। मैं उनका बहुत कृतज्ञ हूँ कि उन्होंने आज तक मुझे कभी 'न' नहीं कहा है। मुझे आज तक याद नहीं कि उन्होंने मेरे किसी भी निमन्त्रण को अस्वीकार किया हो। हिन्दी समिति के शुरुआती दौर में जब हम छोटे-छोटे कार्यक्रम करते थे, गौतम जी का सान्निध्य हमें सदैव प्राप्त रहता था। विशेष बात यह है कि वे हर कार्यक्रम में पूरी तैयारी के साथ आते हैं। यदि बच्चों की 'हिन्दी ज्ञान प्रतियोगिता' की भाषण प्रतियोगिता में हमने उन्हें निर्णायक बनाया है तो प्रतियोगिता गें रखे गये सारे विषयों की जानकारी वे पहले से चाहते हैं। किसी पुस्तक पर बोलने के लिए गौतम जी सदा उस पुस्तक को जल्द से जल्द अध्ययन के लिए माँगते हैं और फिर उस कार्यक्रम में अपना पर्चा लिखकर लाते हैं। एक ख़ास बात यह भी है कि वे उस कृति के गुण और दोषों को हमेशा उदाहरणों एवं तर्कों के साथ प्रस्तुत करते हैं, जिसके कारण किसी के लिए भी उनकी किसी बात को चुनौती देना मुश्किल हो जाता है।

कभी-कभी मुझे लगता है कि इस शख़्स में साहित्य को देने के लिए बहुत कुछ है, क्योंकि उनकी गपशप में भी उनकी साहित्यिक विद्वत्ता झलकती है। मैं मानता हूँ कि दिल्ली से लेकर कैम्ब्रिज विश्वविद्यालय तक के छात्रों को हिन्दी पढ़ाने वाले गौतम सचदेव का स्थान आज हिन्दी साहित्य जगत के शीर्ष पर होता, यदि वे भारत छोड़कर इंग्लैंड में न बस गये होते। भारत में हिन्दी की मूलधारा से दूरी का हो जाना और स्वयं को स्थापित करने के लिए किसी भी दाँव-पेंच में न पड़ने के कारण आज गौतम सचदेव का नाम हाशिये पर है।

हिन्दी लेखन के क्षेत्र में अनेक नये रिकॉर्ड स्थापित करने वाले और नया इतिहास रचने वाले गौतम जी का मैं बहुत सम्मान करता हूँ और मुझे गर्व है कि आज ब्रिटेन में हमारे ऊपर गौतम जी जैसे हिन्दी के विद्वान की छत्रछाया है।

अप्रैल, 2012 : साउथ अफ्रीका, विश्व हिन्दी सम्मेलन

साउथ अफ्रीका में होने वाले नौवें विश्व हिन्दी सम्मेलन की तिथि नज़दीक आ रही है। विश्व भर के अनेक हिन्दी प्रेमी जोहेनसबर्ग जाने की तैयारी में लगे हुए हैं। जोहेनसबर्ग, वह जगह है जहाँ महात्मा गांधी 1903 में आये थे और जहाँ उन्होंने अपनी लीगल फर्म आरम्भ की थी। उसी दौर में साउथ अफ्रीका में जन्म हुआ था पण्डित भवानी दयाल का। भवानी जी हिन्दी के प्रचार और प्रसार के लिए जाने गये तथा उन्होंने लेडीस्मिथ के इलाक़े में दो हिन्दी सम्मेलन आयोजित किये और दो हिन्दी अख़बारों का प्रकाशन किया।

जोहेनसबर्ग की उसी ऐतिहासिक धरती पर क्या अगला विश्व हिन्दी सम्मेलन कोई नया इतिहास रचेगा या फिर पूर्व सम्मेलनों जैसा ही कुछ होगा? प्रश्न यह है कि पिछले सम्मेलनों में ऐसा क्या हुआ जो हम नहीं चाहते कि आगे हो या फिर दोबारा हो। यदि कुछ नया देखने की इच्छा है तो वह क्या हो सकती है? इसमें दो राय नहीं कि कुछ नये-पुराने मित्रों से मिलने की चाह हम सब में है, अन्य देशों में हिन्दी की गतिविधियों और प्रगति के विषय में जानने का सब बेसब्री से इन्तज़ार कर रहे हैं। हिन्दी और भारत के अच्छे सांस्कृतिक कार्यक्रमों का आनन्द लेने का इन्तज़ार हम सबके मन में पल रहा है। इन सबसे ऊपर साउथ अफ्रीका के हिन्दी समुदाय से मिलने और उनके कार्यों को देखने की ख़्वाहिश हम सभी के मन में है। पिछले सम्मेलनों के कुछ नकारात्मक पहलुओं और प्रसंगों से हम सब बचना चाहते हैं।

विदेशों में बसे हिन्दी प्रेमी भारत के हिन्दी दिग्गजों से बहुत कुछ सीखना चाहते हैं। वे बहुत अरमान लेकर इन सम्मेलनों में पहुँचते हैं परन्तु कहीं-कहीं, कभी-कभी उन्हें निराशा मिलती है जिसके कारण हमें दुख होता है। यदि मैं पिछले सम्मेलनों के अनुभव से कुछ कहूँ तो हमें अफ़सोस होता है जब सत्रों में वक्ता विषय से हटकर बोलते हैं। अक्सर ऐसी बातें सुनने को मिलती हैं, जिनमें नया कुछ नहीं होता परन्तु समय ही बर्बाद होता है। कुछ वक्ता घण्टों बोलते हैं और कुछ को पाँच मिनट का समय भी नहीं मिलता।

एक विशेष निवेदन मैं अपने भारत के अग्रज साहित्यकारों से करना चाहूँगा कि वे भारत की राजनीति को विश्व हिन्दी सम्मेलन से अलग रखने की कृपा करें। राजनीति से प्रेरित वक्तव्यों और बहस का विदेश में बहुत ख़राब असर पड़ता है। विश्व हिन्दी सम्मेलन का उद्देश्य है विश्व में हिन्दी का प्रचार। नकारात्मक विषय और बहस से हिन्दी का नुक़सान ही होता है। सम्मेलन के स्थान पर भी लोगों में निराशा उत्पन्न होती है और वातावरण पर भी ख़राब प्रभाव पड़ता है। उल्लास में कमी आती है। हम यह अवश्य जानना चाहते हैं कि भारत में हिन्दी भाषा और साहित्य को लेकर क्या सकारात्मक कार्य हो रहा जिससे विश्व में हिन्दी को लाभ हो सकता है, परन्तु यह जानने की इच्छा किसी को नहीं कि भारत में हिन्दी की राजनीति में क्या हो रहा है।

भारत में हिन्दी की स्थिति को लेकर अक्सर ऐसे सम्मेलनों में बेवजह के विवाद उत्पन्न होते हैं जिसमें विदेशी हिन्दी साहित्यकारों की न कोई रुचि है न ही उससे कोई सम्बन्ध। लन्दन के छठे विश्व हिन्दी सम्मेलन एवं सूरीनाम के सातवें विश्व हिन्दी सम्मेलन में ऐसे कई प्रसंग सामने आये जिससे हमें न केवल दुःख हुआ अपितु निराशा भी हुई। इन नकारात्मक प्रसंगों के कारण आज विदेशों में हिन्दी के कई महत्त्वपूर्ण साहित्यकार विश्व हिन्दी सम्मेलनों को बहुत सकारात्मक दृष्टि से नहीं देखते। जोहेनसबर्ग में होने वाले अगले विश्व हिन्दी सम्मेलन में हमें प्रयास करना चाहिए कि हम हिन्दी को लेकर विश्व मंच पर ऐसा सकारात्मक वातावरण बनायें जिससे इसके बाद भविष्य में होने वाले सम्मेलनों के प्रति हमारी रुचि और प्रोत्साहन में वृद्धि हो तथा एक नयी उमंग और तरंग के साथ विदेशी हिन्दी प्रेमी घर लौटें।

मुझे सन् 2003 में त्रिनिदाद के हिन्दी सम्मेलन में जाने का जब अवसर मिला उस समय वहाँ भारत के उच्चायुक्त थे श्री वीरेन्द्र गुप्त। वीरेन्द्र जी हिन्दी प्रेमी हैं और साथ ही भारतीय संस्कृति और साहित्य को प्रोत्साहन देने के लिए विश्व विख्यात हैं। वीरेन्द्र जी ने त्रिनिदाद में अपने सहयोगी श्री विनोद संदलेश जी के साथ न केवल हिन्दी सम्मेलन को अपना पूरा मार्गदर्शन दिया अपितु वहाँ के समाज के अनेक वर्गों को हिन्दी सम्मेलन से जोड़ दिया था। हम सबके लिए सौभाग्य की बात यह है कि इस समय साउथ अफ्रीका में भारतीय उच्चायुक्त श्री वीरेन्द्र जी ही हैं और वहाँ नेहरू केन्द्र के निदेशक के रूप में विनोद संदलेश जी उनके सहयोगी हैं। मुझे पूरा विश्वास है कि यह एक शानदार विश्व हिन्दी सम्मेलन करवाने में कामयाब रहेगी।

जुलाई, 2012 : ब्रिटेन में भारत के दो महान सांस्कृतिक राजदूत

अपने समाज और समुदाय को जीवन समर्पित करने वाले ब्रिटेन में भारत के दो महान सांस्कृतिक राजदूत श्री राजेन्द्र चोपड़ा जी और श्री दर्शन लाल चड्ढा जी नहीं रहे। अपनी जड़ों से जुड़े तो बहुत लोग रहते हैं, परन्तु अपने काम, समर्पण और प्रेरणा के द्वारा दूसरों को अपनी जड़ों से जुड़े रहने का मार्ग बनाने वाले चोपड़ा जी और चड्ढा जी जैसे लोगों के कारण ही आज विश्व में भारतीय संस्कृति का परचम इतने सम्मान के साथ लहरा रहा है। यदि भारतीय संस्कृति की संवाहिका हिन्दी है तो इन्हें मैं उस रथ का सारथि मानता हूँ। इन लोगों ने वर्तमान ही नहीं बल्कि भावी पीढ़ियों का भी सच्चे रूप में मार्गदर्शन किया। पिछले 20 वर्षों में मैंने इन्हें कभी थका-हारा नहीं पाया। आयोजन छोटा हो या बड़ा, इनका उत्साह और उल्लास सदैव ताज़गी से भरा रहता था।

हिन्दी से जुड़े हर आयोजन के लिए इन दोनों ने अपने घर और कम्युनिटी सेंटर के ही नहीं, अपितु अपने दिल के दरवाज़े भी सदैव खुले रखे। चोपड़ा जी और चड्ढा जी से मेरा सम्पर्क मुख्यत: हिन्दी के आयोजनों को लेकर ही रहा। चोपड़ा जी वर्षों तक ईलिंग के आर्य समाज मन्दिर के अत्यन्त सक्रिय पदाधिकारी रहे और वहाँ होने वाले हिन्दी के समस्त कार्यक्रमों के सूत्रधार भी। ब्रिटेन के हिन्दी जगत में चोपड़ा जी को इस बात से जाना जाता रहा कि वे हिन्दी भाषा में किसी और भाषा के शब्दों के प्रयोग को अनुचित मानते थे और जीवन भर उसका विरोध करते रहे। बात भाषा की हो या फिर धर्म और संस्कृति की, चोपड़ा जी का अपना एक नज़रिया था जिससे उन्होंने कभी समझौता नहीं किया। अपने विचारों को बड़ी बेबाक़ी से कहीं भी प्रस्तुत करने में वे कभी नहीं झिझकते थे। कटु-से-कटु बात कहने में भी उनके व्यक्तित्व की अनूठी मिठास थी। इस कारण लोग कभी उनकी बात का बुरा नहीं मानते थे और उनके विचारों का सम्मान करते थे।

वुल्वरहैम्पटन में श्रीकृष्ण मन्दिर के अध्यक्ष के रूप में दशकों से अपने समाज की सेवा करने वाले श्री दर्शनलाल चड्ढा जी के लिए मुझे जनप्रिय और लोकप्रिय जैसे शब्द भी छोटे लग रहे हैं। कोई एक व्यक्ति हर उम्र, हर तबके और हर मिज़ाज के लोगों का इतना प्रिय कैसे हो सकता है, इस पर यदि शोध करना हो तो मैं पूरे दावे के साथ कह सकता हूँ कि चड्ढा जी के व्यक्तित्व और जीवन से बड़ी मिसाल

मिलना मुश्किल है। कविता और कवि सम्मेलन से अटूट प्रेम रखने वाले चड्ढा जी ने वुल्वरहैम्पटन क्षेत्र में हिन्दी को स्थापित करने का महान कार्य किया है। श्रीकृष्ण मन्दिर में हिन्दी की प्रथम लाइब्रेरी स्थापित करने का श्रेय भी चड्ढा जी को ही जाता है। ब्रिटेन में भारतीय संस्कृति और हिन्दी के इन महान प्रचारकों का नाम विश्व में प्रवासी भारतीयों के इतिहास में सदैव अत्यन्त सम्मान के साथ लिया जायेगा।

अक्टूबर, 2012 : गीत और ग़ज़ल को जीते हैं सोहन राही

गीत अभूत लोग लिखते हैं और ग़ज़ल बहुत लोग कहते हैं परन्तु यदि मैं किसी एक व्यक्ति को जानता हूँ जो गीत और ग़ज़ल जीता है तो वह नाम है 'सोहन राही'। 'राही' जी के चेहरे, हाव-भाव और पूरे व्यक्तित्व से कविता बहती है। ऐसा मुझे आज तक नहीं याद कि राही जी से कभी फ़ोन पर भी बात हुई हो और कोई नया शेर सुनने का मौक़ा न मिला हो। जहाँ तक मैं राही जी को जानता हूँ, मुझे लगता है कि यह शख़्स ख़्वाब भी गीत और ग़ज़ल में ही देखता होगा।

मुझे याद है जून 1997 की वह सुबह जब 'राही' जी ने मुझे फ़ोन किया और कहा कि भारत की स्वाधीनता की स्वर्ण-जयन्ती मनायी जा रही है, इस अवसर पर ब्रिटेन के हिन्दी कवियों की पचास रचनाओं का संग्रह प्रकाशित होना चाहिए। यह कहते-कहते राही जी ने यह गीत सुनाया–

कोयल कूक पपीहा बानी न पीपल की छाँव,
सात समन्दर पार बसाया हमने ऐसा गाँव

मैं राही जी के इस गीत को उनका प्रतिनिधि और कालजयी गीत मानता हूँ। राही जी कौन-सी विचित्र दुनिया में रहते हैं, समझ पाना मुश्किल है। लन्दन वह शहर है जहाँ के जीवन की परिभाषा जैसे एक ही शेर में कह दी गयी है, 'सुबह होती है शाम होती है, उम्र यूँ ही तमाम होती है'। सुबह होते ही नया दिन नये संघर्ष के साथ आरम्भ होता है और शाम ढलती है नयी चुनौतियों के बिछौने के साथ। जिस देश में गीत लिखना तो दूर की बात, गीत गुनगुनाने के लिए समय निकालना मुश्किल हो, वहाँ 'सोहन राही' जैसे शायर की क़लम शब्दों के ऐसे मोती लुटा रही है जो लन्दन की सारी चमक-दमक को फीकी कर रही है। उनके शब्द लन्दनवासियों के दिलों में सीधे उतरकर अद्भुत शीतलता दे रहे हैं। जब कवि के लेखन के साथ पाठक या श्रोता हँसे और रोये तो समझ लेना चाहिए कि वह शायर सिर्फ़ अपनी बात नहीं कह रहा, अपितु उसकी ख़ुशी समाज की ख़ुशी है और उसका ग़म इन्सानियत का ग़म है।

समन्दर पार करके अब परिन्दे घर नहीं आते
अगर वापस भी आते हैं तो लेकर पर नहीं आते

वास्तव में 'सोहन राही' के एक-एक साथ में हम सबका दर्द है और इन्सानियत के ज़ज्बात हैं जिससे अक्सर ऐसा लगता है कि राही हमारे दिल की ज़ुबान हैं। राही जी 77 वर्ष के ऐसे जवान हैं कि आज भी उनके नवीनतम अशआर अच्छे-अच्छे नवजवानों के दिल में गूँज उठते हैं। प्रेम, क्रान्ति, दर्द, ख़ुशी, जीवन के समस्त पहलुओं को समेटे 'राही' की रचनाएँ हर उम्र के हृदय पर राज करती हैं। हमारी यही दुआ है कि जब तक एक शायर के स्वाभाविक प्रतीक सूरज, चाँद, सितारे, फूल और भँवरे इस पृथ्वी पर रहें तब तक राही जी की क़लम यूँ ही मुस्कुराती रहे।

जनवरी, 2013 : एयर इंडिया के विमानों में हिन्दी मेनू कार्ड

पिछले दिनों लखनऊ अपने निवास पर पापा जी के साथ उनकी लाइब्रेरी में कुछ समय बिताने का अवसर मिला। उनकी किसी पुरानी फ़ाइल में मेरी नज़र एयर इंडिया के एक लेटर हेड पर लिखे पत्र पर गयी। पत्र जनवरी, 1973 का था जो कि पापा जी के नाम एयर इंडिया के एक अधिकारी द्वारा लिखा गया था। पत्र में लिखा था कि पापा जी के सुझाव पर अमल करते हुए 1973 में एयर इंडिया ने अपने विमानों में हिन्दी में मेनू कार्ड रखवाना आरम्भ किया। मेरे लिए यह अत्यन्त अचम्भे की बात थी। उस पत्र की प्रति हम पुरवाई के इस अंक में प्रकाशित कर रहे हैं।

1973, वह समय था जब भारत में अंग्रेज़ी बोलने और समझने वालों की संख्या आज के मुक़ाबले बहुत कम थी। 70 का वह युग जब अंग्रेज़ी माध्यम से अपने बच्चों को शिक्षा ग्रहण करवाने की प्रथा ने ज़ोर पकड़ना शुरू किया था। भारत की स्वतन्त्रता को सिर्फ़ 25 साल हुए थे। भारत की कमान अधिकांश उन्हीं लोगों के हाथों में थी जिनका भारत की आज़ादी में योगदान था और जो लोग भारत के स्वतन्त्रता संग्राम में हिन्दी के योगदान से भली-भाँति परिचित थे।

मैं इस पत्र एवं वाक़ये से इतना प्रभावित क्यों हुआ, इसका कारण मेरा अपना वह अनुभव था जो एयर इंडिया के विमानों में हिन्दी में मेनू कार्ड रखवाने के ठीक 30 वर्षों बाद हुआ था। सन् 2003 में जब मैं ब्रिटेन से हिन्दी ज्ञान प्रतियोगिता के चयनित विद्यार्थियों का दल लेकर भारत यात्रा पर गया था। इस वाक़ये का उल्लेख मैंने पुरवाई के अंक-28 में अपने सम्पादकीय में किया भी था। बात उस सुबह की है

जब मैं यू.के. के 10 हिन्दी छात्रों के साथ दिल्ली से मुम्बई की इंडियन एयरलाइन्स की फ्लाइट ले रहा था। सुबह-सुबह एयरपोर्ट पर फ़ोन से जानकारी मिली कि दिल्ली के हिन्दी अख़बारों में पूरे दल के चित्र और कार्यक्रम के समाचार प्रकाशित हुए हैं। सबके मन में अख़बार देखने की लालसा हुई। दिल्ली एयरपोर्ट पर जगह-जगह अख़बारों के स्टैंड लगे हुए थे, जो यात्रियों के लिए थे। परन्तु, पूरे एयरपोर्ट पर हिन्दी का एक भी अख़बार नहीं था। उसके बाद इंडियन एयरलाइन्स के विमान में भी सभी सीटों पर अंग्रेज़ी के ही अख़बार थे। मैं विश्व के अनेक देशों में भ्रमण करता रहा हूँ, परन्तु अपनी भाषा के प्रति इतनी लापरवाही मुझे भारत के अलावा कहीं नहीं मिलती।

ख़ैर, यह पीड़ा हर उस हिन्दी और भारत प्रेमी की है, जिसे अपनी भाषा से प्रेम है, हिन्दी के प्रति सम्मान है। सम्भवत: इसी कारण लन्दन में हमारे अग्रज डॉ. सत्येन्द्र श्रीवास्तव जैसे प्रेरणादायी व्यक्ति और साहित्यकार जब अपने आसपास कहीं हिन्दी के प्रति दुर्व्यवहार या फिर हिन्दी का दुरुपयोग देखते हैं तो लिखते हैं : "ग़लत हाथों में हिन्दी थाली इस थाली में जो कुछ रख दो खप जायेगा..."।

अप्रैल, 2013 : वार्षिक आयोजनों की 20वीं वर्षगाँठ

इस वर्ष हम ब्रिटेन में हिन्दी दिवस के उपलक्ष्य में अन्तरराष्ट्रीय कवि सम्मेलनों के वार्षिक आयोजनों की 20वीं वर्षगाँठ मनाने जा रहे हैं। एक तरफ़ तो लगता है जैसे अभी कल की ही बात है और दूसरी ओर अनेक स्मृतियाँ, संस्मरण हमारे सामने चलचित्र की तरह उभरने लगते हैं। नब्बे के दशक के आरम्भ में हमारे पास वह तकनीकी सुविधाएँ उपलब्ध नहीं थीं जो आज हैं। हमारे पास हिन्दी से जुड़ी इतनी संस्थाएँ भी नहीं थीं जो आज यू.के. के विभिन्न नगरों में सक्रिय हैं। हमारे पास ऐसी धनराशि भी नहीं थी जो आज है। हमारे पास था स्वप्न, जज़्बा और उत्साह। यदि आज मैं 1994 की 2013 से तुलना करूँ तो उस समय के मुक़ाबले आज इस देश में हिन्दी की बड़ी सेना खड़ी हो चुकी है।

आज विश्व में भारत से बाहर ब्रिटेन हिन्दी का प्रमुख केन्द्र माना जाता है। मैं इसका बहुत बड़ा श्रेय इन कवि सम्मेलनों को देता हूँ। आज हमारे साथ ऐसे अनेक परिवार हिन्दी सेवा के लिए जुड़े हैं, जिन्हें भारत से पधारे शीर्ष कवियों से हिन्दी साहित्य के प्रति प्रेरणा मिली है। भारत से कवि आते थे, यहाँ अलग-अलग परिवारों में ठहरते थे, इनकी गाड़ियों में घूमते थे और फिर भारत जाकर इनके बारे में लिखते थे। एक विशेष आत्मीयता का सम्बन्ध बनता था। यहाँ के लेखकों को भारत के

प्रकाशकों से परिचय कराना, यहाँ के अनेक लेखकों की पहली पुस्तक में भूमिका लिखना, प्रकाशन के उपरान्त यहाँ के लेखकों की पुस्तक पर समीक्षा लिखना ऐसे कुछ उदाहरण हैं, जिसने हिन्दी जगत को ब्रिटेन से कई श्रेष्ठ रचनाकार दिये हैं।

इन अन्तरराष्ट्रीय कवि सम्मेलनों में यू.के. के दौरे पर आये कवि डॉ. शिव मंगल सिंह सुमन, अशोक चक्रधर, कन्हैया लाल नन्दन, राजेन्द्र अवस्थी, कैश वाजपेयी, बाल कवि बैरागी, कुँअर बेचैन, केशरीनाथ त्रिपाठी, जगदीश चतुर्वेदी, रामदरश मिश्र, गंगा प्रसाद विमल जैसे भारत के साहित्यकारों का ब्रिटेन में हिन्दी के विस्तार में बहुमूल्य योगदान है। कुँअर बेचैन जी की ब्रिटेन यात्रा पर पुस्तक ने यहाँ के हिन्दी परिवारों को भारत के न जाने कितने पाठकों से जोड़ दिया। श्री केशरीनाथ त्रिपाठी जी ने उत्तर प्रदेश हिन्दी संस्थान के पुरस्कार में यू.के. को सम्मिलित करा दिया। अब हमारे कवि सम्मेलनों में उस पीढ़ी के कम लोग आते हैं। अब कवि सम्मेलन तीन या चार नगरों में नहीं, ग्यारह-बारह नगरों में होते हैं, कविगण स्थानीय आयोजकों के साथ उतना समय नहीं गुज़ार पाते, अब न कवि आयोजकों के घरों में ठहरते हैं और न ही उनकी गाड़ियों में घूमते हैं। यह बदलते समय का खेल है।

हम लोगों के पास भी अब सम्भवत: उतना समय नहीं है जो हम पिछले दशक में अतिथियों को दे पाते थे। बदलती परिस्थितियों में, आने वाले समय में, ब्रिटेन में हिन्दी के विस्तार में अन्तरराष्ट्रीय कवि सम्मेलनों का कितना और कैसा योगदान होगा, इसका मूल्यांकन समय के साथ अवश्य ही होगा। अभी तो हम मनाते हैं, लन्दन में 20वाँ अन्तरराष्ट्रीय कवि सम्मेलन।

जुलाई, 2013 : हिन्दी सिनेमा के सौ वर्ष

हिन्दी सिनेमा अपने 100 वर्ष पूरे कर रहा है। इन फ़िल्मों में भारतीय राजनीति से लेकर सामाजिक हालात और जीवन के बदलते हर पहलू को देखा जा सकता है। विश्व के कोने-कोने में फैले हुए भारतीय समाज को जोड़ने में भी इन फ़िल्मों की महत्त्वपूर्ण भूमिका है। इसमें कोई दो राय नहीं कि आज भारत में ही नहीं अपितु विश्व में भारतीय संस्कृति के प्रचार में भारतीय सिनेमा का सबसे बड़ा योगदान है। मैं इस बात से भी सहमत हूँ कि भारत में पश्चिमी संस्कृति की कुरीतियों का प्रचार भी सिनेमा के माध्यम से होता रहा है। परन्तु भारतीय सिनेमा की बहुत बड़ी विशेषता यह है कि उसकी कहानियों के अन्त में सदैव सच्चाई और अच्छाई की ही जीत होती है, जो समाज को हमेशा सकारात्मक सन्देश देती है।

सिनेमा वह सशक्त माध्यम है, जो विश्व में सबसे अधिक लोगों तक पहुँचता है। विशेष बात यह है कि लोग सिनेमा मनोरंजन के लिए देखते हैं परन्तु सिनेमा का प्रभाव इतना गहरा होता है कि गम्भीर दृश्यों में वे अपनी संवेदनाओं को रोक नहीं पाते और बिलख-बिलखकर रोते हैं। कारण यही है कि वे सिनेमा की कहानियों और पात्रों से कहीं न कहीं अपने जीवन को जोड़ते हैं। यदि देखा जाये तो आज ही नहीं, पीढ़ियों से लोग फ़िल्मों के कलाकारों के तौर-तरीक़ों, हेयर स्टाइल, चलने-फिरने के ढंग और वेश-भूषा में अपने आपको ढाल लेते हैं। यहाँ तक कि फ़िल्मों के गीत, संवाद और प्रसंगों को अपने जीवन में बार-बार दोहराते हैं। लोगों के पसन्दीदा कलाकार उनके जीवन के आदर्श बन जाते हैं। प्रश्न यह है कि आम लोगों पर इतना प्रभाव डालने वाले सिनेमा के इतने सशक्त माध्यम होने के बावजूद भारतीय साहित्यिक समाज का एक विशेष वर्ग सिनेमा के लेखन को साहित्य मानने से कतराता क्यों है? मैं समझता हूँ कि किसी भी फ़िल्मकार का सिनेमा बनाते समय लक्ष्य अधिक से अधिक लोगों तक पहुँचने का होता है। हर उम्र के लोगों तक अपनी बात पहुँचाने का होता है। लोगों तक पहुँचने के लिए हमें सदैव सरल और सहज भाषा का ही प्रयोग करना होता है। यदि गोस्वामी तुलसीदास ने रामचरितमानस जनमानस की भाषा में नहीं लिखी होती तो क्या आज तुलसी रामायण घर-घर तक पहुँच पाती? तुलसीदास ने रामचरितमानस में अरबी-फ़ारसी शब्दों का प्रयोग कर उसे आम लोगों तक पहुँचाया।

आज भारत के बड़े-बड़े राजनेता भले ही संसद में अंग्रेज़ी का प्रयोग करते हों, परन्तु आम चुनावों में उन्हें हिन्दी का ही सहारा लेना पड़ता है। मुंशी प्रेमचन्द जैसे लेखक इतने लोकप्रिय क्यों हुए? क्योंकि उन्होंने उस भाषा का प्रयोग किया जो जनमानस की भाषा थी। वैसे ही सिनेमा भी उन्हीं प्रसंगों और भाषा का प्रयोग करता है जो हर उम्र, हर सम्प्रदाय और हर वर्ग की समझ में आती है। सरल और सहज भाषा के प्रयोग का अर्थ यह नहीं है कि वह साहित्य नहीं है। साहित्य वह है जो समाज के अक्स को भाषा के माध्यम से हमारे सामने प्रस्तुत करता है। यह अलग बात है कि हर साहित्यिक लेखन जनमानस तक नहीं पहुँचता।

कुछ लेखन केवल बुद्धिजीवी वर्ग के ही बीच चर्चा का विषय बनता है और देश व समाज के मार्गदर्शन का माध्यम बनता है। साथ ही कुछ लेखन समाज के कोने-कोने में फैलता है और सराहा जाता है, जिसे हम प्रचलित साहित्य कह सकते हैं। मैं मानता हूँ कि सिनेमा में लेखन प्रचलित साहित्य है, जिसका उद्‌देश्य अधिक

से अधिक लोगों तक पहुँचना है। हमारे हिन्दी सिनेमा जगत में निश्चित ही ऐसे कई लेखक हुए हैं जो सभी साहित्यिक मान्यताओं और गरिमा का सम्मान करते हुए लोगों तक पहुँचने में सफल हुए हैं। मैं चाहता हूँ कि अच्छे लेखकों को सिनेमा के माध्यम से सामने आना चाहिए, इससे एक अच्छे समाज के निर्माण को बल मिलेगा और हमारे फ़िल्मकारों को भी अपनी फ़िल्म के निर्माण में अच्छे लेखकों का प्रयोग करना चाहिए। ब्रिटेन में ललित मोहन जोशी वह नाम है, जो साउथ एशियन सिनेमा फ़ाउंडेशन के माध्यम से हिन्दी सिनेमा की साहित्यिक उपलब्धियों को सहर्ष स्वीकार करते हुए हिन्दी सिनेमा के 100 वर्षों के सुअवसर पर प्रकाशित पुरवाई के इस अंक को अपना बहुमूल्य समय दिया और अपने अनुभवी सम्पादन से सुशोभित किया।

अक्टूबर, 2013 : प्रवासी जीवन का चयन

कोई भी व्यक्ति जो प्रवासी जीवन चुनता है, एक बहुत बड़ी चुनौती अपने सिर ओढ़ता है। अधिकांश लोग यह निर्णय कम आयु में ही लेते हैं। उस आयु में जहाँ सपने सजते हैं, ऊर्जा होती है, हिम्मत होती है। अपना घर, मुहल्ला, शहर छोड़कर एक नयी दुनिया में जीवन आरम्भ करना कोई आसान निर्णय नहीं है। उस व्यक्ति को शारीरिक, मानसिक और भावनात्मक रूप से तैयार होना पड़ता है। उसकी पहली चुनौती होती है परिवार।

परिवार के बड़े सदस्य अक्सर अपने घर के युवा सदस्य के इस निर्णय को स्वीकार नहीं करते। उनकी इच्छा यही रहती है कि वह परिवार के साथ रहे। प्रवासी जीवन चुनने वाला व्यक्ति भी जानता है कि परदेस में उसका साथ देने के लिए उसके घर वाले नहीं होंगे। अकेले हर संघर्ष का सामना करने के लिए, वह स्वयं को मानसिक रूप से तैयार करता है। उसके पास होती हैं तो बस परिवार की दुआएँ और आशीर्वाद। घरवालों की आशाओं पर खरा उतरना भी किसी बड़ी चुनौती से कम नहीं है। उसके लिए सफलता इस कारण भी अत्यन्त आवश्यक हो जाती है कि यदि वह बाहर जाकर असफल हुआ तो परिवार को क्या मुँह दिखायेगा। परन्तु वह ख़तरा भी उठाता है।

प्रवासी जीवन में व्यक्ति का नाम उसके नाम से जाना जाता है। परदेश में उसके बाप-दादाओं का नाम नहीं चलता। रोज़मर्रा के छोटे-बड़े, ग़लत-सही निर्णय उसके अपने होते हैं। अपने परिवार के सदस्यों से मिलने वाले सलाह-मशविरों से

वह वंचित रहता है। उसके पास कोई बैकअप भी नहीं होता। एक नयी दुनिया, नयी भाषा, नये परिवेश में अपने अस्तित्व को स्थापित करता हुआ प्रवासी जितना अपने लिए, अपने चुने हुए देश के लिए जीता है उतना ही अपनी मातृभूमि के लिए भी सोचता है और कुछ न कुछ योगदान देता ही रहता है।

समाचार पत्र हों या फिर टेलीविज़न की कोई ख़बर, अपने देश का, अपने शहर का नाम ढूँढ़ता ही ढूँढ़ता है। अपने देश के किसी कोने में कोई विपदा आ जाये तो उससे निपटने में अपना योगदान देने से वह कभी भी पीछे नहीं हटता। अपने देश की कोई टीम खेल के मैदान में विजय प्राप्त करे तो हर्ष-उल्लास से उसका सीना सदैव चौड़ा होता है। परन्तु एक प्रश्न अक्सर मन को कचोटता है कि क्या उसके घरवाले, परिवार के लोग अपने प्रवासी पुत्र को इस दृष्टि से देख पाते हैं? क्या उसका अपना देश, अपने प्रवासी नागरिक को अपने अंश के रूप में देख पाता है? आज भी मुझे लगता है कि एक प्रवासी को निवेशक की ही नज़र से देखा जाता है। उससे बड़ी-बड़ी आशाएँ रखी जाती हैं। उसके कमाये हुए धन से उसे परखा जाता है और शायद सदैव ऐसा ही होगा।

प्रवासी जीवन चुनने वाले को इस चुनौती को भी स्वीकारना होगा कि अपने देश में निवेश न करने पर वह अपनों की नज़र में पराया हो सकता है। वह उस प्रेम और सम्मान से भी वंचित रह सकता है जिसका वह हक़दार है। उसे भगोड़ा और देशद्रोही जैसे सम्बोधन भी मिल सकते हैं। अकेला और निहत्था अपना जीवन आरम्भ करने वाला प्रवासी, उस सैनिक की तरह है जिसे अपने जीवन का हर युद्ध बिना अपनों के ही लड़ना है। परन्तु उसकी जीत और हार का फ़ैसला उसकी अपनी उपलब्धियाँ नहीं, अपने देश के लिए निवेश की ताक़त से होता है।

जनवरी, 2014 : सत्येन्द्र जी का पत्र

कहते हैं कि भारत में कवि सम्मेलनों की परम्परा बहुत पुरानी है। पुराने ज़माने में और मुग़ल काल में राजाओं-महाराजाओं से लेकर शहंशाहों तक के दरबार में कवि सम्मेलन होते थे और राजकवि हुआ करते थे। राज दरबारों में कवि अक्सर राजाओं पर भी तीखे व्यंग्य कर दिया करते थे, परन्तु वे उसे अन्यथा नहीं लेते थे और अपने ऊपर हुए तीखे व्यंग्य का भी आनन्द उठाया करते थे।

भारत में आम जनता के बीच कवि सम्मेलनों की परम्परा सन् 1920 में आरम्भ हुई, और देखते ही देखते कवि सम्मेलन लोगों के लिए मनोरंजन का सबसे बड़ा

ज़रिया बन गये। हालाँकि कुछ रचनाकारों के विचार में कविता मनोरंजन की वस्तु नहीं है और कविता एक अत्यन्त गम्भीर विषय है, फिर भी मेरे विचार से यदि कवि सम्मेलन को मनोरंजन का माध्यम न कहा जाये तो क्या कहा जाये? आज हमारे पास टेलीविज़न, कम्प्यूटर और सिनेमा हॉल हैं, परन्तु 1920 में तो यह सब माध्यम उपलब्ध नहीं थे। नुक्कड़ नाटक, रामलीला के अलावा कवि सम्मेलन ही तो हुआ करते थे।

हाँ, यह सत्य है कि अनेक कवियों की रचनाएँ हास्य विधा से कोसों दूर होती हैं और श्रोताओं, पाठकों की आँखों में आँसू ले आती हैं, परन्तु मनोरंजन सिर्फ़ हँसने-हँसाने से ही तो नहीं होता। मनोरंजन के भी अनेक रूप हैं। हर कमर्शियल सिनेमा पर, टेलीविज़न पर सरकार द्वारा मनोरंजन कर लगाया जाता है। तो क्या हर सिनेमा या टेलीविज़न कार्यक्रम हास्य होता है? मेरा मानना है कि, जो मन को अच्छा लगे, रोचक लगे वही मनोरंजन की वस्तु है। यदि एक अध्यापक अपनी क्लास में कहे कि विद्यार्थियों को पढ़ाने आया है, मनोरंजन के लिए नहीं, तो मेरे विचार में यदि विद्यार्थी को अध्याय की पुस्तक रोचक लगे और उसे पढ़ने में मज़ा आये तो इसमें हर्ज़ ही क्या है?

कुछ वर्ष पूर्व लन्दन में मैंने अपने एक मित्र को कवि सम्मेलन में चलने के लिए कहा तो उन्होंने कोई विशेष दिलचस्पी नहीं दिखाई। मेरे बहुत निवेदन पर वे बोले, 'भाई, यह बताओ कि कवि सम्मेलन गम्भीरजन है या मनोरंजक?' इधर मेरे पूछने पर बोले कि गम्भीरजन उनका अपना आविष्कार किया हुआ शब्द है यानी गम्भीर बातें उन्हें बोर करती हैं, अत: वे यदि कवि सम्मेलन में चलेंगे तो इसी आश्वासन पर कि वहाँ हास्य कविताएँ अधिक होंगी। मैं उनकी बात समझ गया और उन्हें विश्वास दिलाते हुए कि उनका मनोरंजन अवश्य होगा, कवि सम्मेलन में ले गया।

इत्तफ़ाक ऐसा हुआ कि उस कवि सम्मेलन में हास्य कवि एक ही थे। लेकिन सभी रचनाएँ इतनी सुन्दर थीं कि मेरे मित्र की कवि सम्मेलनों के प्रति धारणा ही बदल गयी। विषय कोई भी हो, विचार जो भी हों, विधा कोई भी हो, शब्द यदि सरल हों, भाव मर्मस्पर्शी हों और प्रस्तुतीकरण दिलचस्प हो तो गम्भीर से गम्भीर बात भी मनोरंजन की वस्तु बन सकती है और मनोरंजन के माध्यम से जनमानस तक पहुँच सकती है।

आज मनोरंजन का सबसे सशक्त माध्यम टेलीविज़न है। लोगों तक अपनी बात पहुँचाने का सबसे बड़ा माध्यम टेलीविज़न है। तो क्यों नहीं विश्व में शिक्षा का

माध्यम टेलीविज़न हो सकता है। विश्व में 85 प्रतिशत जनसंख्या टेलीविज़न देखती है और इतनी ही प्रतिशत अशिक्षितों की श्रेणी में आती है। हालाँकि कुछ ऐसे चैनल हैं जो शिक्षा को बढ़ावा देते हैं, परन्तु अनेक लोगों को या तो उसकी जानकारी नहीं है या फिर दिलचस्पी नहीं है। मेरे विचार में सभी चैनल्स में विज्ञापनों के माध्यम से लोगों को शिक्षा देने का प्रयास किया जा सकता है और मनोरंजन के द्वारा लोगों को शिक्षित किया जा सकता है।

अप्रैल, 2014 : पुरवाई को तेजेन्द्र जी और उनकी संस्था 'कथा यू.के.' के नाम

पिछले क़रीब 15 वर्षों से हम डाकिये का इन्तज़ार नहीं करते। यदि कभी करते हैं तो किसी अपने के पत्र का नहीं अपितु क्रेडिट कार्ड वग़ैरह जैसी किसी बैंक, सरकारी डाक या फिर कोरियर द्वारा किसी आवश्यक वस्तु का। ऐसे में कभी किसी मित्र का हाथ से लिखा, बिना किसी कार्यवश कोई पत्र आ जाये तो मन का प्रसन्न होना कितना स्वाभाविक हो जाता है। मुझे यह सुख निरन्तर प्राप्त हो रहा है। साल में दो-चार पोस्टकार्ड पर सुन्दर तस्वीर के साथ, स्मरण कराती हुई पंक्तियाँ मुझे आत्म-विभोर करती रही हैं। जापान, अमेरिका, वेल्स, मॉरीशस और न जाने कहाँ-कहाँ से सत्येन्द्र जी का पत्र, कभी किसी समुद्र तट पर से, तो कभी किसी ऐतिहासिक स्थल से। यदि वे कभी किसी लेखक के ऐतिहासिक घर पर पहुँच जायें, भले ही वह किसी भी देश या भाषा का क्यों न हो तो सत्येन्द्र जी के पत्र में एक अलग ही आनन्द देखने को मिलता है।

सत्येन्द्र जी का यह स्वरूप एक अत्यन्त प्रेमी व्यक्ति और महान लेखक के अद्‌भुत चरित्र का परिचायक था। एक दिन मैंने सत्येन्द्र जी से पूछा कि आज के ज़माने में वे ईमेल वग़ैरह पर क्यों नहीं हैं? आप चाहे पत्र हों या कविताएँ, काग़ज़ पर क़लम से ही लिखकर भेजते हैं। वे हँसते हुए बोले, "भाई पद्‌मेश, मैं बहुत ग़रीब आदमी हूँ, एक क़लम से ही गुज़ारा करता हूँ।" तब से मैंने सत्येन्द्र जी को चिढ़ाना आरम्भ कर दिया कि आप अपनी विल में अपनी क़लम मेरे नाम लिख दें। हमारे उनके बीच यह मज़ाक़ चलता रहता था।

घूमने के शौक़ीन, सत्येन्द्र जी को साहित्य के अलावा कला से बहुत प्रेम था। मुझसे मिलने के लिए वे कभी मुझे लन्दन के साउथ बैंक पर बुलाते थे तो कभी रॉयल एकेडमी ऑफ़ आर्ट्स के कॉफ़ी शॉप में। सत्येन्द्र जी अक्सर मुझसे मिलने

ऑक्सफ़ोर्ड भी आते थे। ऑक्सफ़ोर्ड में उन्हें बोडलियन लाइब्रेरी का इलाक़ा बहुत पसन्द था। सत्येन्द्र जी अक्सर मुझसे कहते थे कि पुरवाई पत्रिका को मैंने अपना 'बेस्ट' दिया है। जैसे ही पुरवाई का नया अंक सत्येन्द्र जी को मिलता था, उनका फ़ोन मेरे पास आ जाता था। वे पहले तो मेरे साथ पत्रिका की समीक्षा करते फिर हमेशा कहते कि "पद्मेश, तुम्हारा सम्पादकीय बहुत अच्छा लगता है।" एक दिन मैंने उनसे ही पूछ लिया कि, "सत्येन्द्र जी, मेरे सम्पादकीय में अच्छा लगने वाला क्या है? न मैं कभी कोई बड़ा विषय उठाता हूँ और न ही किसी विषय की बहुत गहराई में उतरने का प्रयास करता हूँ। मेरा प्रयास तो हिन्दी से सम्बन्धित उन बातों को प्राथमिकता देना है जिनमें हिन्दी का प्रचार हो। आप या तो मेरा मन बहलाते हैं या फिर मेरे प्रति आपका प्रेम आपको मेरी कमज़ोरियाँ देखने नहीं देता है।" सत्येन्द्र जी कहते हैं, "तुम्हारी ओरिजिनालिटी मुझे अच्छी लगती है। तुम्हारे लेखन में बनावटीपन नहीं है, मौलिकता है, जो आजकल के लेखकों में बहुत कम मिलती है।"

एक बार मैंने उनसे पुरवाई के लिए कहानी माँगी तो उन्होंने मना कर दिया। वे हँसते हुए बोले कि वे कवि हैं और लेखक हैं, उन्हें कहानियाँ बनाना नहीं आता। हालाँकि सत्येन्द्र जी के कुछ नाटक, लघु एकांकी अवश्य प्रकाशित हुए हैं, जिनमें मुझे 'अनडिक्लेयर्ड विश्व सुन्दरी' अत्यन्त पसन्द है। हिन्दी के भविष्य को लेकर सत्येन्द्र जी को मैंने सदैव बहुत गम्भीर पाया है। यू.के. हिन्दी समिति द्वारा 'हिन्दी ज्ञान प्रतियोगिता' में भाषण प्रतियोगिता का आरम्भ करवाने वाले सत्येन्द्र जी ही हैं। पिछले 13 वर्षों से उनकी माताश्री सावित्री श्रीवास्तव के नाम से 150 पाउंड की धनराशि, सत्येन्द्र जी भाषण प्रतियोगिता के विजेता बच्चों को देते रहे हैं। कुछ समय से सत्येन्द्र जी अस्वस्थ चल रहे थे और मेरी उनसे फ़ोन पर बात नहीं हो पायी। आज सत्येन्द्र जी हमारे बीच में नहीं हैं। पुरवाई का यह विशेष अंक उनकी स्मृति में प्रकाशित हो रहा है, इस प्रार्थना के साथ कि ईश्वर सत्येन्द्र जी की आत्मा को शान्ति प्रदान करें।

जुलाई, 2014 : सब के लिए आभार

पुरवाई का जन्म 1997 में हुआ था। पुरवाई ने अपने 17 वर्षों के जीवनकाल में अनेक लेखकों और कवियों की रचनाओं को पाठकों तक पहुँचाया है। इस सेतु से भारत, यू.के. और विश्व की अनेक कृतियों ने यात्रा की है। हिन्दी के वैश्विक

साहित्यिक मंच की भूमिका लगातार निभाते हुए पुरवाई ने विश्व के अनेक हिन्दी प्रेमियों को जोड़े रखा। इन 17 सालों में यू.के. में हिन्दी को लेकर कब क्या हुआ, पुरवाई का प्रत्येक अंक साक्षी है।

प्रवासी भारतीयों के जीवन के अनेक पहलुओं को लेखों, कहानियों और कविताओं के माध्यम से पुरवाई अपने अंकों में समेटे हुए है। पिछले कुछ समय से मेरे मन में एक कशमकश चल रही थी कि क्या अब बदलते युग में पुरवाई या फिर प्रिंट मीडिया की वह भूमिका है, जो पाँच-सात वर्ष पहले तक थी? इंटरनेट और ई-मैगज़ीन अब इतने सशक्त माध्यम हैं कि अधिकतर रचनाएँ, विचार, समाचार फ़ेसबुक और ब्लॉगों के माध्यम से मिनटों में लोगों तक पहुँच जाते हैं। यहाँ तक कि डाक के पत्र भी नहीं आते जाते। ऐसे अनेक उदाहरण और दिये जा सकते हैं जो इस बात को प्रमाणित कर सकते हैं कि अब क़लम-काग़ज़ का ज़माना नहीं रहा।

इन्हीं विचारों के कारण अपने पुरवाई से जुड़े कुछ मित्रों के समक्ष मैंने अपना प्रस्ताव रखा कि मैं अब पुरवाई को बन्द करना चाहता हूँ। मुझे मिलीजुली प्रतिक्रियाएँ और सुझाव मिले। कुछ लोगों ने मेरे मन की बात को समझा और पुरवाई के बन्द होने पर अफ़सोस ज़ाहिर करते हुए पुरवाई के योगदान को याद किया। दिव्या माथुर, जय वर्मा और अनिल जोशी जी ने मेरे विचार का विरोध किया और सहायता का प्रस्ताव रखा। प्राण शर्मा जी ने निवेदन किया कि पुरवाई को बन्द न किया जाये, भले ही साल में एक अंक निकाला जाये। परन्तु लन्दन के भारतीय उच्चायोग में कार्यरत श्री विनोद कुमार ने मेरे विचार और मन की बात को समझते हुए मुझसे पूछा कि यदि पुरवाई को कोई और चलाना चाहे तो क्या मुझे मंजूर होगा? मैंने उन्हें तुरन्त कहा कि बिल्कुल बल्कि ख़ुशी होगी कि इससे उन लोगों की भावना को ठेस नहीं पहुँचेगी जो पुरवाई के साहित्यिक वेग को बहते रहना देखता चाहते हैं। दूसरे ही दिन मुझे तेजेन्द्र शर्मा जी का फ़ोन आया और उन्होंने पुरवाई की बागडोर अपने हाथ में लेने की इच्छा ज़ाहिर की, जिनके आग्रह को मैंने सहर्ष स्वीकार कर लिया।

तेजेन्द्र जी पहले भी पुरवाई से जुड़े रहे हैं और कुछ अंकों को सम्पादित भी कर चुके हैं। पुरवाई के प्रति तेजेन्द्र जी का विशेष स्नेह रहा है और पुरवाई को हमेशा से किसी अलग स्वरूप में देखना चाहते रहे हैं, जिसके लिए वे अब स्वतन्त्र हैं।

इन शब्दों के साथ मैं उन सब के प्रति अपना आभार प्रकट करता हूँ जिन्होंने 17 वर्षों तक पुरवाई के प्रकाशन में मेरा सहयोग किया। पुरवाई को तेजेन्द्र जी और उनकी संस्था 'कथा यू.के' के नाम करता हूँ। धन्यवाद।

प्रवासी आउटलुक

सम्पादकीय

जून, 2005 : भारतीय नागरिक

एक भारतीय नागरिक विश्व के किसी भी कोने में जाकर क्यों न बस जाये, उसका मन सदैव भारत में ही बसता है। उसके परिधि में भारतीय संस्कृति, भारतीय परम्परा और भारतीय सभ्यता बसती है। सम्पूर्ण भारतवर्ष उस भारतीय के साथ पीढ़ी-दर-पीढ़ी जीता है। भारत से विदेशों में बसी पहली पीढ़ी विदेशी भूमि को अपनी कर्मभूमि मानकर पूरी निष्ठा के साथ, अपने मन को जन्मभूमि की स्मृतियों में सँजोए हुए दोहरा जीवन जीती रही परन्तु अब उसकी आगे की पीढ़ी तो जन्म और कर्म दोनों से भारत की न रही। शायद इस अहसास के साथ कि 'न जन्मभूमि है, न कर्मभूमि है, भारत तो मेरी मर्मभूमि है' आज के भारतीय मूल का नवजवान तो जैसे पासपोर्ट की सरहद से बाहर आ गया है और कहता है कि पासपोर्ट का रंग उसकी सोच, उसके विचार और उसके संस्कार को भारतीय होने से कभी नहीं बदल सकता है।

आज दीवाली, दशहरा और ईद जैसे भारतीय उत्सव और त्योहार विदेशों में पूरी भव्यता के साथ मनाये जा रहे हैं। भारत सिर्फ़ एक देश, एक राज्य का नाम नहीं है, भारत अपने आप में एक सम्पूर्ण संस्कृति का नाम है जो प्रत्येक भारतीय परिवार के हर सदस्य को भारतीय बनाता है। सच पूछा जाये तो जहाँ प्रवासी भारतीयों का एक समुदाय आज भी दोहरी नागरिकता का बेसब्री से इन्तज़ार कर रहा है, वहीं दूसरे वर्ग को सम्भवत: इससे कोई फ़र्क़ नहीं पड़ता। मेरे विचार में लोगों का उद्‌देश्य भौतिक सुख नहीं अपितु भावनात्मक सुख प्राप्त करना होगा।

ब्रिटेन में आज हर उम्र के लोग भारतीय सिनेमा और विजन सीरियल्स के प्रशंसक हैं, जो मुख्यत: हिन्दी में हैं। अनेक सर्वेक्षण यह कहते हैं कि हिन्दी विश्व में बोलने और समझने वालों की संख्या के आधार पर सम्भवत: पहले या दूसरे स्थान पर आती है। यू.के. में भी लाखों हिन्दी भाषी हैं, फिर भी हिन्दी की एक भी समाचार

पत्रिका नहीं है। ब्रिटेन में हिन्दी की एकमात्र साहित्यिक पत्रिका पुरवाई के सम्पादन एवं प्रकाशन के दौरान मैंने हिन्दी की एक समाचार पत्रिका के अभाव को अत्यन्त गहराई के साथ महसूस किया है। ऐसी पत्रिका के अभाव की चुनौती को स्वीकार करते हुए लन्दन में नेहरू केन्द्र के निदेशक श्री पवन वर्मा एवं भारतीय उच्चायोग के श्री अनिल शर्मा के प्रोत्साहन एवं मार्गदर्शन में तथा दयाल शर्मा, सत्येन्द्र जी, उमेश जी, नरेश भारतीय, विजय राणा, दिव्या जी एवं तेजेन्द्र जी जैसे वरिष्ठ साथियों के साथ हम हिन्दी एवं अंग्रेज़ी की पारिवारिक पत्रिका 'प्रवासी टाइम्स' को जन्म दे रहे हैं। 'प्रवासी टाइम्स' हिन्दी और अंग्रेज़ी दोनों भाषाओं में आपके मुद्दे और विचारों को व्यक्त करने का माध्यम बनेगी। मुझे पूरा विश्वास है कि आप इसे अपना स्नेह एवं मार्गदर्शन देंगे।

जुलाई, 2005 : भारतीय सिनेमा का परिदृश्य

भारतीय सिनेमा में इतिहास, धर्म, राजनीति, भाषा से लेकर पारिवारिक, सामाजिक और सांस्कृतिक विषयों को फ़िल्मों के माध्यम से दिखाया जाता रहा है। सम्भवतः यही कारण है कि आज विश्व में जितनी तेज़ी से भारतीय सिनेमा का परिदृश्य उभर रहा है, उतना किसी और देश के फ़िल्म उद्योग का नहीं। इसमें जहाँ एक ओर भारतीय संगीत का महत्त्वपूर्ण योगदान है, वहीं दूसरी ओर मानवीय संवेदना की भावपूर्ण प्रस्तुति भी एक महत्त्वपूर्ण कारण है। विषय कोई भी हो, भारतीय सिनेमा अपनी तरह से दर्शकों के हृदय पर राज्य करता है। अब तक शायद ही भारत में कोई ऐसी फ़िल्म बनी हो जिसके अन्त में सन्देश ग़लत हो। आज भारत ही नहीं सम्पूर्ण विश्व में भारतीय धर्म, इतिहास, संस्कृति और भाषा के प्रचार में जितना योगदान भारतीय सिनेमा का रहा है, उतना किसी भी और माध्यम का नहीं। हाँ, इतना अवश्य कहूँगा कि जहाँ एक ओर भारतीय सिनेमा के निर्माताओं को बेहतर समाज के निर्माण के प्रति अपनी कुछ ज़िम्मेदारी को भी अनुभव करना चाहिए, वहीं यदि ब्रिटेन एवं अन्य देशों की तरह भारतीय सिनेमा को सरकारी सहयोग भी मिले और निर्माताओं को लगे कि उनको पूरी कमाई सिर्फ़ जनता से ही नहीं निकालनी होगी, तो सम्भवतः भविष्य में भारतीय सिनेमा कुछ ऐसे विषयों पर भी कार्य कर सकेगा जो बेहतर समाज के निर्माण में सहयोगी होगा। मेरा मानना है कि कुछ बुद्धिजीवियों को भी इस क्षेत्र में उतरना चाहिए और इस प्रचलित माध्यम का बौद्धिक इस्तेमाल करना चाहिए।

मुझे ख़ुशी है कि ब्रिटेन के निखिल कौशिक और भारतेन्दु विमल जैसे हमारे कुछ साहित्यिक मित्र इस प्रयास में लग गये हैं। आज प्रवासी भारतीय ही नहीं, बल्कि विदेशी सरकारें भी भारतीय फ़िल्मों के निर्माण में सहयोग दे रही हैं। यू.के. फ़िल्म परिषद् इसका सबसे बड़ा उदाहरण है। यू.के. में फ़िल्म निर्माताओं को करों में लाभ देने के अलावा, कई सरकारी एजेंसियाँ अन्तरराष्ट्रीय फ़िल्म निर्माताओं की मदद और समर्थन भी कर रही हैं।

अगस्त, 2005 : लन्दन में हुए आतंकवादी हमले

इतिहास गवाह है कि जब-जब राजाओं के बीच मतभेद हुए हैं, शासकों को अपने राज्य को विस्तार देने की भूख बढ़ी है, अपने-अपने धर्म और मज़हब के ठेकेदारों का अहं भड़का है, मासूम बच्चे और नवजवान बलि का बकरा बने हैं। सेनाओं में सिपाही मारे जाते हैं और धर्म के नाम पर होने वाले युद्ध में मासूम। राजनीति और धर्म के बीच मित्रता हो चाहे शत्रुता दोनों ही परिस्थितियाँ अत्यन्त विनाशकारी होती हैं। इस्लामिक कट्टरवादी आतंकवादी संगठनों ने पूरे विश्व को हिलाकर रख दिया है। इस मज़हब के कुछ ठेकेदार मासूम बच्चों और नवजवानों का ब्रेन वाश कर न जाने क्या हासिल करने का प्रयास कर रहे हैं?

हाल ही में लन्दन में हुए आतंकवादी हमलों ने एक बार फिर ब्रिटेन और अमेरिका की उन सरकारों को कटघरे में लाकर खड़ा कर दिया है, जिनकी राजनीति और कूटनीति इस्लामिक आतंकवाद को समाप्त करने में बहुत सफल नहीं दिख रही है। आज की यह आतंकवादी परिस्थिति किसी पूर्व विश्वयुद्ध से कम-कम नज़र नहीं आ रही है। युद्ध के कहीं न कहीं कुछ नियम और सिद्धान्त होते हैं, परन्तु इस प्रकार के आतंकवाद तो जैसे मानवता तो दूर की बात है, अमानवता के भी किसी नियम और सिद्धान्त को परास्त कर रहे हैं। जंगल के भी क़ानून में बड़ा जानवर छोटे जानवर को मारता है, परन्तु यहाँ तो मानव ही मानव को ख़त्म करने में लगा हुआ है। परन्तु मैं प्रशंसा करूँगा ब्रिटेन के नागरिकों की जो इन परिस्थितियों में भी अत्यन्त सब्र और समझ से काम ले रहे हैं। अन्यथा भारत और पाकिस्तान के विभाजन के समय हिन्दू और मुसलामानों के बीच जो मारकाट हुई थी, इन्दिरा गांधी की हत्या के बाद भारत में सिख समुदाय के साथ जो सलूक हुआ था, आज वो ब्रिटेन में मुसलमानों के साथ भी हो सकता था।

सितम्बर, 2005 : शिक्षा के लिए सबसे लोकप्रिय अन्तरराष्ट्रीय हब

यू.के. हमेशा से ही शिक्षा के लिए सबसे लोकप्रिय अन्तरराष्ट्रीय हब रहा है। दुनिया में लगभग हर छात्र का सपना होता है कि वह कैम्ब्रिज या ऑक्सफ़ोर्ड ग्रेजुएट बन जाये। यहाँ 3000 से अधिक ऐसे शिक्षण संस्थान हैं जो यू.के. में अन्तरराष्ट्रीय छात्रों का स्वागत करते हैं। विश्वविद्यालय परिसरों में 90 से अधिक देशों का प्रतिनिधित्व किया जा सकता है और प्रत्येक छात्र शैक्षणिक और सांस्कृतिक रूप से संस्थान के जीवन में एक अनूठा योगदान देता है। ब्रिटेन के विश्वविद्यालयों में सभी प्रमुख वैश्विक धर्मों और कई भाषाओं का प्रतिनिधित्व मौजूद होता है। इस सारी विविधता का मतलब है कि, जो कोई भी यू.के. आता है, उसके लिए बसना आसान हो जाता है।

इसमें कोई दो राय नहीं कि ब्रिटेन की इस उदारवादी नीति के कारण आज विश्व के सभी देशों के छात्रों के लिए यू.के. अत्यन्त उपयुक्त स्थान है। ब्रिटिश इकॉनोमी को भी विदेशी छात्रों से बहुत लाभ होता है जिसके कारण ब्रिटिश काउंसिल जैसी संस्थाएँ यू.के. में पढ़ने के लिए दुनिया भर के छात्रों को आकर्षित करती रहती हैं। एक समय था जब ब्रिटेन के स्कूल कॉलेजों के एडमिशन लेटर्स पर ब्रिटिश दूतावास छात्रों को आसानी से वीज़ा दे देते थे।

परन्तु, इधर दो-चार सालों में लन्दन में कुछ ऐसे बोगस कॉलेज प्रकाश में आये हैं जो आये दिन खुलते हैं, फिर बन्द हो जाते हैं और जिनका उद्‌देश्य केवल पैसा कमाना और वीज़ा दिलवाना ही है। क़रीब दो वर्ष पूर्व कुछ शिक्षण संस्थाओं ने इन बोगस संस्थानों की ओर सरकार का ध्यान आकृष्ट किया जिसके फलस्वरूप सरकार ने (डिपार्टमेंट फ़ॉर एजुकेशन एंड स्किल्स) के साथ सभी स्कूलों और कॉलेजों को रजिस्टर होने का आदेश दिया और यह नियम बनाया कि जो संस्थान से अधिकृत नहीं है उनके द्वारा वीज़ा के लिए दिये पत्र वैध नहीं माने जायेंगे।

मुझे उम्मीद है कि ब्रिटेन में शिक्षण संस्थान जल्द ही विदेशी छात्रों के बीच पूर्व जैसी प्रतिष्ठा और विश्वास हासिल करेंगे। निस्सन्देह, यह उनके लिए पैसा बनाने और वीज़ा सुविधा देने वाले कॉलेजों को रोकने का भी समय है।

अक्टूबर, 2005 : ब्रिटेन का महत्त्व

यदि भौगोलिक रूप से देखा जाये तो ब्रिटेन विश्व का अत्यन्त छोटा देश माना जायेगा फिर भी आज विश्व के सबसे महत्त्वपूर्ण देशों में ब्रिटेन का नाम पूरे सम्मान

के साथ लिया जाता है। मेरे विचार में बहुसंस्कृतिवाद की नीति ब्रिटेन की सबसे बड़ी शक्ति है। इसकी इसी उदारवादी नीति के कारण समस्त देश, सभी संस्कृति के लोग ब्रिटेन को अपना मानते हैं और हृदय से सम्मान करते हैं। आज यहाँ डेविड डेविस के वक्तव्य से ब्रिटेन की बहुसंस्कृतिवादी नीति पर बहस शुरू हो गयी है। डेविड ने इस्लामिक आतंकवाद के कारण इस विश्व पर प्रश्न उठाया है। उनकी चिन्ता ग़लत नहीं है, परन्तु मैं समझता हूँ कि वे वही कह रहे हैं जो विश्व के फंडामेंटलिस्ट्स चाहते हैं। वे ब्रिटेन जैसे प्रतिष्ठित एवं शक्तिशाली देशों को कमज़ोर करना चाहते हैं, वे अलग-अलग संस्कृति एवं धर्मों के लोगों की एकता को खण्डित करना चाहते हैं। वे चाहते हैं आतंकवाद जैसे घिनौने तरीक़ों से प्रतिष्ठित देशों के विचारों, नीतियों और समाज को विभाजित करना।

यदि भारत को उदाहरण के रूप में लें तो यह भारत की उदारवाद और प्रगतिवाद की नीति ही रही है, जिसके कारण सदियों तक विदेशी ताक़तों का ग़ुलाम रहने के बावजूद आज भी वह विश्व के प्रमुख देशों में जाना जाता है। भारत में हर दो सौ मील पर भाषा और संस्कृति बदल जाती है, परन्तु दूसरी संस्कृति को सम्मान देने के साथ-साथ हर त्योहार को अपनाने की नीति के कारण आज वह बहुसंस्कृतिवाद का सबसे बड़ा उदाहरण है। बहुसंस्कृतिवाद की अपनी संस्कृति के कारण ही आज भारतीय, ब्रिटिश समाज का एक अभिन्न अंग बन गये हैं।

नवम्बर, 2005 : अरेंज मैरिज और जबरन शादी

अरेंज मैरिज एक ऐसा मुद्दा है जिसे अक्सर ग़लत समझा और प्रस्तुत किया जाता है। अरेंज मैरिज और ज़बरन शादी के बीच कई बार समानता का भ्रम भी पैदा हो जाता है। जबकि ज़बरन विवाह को एक या दोनों पक्षों की स्वतन्त्र और वैध सहमति के बिना अनुबन्धित विवाह के रूप में परिभाषित किया गया है। शारीरिक-मानसिक रूप से दबाव डालकर भी यह विवाह करवाया जाता है। अरेंज मैरिज इससे एकदम अलग है, जहाँ दोनों पक्षों की स्वतन्त्र और वैध सहमति होती है।

मुद्दा चाहे ज़बरन विवाह का हो या बाल विवाह का, भारत में यह समस्या सदियों से चली आ रही है, जिसका हर युग में विरोध हुआ है। जहाँ तक अरेंज्ड मैरिज का प्रश्न है, मैं समझता हूँ कि प्रथा बनाने वालों का उद्देश्य कभी ज़बर्दस्ती विवाह कराने का नहीं था, परन्तु इस प्रथा के पीछे का कारण भारत में विवाह के बाद लड़कियों की सुरक्षा का था। विवाह सिर्फ़ दो व्यक्तियों का सम्बन्ध नहीं, दो परिवारों

का सम्बन्ध होता है। जब परिवार और बिरादरी के लोग विवाह में शामिल होते हैं तो जिस परिवार में लड़की जाती है वह परिवार उसकी सुरक्षा के लिए ज़िम्मेदार होता है और किसी ऊँच-नीच के लिए अपनी बिरादरी के सामने जवाबदेह हो जाता है। इधर क़रीब दो-तीन दशकों से तो मैं समझता हूँ कि अरेंज्ड मैरिज का भी कॉन्सेप्ट बदल गया है और सीधे-सीधे शब्दों में कहा जाये तो प्रथा इंट्रोडक्शन मैरिज की हो गयी है। परिवार वाले लड़के को लड़की से मिलवा देते हैं और फिर निर्णय उन दोनों पर ही छोड़ देते हैं। यह देख और सुनकर आश्चर्य होता है कि आज भी अरेंज्ड मैरिज के नाम पर कुछ परिवार धर्म और संस्कृति का सहारा लेकर ज़ोर-ज़बर्दस्ती से अपनी लड़कियों का विवाह कर रहे हैं। उन परिवारों का अहं और अहंकार उनके बच्चों की ख़ुशियों से बड़ा हो गया है। मैं व्यक्तिगत रूप से ज़बरन विवाह का विरोध करता हूँ। मेरा मत है कि ज़बरन विवाह के ख़िलाफ़ सख़्त क़ानून लागू किये जाने चाहिए। ज़बरन विवाह कोई धार्मिक या सांस्कृतिक मुद्‌दा नहीं है–यह वैश्विक मानवाधिकारों का दुरुपयोग है।

दिसम्बर, 2005 : फ्रांस में विद्रोह

अल्पसंख्यक समाज के युवाओं द्वारा हाल ही में किये गये विद्रोह के परिणामस्वरूप फ्रांस के उपनगरों में बड़े पैमाने पर दंगे हुए, जिसमें फ्रांस का एक अलग चेहरा दिखा। मुझे कुछ वर्ष पेरिस के ही एक सबर्ब आर्जेन्तेईल में रहने और पढ़ने का अवसर मिला था जो क्लिशी सु बोआ (Clichy sous bois) से अधिक दूर नहीं है, जहाँ इन दंगों ने जन्म लिया है। मेरे निवास के पास ही एक मकान के आगे प्लेट लगा था कि 'यहाँ कार्ल मार्क्स रहा करते थे जिन्होंने समतावादी समाज का स्वप्न देखा था'। पेरिस मेरा अत्यन्त प्रिय शहर रहा है। फ्रेंच भाषा की मिठास, राह चलते फ्रेंच लोगों का एक-दूसरे को मुस्कुराकर अभिवादन करना, जीवन के हर पहलू पर मैत्री पूर्ण शिष्टाचार मेरे मन-मस्तिष्क पर हमेशा करते रहे हैं। परन्तु, हाल के दंगों ने वहाँ की जिस आन्तरिक यथार्थ स्थिति को उजागर किया है, उससे पूरा विश्व दुखी है।

पेरिस, कॉन्स, मारसेई के ख़ूबसूरत शहरों का वातावरण हो, क्लाउड मॉने, पिसारो, हेनरी मॉटिस की पेंटिंग्स हों या फिर विश्व के बेहतरीन कॉस्मेटिक प्रोडक्ट्स हों। ग्लैमर, फ़ैशन, ख़ुशबू, रोमांस, प्रेम सौन्दर्य के हर रंग का पर्यायवाची माना जाने वाला फ्रांस आज विश्व के सामने जैसे नंगा खड़ा है। स्वतन्त्रता, समानता, बन्धुत्व के नारे क्या कॉस्मेटिक्स की तरह फ्रांस के चेहरे पर मेकप थे? फ्रांस के

मन्त्री निकोलस सरकोजी का वक्तव्य आज अपने उस इतिहास की याद दिला रहा है जब सन् 1802 में नेपोलियन बोनापार्ट ने दासप्रथा को दुबारा लागू किया था, अश्वेत अधिकारियों को फ्रेंच सेना में से बाहर निकाल दिया था और 1803 में श्वेत एवं अश्वेत के बीच होने वाली मिक्स्ड मैरिजेस को भी अवैध घोषित कर दिया था।

निकोलस सरकोजी जिस प्रकार के सख़्त क़दम उठाना चाह रहे हैं उससे अस्थायी तौर पर तो कुछ शान्ति हो सकती है, परन्तु स्थायी रूप से समस्या का समाधान नहीं हो सकता। समस्या दंगा नहीं, दंगे के पीछे वह बर्ताव है जो रंगभेद के कारण अश्वेतों के साथ होता आ रहा है। फ्रांस में बेरोज़गारी क़रीब दस प्रतिशत है, परन्तु अश्वेत अप्रवासियों में यह प्रतिशत कहीं अधिक है। इन बेरोज़गार नवजवानों का गाड़ियाँ जलाने और तोड़-फोड़ करने का उद्द्देश्य सरकार तक अपनी आवाज़ पहुँचाना है। कुछ लोगों का मानना है कि इन दंगों में मुस्लिम कट्टरपन्थियों की भूमिका है। इस समय फ्रांस में क़रीब पाँच से छह मिलियन मुसलमान हैं यानी हर दसवाँ व्यक्ति मुसलमान है। परन्तु ऐसा लगता नहीं है। अधिकतर दंगाई युवा हैं और वे किसी भी धर्म से प्रभावित नहीं हैं। वे परेशान और पीड़ित हैं। फ्रेंच मन्त्री का यह विचार कि उन परेशान लोगों को देश से बाहर निकाल दिया जाये, मैं नहीं समझता समस्या का उपाय है। यह सच है कि कई लोग यहाँ गेस्ट वर्कर के रूप में ही आये थे, परन्तु आज जब उन लोगों की सन्तानें फ्रांस को अपना देश मान चुकी हैं, फ्रेंच भाषा बोलती और समझती हैं तो वे फ्रांस से बाहर कहाँ और कैसे रह सकती हैं।

आज वैश्वीकरण हर समाज, हर देश की आवश्यकता बन चुका है। वैश्वीकरण की ओर बढ़ते विश्व को रोकना अब मुश्किल है, इसलिए इन योरोपियन देशों को चाहिए कि वे अपने अप्रवासी नागरिकों को हृदय खोलकर अपनायें। उन्हें उनके अधिकारों से वंचित न होने दें, वरना फ्रांस से निकला यह विद्रोह योरोप के अन्य देशों को भी नुक़सान पहुँचा सकता है और किसी गम्भीर आन्दोलन का रूप ले सकता है।

जनवरी, 2006 : भारत क्या चाहता है

यदि किसी से, कहीं भी पैसा लगाने को कहा जायेगा तो वह रिटर्न्स की बात पहले सोचेगा। भारत के द्वारा अगर कोई बड़ी स्कीम लॉन्च की जाये जो यह वादा करती हो कि लागत पर 12 से 14 प्रतिशत रिटर्न्स मिलेगा तो बिना प्रवासी भारतीय दिवस जैसे बड़े आयोजन के ही करोड़ों-अरबों में धनराशि भारत आ जायेगी।

मेरे विचार में अब प्रवासी भारतीय दिवस के माध्यम से हमें प्रवासी भारतीयों को जोड़ने के लिए सक्रिय क़दम उठाने चाहिए जिसके कई रूप हो सकते हैं। योग्य प्रवासियों को साइंस, टेक्नोलॉजी, व्यापार जैसे क्षेत्रों से जोड़कर उनकी प्रवीणता के लाभ लिए जा सकते हैं, उन्हें भारत वापस बुलाया जा सकता है या फिर उनसे पार्टनरशिप्स, कोलोबोरेशन किये जा सकते हैं। हालाँकि पिछले प्रवासी भारतीय दिवस के आयोजनों पर इन विषयों पर चर्चाएँ की जा चुकी हैं, परन्तु अब हमें ऐसी योजनाओं की प्रतीक्षा है, जिससे प्रवासी भारतीय भारत से तन और मन से खुलकर जुड़ सके। भारत में एन.आर.आई. मिनिस्ट्री बनाना निश्चित रूप से अत्यन्त महत्त्वपूर्ण क़दम है और अब कुछ देशों में इस मन्त्रालय के प्रतिनिधियों की नियुक्ति भी की जाने वाली है। मुझे लगता है कि अभी भी प्रवासी भारतीय दिवस आम प्रवासी भारतीय से दूर है। कुछ जागरूक लोग अवश्य इसका हिस्सा हैं, परन्तु इस आयोजन को आम प्रवासी भारतीयों से जोड़ना होगा। प्रवासी भारतीयों का एक बड़ा समुदाय यही समझता है कि यह आयोजन बड़े-बड़े व्यापारियों और नेताओं के लिए ही है। मेरे विचार में भारत सरकार को प्रवासी भारतीय मीडिया का और अधिक उपयोग करना चाहिए और प्रवासी कम्युनिटी लीडर्स के माध्यम से आम प्रवासी भारतीयों में इसका प्रचार करना चाहिए।

प्रवासी भारत दिवस को केवल 'भारत क्या चाहता है' से ऊपर उठकर प्रवासी भारतीयों की समस्याओं और आकांक्षाओं से भी जोड़ना चाहिए। प्रवासी भारतीयों को यह अहसास दिलाना अत्यन्त आवश्यक है कि भारत उनका है और वे भारत के हैं। प्रत्येक प्रवासी भारतीय भारत को कुछ देना चाहता है, लेना नहीं परन्तु वह भारत से यह अहसास अवश्य चाहता है कि भारत उससे प्रेम करता है और उसकी भावनाओं का सम्मान करता है। एक बार प्रवासी भारतीय भारत से जुड़ जायें, भले ही किसी भी रूप में चाहे वह कला हो, भाषा हो, साहित्य हो या फिर खेल ही के माध्यम से तो पैसा तो अपने आप ही आ जायेगा। आज भारत से हज़ारों की संख्या में विद्यार्थी विदेश जा रहे हैं, उन पर भी हमें ध्यान देना होगा। वे भावी प्रवासी भारतीय हैं और उन्हें भी यह अहसास दिलाना होगा कि उनकी योग्यताओं की भारत को बहुत ज़रूरत है।

फ़रवरी, 2006 : प्रवासी भारतीयों को मतदान का अधिकार

हैदराबाद में आयोजित चौथे प्रवासी भारतीय दिवस के दौरान डॉ. मनमोहन सिंह के इस बयान का कि प्रवासी भारतीयों को जल्द ही भारत के लिए मतदान का अधिकार

मिलेगा, विदेशों में रहने वाले भारतीयों की एक बड़ी आबादी ने स्वागत किया है। यह भारत सरकार द्वारा अनिवासी भारतीयों को लुभाने का एक और सकारात्मक प्रयास है।

जब सम्मेलन में भारत के अनेक बड़े प्रदेशों के मुख्यमन्त्री एक क़तार में खड़े होकर प्रवासी भारतीयों से यह अपील कर सकते हैं कि उनके प्रदेशों में प्रवासी भारतीय पैसा लगायें, निवेश करें तो हम प्रवासी भारतीयों को भी यह अधिकार मिलना ही चाहिए कि हम अपने पसन्द का मुख्यमन्त्री चुन सकें। भारतीय राजनीति के परिदृश्य पर प्रवासी भारतीयों की नज़र एवं रुचि सदैव बनी रहती है। भारत की राजनैतिक स्थिति का कितना असर प्रवासी भारतीयों पर होता है, इसका सीधा-सीधा प्रमाण है कि यदि ब्रिटेन में ही देखिए तो इंडियन ओवरसीज कांग्रेस और फ्रेंड्स ऑफ़ बी.जे.पी. जैसी न जाने कितनी ही संस्थाएँ काम कर रही हैं। इनकी सबसे महत्त्वपूर्ण भूमिका इस दृश्य से सराही जा सकती है कि जब भारत का कोई भी मन्त्री विदेश आता है तो यह संस्थाएँ उनके सम्मान में बड़े-बड़े कार्यक्रमों के माध्यम से प्रवासी भारतीयों के बड़े समुदाय से इनका सम्पर्क कराती हैं। इन राजनेताओं से प्रभावित होकर प्रवासी भारतीय अपने शहर, अपने प्रदेश में निवेश का निर्णय लेते हैं। जब भी भारत पर कोई विपदा आती है, चाहे भूकम्प और सुनामी हो या फिर बाढ़ या अकाल, प्रवासी भारतीय खुलकर इन सरकारों को चन्दा भेजते हैं। प्रवासी भारतीयों को मताधिकार मिलने से एक लाभ यह भी होगा कि चुनावों में कैंडिडेट्स के व्यक्तिगत प्रभाव या दबाव में वोट नहीं पड़ेंगे और प्रवासियों द्वारा निष्पक्षता से मत दिये जाने से चुनावों पर अच्छा असर पड़ सकेगा।

जहाँ लाभ होते हैं वहाँ हानियों का होना भी स्वाभाविक है। हमें यह भी गम्भीरता से सोचना होगा कि खाड़ी देशों में जो भारतीय बसे हुए हैं उनमें से कुछ लोगों के सम्बन्ध देशद्रोहियों के साथ सामने आये हैं। भारत की राजनीति में बढ़ते हुए आपराधिक तत्त्व कहीं इस बात का लाभ न उठायें, यह एक महत्त्वपूर्ण प्रश्न है। दूसरी बात यह भी है कि जिस प्रकार से चुनावों में राजनैतिक पार्टियाँ पैसे ख़र्च करती हैं उसे देखते हुए मुझे लगता है तब कहीं यह दल विदेशों में चुनाव प्रचार के लिए करोड़ों रुपये विदेश न भेजने लगें। कहीं-न-कहीं भारत सरकार को प्रवासी भारतीयों को मताधिकार देने के साथ-साथ क़ानून में ऐसी व्यवस्था करनी चाहिए कि हम इन समस्याओं से बच सकें।

प्रवासी भारतीयों को मताधिकार के महत्त्व को गम्भीरता से समझना होगा और मैं मानता हूँ कि प्रवासी भारतीयों का एक बहुत बड़ा समुदाय जो भारत को हृदय से प्रेम करता है, वह इस प्रकार के नकारात्मक प्रभावों से बचेगा और भारत को राजनैतिक सशक्तता देने के साथ-साथ स्वयं को एक सशक्त प्रवासी भारतीय होने का गौरव देगा। वैश्वीकरण के इस युग में भारत को नया विस्तार मिलेगा और उसकी राजनैतिक व सामाजिक सीमा बढ़ेगी।

मार्च, 2006 : भारत पर डॉक्यूमेंट्री फ़िल्म्स

विदेशों में बसे भारतीयों के जीवन से जुड़ी फ़िल्में या फिर विदेशी संस्कृति की झलक भारतीय सिनेमा में 1960 के दशक से देखी जा सकती है। 1966 में प्रमोद चक्रवर्ती की 'लव इन टोक्यो' तथा 1967 में शक्ति सामंत की 'एन इवनिंग इन पेरिस' जैसी फ़िल्मों में पश्चिमी संस्कृति की झलक मिलती है। 1970 में मनोज कुमार की 'पूरब और पश्चिम' सम्भवत: पहली ऐसी फ़िल्म थी जिसमें प्रवासी भारतीय परिवार के जीवन और लन्दन में भारतीय मूल के युवाओं पर पश्चिमी संस्कृति के बढ़ते प्रभाव को रेखांकित किया गया था। 1980 में ब्रिटेन के प्रवासी भारतीय विनोद पाण्डेय 'एक बार फिर' जैसी हिट फ़िल्म बनाकर विश्व भर के उन प्रवासी भारतीयों की प्रेरणा बने जो सिनेमा बनाने की इच्छा रखते थे। परन्तु, 90 के दशक में जहाँ एक ओर भारतीय फ़िल्मकारों ने 'दिल वाले दुल्हनिया ले जायेंगे', 'आ अब लौट चलें' और 'परदेस' जैसी फ़िल्में बनाकर प्रवासी भारतीयों के जीवन को भारतीय सिनेमा से जोड़ा और विभा एवं रागिनी जैसे भारतीय फ़िल्मकार सिनेमा के निर्माण के लिए ब्रिटेन आकर ही बस गये, वहीं दूसरी ओर मीरा स्याल और गुरिंदर चड्डा जैसे फ़िल्मकारों ने प्रवासी हिन्दी सिनेमा की नयी श्रृंखला आरम्भ की।

वैसे ब्रिटेन में यावर अब्बाद और सुनन्दन वालिया जैसे फ़िल्मकारों ने भारत के ऊपर कुछ डाक्यूमेंट्री फ़िल्म्स बनाकर अन्तरराष्ट्रीय स्तर पर एक बड़े वर्ग को आकर्षित किया है। हाल ही में ललित मोहन जोशी की डॉक्यूमेंट्री 'बियॉन्ड पार्टीशन' ने ब्रिटेन के बुद्धिजीवी वर्ग में अच्छी प्रतिष्ठा अर्जित की है। ब्रिटेन में भारत, पाकिस्तान और अन्य पड़ोसी देशों के नागरिक एक साथ मिलजुल कर रहते हैं। उनके ऊपर भी भारतीय सिनेमा का प्रभाव उनके रहन-सहन और वेश-भूषा से देखने को मिलता है। सम्भवत: यह भी एक बड़ा कारण हो सकता है कि ललित जी की डॉक्यूमेंट्री जो भारतीय सिनेमा पर भारत-पाक विभाजन के प्रभाव के विषय पर आधारित है, प्रवासी भारतीयों द्वारा सराही गयी।

जिस प्रकार से भारत में फैलती हुई पश्चिमी संस्कृति के लिए सिनेमा को दोषी माना जाता है, यहाँ पश्चिम में हम भारतीय संस्कृति का सबसे बड़ा प्रचारक भारतीय सिनेमा को मानते हैं। भारत की पारिवारिक मान्यताएँ, त्योहार, विवाह एवं भारतीय पहनावा प्रवासी युवाओं और बच्चों को बहुत आकर्षित करता है। भारतीय सिनेमा के प्रति प्रवासी भारतीयों का दृष्टिकोण भी निवासी भारतीयों से अलग होता है। उदाहरणार्थ यश चोपड़ा की 'लम्हे' और मणिरत्नम की 'दिल से' जैसी फ़िल्में विदेशों में अधिक पसन्द की गयीं।

शायद विदेशों में रहने वाले भारतीयों का भारत में रहने वाले भारतीयों से सिनेमा के प्रति एक अलग दृष्टिकोण भारतीय अन्तरराष्ट्रीय सिनेमा में नयी क्रान्ति ला रहा है। मैं 'बेंड इट लाइक बेकहम', 'मानसून वेडिंग' और 'ईस्ट इज ईस्ट' जैसी फ़िल्मों को एक भारतीय अन्तरराष्ट्रीय सिनेमा या एक प्रवासी भारतीय सिनेमा का लेबल दूंगा जहाँ विषय और अवधारणा भारतीय है लेकिन भाषा और सभी प्रस्तुति अंग्रेज़ी में है। भारतीय सिनेमा अब विश्व स्तर पर जाना और सराहा जाता है। निस्सन्देह प्रवासी भारतीयों ने भारतीय सिनेमा को एक वैश्विक नेटवर्क और ढाँचा देने में बहुत बड़ा योगदान दिया है।

अप्रैल, 2006 : भारत में निवेश

भारतीयों में सदियों से कमाये हुए धन को बचाने की प्रवृत्ति रही है। पहले हम सोने और चाँदी के रूप में अपनी धन-दौलत को घरों में सहेजकर रखते थे, फिर समय आया जब ज़मीन-जायदाद ख़रीदकर लोग अपने पैसे को अगली पीढ़ी के लिए बचाने लगे। भारतीयों का यह दुर्भाग्य रहा है कि अपनी मेहनत से कमाई हुई और बचाई हुई दौलत को उन्होंने खोया भी बहुत है। घरों में गड़ी हुई दौलत कहीं काम करने वाले मज़दूरों के हाथ लग गयी तो कहीं घर के बड़ों के अकस्मात निधन से उनकी सन्तानों को उस दौलत के होने का पता ही न रहा। ज़मीन-जायदाद के निवेश में भी कहीं माफियाओं का क़ब्ज़ा, तो कहीं किरायेदारों के साथ कोर्ट-कचहरी के चक्कर। फिर भी भारतीय कोई-न-कोई रास्ता निकालकर अपने धन को बचाते रहे हैं।

पैसे बचाने की इसी प्रवृत्ति के कारण आज प्रवासी भारतीय अच्छे-ख़ासे सम्पन्न हैं और वे विश्व के जिस भी कोने में रहते हैं, वहीं किसी-न-किसी माध्यम से निवेश करते हैं। निवेश करने के लिए सबसे बड़ी चीज़ है सिक्यूरिटी इन्वेस्टमेंट के मसले में सिक्यूरिटी देने में भारत के ऊपर लोगों का बहुत विश्वास नहीं रहा है। ऐसे न

जाने कितने प्रवासी भारतीय हैं, जिन्होंने भारत में मकान ख़रीदे और अपने रिश्तेदारों या मित्रों के कारण गँवा दिये। कारोबार में पैसा लगाया परन्तु सरकारी दफ़्तरों के चक्कर लगा-लगाकर लौट आये। बैंकों और ब्रांड्स में पैसा लगाया परन्तु भारतीय रुपये के अन्तरराष्ट्रीय बाज़ार में स्थिरता न होने के कारण नुक़सान उठाया। पिछले एक-दो दशक से भारतीय राजनीतिक अस्थिरता का भी भारतीय बाज़ार पर अच्छा प्रभाव नहीं पड़ा है।

ऐसी परिस्थितियों में भी प्रवासी भारतीय भारत में निवेश क्यों करता रहा है? आज जब प्रवासी भारतीय के सामने अमेरिका, स्पेन से लेकर दुबई और सिंगापुर जैसे देश निवेश के लिए खड़े हैं तो वह भारत की ओर क्यों देखें? ये महत्त्वपूर्ण प्रश्न हैं। ये प्रवासी भारतीयों का भारत के प्रति प्रेम है कि वो अपने देश को हर मोड़ पर प्राथमिकता देता है। उसे चाहिए आज निवेश का सही मार्ग और सुरक्षा।

आज सम्पूर्ण विश्व का प्रवासी भारतीय निवेश के लिए भारत की ओर नयी आशाओं और उम्मीद से देख रहा है। पिछले कुछ समय से भारतीय रुपये में स्थिरता, प्रॉपर्टी ख़रीदने और किराये पर देने पर उसकी सुरक्षा के नये क़ानून, अन्तरराष्ट्रीय बाज़ार में भारतीय स्टॉक एक्सचेंज के बढ़ते हुए शेयर्स एवं भारतीय बैंकों द्वारा अन्तरराष्ट्रीय स्तर की सुविधाएँ उपलब्ध होना, प्रवासी भारतीय को निवेश के लिए आकर्षित कर रहा है। ऐसे भी अनेक प्रवासी भारतीय मिलेंगे जिनका भारत में निवेश का उद्देश्य सिर्फ़ कमाई का नहीं, परन्तु अपने परिवार एवं भावी पीढ़ी को भारत से जोड़े रखने का है। वे भारत में निवेश करने पर गर्व महसूस करते हैं।

अब समय आ गया है। भारत विश्व के सबसे महत्त्वपूर्ण बढ़ते हुए देशों में शामिल है। विश्व की निगाह भारत के राष्ट्रीय बाज़ार को अत्यन्त सम्मान के साथ देख रही है। भारत सरकार को चाहिए कि वह व्यावसायिक रूप से विश्व में भारत के लिए प्रचार करे और प्रवासी भारतीयों को ऐसा सेतु प्रदान करे जो उन्हें वो सारी सुरक्षा और मार्गदर्शन प्रदान कर सके जिसकी उन्हें वर्षों से प्रतीक्षा थी।

90 के दशक तक लन्दन में भारत सरकार का केन्द्र इंडियन इन्वेस्टमेंट सेंटर हुआ करता था, जिसे वी.पी. सिंह सरकार ने बन्द कर दिया था और लोगों को निवेश से सम्बन्धित जानकारी लेने के लिए भारतीय उच्चायोग लन्दन में ही सम्पर्क को कह दिया गया था। मैं समझता हूँ कि वैसे ही इंडियन इन्वेस्टमेंट सेंटर की शाखाएँ अब विश्व के कोने-कोने में खुलनी चाहिए जिसे बड़ी सूझ-बूझ के साथ कमर्शियल

लेवल पर चलाया जाये। एक ऐसा स्थान जहाँ कोई भी प्रवासी भारतीय आराम से जा सके और भारत में निवेश और व्यवसाय से सम्बन्धित जानकारी प्राप्त कर सके।

मई, 2006 : बिना भेदभाव के हो पर्यटकों का स्वागत

"Sir, have some sweets while I check your passport." ये वाक्य थे सिंगापुर एयरपोर्ट पर इमिग्रेशन अधिकारी के। जब कोई भी यात्री हफ़्तों-महीनों की तैयारी और घण्टों की हवाई यात्रा करने के बाद एयरपोर्ट पर उतरता है तो सबसे पहले उसकी मुलाक़ात होती है इमिग्रेशन अधिकारी से। मैं सिंगापुर के इमिग्रेशन डेस्क पर रंग-बिरंगी टॉफियों से सजी प्लेट और उस अधिकारी के आतिथ्य से अत्यन्त प्रभावित हुआ। मैंने पहली बार महसूस किया कि अपने देश में अतिथि के स्वागत में दो मीठे बोल एक थके-हारे यात्री को कितनी ऊर्जा दे सकते हैं। इसी प्रकार अक्सर ब्रिटेन में मैंने देखा है कि इमिग्रेशन अधिकारी यात्रियों से मौसम की बात करके उनका स्वागत करते हैं।

भारत वह देश है जिससे पूरे विश्व का पर्यटक प्रेम करता है। कश्मीर से लेकर कन्याकुमारी तक जितनी विविधता भारत में देखने को मिलती है उतनी पूरे विश्व में नहीं मिलती। पर्यटन की प्रथा भारत में तीर्थ यात्रा से आरम्भ होती है। चारों धामों की यात्रा को हिन्दू जीवन की सबसे बड़ी उपलब्धि मानता है। तीर्थ यात्रा रूपी विश्व में सबसे प्राचीन पर्यटन प्रथा वाले देश भारत में आज भी पर्यटन सम्बन्धी सुविधाओं की कमी देखकर दु:ख होता है।

योरोप का प्रत्येक प्रमुख नगर नदियों के पास बसा है। लन्दन में थेम्स, पेरिस में सीन और जेनीवा में लेक लूजान के पास यदि घूमिए तो हर रात नदियाँ दीवाली-सी जगमगाती हैं। भारत में जहाँ नदियों को देवियों का दर्जा दिया गया है, वहाँ गिने-चुने शहर के दो-चार छोर ही ऐसे मिलेंगे जहाँ आप नदी का आनन्द ले सकते हैं। हम भारत की नदियों के तटों के सौन्दर्य को सिर्फ़ कविताओं में क्यों पसन्द कर पाते हैं? हम उनके आस-पास की सुन्दरता को निखार क्यों नहीं पा रहे हैं?

मैं मानता हूँ कि भारत विश्व का सबसे ख़ूबसूरत देश है। उसे बस पर्यटन की दृष्टि से निखारने की आवश्यकता है। ऐसी व्यवस्था बनानी होगी जो बाहर के पर्यटकों का सुविधापूर्ण तरीक़े से स्वागत कर सके। छोटी-छोटी बातों पर यदि ध्यान दिया जाये तो प्रत्येक पर्यटक भारत-भ्रमण को सदैव प्राथमिकता देगा। सम्भवत: भारत जानता ही नहीं है या फिर जानकर भी अनजान बना हुआ है कि उसके पास

विश्व के पर्यटकों को देने के लिए इतना कुछ है कि किसी भी पर्यटक को कहीं और जाने की चाह ही नहीं होगी।

विदेशी पर्यटकों की सुविधा के लिए भारत सरकार ने अनेक व्यवस्थाएँ की हैं, परन्तु सम्भवतः वे अभी पर्याप्त नहीं हैं। व्यावसायिक दृष्टि से भारत में पर्यटकों को जो सुविधाएँ दी जा रही हैं, उनके मापदण्ड भी अजीबोग़रीब हैं। अफ़सोस होता है कि प्रवासी भारतीय जो अपनी कर्मभूमि–योरोप और अमेरिका जैसे देशों में रंगभेद के विरुद्ध संघर्ष कर रहा है, भारत आकर भी उसे रंगभेद का सामना करना पड़ता है। जिस रंगभेद के कारण गांधी के आन्दोलन ने जन्म लिया, उसी रंगभेद की मानसिकता अभी कब तक भारत पर हावी रहेगी। तकलीफ़ तो तब होती है जब कोई भारतीय ही एयरपोर्ट या किसी सार्वजनिक स्थान पर किसी गोरे को केवल उसके सफ़ेद रंग के कारण प्राथमिकता देता है।

मैं समझ सकता हूँ कि मुझे कैसा लगेगा अगर इंग्लैंड के किसी होटल से सम्पर्क करने पर मुझे 'नो ब्रिटिश पॉलिसी' सुनने को मिले। एक ब्रिटिश टूरिस्ट कॉलिन टॉडहंटर ने अपने एक यात्रा वृत्तान्त में भारत में होटलों पर अपने अनुभव लिखे हैं। वह गोवा, दिल्ली, चेन्नई और राजस्थान के कई होटलों की नीति के बारे में बताते हैं जहाँ भारतीयों को प्रवेश करने की अनुमति नहीं है।

क्या होटल व्यवसायी पर्यटकों के मामले में इस क़दर सेलेक्टिव हैं या अपने निजी लाभ के लिए औपनिवेशिक युग से भेदभाव के नियमों का आसानी से पालन कर रहे हैं? उनकी नीति के कारण जो भी हों, यह अनिवासी भारतीयों और सामान्य भारतीयों के लिए भी एक शर्मनाक स्थिति है, क्योंकि भारतीय होने के बाद भी अपने ही देश के एक होटल में उनकी उपेक्षा की जाती है!

जून, 2006 : खाड़ी में भारतीयों के दिन बदलेंगे

भारत से बहुत बड़ी सख्या में लोग वर्षों से खाड़ी देशों में काम करने जाते रहे हैं। परन्तु वे वहाँ के संकीर्ण क़ानून के कारण न तो मकान ख़रीद सकते थे और ना ही किसी प्रकार का निवेश कर सकते थे। इसका व्यावसायिक लाभ सीधे भारत को मिलता रहा। खाड़ी के प्रवासी भारतीय अपना कमाया हुआ धन भारत भेजते रहे और कुछ साल धन कमाने के बाद अनेक लोग भारत में अपने नगर, अपने गाँव आकर कोई कारोबार करने लगे। एक ओर जहाँ भारत से पश्चिमी देश–अमेरिका और ब्रिटेन जाने वाले अपनी कर्मभूमि में बसते चले गये, खाड़ी देशों के अधिकतर प्रवासी भारतीय लौटते रहे।

बदलते समय के साथ खाड़ी देश की नीतियों में परिवर्तन हुआ है। अब वो ऑइल रेवेन्यूज के अलावा ट्रेड और कॉमर्स की ओर ध्यान दे रहे हैं। खाड़ी देशों में दुबई ने इस परिवर्तन की ओर पहल करते हुए विदेशी निवेशकों को दुबई में मकान ख़रीदने के अलावा स्टॉक मार्केट में निवेश करने के लिए आमन्त्रित किया। आज विदेशी दुबई में खुलकर निवेश कर सकते हैं। अनेक प्रवासी भारतीय ही नहीं बल्कि भारत में रहने वाले भारतीयों का धन भी दुबई में इन्वेस्ट हो रहा है। दुबई के लचीले कर क़ानून भी इसके महत्त्वपूर्ण कारण हैं।

अनेक बड़े भारतीय व्यावसायिक संस्थानों ने भी दुबई में व्यापार आरम्भ कर दिया है। अनेक भारतीयों के लिए दुबई में मकान रखना स्टेटस सिम्बल बनता जा रहा है। पर्यटन के क्षेत्र में भी दुबई ने पिछले कुछ सालों में काफ़ी तरक़्क़ी की है। आलीशान होटल और बड़े-बड़े आधुनिक बाज़ार विश्व भर के पर्यटकों को दुबई की ओर आकर्षित कर रहे हैं।

जहाँ एक ओर दुबई के माध्यम से बड़े-बड़े भारतीय उद्योगपति खाड़ी देशों में निवेश कर रहे हैं, वहीं दूसरी ओर क़रीब तीन मिलियन भारतीय खाड़ी देशों में काम कर रहे हैं। इन भारतीयों में बहुत बड़ी तादाद ऐसे लोगों की है जो पढ़े-लिखे नहीं हैं। ये खाड़ी देशों में मज़दूरी कर रहे हैं या फिर ट्रक ड्राइवर जैसी नौकरियाँ कर रहे हैं। खाड़ी के प्रवासी भारतीय खाड़ी की गर्मी में दिन-रात अपने परिवार से दूर सिर्फ़ इसलिए हैं कि वे अपने वेतन को भारत अपने परिवार में भेज सकें। इनमें सबसे अधिक मात्रा भारत के केरल प्रदेश की है। इनकी समस्याएँ पश्चिम में बसे प्रवासी भारतीयों से अलग हैं। कुछ एजेंसियों द्वारा इन कर्मचारियों से ग़लत कॉन्ट्रैक्ट साइन कराकर कम वेतन पर काम कराया जाता है। एक ही काम के लिए किसी अमेरिकन को ज़्यादा और एक भारतीय को कम पैसे दिये जाते हैं। ऐसा कोई क़ानून नहीं है जो इस आधार पर वेतन तय करे। कई बार ग़लत कॉन्ट्रैक्ट साइन कर के भारतीय फँस जाते हैं। इनके पासपोर्ट तक रख लिए जाते हैं। हाल ही में भारत सरकार ने इनकी सहायता के लिए कुछ क़दम उठाने की बात रखी है। इस वर्ग के प्रवासी भारतीय पश्चिमी देशों में वास कर रहे प्रवासी भारतीयों की तरह अपनी ख़ुशी से सुख-साधन के लिए नहीं, बल्कि मजबूरी में देश से बाहर रह रहे हैं।

जुलाई, 2006 : भारतीय डॉक्टरों के योगदान

आज हज़ारों की संख्या में उन योग्य भारतीय नवजवानों को भारत लौटना पड़ रहा है जो ब्रिटेन मेडिकल ट्रेनिंग लेने के लिए आये थे। ट्रेनिंग के बाद उनके

लिए आरक्षित जगह को मौजूदा ब्रिटिश सरकार ने यह कहकर अचानक रद्द कर दिया है कि उन जगहों के लिए ब्रिटेन एवं यूरोप के डॉक्टरों को प्राथमिकता दी जायेगी।

दशकों से एक बड़ी संख्या में भारतीय डॉक्टरों ने कहीं नेत्र विशेषज्ञ तो कहीं हार्ट सर्जन, कहीं जनरल प्रैक्टिशनर तो कहीं डेंटल सर्जन के रूप में इस देश में अपनी योग्यता का परिचय दिया है। ब्रिटिश इकॉनोमी की बात की जाये तो बड़े-बड़े अर्थशास्त्रियों का मानना है कि ब्रिटेन एवं अमेरिका जैसे देशों के फाइनेंसियल रेवेन्यू में भारतीय डॉक्टरों का महत्त्वपूर्ण योगदान है। ब्रिटेन के सांस्कृतिक, सामाजिक एवं राजनीतिक क्षेत्रों में भी भारतीय डॉक्टरों की सक्रिय भूमिका है।

ऐसा नहीं है कि ब्रिटिश सरकार भारतीय डॉक्टरों के इन योगदानों से अपरिचित है, फिर भी वर्क परमिट के इस नये क़ानून के लिए वह क्यों बाध्य हुई है, यह प्रश्न चिन्तनीय है। ब्रिटिश हेल्थ मिनिस्टर लॉर्ड वार्नर का कथन है कि वे मानते हैं कि विदेशी डॉक्टरों का ब्रिटेन में बहुत योगदान रहा है, परन्तु ब्रिटेन के युवा डॉक्टरों के लिए जगह बनाने के उद्देश्य से उन्हें वर्क परमिट के इस नये क़ानून को पेश करना पड़ रहा है।

तो चलिए मान भी लिया जाये कि यदि ब्रिटेन में जन्मे नागरिकों का यहाँ पहला हक़ बनता है और उन्हें ही प्राथमिकता दी जानी चाहिए परन्तु क्या यह उचित है कि उनसे योग्य डॉक्टरों को बाहर निकालकर मासूम मरीज़ों से उनके बेहतर इलाज का अधिकार छीन लिया जाये? वे युवा डॉक्टर जो अपने-अपने देशों में किसी तरह धन एकत्रित कर दो वर्षों से यहाँ के अस्पतालों में काम करने के लिए ट्रेनिंग ले रहे हैं और PLAB जैसी परीक्षाओं के लिए महँगी फ़ीस दे चुके हैं, उनकी सारी ट्रेनिंग को नज़रअन्दाज़ करके उनके भविष्य के साथ खिलवाड़ किया जायें। ब्रिटिश सरकार के इस रवैये से इस देश में बसे विदेशी लोगों के भविष्य पर प्रश्नचिह्न लग गया है। कब अचानक कौन-सा क़दम एशियाई मूल के लोगों पर कहर बनकर बरसे कोई नहीं जानता।

अगस्त, 2006 : एनआरआई स्वतन्त्रता सेनानियों के सम्मान में

इतिहास गवाह है कि भारतीय स्वतन्त्रता आन्दोलन में प्रवासी भारतीयों की एवं उनके द्वारा प्रकाशित अनेक पत्र-पत्रिकाओं की महत्त्वपूर्ण भूमिका रही है। 1905

में श्याम जी कृष्ण वर्मा ने सोशियोलोजिस्ट नाम से एक पत्रिका निकाली जिस पर यह लिखा होता था, "An organ of freedom and of political and social reform." इसी साल श्याम जी ने लन्दन में India Home Rule Society का निर्माण किया। सोशियोलोजिस्ट में भारतीय स्वतन्त्रता के ऊपर निबन्ध प्रकाशित होते थे। एक बार श्याम जी ने 1000 रुपये के पुरस्कार की घोषणा इसलिए की कि जो भी 'भारत स्वतन्त्र होने पर उसका संविधान क्या होगा' पर सबसे अच्छा निबन्ध लिखेगा उसे यह पुरस्कार मिलेगा। शायद 8-10 ही निबन्ध आये परन्तु मज़े की बात यह है कि एक निबन्ध आग़ा ख़ाँ का था जिन्होंने लिखा था कि भारत स्वतन्त्रता के लिए उपयुक्त नहीं है, क्योंकि इसमें साम्प्रदायिक विद्वेष बहुत ज़्यादा है।

1907 में सिएटल में तारकनाथ दास ने 'फ्री हिन्दुस्तान' नामक पत्रिका आरम्भ की तथा 1911 में ईस्ट इंडिया एसोसिएशन नाम की संस्था की स्थापना की। वैंकुवर, कनाडा में जी.डी. कुमार ने 'स्वदेश दीपक' नाम से पंजाबी पत्रिका की शुरुआत की। 1915 में काबुल में राजा महेन्द्र प्रताप ने प्रथम प्रोविजिनल गवर्नमेंट ऑफ़ इंडिया बनायी। रास बिहारी बोस ने जापान एवं मानवेन्द्र नाथ राय ने रूस, चीन, मैक्सिको आदि देशों में भारत में अंग्रेज़ी शासन के विरुद्ध आन्दोलन के लिए उल्लेखनीय कार्य किया।

सैनफ्रांसिस्को में हिन्दुस्तान एसोसिएशन की स्थापना के साथ 'ग़दर' पत्रिका का प्रकाशन भी आरम्भ हुआ था। 1913 में इसका प्रथम इशू उर्दू में प्रकाशित हुआ फिर हिन्दी, पंजाबी, नेपाली, बंगाली, गुजराती एवं अन्य कई भाषाओं में भी छपने लगी। यह पत्रिका विश्व के अनेक देशों में जाने लगी।

अमेरिका एवं यूरोप में हरदयाल जी ने ग़दर आन्दोलन की बड़ी टीम एकत्रित की। 1914 में जर्मनी में हरदयाल ने तारक नाथ दास, अजित सिंह, चम्पक रमन पिल्लई जैसे लोगों के साथ बर्लिन इंडियन कमिटी का निर्माण किया जो इंडियन रिवोल्यूशनरी सोसाइटी के नाम से भी जानी जाती है।

सावरकर द्वारा लिखित 'क्रान्ति का इतिहास' के प्रकाशन की कहानी अत्यन्त रोमांचकारी है। यह एक ऐसी पुस्तक थी जो छपने से पूर्व ही ज़ब्त कर ली गयी थी। 24 साल की उम्र में सावरकर ने इस पुस्तक को लन्दन में लिखा और उसके कुछ अध्याय वे लोगों को सुनाते रहे। ब्रिटिश सरकार को इसकी जानकारी लग गयी। मराठी में लिखी इस पुस्तक को लन्दन, जर्मनी, फ्रांस एवं भारत में प्रयास करने के बाद बड़ी मुश्किल से हॉलैंड से छपवाया गया।

भारतीय स्वतन्त्रता की क्रान्ति के इतिहास में लन्दन में अनेक गतिविधियाँ रहीं। विदेशों में पत्र-पत्रिकाओं के माध्यम से विश्व भर में फैले भारतीयों के बीच स्वतन्त्रता आन्दोलन के समाचार एवं लेख पहुँचाये जाते रहे। अहिंसावादी और क्रान्तिकारी, दोनों तरह के स्वतन्त्रता सेनानियों ने भारतीय स्वतन्त्रता आन्दोलन में महत्त्वपूर्ण भूमिका निभायी, लेकिन न तो भारत में और न ही बाहर, निर्दोष लोगों पर कभी हमला किया गया। स्वतन्त्रता संग्राम के दौरान कविताओं और गीतों के रूप में प्रकाशित साहित्य स्वतन्त्रता आन्दोलन के प्रति बड़ी ताक़त और एकजुटता का प्रतीक है, जो इस संघर्ष की चुनौतियों और कठिनाइयों की विभिन्न जानकारियाँ सामने लाता है।

सितम्बर, 2006 : एनआरआई : प्रवासियों में सर्वश्रेष्ठ

दूरदृष्टि, दृढ़ निश्चय और अथक परिश्रम से आज लक्ष्मीनारायण मित्तल, हिन्दुजा ब्रदर्स, स्वराज पॉल, रोनी दत्ता, अनिल अग्रवाल, रैमी रेंजर और रजत गुप्त जैसे प्रवासी भारतीय विश्व पटल पर चमक रहे हैं। अभी तक ब्रिटेन और अमेरिका में प्रवासी भारतीयों की पहचान नुक्कड़ दुकानदारों, पोस्ट ऑफ़िसों के संचालक और टैक्सी ड्राइवरों की थी, परन्तु आज प्रवासी भारतीयों की गिनती जाने-पहचाने सम्मानित डॉक्टरों, इंजीनियरों और सफल व्यवसायियों में होती है।

आज अपर मिडल क्लास के अधिकांश प्रवासी भारतीय दूसरी पीढ़ी के लोग हैं, जिनके माता-पिता ने विदेशों में पैसा कमाने के साथ-साथ अपने बच्चों को उच्च शिक्षा प्रदान करायी, जिससे वे आज सम्मानित पदों पर अपनी योग्यता के कारण जाने जाते हैं। लन्दन के डलविच इलाक़े में अपने की छोटी-सी सर्जरी को बड़े मेडिकल सेंटर में परिवर्तित किया उनके पुत्रों डॉ. रवि गुप्त एवं अनिल गुप्त ने, लन्दन के होम ऑफ़िस में कार्यरत श्री के.बी.एल. सक्सेना के पुत्र डॉ. मनोज सक्सेना आज ऑस्ट्रेलिया में प्रतिष्ठित डॉक्टर हैं एवं उनकी पुत्री वन्दना रोमानिया में योरोप की चार्टर्ड एकाउंटेंट्स फ़र्म की हेड रही हैं।

करन बिलीमोरिया और जावेद हुसैन ऐसे कुछ नाम हैं जो विदेशी छात्र के रूप में आये और अपनी योग्यता और परिश्रम के बल पर ब्रिटेन में व्यापार और मीडिया के क्षेत्र में जाने जाते हैं। करन बिलीमोरिया ने भारतीय बियर 'कोबरा' का व्यापार बढ़ाया और जावेद ने वाटफर्ड यूनिवर्सिटी से मीडिया स्टडीज़ करने के बाद लन्दन में 'मीडिया रीच एडवरटाइजिंग' कम्पनी स्थापित की।

मैं भारतीय सभ्यता और संस्कार को भी प्रवासी भारतीयों की सफलता का एक महत्त्वपूर्ण सूत्र मानता हूँ। दूसरी और तीसरी पीढ़ी के प्रवासी भारतीय भी भारतीय तीज-त्योहारों को पूरी श्रद्धा से मनाते हैं और उनमें विश्वास रखते हैं।

जीवन में कुछ कर दिखाने का प्रण लेकर घर से दूर निकले भारतीयों ने समय के साथ यह प्रमाणित कर दिया है कि नये देश और परिवेश में नयी चुनौतियों के साथ जीवन की नयी मंज़िलों को छूना मुश्किल नहीं है।

प्रवासी टुडे

सम्पादकीय

जनवरी, 2007 : विश्व में हिन्दी–1

विश्व हिन्दी सम्मेलन : दृष्टि अपनी-अपनी

सन् 1999 में लन्दन में आयोजित छठे विश्व हिन्दी सम्मेलन का आयोजन मेरे लिए जीवन का सबसे बड़ा अनुभव था। अनुभव सिर्फ़ मेहमाननवाज़ी या फिर व्यवस्था अथवा व्यवस्था से जुड़ी योजनाओं का नहीं, अनुभव सिर्फ़ भारत सरकार के बड़े अधिकारियों के साथ काम करने का या फिर ब्रिटेन की अनेक संस्थाओं के पदाधिकारियों को जोड़कर एक टीम बनाने का नहीं, अनुभव सिर्फ़ बड़े मंचों के संयोजन या फिर पत्रकारों से वार्तालाप नहीं बल्कि एक सम्मेलन को अलग-अलग दृष्टि से देखने और समझने वालों के बीच मेरी अपनी दृष्टि का जन्म मेरे लिए सबसे विशेष अनुभव रहा।

लन्दन में विश्व हिन्दी सम्मेलन होना जैसे ही तय हुआ, मैं सबसे पहले लन्दन के एक वरिष्ठ और सम्मानित शिक्षक के पास परामर्श के लिए पहुँचा। इस समाचार पर वे बोले, "विश्व हिन्दी सम्मेलन...मैं इस आयोजन में विश्वास नहीं रखता, ये सम्मेलन तो एक मेला है...।" उन्होंने अपनी कुछ पुस्तकें मुझे भेंट कीं और बड़े स्नेह से विदा कर दिया।

मैं उनके पास से अपने मन में यह विचार लेकर लौटा..."मेला, तो क्या हुआ, अंग्रेज़ों की भूमि पर यदि हिन्दी के नाम पर मेला भी हो तो क्या बुरा है? मेले में बुराई क्या है, बल्कि मुझे तो अच्छाई ही नज़र आती है। मेला होगा तो विश्व के कोने-कोने से लोग आयेंगे, आपस में मिलेंगे और विचारों का आदान-प्रदान करेंगे। विशेष रूप से जब साहित्यकार ही आयेंगे तो उनके चुटकुलों में भी विचार ही होंगे।" इसके साथ ही मेरा ब्रिटेन के कुछ पुराने और वरिष्ठ हिन्दी के दिग्गजों से मिलना आरम्भ हो गया। ब्रिटेन में हिन्दी की अगली दिग्गज ने मुझसे यह कहते हुए कि, "इन सम्मेलनों

में तो लोग भ्रमण करने ही आते हैं, आप कुछ अच्छे लोगों को बुलाइए..." मेरे हाथ में भारत के अपने कुछ परिचित लोगों के नाम थमा दिये।

मेरे मन में फिर यह विचार उठा कि भ्रमण यानी कि पर्यटन, जीवन में पर्यटन का तो अत्यन्त महत्त्वपूर्ण योगदान है। यही तो वह माध्यम है, जिससे दो देशों के साहित्य और संस्कृति का आदान-प्रदान होता है। यदि विदेशी लोग भारत में घूमने नहीं जाते तो उन्हें भारत से और उसकी भाषा से प्रेम कैसे होता? यदि अज्ञेय घुमक्कड़ नहीं होते तो उनके यात्रा-संस्मरणों से हिन्दी साहित्य कितना वंचित रह जाता? विश्व हिन्दी सम्मेलन के बहाने अगर भारत के मेरे प्रिय लेखक ब्रिटेन घूमेंगे तो सम्भवत: उनके संस्मरणों के द्वारा हम ब्रिटेन को नयी दृष्टि से देख पायेंगे। मुझे याद आया श्री रामदरश मिश्र का वह लेख जो हमारे कार्यक्रमों में शिरकत करने के बाद उन्होंने पुरवाई के लिए लिखा था।

ख़ैर, छठा विश्व हिन्दी सम्मेलन ब्रिटेन में सम्पन्न हुआ। मेला भी लगा और पर्यटन भी हुआ। किसी ने सम्मेलन को महायज्ञ कहा तो किसी ने हिन्दी का लन्दन में जमावड़ा! किसी को आधे गिलास में जल दिखा तो किसी को आधा गिलास ख़ाली! सबने अपने-अपने दृष्टिकोण से विश्व हिन्दी सम्मेलन की व्याख्या की। मैंने भी मेज़बान के रूप में अपने आदर्श लेखकों को क़रीब से देखा। लेखक के कृतित्व और उसके व्यक्तित्व के बीच के फ़ासले को परखा। कहीं मेरी दृष्टि दुविधा में रही तो कहीं निष्कर्ष पर पहुँची। बहुत कुछ जानने, समझने और सीखने का अवसर मिला।

सूरीनाम में आयोजित 2003 के सातवें विश्व हिन्दी सम्मेलन में मैं प्रतिनिधि के रूप में पहुँचा था। पहुँचते-पहुँचते मेरे मन में यह विचार जगने लगे कि सूरीनाम कैसा होगा? सैकड़ों वर्ष पूर्व भारत से सूरीनाम पहुँचे लोगों के परिवार वालों से मिलना कैसा लगेगा? मेरे अन्दर का पर्यटक जगने लगा। विश्व के कोने-कोने से हिन्दी जगत के लोगों से मिलने की मेरी जिज्ञासा बढ़ने लगी। सम्मेलन के बाद मैंने पाया कि लोगों के वक्तव्य, सत्रों में हुए विचार-विमर्श, नयी योजनाओं और प्रस्तावों पर हस्ताक्षर के अलावा जो सुख मुझे मॉरीशस और पूर्वी यूरोप के उन प्रतिनिधियों से मिलकर हुआ जिनसे लन्दन में परिचय हुआ था, जो सुख मुझे पुस्तक मेले से नयी-पुरानी पुस्तकों को ख़रीदकर मिला और जो एहसास मुझे सूरीनाम की उस इमारत को देख कर मिला जहाँ वर्षों पहले भारत से बन्धक मज़दूरों को अंग्रेज़ी हुकूमत ने क़ैद करके रखा था, वह अनुभव छठे विश्व हिन्दी सम्मेलन के संयोजन से कम सुखद नहीं था।

इस वर्ष 2007 में न्यूयॉर्क में आठवाँ विश्व हिन्दी सम्मेलन आयोजित होने जा रहा है। अब भले ही कोई इसे मेला या पर्यटन कहे, मैं और मेरे जैसे हिन्दी प्रेमी अगले विश्व हिन्दी सम्मेलन की हृदय से प्रतीक्षा कर रहे हैं।

फरवरी, 2007 : विश्व में हिन्दी-2

विश्व हिन्दी सम्मेलन व अन्य सम्मेलनों का ब्रिटेन में प्रभाव

जिस प्रकार कवि की कविता की सबसे बड़ी उपलब्धि तब होती है जब उसकी कोई पंक्ति पाठक या श्रोता के मन में बस जाये, उसी प्रकार मैं मानता हूँ कि किसी भी संस्था और उसकी गतिविधियों की सफलता का मापदण्ड केवल कार्यक्रम के आयोजन से नहीं होता अपितु उस आयोजन के द्वारा समाज पर पड़ने वाले प्रभाव से होता है।

सन् 1999 में लन्दन में जब छठे विश्व हिन्दी सम्मेलन की तैयारियाँ चल रही थीं, हमने ब्रिटिश टेलेकॉम को सम्पर्क किया और कहा कि ब्रिटेन में होने वाले इस सम्मेलन में विश्व से सैकड़ों हिन्दी भाषी आ रहे हैं जिनमें से अनेक लोग ऐसे होंगे जो सम्भवत: यहाँ अंग्रेज़ी ऑपेरटरों की बात न समझ पायें। हमारे इस निवेदन पर ब्रिटिश टेलेकॉम ने अपनी सर्विसेज हिन्दी में भी आरम्भ कर दी। इससे न केवल अनेक हिन्दी भाषियों को सुविधा हुई बल्कि हिन्दी के नाम पर कुछ लोगों को नौकरी भी मिली।

इसी प्रकार लन्दन में 'मीडिया एडवरटाइजिंग' के निदेशक हमारे मित्र जावेद हुसैन बताते हैं कि जैसे ही यू.के. में विश्व हिन्दी सम्मेलन का प्रचार आरम्भ हुआ कुछ बड़ी कम्पनियों ने उन्हें अपनी प्रचार सामग्री में हिन्दी को सम्मिलित करने का निर्देश दिया। हिन्दी भाषा के प्रति लोगों में जागरूकता ने जन्म लिया।

इस आयोजन का ब्रिटेन में जो प्रभाव पड़ा उसने लन्दन को विश्व में हिन्दी का अत्यन्त महत्त्वपूर्ण केन्द्र बना दिया। आज ब्रिटेन में हिन्दी की तक़रीबन 10 सक्रिय संस्थाएँ हैं, प्रति वर्ष क़रीब सात-आठ नयी पुस्तकों के प्रकाशन हो रहे हैं और क़रीब 35 से 40 केन्द्रों में हिन्दी का शिक्षण हो रहा है। छठे विश्व हिन्दी सम्मेलन में ब्रिटेन के हिन्दी प्रेमियों के भारत एवं विश्व के हिन्दी लेखकों एवं प्रकाशकों से अच्छे सम्पर्क स्थापित हुए और उस सम्पर्क के माध्यम से एक-दूसरे को सशक्त सहयोग और प्रेरणा आज भी मिल रही है।

मैं मुड़ कर अतीत में देखता हूँ कि जब 16 वर्ष पूर्व ब्रिटेन में कुछ हिन्दी प्रेमी परिवारों के साथ हमने यू.के. हिन्दी समिति की स्थापना की थी। घरों या कम्युनिटी सेंटर्स में छोटे-छोटे कार्यक्रम होने लगे। सन् 1993 में मैनचेस्टर में इंडियन एसोसिएशन द्वारा तत्कालीन भारतीय उच्चायुक्त डॉ. लक्ष्मीमल्ल सिंघवी जी के संरक्षण में अन्तरराष्ट्रीय हिन्दी सम्मेलन का आयोजन हुआ।

उस सम्मेलन का ब्रिटेन में अभूतपूर्व प्रभाव पड़ा। सम्मेलन के आयोजनों से प्रभावित हो कर न केवल हमने हिन्दी समिति की ओर से लन्दन में वार्षिक अन्तरराष्ट्रीय कवि सम्मेलनों का आरम्भ किया बल्कि मैनचेस्टर में भी हिन्दी एवं भारतीय भाषाओं की नयी संस्था अहिंसम् भारतीय का जन्म हुआ।

हिन्दी ब्रिटेन में सीढ़ियाँ चढ़ने लगी। लन्दन एवं मैनचेस्टर में वार्षिक अन्तरराष्ट्रीय कवि सम्मेलनों के आयोजन के प्रभाव के परिणाम आने लगे और बर्मिंघम में गीतांजलि समुदाय की स्थापना के साथ वहाँ भी कवि सम्मेलन की परम्परा आरम्भ हो गयी।

सन् 1997 में भारत के स्वतन्त्रता की स्वर्ण जयन्ती के उपलक्ष्य में दूसरा अन्तरराष्ट्रीय हिन्दी एवं भारतीय भाषा सम्मेलन आयोजित हुआ। ब्रिटेन में हिन्दी की एक नयी सशक्त टीम उभर कर सामने आयी। सबसे विशेष बात यह है कि इस टीम में यू.के. का कोई स्थापित साहित्यकार या पत्रकार नहीं था या फिर इस टीम में कोई बड़ा समाज सेवक या उद्योगपति नहीं था, यह टीम थी ब्रिटेन के हिन्दी प्रेमियों की, यह टीम थी उभरते हुए लेखकों की, यह टीम थी निःस्वार्थ भाव से हिन्दी के लिए समर्पित भारतीयों की। जब 1999 में अमरीका में किसी कारण से छठा विश्व हिन्दी सम्मेलन नहीं हो पाया तो अत्यन्त कम समय में ब्रिटेन की यह टीम सामने आयी जिसने विश्व हिन्दी सम्मेलन के क्रम को टूटने नहीं दिया। छठे विश्व हिन्दी सम्मेलन के बाद सन् 2003 में हमने लन्दन में फिर अन्तरराष्ट्रीय हिन्दी सम्मेलन आयोजित किया जिसके परिणामस्वरूप यूरोप हिन्दी समिति का गठन हुआ और यूरोप के 7 देश आज मिलकर हिन्दी ज्ञान प्रतियोगिता का आयोजन करा रहे हैं। ऐसे सम्मेलनों में विचारों का आदान-प्रदान तो होता ही है, साथ ही इनके माध्यम से लोगों का सम्पर्क और एक-दूसरे से मिलने वाली प्रेरणा भी बहुत महत्त्वपूर्ण होती है।

यू.एस.ए. एक बहुत बड़ा देश है। वहाँ हिन्दी की अनेक संस्थाएँ वर्षों से काम कर रही हैं। मुझे विश्वास है कि इस वर्ष जुलाई में होने वाले आठवें विश्व हिन्दी सम्मेलन से अमरीका में भी नये परिणाम सामने आयेंगे।

मार्च, 2007 : विश्व में हिन्दी-3

सम्मेलन समाचार पत्रिका का महत्त्व

मैं मानता हूँ कि सूरीनाम में सातवें विश्व हिन्दी सम्मेलन के आयोजन की सबसे महत्त्वपूर्ण उपलब्धि रही उस सम्मेलन के दौरान प्रतिदिन प्रकाशित होने वाली सम्मेलन समाचार पत्रिका जो सम्मेलन के बाद समग्र समाचार में परिवर्तित होकर एक महत्त्वपूर्ण ऐतिहासिक दस्तावेज़ बन कर उभरी।

जब सूरीनाम में विश्व हिन्दी सम्मेलन की तैयारियाँ चल रही थीं, सम्मेलन की संयोजिका पुष्पिता जी के दर्जनों फ़ोन मेरे पास आये। वे लन्दन में हुए छठे विश्व हिन्दी सम्मेलन की अनेक जानकारियाँ चाहती थीं। अकादमिक सत्रों के विषयों से लेकर सम्मानित हिन्दी प्रतिनिधियों के नाम, उद्‍घाटन समारोह की रूपरेखा से लेकर मुख्य वक्ताओं के नाम और डेलिगेट फ़ीस के साथ-साथ स्थानीय संस्थानों की भूमिका जैसी कोई भी जानकारी किसी एक जगह मौजूद नहीं थी। मुझे भी इन सारी सूचनाओं को एक फ़ाइल का रूप देने में काफ़ी समय लगा।

मैं पुष्पिता जी की समस्या को अच्छी तरह से समझ रहा था। 1999 के छठे विश्व हिन्दी सम्मेलन के आयोजन के दौरान हम भी इस समस्या से गुज़र चुके थे। मेरा सौभाग्य था कि पिछले सभी विश्व हिन्दी सम्मेलनों में मेरे पिता डॉ. दाऊजी भाग लेते रहे थे जिसके कारण जितनी जानकारियाँ उनकी स्मृति में एवं डायरी में थीं, मुझे मिल गयीं।

सूरीनाम पहुँचने के बाद मैं और पुष्पिता जी इस विषय पर चर्चा कर ही रहे थे कि सम्मेलन में विश्व हिन्दी जगत के महानायक श्री अशोक चक्रधर एक नयी भूमिका में प्रकट हुए। सूरीनाम की धरती पर अशोक जी सिर्फ़ किसी अकादमिक सत्र पर वक्तव्य देने या फिर कवि सम्मेलन में काव्य पाठ करने नहीं बल्कि कन्धे पर लैपटॉप बैग लिए विश्व हिन्दी सम्मेलन के दौरान दैनिक समाचार पत्रिका के सम्पादक के रूप में उतरे थे।

दैनिक समाचार? मेरे मस्तिष्क में पहला प्रश्न यही कौंधा, यह कैसे सम्भव होगा? प्रात: 9 बजे से अकादमिक सत्रों का आरम्भ और फिर देर रात तक सांस्कृतिक कार्यक्रमों का चलना, इन लम्बे दिनों को रात में समेट कर सुबह पत्रिका में परिवर्तित करने का काम तो नामुमकिन है। परन्तु मेरी सोच ग़लत निकली। अशोक जी ने अपनी टीम के साथ इस मुश्किल कार्य को न केवल सफलतापूर्वक

अंज़ाम दिया अपितु अपने कृतित्व की अद्‌भुत शैली लिए पूरी साज सज्जा के साथ सम्मेलन समाचार पत्रिका को प्रतिदिन प्रकाशित किया।

विदेश मन्त्रालय की वरिष्ठ अधिकारी श्रीमती मोनिका मोहता एवं अनिल शर्मा जैसे हिन्दी के कर्मठ सैनिकों का अशोक जी को विशेष सहयोग मिला। मुझे याद है कि जहाँ इस पत्रिका की सम्पादकीय टीम के कुछ सदस्य रस्मो अदायगी करते रहे, वहीं अशोक जी के व्यक्तित्व एवं सम्मेलन समाचार पत्रिका से प्रभावित सम्मेलन में आये कुछ प्रतिनिधियों ने कहीं कैमरामैन तो कहीं पत्रकार की सक्रिय भूमिका निभायी।

सम्मेलन में सरकार की ओर से एक मीडिया टीम भी सम्मेलन को कवर करने सूरीनाम पहुँची हुई थी। मज़े की बात तो यह थी कि भारत के कुछ समाचार पत्रों में इस पत्रिका की ख़बर शब्दशः देखने को मिली। इसका अर्थ यह है कि सम्मेलन समाचार पत्रिका ने सूरीनाम के सातवें विश्व हिन्दी सम्मेलन में प्रेस विज्ञप्ति की भूमिका भी बख़ूबी निभायी।

अब देखना यह है कि अमेरिका में होने वाले अगले विश्व हिन्दी सम्मेलन में अशोक चक्रधर क्या नया लेकर अवतरित होते हैं?

अप्रैल, 2007 : विश्व में हिन्दी–4

विश्व हिन्दी सम्मेलन में प्रवासी हिन्दी सेवियों की प्रतिभागिता

विश्व हिन्दी सम्मेलनों का आयोजन अलग-अलग देशों में स्थानीय संस्थाओं के द्वारा किया जाता है परन्तु उसकी कमान भारत सरकार के पास ही होती है। सम्मेलन का आयोजन किस देश में हो, कौन-सी संस्था सम्मेलन की आयोजक हो, सम्मेलन में क्या विषय हों वग़ैरह जैसे अधिकांश निर्णय भारत सरकार द्वारा ही लिए जाते हैं। आयोजकों के प्रस्तावों पर चर्चा भारत में ही हो तो सरकार के सुझाव पर आयोजक अपना काम करते हैं। चूँकि हर सम्मेलन के बाद देश बदल जाते हैं, आयोजक बदल जाते हैं, भारत सरकार के अधिकारी बदल जाते हैं और मन्त्री भी बदल जाते हैं तो स्वाभाविक रूप से विश्व हिन्दी सम्मेलन के आयोजन का स्वरूप भी बदल जाता है। लन्दन एवं सूरीनाम के सम्मेलन में कई बदलाव देखने को मिले। लन्दन में स्थानीय संस्थाओं के प्रतिनिधियों की सक्रियता एवं उनकी प्रतिभागिता सूरीनाम के स्थानीय लोगों से कहीं अधिक थी। लन्दन में जो कार्य स्थानीय संस्था के सदस्य कर रहे थे, सूरीनाम में वह कार्य भारत सरकार के अधिकारी कर रहे थे। एयरपोर्ट

से लेकर होटलों तक में कार्यकर्ताओं के चेहरों में भारत सरकार के अधिकारी ही नज़र आ रहे थे। कई अधिकारी तो सूरीनाम के अड़ोस-पड़ोस के भारतीय मिशन से बुलाये गये थे। यहाँ तक कि सूरीनाम के विश्व हिन्दी सम्मेलन के समापन समारोह में धन्यवाद ज्ञापन भी भारत सरकार के मन्त्री ने ही दिया।

जहाँ एक ओर लन्दन के विश्व हिन्दी सम्मेलन में भारत सरकार ने बूंसंजसलेज की भूमिका निभायी वहीं सूरीनाम में भारत सरकार मुख्य आयोजक के रूप में उभरी। विश्व हिन्दी सम्मेलन की परिकल्पना का उद्देश्य है विश्व भर में फैले हुए हिन्दी प्रेमियों को चार वर्षों में एक बार एक जगह एकत्रित किया जाये। विश्व में हिन्दी की गतिविधियों पर चर्चा की जाये और हिन्दी की वैश्विक स्थिति को मज़बूत किया जाये।

सम्मेलन को अलग-अलग देशों में आयोजित करने का उद्देश्य भी सम्भवत: यही है कि आयोजन के स्थान पर हिन्दी का एक सशक्त वातावरण बने और वहाँ तथा वहाँ के आसपास के हिन्दी प्रेमी बड़ी मात्रा में सम्मेलन में भाग ले सकें।

जहाँ तक मुझे याद है, लन्दन में क़रीब 600 प्रतिनिधियों ने विश्व हिन्दी सम्मेलन में भाग लिया जिसमें क़रीब 300 भारत के थे, 100 विदेशों से और 200 ब्रिटेन के स्थानीय लोग। इसी प्रकार सूरीनाम में क़रीब 300 प्रतिनिधियों ने भाग लिया जिसमें क़रीब 150 भारत से आये थे, 50 विदेशों से और बाक़ी स्थानीय। निष्कर्ष यह निकलता है कि विश्व हिन्दी सम्मेलनों में अधिकांश प्रतिनिधि भारत से ही आते हैं। भारत के मुक़ाबले विदेशियों की संख्या इतनी कम क्यों होती है? मैं समझता हूँ कि हमें इस बात पर विचार करना चाहिए और अमेरिका में होने वाले आठवें विश्व हिन्दी सम्मेलन में यह प्रयास करना चाहिए कि वहाँ दुनिया भर से ज़्यादा से ज़्यादा लोग भाग लें। इस कार्य में आयोजकों के साथ-साथ भारत सरकार की प्रमुख भूमिका हो सकती है। दोनों विश्व हिन्दी सम्मेलनों में मैंने देखा कि भारत सरकार भारत से क़रीब 70 से 100 लोगों का प्रतिनिधि मण्डल अपने ख़र्चे पर विदेश ले जाती है और क़रीब 10 ही विदेशी साहित्यकारों को सम्मेलन में आने का ख़र्चा देती है। भारत से मीडिया की एक बड़ी टीम सम्मेलन को कवर करने आती है परन्तु विदेशों से कोई भी मीडियाकर्मी नहीं होता जिसके कारण विश्व हिन्दी सम्मेलन का प्रचार विदेशों में अधिक नहीं हो पाता।

मैं समझता हूँ कि अगले विश्व हिन्दी सम्मेलन में भारत सरकार को प्रयास करना चाहिए कि विदेशी प्रतिनिधियों की प्रतिभागिता को बढ़ाने के लिए उचित

क़दम उठाये जायें एवं विदेशों से हिन्दी मीडिया के लोगों को भी विश्व हिन्दी सम्मेलन से जोड़ा जाये।

मई, 2007 : विश्व में हिन्दी-5

विदेशों में हिन्दी प्रचार के लिए प्रचलित विधाओं पर ध्यान देना होगा

प्रवासी भारतीयों की पहली पीढ़ी विश्व के जिस भी देश में रहती है वह सपने अपनी भाषा में देखती है परन्तु जीवन उस देश की भाषा में जीती है जो उसकी कर्मभूमि है। हालाँकि आज ईमेल का युग है परन्तु उनके लिए अब तक हिन्दी लिखने और पढ़ने का सबसे बड़ा माध्यम पत्राचार रहा है। अपने भाई-बन्धुओं से उनका सम्पर्क पत्रों के माध्यम से हुआ करता था।

दूसरी पीढ़ी के प्रवासी भारतीय घर में तो थोड़ा बहुत हिन्दी में बातचीत करते रहे परन्तु उनकी पहली भाषा अंग्रेज़ी ही रही। घर से अधिक उन तक हिन्दी पहुँचती रही गीत-संगीत और फ़िल्मों के माध्यम से। अब युग आ गया है प्रवासी भारतीयों की तीसरी पीढ़ी का। इन बच्चों के लिए हिन्दी उसी प्रकार से होकर रह गयी है जैसे हमारे लिए संस्कृत और पालि। उनके बाप-दादाओं की कोई पुरानी भाषा। आज हमें विदेशों में हिन्दी को इस नयी पीढ़ी तक पहुँचाने के लिए नये क़दम उठाने होंगे। आज के वातावरण के हिसाब से नयी योजनाओं पर विचार करना होगा। आज के बच्चे पुस्तक कम पढ़ते हैं, कम्प्यूटर और इलेक्ट्रॉनिक उपकरणों का अधिक प्रयोग करते हैं। वे वही करते हैं जिसमें उनकी रुचि होती है। उदासीनता से वे दूर भागते हैं। उनके अन्दर धैर्य की कमी है।

हमें उनकी इस मानसिकता को समझना होगा। इस दौड़ते हुए युग में तेज़ चलना होगा। ऐसे कार्यक्रम बनाने होंगे जिनमें उनकी रुचि हो। मेरे विचार में अगले विश्व हिन्दी सम्मेलन में हमें इन बातों का ध्यान रखना चाहिए कि अमरीका में बसे प्रवासी भारतीय एवं हिन्दी प्रेमियों के बीच हिन्दी के प्रति रुचि को कैसे बढ़ाया जाये। आज हिन्दी फ़िल्मों का बाज़ार विश्व में अत्यन्त गरम है। टेलीविज़न के माध्यम से हिन्दी में हास्य रस को पसन्द किया जा रहा है। नाट्य मंचन एवं कवि सम्मेलन जैसे आयोजनों में भी लोगों की रुचि होती है।

विश्व हिन्दी सम्मेलनों का मुख्य उद्देश्य है विश्व में हिन्दी का प्रचार। विश्व के हिन्दी लेखकों और हिन्दी प्रेमियों को प्रोत्साहित करना। प्रवासी भारतीयों में हिन्दी

भाषा के प्रति जागरूकता पैदा करना। मेरे विचार में हमें इन सम्मेलनों में हिन्दी साहित्य के गम्भीर विषयों पर अधिक ध्यान देने की जगह हिन्दी के प्रचार एवं प्रसार के उन विषयों पर ध्यान देना चाहिए जिससे हिन्दी के अध्यापक, युवा पीढ़ी एवं हिन्दी से प्रेम करने वाले लोगों को नयी दिशा मिल सके। हमें प्रयास करना चाहिए कि हम ऐसे विषयों पर बातचीत करें जो आम प्रवासी भारतीयों के जीवन से जुड़ा हो।

ऐसे सम्मेलनों में जहाँ विश्व के कोने-कोने से लोग एकत्रित होते हैं, हमें हिन्दी की उन चुनी हुई पुस्तकों को भी प्रकाश में लाना चाहिए जिससे प्रवासी भारतीय समाज को लाभ मिले। विश्व के समस्त हिन्दी प्रेमियों के लिए विश्व हिन्दी सम्मेलन एक अत्यन्त महत्त्वपूर्ण मंच है। विश्व के विभिन्न देशों से हिन्दी प्रेमी इसमें अत्यन्त हर्षोल्लास से भाग लेने आते हैं। परन्तु कभी-कभी प्रवासी हिन्दी प्रेमियों को उन सत्रों से निराशा होती है जहाँ हिन्दी के कुछ विद्वान लोग भारत की राजनीति को अपने सम्बोधनों में ले आते हैं और सत्र में पूरे का पूरा विषय ही बदल जाता है।

हमें इस बात का ख़याल रखना चाहिए कि विश्व हिन्दी सम्मेलन में ऐसे विषयों को न उठाया जाये जिससे विश्व में हिन्दी का अपमान हो। लन्दन एवं सूरीनाम दोनों ही जगह कुछ सत्रों में ऐसी परिस्थिति आयी जहाँ झगड़े जैसा माहौल पैदा हो गया था। इस प्रकार के माहौल का असर विदेशों में अच्छा नहीं पड़ता। अत्यन्त गम्भीर एवं नाज़ुक विषयों पर बहस करने के बजाय हमें हिन्दी के एक बड़े उत्सव का माहौल बनाना चाहिए। इससे न केवल हिन्दी के प्रति लोगों की रुचि बढ़ेगी बल्कि लोगों में हिन्दी के प्रति सम्मान भी बढ़ेगा।

जून, 2007 : विश्व में हिन्दी-6

विश्व हिन्दी सम्मेलन : प्रचार-प्रसार है उद्‌देश्य, न कि भारत में क्या हो रहा है

अमेरिका में होने वाले पहले विश्व हिन्दी सम्मेलन की तिथि नज़दीक आ रही है। विश्व भर के हिन्दी प्रेमी अमेरिका जाने की तैयारी में लगे हुए हैं। वीज़ा और टिकट के प्रबन्ध शुरू हो गये हैं। हम सबके मन में अनेक सोच और विचार जन्म ले रहे हैं। जो लोग पिछले सम्मेलनों में भाग ले चुके हैं उनके मन में सम्भवत: यही सवाल उठ रहे हैं कि क्या वहाँ पिछले सम्मेलनों जैसा ही कुछ होगा या फिर कुछ नया?

प्रश्न यह है कि पिछले सम्मेलनों में ऐसा क्या हुआ जो वे नहीं चाहते कि आगे हो या फिर कभी भी हो। यदि कुछ नया देखने की इच्छा है तो वह क्या हो सकती है? इसमें दो राय नहीं कि कुछ नये-पुराने मित्रों से मिलने की चाह हम सबमें है, अन्य देशों में हिन्दी की गतिविधियों और प्रगति के विषय में जानने की जिज्ञासा दिन-प्रतिदिन बढ़ती जा रही है। अपने मन के विचारों के आदान-प्रदान की प्रतीक्षा हम सब बेसब्री से कर रहे हैं। हिन्दी और भारत के अच्छे सांस्कृतिक कार्यक्रमों का आनन्द लेने का इन्तज़ार हम सब के मन में चल रहा है। इन सबसे ऊपर अमेरिका के इतने बड़े हिन्दी समुदाय से मिलने और उनके कार्यों को देखने की ख़्वाहिश हम सभी के मन में है।

पिछले सम्मेलनों के कुछ नकारात्मक पहलुओं और प्रसंगों से हम सब बचना चाहते हैं। विदेशों में बसे हिन्दी प्रेमी भारत के हिन्दी दिग्गजों से बहुत कुछ सीखना चाहते हैं। वे बहुत अरमान लेकर इन सम्मेलनों में पहुँचते हैं, परन्तु कहीं-कहीं, कभी कभी उन्हें निराशा मिलती है जिसके कारण हमें दुख होता है।

यदि मैं पिछले सम्मेलनों के अनुभव से कुछ कहूँ तो हमें अफ़सोस होता है जब सत्रों में वक्ता विषय से हटकर बोलते हैं। अक्सर ऐसी बातें सुनने को मिलती हैं जिनमें नया कुछ नहीं होता परन्तु समय ही बर्बाद होता है। कुछ वक्ता घण्टों बोलते हैं और कुछ को पाँच मिनट का समय भी नहीं मिलता।

एक विशेष निवेदन मैं अपने भारत के अग्रज साहित्यकारों से करना चाहूँगा कि वे भारत की राजनीति को विश्व हिन्दी सम्मेलन से अलग रखने की कृपा करें। राजनीति से प्रेरित वक्तव्यों और बहस का विदेशों में बहुत ख़राब असर पड़ता है। विश्व हिन्दी सम्मेलन का उद्‌देश्य है, विश्व में हिन्दी का प्रचार। नकारात्मक विषय और बहस से हिन्दी का नुक़सान ही होता है। सम्मेलन के स्थान पर भी लोगों में निराशा उत्पन्न होती है और वातावरण पर भी ख़राब प्रभाव पड़ता है। उल्लास में कमी आती है।

हम यह तो अवश्य जानना चाहते हैं कि भारत में हिन्दी भाषा और साहित्य को लेकर क्या सकारात्मक कार्य हो रहा है, जिससे विश्व में हिन्दी को लाभ हो सकता है परन्तु यह जानने की इच्छा किसी को नहीं कि भारत में हिन्दी की राजनीति में क्या हो रहा है। भारत में हिन्दी की स्थिति को लेकर अक्सर ऐसे सम्मेलनों में बेवजह के विवाद उत्पन्न होते हैं, जिसमें विदेशी हिन्दी साहित्यकारों को न कोई रुचि है न ही उससे कोई सम्बन्ध।

लन्दन के छठे विश्व हिन्दी सम्मेलन एवं सूरीनाम के सातवें विश्व हिन्दी सम्मेलन में ऐसे कई प्रसंग सामने आये जिससे हमें न केवल दुख हुआ अपितु निराशा भी हुई। इन नकारात्मक प्रसंगों के कारण आज हमें विदेशों में कई महत्त्वपूर्ण हिन्दी के साहित्यकार विश्व हिन्दी सम्मेलनों को बहुत सकारात्मक दृष्टि से नहीं देखते।

अमेरिका में होने वाले अगले विश्व हिन्दी सम्मेलन में हमें प्रयास करना चाहिए कि हम हिन्दी को लेकर विश्व मंच पर ऐसा सकारात्मक वातावरण बनायें जिससे इसके बाद भविष्य में होने वाले सम्मेलनों के प्रति हमारी रुचि और प्रोत्साहन में वृद्धि हो तथा एक नयी उमंग और तरंग के साथ विदेशी हिन्दी प्रेमी घर लौटें।

जुलाई, 2007 : विश्व में हिन्दी–7

विश्व हिन्दी सम्मेलन के प्रति हमें सकारात्मक दृष्टि रखनी होगी

प्रतीक्षा की घड़ियाँ समाप्त हो रही हैं। हम विश्व के सबसे शक्तिशाली देश अमेरिका में विश्व की सबसे प्राचीन भाषा संस्कृत की बेटी हिन्दी के सबसे बड़े सम्मेलन में एकत्रित हो रहे हैं। बड़े-बड़े सपने लेकर, बड़ी-बड़ी योजनाएँ लेकर और बड़े-बड़े उद्देश्य लेकर विश्व के अनेक देशों से हिन्दी के सिपाही एक मंच पर मिलेंगे और हिन्दी के वैश्वीकरण पर गम्भीर चर्चाएँ होंगी।

यू.एस.ए. अत्यन्त अद्‌भुत देश है। वह देश है जहाँ भारतीय बँधुआ मज़दूर बन कर नहीं आये हैं, बल्कि भारत का पढ़ा-लिखा तबका आया है। यू.एस.ए. में अधिकतर वे भारतीय रहते हैं जो इंजीनियर या डॉक्टर हैं या फिर व्यापारी। भौगोलिक दृष्टि से बड़ा देश होने के कारण पूरे अमेरिका में भारतीय फैले हैं, अतः अनेक हिन्दी की संस्थाएँ चल रही हैं।

यह हिन्दी की संस्थाएँ चलाने वाले लोग कोई प्रोफ़ेशनल इवेंट्स मैनेजमेंट के लोग नहीं हैं, यह लोग संस्थाओं को कुछ परिवारों के साथ मिलकर ही चलाते हैं। सप्ताह के अन्त में छुट्टियों के दिन और दिन भर की थकावट के बाद शाम को जो समय मिलता है उसमें संस्था का कार्य करते हैं। इनके लिए हिन्दी के आयोजन करने का उद्देश्य किसी राजनैतिक महत्त्वाकांक्षा के कारण नहीं होता, इनके लिए यह एक मिशन है जिसके माध्यम से यह भारत की नयी पीढ़ी को अमेरिकन होते हुए भारत से जोड़े रखना चाहते हैं।

आठवें विश्व हिन्दी सम्मेलन का आयोजन भारतीय विद्या भवन भारत सरकार इन्हीं लोगों के सहयोग से कर रही है। हम सब जो लोग इस सम्मेलन में भाग लेने जा रहे हैं, हमें भारत और हिन्दी के इन सिपाहियों की भावनाओं का सम्मान करना चाहिए। मैं मानता हूँ कि हिन्दी अपने आप में अत्यन्त समृद्ध भाषा है, परन्तु समृद्ध लोगों की भाषा नहीं है, अतः इसके कारण हिन्दी सम्मेलनों में व्यवस्था बहुत उच्च स्तर की नहीं हो पाती है। एक हिन्दी का सिपाही होने से हमारा यह कर्तव्य बनता है कि हम आयोजकों को पूर्ण सहयोग दें एवं जहाँ कोई कमी दिखाई दे उसे स्वयं पूरा करने का प्रयास करें।

आज विश्व में मीडिया की अत्यन्त महत्त्वपूर्ण भूमिका है। विश्व हिन्दी सम्मेलन के हिन्दी प्रचार एवं प्रसार के मुख्य उद्देश्य को विश्व भर में फैलाने के कार्य को सकारात्मक दिशा प्रदान करने का दायित्व मीडिया का ही है। अक्सर ऐसा देखा जाता है कि सरकारी आयोजनों को पत्रकार तिरछी नज़र से ही देखते हैं। मेरे विचार में विश्व हिन्दी सम्मेलन के आयोजन को पत्रकारों को किसी भी संकीर्णता से ऊपर उठकर सकारात्मक दृष्टि से ही देखना चाहिए।

मैं अपने भारतीय पत्रकारों से यही निवेदन करना चाहता हूँ कि हिन्दी भारत की अस्मिता है और यदि हिन्दी के कार्यक्रम के प्रति भारत के ही पत्रकार सकारात्मक दृष्टि नहीं रखेंगे तो अन्तरराष्ट्रीय मीडिया के पत्रकारों के बीच यह आयोजन परिहास का विषय बनकर रह जायेगा।

हिन्दी के वैश्वीकरण को बढ़ाने के लिए यह सम्मेलन अत्यन्त महत्त्वपूर्ण है। मैं आठवें विश्व हिन्दी सम्मेलन की आयोजन समिति को भारी सफलता की शुभकामनाएँ देता हूँ।

अगस्त, 2007 : विश्व में हिन्दी-8

संयुक्त राष्ट्रसंघ में विश्व हिन्दी सम्मेलन का उद्घाटन- एक महत्त्वपूर्ण क़दम

सन् 1975 में नागपुर, भारत में हुए प्रथम विश्व हिन्दी सम्मेलन से यह बात उठायी जा रही है कि संयुक्त राष्ट्रसंघ में हिन्दी को मान्यता दी जाये। पिछले सभी सम्मेलनों पर इस विषय पर अनेक चर्चाएँ भी हुईं।

बत्तीस साल बाद आठवें विश्व हिन्दी सम्मेलन का उद्घाटन संयुक्त राष्ट्रसंघ के परिसर में होना सम्भवतः उतना महत्त्वपूर्ण नहीं था जितना उस समारोह में संयुक्त

राष्ट्रसंघ के महासचिव श्री बान की मून का सिर्फ़ सम्मेलन के मंच पर पहुँचना ही नहीं अपितु हिन्दी भाषा के प्रति उनके उत्कृष्ट विचारों की प्रस्तुति रही।

सम्मेलन के पहले यह अटकलें लगायी जा रही थीं कि संयुक्त राष्ट्रसंघ के परिसर में विश्व हिन्दी सम्मेलन का उद्‌घाटन समारोह कराना भारत सरकार का महज़ एक तमाशा है। परन्तु श्री बान की मून के शानदार वक्तव्य ने उन सभी अटकलों पर विराम लगा दिया।

भारत के विदेश राज्य मन्त्री श्री आनन्द शर्मा, अमेरिका में भारत के राजदूत श्री रणेन्द्र सेन एवं संयुक्त राष्ट्रसंघ में भारत के प्रतिनिधि श्री निरूपम सेन ने निश्चित रूप से अत्यन्त महत्त्वपूर्ण राजनैतिक एवं राजनयिक क़दम उठाया है तथा दूरदर्शिता का परिचय दिया है।

अब आवश्यकता है इस क़दम को एक लम्बी यात्रा में परिवर्तित करने की। संयुक्त राष्ट्रसंघ के महासचिव के हिन्दी के प्रति प्रदर्शित सम्मान और प्रेम को देखते हुए उन पर यह दबाव डाला जाये कि वे संयुक्त राष्ट्रसंघ में हिन्दी को शामिल करने के लिए हिन्दी की पैरवी करें।

हिन्दी के कुछ हितैषियों का एक पक्ष यह भी सामने आ रहा है कि क्या संयुक्त राष्ट्रसंघ में हिन्दी के शामिल होने से जनमानस में हिन्दी को कोई लाभ होगा? भारत में बढ़ती हुई अंग्रेज़ी के वर्चस्व पर क्या कोई असर पड़ेगा? संयुक्त राष्ट्रसंघ में हिन्दी को मान्यता मिलने से क्या अगली पीढ़ी में हिन्दी के प्रति आकर्षण बढ़ेगा?

मैं समझता हूँ कि हमें हिन्दी के वैश्वीकरण के लिए हर स्तर पर लड़ाई लड़नी होगी। यह लड़ाई बच्चों को हिन्दी पढ़ाने से लेकर कवि सम्मेलन के माध्यम से हिन्दी के प्रचार तक करनी होगी, साहित्यिक गोष्ठियों के आयोजन के साथ-साथ पत्र-पत्रिकाओं के प्रकाशन करते रहना होगा और नये लेखकों को प्रोत्साहन देने के साथ-साथ स्थापित साहित्यकारों को सम्मानित करते रहना होगा।

स्वैच्छिक संस्थाओं से लेकर सरकारी संस्थानों को अपने-अपने स्तर पर हिन्दी का प्रचार-प्रसार करते रहना होगा। इस अभियान में हर काम बड़ा है और हर क़दम महत्त्वपूर्ण है। जितना बड़ा काम अपने घर के बच्चों को हिन्दी सिखाना है उतना ही महत्त्वपूर्ण कार्य है संयुक्त राष्ट्रसंघ में हिन्दी को मान्यता मिलना। मैं आठवें विश्व हिन्दी सम्मेलन के आयोजकों एवं भारत सरकार को इस महत्त्वपूर्ण क़दम के लिए हृदय से बधाई देता हूँ।

सितम्बर, 2007 : विश्व में हिन्दी-9

विश्व हिन्दी सम्मेलन की सबसे महत्त्वपूर्ण उपलब्धि : पुस्तक प्रदर्शनी

विश्व के अनेक देशों से प्रकाशित होने वाली हिन्दी पत्रिकाओं को एक साथ देखने का अवसर मिला न्यूयॉर्क के विश्व हिन्दी सम्मेलन में। सभी प्रकाशक और सम्पादक अपनी-अपनी पुस्तकों एवं पत्रिकाओं को पूरे साहित्यिक शृंगार के साथ न्यूयॉर्क लेकर पहुँचे थे। यह एक अवसर था, न केवल विश्व भर से आये हुए सम्पादकों के लिए अपने नियमित पाठकों से मिलने का अपितु अलग-अलग देशों के प्रकाशकों एवं सम्पादकों को आपस में मिलने का भी।

यदि पाठकों की बात करूँ तो उनके थैले भरे जा रहे थे परन्तु पुस्तकों एवं पत्रिकाओं को लेने की प्यास कम होती नहीं दिख रही थी। हमारी 'प्रवासी टुडे' तथा 'पुरवाई' की सैकड़ों प्रतियाँ पहले ही दिन बँट गयीं। दूसरे-तीसरे दिन हम इन पत्रिकाओं के प्रशंसकों से उनके पते ही ले पा रहे थे इस वायदे के साथ कि जल्द ही उन्हें ये पत्रिकाएँ भेज दी जायेंगी।

पिछले विश्व हिन्दी सम्मेलनों की तरह इस बार फिर डॉ. कन्हैया लाल नन्दन जी सम्मेलन में सम्पादक के रूप में आये परन्तु 'गगनांचल' नहीं, 'हिन्दी उत्सव ग्रन्थ' लेकर। भारत तथा विश्व के अनेक देशों के प्रतिष्ठित लेखकों के व्यापक विचार इस ग्रन्थ की विशेषता है। नन्दन जी के सम्पादन में प्रकाशित यह ग्रन्थ मुझे अन्तरराष्ट्रीय हिन्दी जगत का सर्वश्रेष्ठ संग्रह लगा।

भारत से प्रकाशित होने वाली 'प्रवासी संसार' एवं 'अक्षरम्' पूरे सम्मेलन में छायी रही। श्री राकेश पाण्डेय की 'प्रवासी संसार' जहाँ एक ओर विश्व मंच पर हिन्दी एवं हिन्दी के संघर्ष और सार्वभौमिकता से सम्बधित लेखों के लिए चर्चा में रही वहीं श्री नरेश शांडिल्य द्वारा सम्पादित 'अक्षरम्' अपने विशेष अन्दाज़ में रचनात्मक लेखों के लिए पसन्द की गयी।

आठवें विश्व हिन्दी सम्मेलन के सुअवसर पर विशेष रूप से प्रकाशित पुस्तक 'विश्व मंच पर हिन्दी : नये आयाम' को पाकर बड़ा अच्छा लगा। डॉ. सुरेन्द्र गम्भीर, डॉ. सुषम बेदी, डॉ. अंजना संधीर तथा डॉ. पी. जयरामन द्वारा सम्पादित यह पुस्तक मुझे अत्यन्त संग्रहणीय लगी। अमेरिका की 98 हिन्दी लेखिकाओं एवं 67 हिन्दी के पुरुष लेखकों के परिचय के साथ कुछ साहित्यिक लेखों को सँजोये यह पुस्तक अमेरिका में हिन्दी लेखन का अत्यन्त महत्त्वपूर्ण परिचय देती है।

इसी प्रकार भारतीय सांस्कृतिक सम्बद्ध परिषद् द्वारा प्रकाशित 'विश्व हिन्दी निर्देशिका' को देखकर मैं उसके सम्पादक श्री अजय गुप्त को हृदय से बधाई देता हूँ। मुझे विश्वास है कि आज विश्व में हिन्दी के विशाल नेटवर्क को बनाने में यह निर्देशिका महत्त्वपूर्ण भूमिका अदा करेगी। इसमें विश्व के क़रीब 57 देशों के हिन्दी लेखकों एवं कार्यकर्ताओं के नाम एवं सम्पर्क उपलब्ध हैं। विश्व के विभिन्न भागों से संग्रहित रचनाएँ श्री अजय गुप्त के सम्पादन में प्रकाशित 'गगनांचल' में पढ़ने को मिलीं।

अमेरिका से प्रकाशित 'सौरभ' पत्रिका डॉ. दाऊजी गुप्त तथा डॉ. विजय मेहता के ज्ञानवर्धक सम्पादन के लिए सराही गयी। 'विश्वा' और 'हिन्दी चेतना' पत्रिकाएँ भी विश्व हिन्दी सम्मेलन में मुख्य आकर्षण रहीं।

श्री पवन वर्मा के निर्देशन में भारतीय सांस्कृतिक सम्बद्ध परिषद् द्वारा आयोजित रंगबिरंगी पुस्तक प्रदर्शनी को मैं इस सम्मेलन की सबसे महत्त्वपूर्ण उपलब्धि मानता हूँ। हम प्रवासी भारतीयों को विदेश में एक ही जगह पर हिन्दी की अनेक विधाओं पर विश्व के विभिन्न देशों से प्रकाशित इतनी संग्रहणीय पत्रिकाओं का उपलब्ध होना निश्चित रूप से बहुमूल्य उपहार है।

मैं समझता हूँ कि ऐसी प्रदर्शनियों को विश्व हिन्दी सम्मेलनों का इन्तज़ार नहीं करना चाहिए अपितु इसे विश्व भर में पूरे वर्ष यात्रा करनी चाहिए।

अक्टूबर, 2007 : विश्व में हिन्दी-10

विश्व हिन्दी प्रचार में कवि सम्मेलनों का योगदान

साहित्य के क्षेत्र में यह प्रथा रही है कि जिस संख्या में कहानियों की पुस्तकें एवं उपन्यास बिकते हैं, कविताओं और गीतों की पुस्तकें नहीं बिकतीं। गीत, ग़ज़ल और कविताओं को लोग सुनना अधिक पसन्द करते हैं और कथा-साहित्य को पढ़ना। सम्भवत: यही कारण है कि हिन्दी साहित्य के प्रचार में जितना योगदान कवि सम्मेलनों का रहा है उतना किसी और विधा का नहीं।

कवि सम्मेलनों के बाद नाटक एक सशक्त माध्यम अवश्य है जो हिन्दी गद्य साहित्य को जनमानस तक पहुँचाता रहा है परन्तु अधिक तामझाम तथा ख़र्च के कारण सम्भवत: नाट्य विधा विदेशों में अधिक नहीं पहुँची।

भारत से बाहर विदेशों में 80 के दशक में काका हाथरसी सबसे प्रचलित कवि थे। एक या दो कवियों के साथ काका हाथरसी ने अमेरिका जैसे देशों में हिन्दी कवि

सम्मेलनों को प्रचलित किया। काका के अलावा नीरज, अशोक चक्रधर एवं कुँअर बेचैन जैसे कवियों ने अमेरिका, यू.के. ही नहीं बल्कि ऑस्ट्रेलिया, रूस और खाड़ी के देशों में भी कवि सम्मेलनों की परम्परा को आगे बढ़ाया।

कवि सम्मेलन किस प्रकार से बंजर धरती को उपजाऊ बना सकते हैं, इसका सबसे बड़ा परिणाम ब्रिटेन है। 90 के दशक के आरम्भ में ब्रिटेन में हिन्दी कवि सम्मेलनों की परम्परा आरम्भ हुई। लन्दन में तत्कालीन उच्चायुक्त डॉ. लक्ष्मीमल्ल सिंघवी जी के संरक्षण में मैनचेस्टर तथा लन्दन में जिस विराट कवि सम्मेलन की परम्परा आरम्भ हुई वह आज ब्रिटेन के सात शहरों में फैल चुकी है।

मुझे आज भी याद है कि 1994 में जब हम लन्दन में कवि सम्मेलन का प्रचार करने निकले तब ऐसे भी लोग मिले जो मुशायरे से तो परिचित थे परन्तु कवि सम्मेलन का नाम उनके लिए नया था। मंच पर गीत, ग़ज़ल और शायरी के अलावा काव्य की कोई और विधा भी प्रस्तुत की जा सकती है, इसकी जानकारी लोगों को नहीं थी।

सितम्बर, 1994 में लन्दन के हैमरस्मिथ हॉल में नीरज, रमानाथ अवस्थी, अशोक चक्रधर जैसे हिन्दी के दिग्गजों ने डॉ. कन्हैया लाल नन्दन के संचालन में कवि सम्मेलन को जहाँ एक ओर अपने काव्यपाठ से सुशोभित किया वहीं दूसरी ओर हिन्दी सिनेमा जगत के शहंशाह श्री अमिताभ बच्चन ने अपने पिता हरिवंश राय जी की रचनाओं का शानदार काव्यपाठ प्रस्तुत किया। ब्रिटेन के हिन्दी इतिहास में यह कवि सम्मेलन नींव का पत्थर साबित हुआ।

अन्तरराष्ट्रीय कवि सम्मेलनों के वार्षिक कार्यक्रमों के दौर चलने लगे और उसमें लन्दन एवं मैनचेस्टर के अलावा और शहर भी जुड़ने लगे। ब्रिटेन में फिर न केवल कुँअर बेचैन, माया गोविन्द, बेकल उत्साही, बाल कवि बैरागी, हुल्लड़ मुरादाबादी एवं सोम ठाकुर जैसे भारत के हिन्दी कवि सम्मेलनों के शीर्ष कवियों ने भाग लिया बल्कि शिवमंगल सिंह सुमन, केदारनाथ सिंह, कैलाश वाजपेयी, दिविक रमेश, रामदरश मिश्र और जगदीश चतुर्वेदी जैसे कवियों को भी पसन्द किया गया जिन्होंने भारत के कवि सम्मेलनों में जाना छोड़ दिया था।

ब्रिटेन में हिन्दी, कवि सम्मेलनों के माध्यम से फलने-फूलने लगी। स्थानीय कवि सम्मेलन भी होने लगे। डॉ. सत्येन्द्र श्रीवास्तव, गौतम सचदेव, अनिल शर्मा, सोहन राही, ऊषा राजे, दिव्या माथुर, भारतेन्दु विमल, निखिल कौशिक, तितिक्षा शाह और शैल अग्रवाल जैसे कवियों ने कवि सम्मेलनों को सुशोभित करना आरम्भ

कर दिया। 1998 से भारत के राजनेता श्री केशरीनाथ त्रिपाठी ने ब्रिटेन के हिन्दी कवि सम्मेलनों में रुचि लेना आरम्भ किया और उ.प्र. के कवियों को ब्रिटेन से जोड़ना आरम्भ कर दिया। सन् 2000 के बाद भारत के युवा कवियों ने ब्रिटेन आना आरम्भ किया। राजेश चेतन, गजेन्द्र सोलंकी, नरेश शांडिल्य, मंगल नसीम, रितु गोयल, सुमन दुबे, सुनील जोगी, जैसे कवियों ने ब्रिटेन के हिन्दी प्रेमियों को कवि सम्मेलन की नयी रोचकता से परिचित कराया।

ब्रिटेन में एक विशेष बात यह है कि यहाँ हास्य कविताओं के नाम पर चुटकुलेबाज़ी को स्वीकार नहीं किया जाता। लोग रोचकता को तो पसन्द करते हैं, परन्तु फूहड़पन को नहीं। यदि कवि को मंच पर काव्यपाठ करने का सलीका आता है तो भाषा की किसी भी गहनता की समझ रखता है ब्रिटेन का हिन्दी श्रोता।

नवम्बर, 2007 : विश्व में हिन्दी–11

ब्रिटेन में हिन्दी के प्रणेता : डॉ. लक्ष्मीमल्ल सिंघवी

ब्रिटेन में हिन्दी का स्वर्णिम युग आरम्भ हुआ 1992 में, जब डॉ. लक्ष्मीमल्ल सिंघवी जी भारत के उच्चायुक्त बन कर लन्दन आये। मुझे आज भी याद है वह पहर जब सिंघवी जी के लन्दन निवास, 9 केंसिग्टन पैलेस गार्डन में भारत के सुविख्यात कवि श्री अजित कुमार के सम्मान में गोष्ठी हुई और श्रीमती कमला सिंघवी के आतिथ्य में हमें ब्रिटेन में हिन्दी का घर मिला।

1990 में मैंने यू.के. हिन्दी की स्थापना की थी और कुछ परिवारों के साथ मिल कर हम ज़मीन तलाश रहे थे। सिंघवी जी ने हिन्दी समिति पर हाथ रखा और हम हिन्दी के सिपाहियों को जैसे सिकन्दर का नेतृत्व मिल गया। हिन्दी के इस क़दम ने फिर पीछे मुड़ कर नहीं देखा। दिन प्रतिदिन ब्रिटेन हिन्दीमय होता चला गया। शाख-शाख पर हिन्दी के पुष्प खिलने लगे और नगर-नगर हिन्दी की संस्थाएँ बनने लगीं। भारत के दिग्गज साहित्यकारों का लन्दन आना शुरू हो गया। 1993 में मैनचेस्टर में इंडियन एसोसिएशन द्वारा सिंघवी दम्पती के संरक्षण में प्रथम अन्तरराष्ट्रीय हिन्दी सम्मेलन के आयोजन के साथ 'अहिंसम भारतीय' की स्थापना हुई और 1994 से लन्दन एवं मैनचेस्टर में विराट अन्तरराष्ट्रीय हिन्दी कवि सम्मेलनों ने ब्रिटेन के जनमानस को हिन्दी से जोड़ना आरम्भ कर दिया। आई.सी.सी.आर. के सहयोग से श्री रमानाथ अवस्थी, नीरज, शिवमंगल सिंह सुमन, कन्हैया लाल नन्दन से लेकर अशोक चक्रधर, बाल कवि बैरागी, रामदरश मिश्र, कुँअर बेचैन जैसे हिन्दी के शीर्ष कवियों के आगमन से ब्रिटेन में हिन्दी फलने-फूलने लगी।

सिंघवी जी के निवास पर श्री अटल बिहारी वाजपेयी और लता मंगेशकर जैसी विभूतियों के साथ हिन्दी की संगोष्ठियाँ होने लगीं। हिन्दी के हर कार्यकर्ता को सिंघवी दम्पती का प्रेम, स्नेह एवं प्रोत्साहन मिलने लगा। हिन्दी का कोई भी छोटा-बड़ा आयोजन होता, सिंघवी जी एवं कमला जी पूरी सक्रियता के साथ भाग लेते। यहाँ तक कि आयोजन की व्यवस्था से जुड़ी छोटी-छोटी बातों में कमला जी हमारा मार्गदर्शन करतीं।

लन्दन के भारतीय उच्चायोग में जहाँ हिन्दी का एक टूटा-फूटा पुराना टाइपराइटर था, सिंघवी जी के लन्दन आते ही वह टाइपराइटर कम्प्यूटर में हिन्दी सॉफ्टवेयर के साथ तब्दील हो गया। भारतीय उच्चायोग से पत्र हिन्दी में आने-जाने लगे।

डॉ. सिंघवी जी की पहल से लन्दन में नेहरू केन्द्र की स्थापना ने भारतीय भाषाओं और संस्कृति को एक नयी दिशा दी। 1997 में भारत की स्वतन्त्रता की स्वर्ण जयन्ती के उपलक्ष्य में हमने सिंघवी जी के संरक्षण में दूसरा अन्तरराष्ट्रीय सम्मेलन आयोजित किया। इस सुअवसर पर ब्रिटेन में पहली हिन्दी की साहित्यिक पत्रिका 'पुरवाई' का जन्म हुआ।

मुझे आज भी स्मरण है कि जब पुरवाई का संरक्षक बनने के लिए मैंने सिंघवी जी से आग्रह किया तो उन्होंने मुझसे कहा कि "ऐसी बहुत सी पत्रिकाएँ निकलती हैं और बन्द हो जाती हैं, यदि मेरा नाम पुरवाई के साथ जोड़ रहे हो तो उसका भी मान रखना।"

मुझे गर्व है कि सिंघवी जी और कमला जी के संरक्षण में जन्मी पुरवाई इस वर्ष अपने दस वर्ष पूरे कर रही है। 1997 में सिंघवी जी भारत चले गये परन्तु उनकी बनायी हिन्दी की सेना उनके दिखाये मार्ग पर चलती रही। 1998 में भारत के वरिष्ठ राजनेता एवं कवि श्री केशरीनाथ त्रिपाठी कवि सम्मेलन में भाग लेने लन्दन आये और यहाँ के कार्यों से प्रभावित होकर उन्होंने एलान किया कि उत्तर प्रदेश से भी हिन्दी कवियों को वे हमारे निमन्त्रण पर ब्रिटेन भेजेंगे। आज तक त्रिपाठी जी के सहयोग से प्रति वर्ष उत्तर प्रदेश से हिन्दी के शीर्ष कवि ब्रिटेन आ रहे हैं। साथ ही उत्तर प्रदेश हिन्दी संस्थान ने प्रतिवर्ष ब्रिटेन के हिन्दी रचनाकारों को पुरस्कृत भी करना आरम्भ कर दिया।

जहाँ तक मुझे याद है, जनवरी, 1999 में सिंघवी जी ब्रिटेन आये हुए थे। लन्दन के नेहरू केन्द्र में वे अत्यन्त आत्मीयता से बोले, "कल मैं बर्मिंघम एक कार्यक्रम में जा रहा हूँ, मेरे साथ चलो। रास्ते में हिन्दी को लेकर चर्चा करेंगे।"

मैं दूसरे दिन सिंघवी जी के साथ चल पड़ा। रास्ते में मैंने उन्हें बताया कि "अमेरिका में छठा विश्व हिन्दी सम्मेलन नहीं हो पा रहा है, यदि आप आज्ञा दें तो हम उसका आयोजन लन्दन में कर सकते हैं।" सिंघवी को प्रस्ताव पसन्द आया और उन्होंने तुरन्त भारतीय उच्चायुक्त श्री ललितमान सिंह जी से मुझे मिलवाया और उसी समय भारत सरकार को मुझसे पत्र लिखवाया। सिंघवी जी के आशीर्वाद से 1999 में अब तक का सबसे बड़ा विश्व हिन्दी सम्मेलन आयोजित हुआ जिसमें 23 देशों के क़रीब 600 प्रतिनिधि लन्दन आये।

इसमें कोई दो राय नहीं कि 90 का दशक ब्रिटेन में हिन्दी का स्वर्णिम युग रहा। सिंघवी जी के समय भारतीय उच्चायोग में कार्यरत हिन्दी एवं संस्कृति अधिकारी डॉ. सुरेन्द्र अरोड़ा की कर्मठता के कारण भारतीय उच्चायोग हिन्दी से अत्यन्त सशक्तता के साथ जुड़ा। मार्च 1999 में विश्व हिन्दी सम्मेलन को लन्दन में आयोजन करने के लिए भारत सरकार ने स्वीकृति प्रदान की और संयोजक के रूप में मैंने अपने परिचित साहित्यकारों को निमन्त्रण और सहयोग के लिए पत्र लिखना आरम्भ किया। डॉ. कन्हैया लाल नन्दन जी वह पत्र मेरे लिए संग्रहणीय हो गया जिसमें उन्होंने मुझे लिखा कि "तुमने सिंघवी जी के संरक्षण में विश्व हिन्दी सम्मेलन का बीड़ा उठाया है, सिंघवी जी का नाम जुड़ने से यह सम्मेलन सफलता के लिए बाध्य हो गया है। हम सब तुम्हारे साथ हैं।"

डॉ. राजेन्द्र अवस्थी जी ने मुझसे कहा कि "जब तक तुम सिंघवी जी का नाम अपने कार्यों से जोड़े रखोगे सारे विघ्न अपने आप दूर होते जायेंगे।" छठे विश्व हिन्दी सम्मेलन के महायज्ञ के बाद मुझे लगा कि हम ब्रिटेन के हिन्दी कार्यकर्ताओं की ज़िम्मेदारियाँ और बढ़ गयी हैं। पुरवाई के माध्यम से ब्रिटेन के हिन्दी लेखकों को एक सशक्त मंच मिल चुका था। अब उनकी पुस्तकों के प्रकाशन भी धड़ल्ले से होने लगे। नये लेखकों को प्रोत्साहन देने के साथ-साथ सिंघवी जी उनके परिचय भी भारत के प्रकाशकों से कराते, पुस्तक की भूमिका भी लिखने में कभी संकोच नहीं करते और फिर कई बार नये लेखकों को व्यक्तिगत रूप से साहित्यिक मार्गदर्शन भी देते।

ब्रिटेन में भारतीय उच्चायुक्त के पद पर अपने व्यस्त जीवन से समय निकाल कर हिन्दी की छोटी से छोटी गतिविधि को गति देकर सिंघवी जी उस आयोजन को बड़ा बना देते। भारत जाने के बाद भी उन्होंने ब्रिटेन के हिन्दी कर्मियों के साथ अपना सम्पर्क बनाये रखा।

'पुरवाई' के प्रकाशन के दौरान ब्रिटेन के लेखकों की एक और पीड़ा मेरे सामने आयी। हिन्दी के प्रकाशकों तक उनकी पहुँच और उनकी पाण्डुलिपियों का प्रकाशन। हमने हिन्दी समिति की ओर से निर्णय लिया कि प्रतिवर्ष हिन्दी समिति द्वारा ब्रिटेन की सर्वश्रेष्ठ पाण्डुलिपि का चयन किया जायेगा और हिन्दी समिति उसे प्रकाशित करायेगी।

मैंने महसूस किया कि कवि सम्मेलनों, साहित्यिक गोष्ठियों, सम्मेलनों एवं प्रकाशनों से यद्यपि हम हिन्दी का प्रचार-प्रसार तो कर रहे हैं, ब्रिटेन में हिन्दी भाषा और साहित्य के प्रति लोगों में जागृति तो दे रहे हैं, परन्तु आयोजनों में युवाओं एवं बच्चों के प्रतिनिधित्व की कमी हमें सदैव खलती।

सन् 2000 में लन्दन के भारतीय उच्चायोग में हिन्दी एवं संस्कृति अधिकारी के पद पर अनिल जोशी शर्मा का आगमन नये दशक और नयी सदी में एक नये स्वर्णिम अध्याय का प्रवेश था। सन् 2001 में 'हिन्दी परामर्श मण्डल' की स्थापना हुई। सिंघवी जी के स्वप्न को नयी दिशा मिलनी आरम्भ हो गयी। 2001 में हिन्दी ज्ञान प्रतियोगिता की परिकल्पना के साथ अनिल जी ने भावी पीढ़ी को अत्यन्त महत्त्वपूर्ण मंच प्रदान किया। जिस पौधे को सिंघवी जी ने सींचा था उसे वृक्ष का रूप मिलने लगा। ब्रिटेन की नयी पीढ़ी को फल मिलने का समय आ गया। हिन्दी ज्ञान प्रतियोगिता का प्रयोग अत्यन्त सफल रहा।

अन्तरराष्ट्रीय हिन्दी सम्मेलन की परम्परा को बढ़ाते हुए सन् 2002 में हमने तृतीय अन्तरराष्ट्रीय हिन्दी सम्मेलन का आयोजन यारोपीय सन्दर्भ को ध्यान में रखते हुए हिन्दी ज्ञान प्रतियोगिता के आयोजन से अत्यन्त प्रभावित हुए। जिसके फलस्वरूप यह प्रतियोगिता ब्रिटेन से निकल कर आज योरोप के आठ देशों में हो रही है और इसमें क़रीब 1200 हिन्दी के विद्यार्थी भाग ले रहे हैं।

अनिल जी के सक्रिय मार्गदर्शन से पुरवाई के साथ-साथ भारत से अक्षरम् अन्तरराष्ट्रीय पत्रिका एवं प्रवासी टुडे ने भी जन्म लिया। 1992 में सिंघवी जी के आने पर जहाँ ब्रिटेन में हिन्दी की एकमात्र सकिय्र संस्था यू.के. हिन्दी समिति थी, आज 2007 में ब्रिटेन के हर बड़े शहर में एक नहीं अनेक संस्थाएँ सक्रिय हैं। आज ब्रिटेन में हिन्दी का ऐसा वातावरण बन गया है कि क़रीब-क़रीब हर वर्ष यहाँ एक नयी संस्था का नाम उभर कर सामने आ जाता है।

हाल ही में भारतीय उच्चायोग लन्दन में वर्तमान हिन्दी एवं संस्कृति अधिकारी श्री राकेश दुबे ने ब्रिटेन में हिन्दी शिक्षण को बढ़ाने की नयी मुहिम छेड़ी है तथा नेहरू

केन्द्र की निदेशक श्रीमती मोनिका मोहता ने ब्रिटेन के हिन्दी कर्मियों को एकत्रित कर नयी योजनाओं को जन्म दिया है।

आज ब्रिटेन विश्व में हिन्दी का मुख्य केन्द्र बन गया है। बच्चों से लेकर बड़ों तक के रंगबिरंगे हिन्दी के कार्यक्रमों से ब्रिटेन जगमगा रहा है। प्रवासी हिन्दी लेखन भी विश्व हिन्दी जगत में स्थापित होता जा रहा है। मैं मानता हूँ कि डॉ. लक्ष्मीमल्ल सिंघवी एवं कमला सिंघवी जी ने ब्रिटेन को हिन्दी का जो स्वर्णिम युग दिया, वह विश्व में हिन्दी जगत के इतिहास को सबसे महत्त्वपूर्ण भेंट है।

दिसम्बर, 2007 : विश्व में हिन्दी-12

ब्रिटेन में हिन्दी की जोड़ियाँ

ब्रिटेन के हिन्दी इतिहास में 90 का दशक हिन्दी का स्वर्णिम युग रहा है। इस युग को जन्म दिया डॉ. लक्ष्मीमल्ल सिंघवी एवं कमला सिंघवी की प्रेरणादायी जोड़ी ने। मुझे याद है डॉ. वेद प्रताप वैदिक जी के वे शब्द, जब वे सन् 1993 में लन्दन आये थे तो एक कार्यक्रम में बोले कि भारत सरकार ने ब्रिटेन में भारत के एक नहीं दो राजदूत भेजे हैं। डॉ. सिंघवी जी के साथ कमला जी की सक्रियता ब्रिटेन में नया इतिहास रचेगी।

सच ही कहा था डॉ. वैदिक जी ने, हम सबको इस जोड़ी के साथ बहुत नज़दीक से काम करने का अवसर मिला। जहाँ एक ओर डॉ. सिंघवी जी का हमें प्रत्येक हिन्दी के कार्यक्रम में संरक्षण एवं मार्गदर्शन मिलता वहीं दूसरी ओर कमला जी हमारे आयोजनों में अक्सर समय से थोड़ा पहले आ जातीं और व्यवस्था के निर्देशन में मदद करतीं।

कमला जी ने ब्रिटेन के समस्त हिन्दी प्रेमियों के लिए अपने घर के दरवाज़े सदा खुले रखे और सच्चे मायने में भारतीय उच्चायुक्त के निवास को ब्रिटेन में हिन्दी का मुख्य केन्द्र बना दिया।

कमला जी एवं सिंघवी जी को आदर समर्पित करते हुए डॉ. रूपर्ट स्नेल, डॉ. सिंघवी को कमलापति सिंघवी कहने लगे थे। हमारी पत्रिका 'पुरवाई' हो या फिर हिन्दी सम्मेलन के आयोजन, हमारे संरक्षक दोनों ही होते और साथ-साथ पूरे प्रेमभाव के साथ भाग लेते। कमलापति सिंघवी की ही प्रेरणा से ब्रिटेन देश हिन्दी की अनेक ऐसी जोड़ियों से समृद्ध हुआ जिससे आज वह विश्व में हिन्दी का मुख्य केन्द्र बन गया है।

लन्दन के हमारे सहयोगी के.बी.एल. सक्सेना एवं उषा राजे जी को कौन नहीं जानता? उषा जी ने जहाँ बहुत कम समय में न केवल अपने रचनात्मक लेखन को हिन्दी की मूल धारा से जोड़ा और प्रतिष्ठित किया अपितु ब्रिटेन की हिन्दी को अपने अनेक लेखों एवं ब्रिटेन के कहानीकारों के संग्रह 'मिट्टी की सुगन्ध' तथा ब्रिटेन में हिन्दी के इतिहास पर पुस्तक से विश्व में ब्रिटेन के हिन्दी जगत को प्रतिष्ठा दिलायी।

सक्सेना साहब ने पर्दे के पीछे से यू.के. हिन्दी समिति के आयोजनों के अनेक प्रबन्ध अपने हाथ में ले लिए। हिन्दी के अन्तरराष्ट्रीय आयोजनों में बाहर से आये अतिथियों का आतिथ्य हो या फिर पुरवाई के वितरण की व्यवस्था, कोई भी सामाजिक काम इस व्यक्ति के लिए छोटा नहीं है। सबसे बड़ी विशेषता सक्सेना साहब की यह है कि किसी प्रेस विज्ञप्ति में या फिर मंच के धन्यवाद ज्ञापन में यदि इनका नाम नहीं है तो माथे पर शिकायत की एक शिकन भी देखने को नहीं मिलती बल्कि वे मुझे पीछे से आकर किसी और का नाम याद ही दिला देते हैं जो कभी भूल से छूट गया हो। सामाज़िक कार्यों के प्रति ऐसा समर्पण कम ही देखने को मिलता है।

बर्मिंघम की चित्रा कुमार भी ऐसी ही एक विभूति हैं जिन्हें मैं मंच नहीं मंच का निर्माता कहूँगा। डॉ. कृष्ण कुमार एवं चित्रा जी गीतांजलि समुदाय, बर्मिंघम के संस्थापक हैं। गीतांजलि आज ब्रिटेन में भारतीय भाषाओं के प्रचार एवं प्रसार की सर्वाधिक सक्रिय संस्था है। कुमार दम्पती की सबसे बड़ी विशेषता यह है, इन्होंने मिडलैंड्स में न केवल हिन्दी के अनेक लेखक और कार्यकर्ताओं की सेना बना ली है अपितु अपने जैसे कुछ दम्पतियों को भी भारतीय भाषाओं के प्रचार से जोड़ लिया है।

नॉटिंघम के डॉ. महिपाल वर्मा एवं डॉ. जय वर्मा ने गीतांजलि टेंट संस्था के माध्यम से नॉटिंघम क्षेत्र में हिन्दी साहित्य के नये आन्दोलन को आवाज़ दे दी है। पिछले तीन वर्षों में विश्व के हिन्दी नक़्शे पर नॉटिंघम शहर को देखा जा सकता है। जय जी अपनी कविताओं और लेखों के द्वारा हिन्दी जगत में अपनी पहचान बना रही हैं। पिछले वर्ष मास्को के हिन्दी सम्मेलन तथा इस वर्ष न्यूयॉर्क के विश्व हिन्दी सम्मेलन में इस जोड़ी ने सक्रिय प्रतिभागिता की। जय जी ने नॉटिंघम में हिन्दी के साहित्यिक अभियान का जो रथ चलाया है, महिपाल जी उस रथ के ख़ामोश सारथी हैं।

सन् 2000 में भारतीय उच्चायोग में हिन्दी एवं संस्कृति अधिकारी के रूप में नियुक्ति हुई श्री अनिल शर्मा जी की और उनके साथ इस देश में पदार्पण हुआ

श्रीमती सरोज शर्मा जी का। इस अद्भुत दम्पती के योगदान की बात आरम्भ करने के लिए मुझे लेख नहीं पुस्तक लिखनी होगी। सरलता, सहजता और आत्मीयता की परिभाषा इस दम्पती ने चार वर्षों में ब्रिटेन की हिन्दी को बच्चे-बच्चे से जोड़ दिया। हिन्दी ज्ञान प्रतियोगिता और हिन्दी एवं अंग्रेज़ी की द्विभाषीय प्रत्रिका प्रवासी टुडे को जन्म दे कर इन्होंने जैसे ब्रिटेन के हिन्दी अभियान को सम्पूर्णता का मार्ग दिखा दिया।

हम अपने आयोजनों में भारत सरकार के हिन्दी अधिकारी को बुलाते और अपने साथ दो अत्यन्त कर्मठ कार्यकर्ताओं को पाते। भारत लौटने के बाद भी अनिल जी और सरोज जी ब्रिटेन के समस्त हिन्दी परिवारों के साथ स्वयं को जोड़े हुए हैं।

लन्दन की संस्था कथा यू.के के संस्थापक श्री तेजेन्द्र शर्मा एवं नैना शर्मा ने भारत एवं ब्रिटेन के कहानीकारों को महत्त्वपूर्ण मंच दिया है। मैं मानता हूँ कि जो तेजेन्द्र जी की सक्रियता से परिचित नहीं है वह हिन्दी का कार्यकर्ता नहीं है। लोकप्रिय कहानीकार, कवि, पत्रकार होने के साथ-साथ एक कर्मठ आयोजक के रूप में प्रख्यात तेजेन्द्र जी अपनी सम्पर्क प्रतिभा के द्वारा लोगों को जोड़ना जानते हैं। नैना जी पूरी निष्ठा के साथ तेजेन्द्र जी के कार्यों में मदद करती हैं।

यार्क के महेन्द्र किशोर वर्मा एवं उषा वर्मा ब्रिटेन की एकमात्र सक्रिय साहित्यिक जोड़ी है। दोनों का ही जीवन हिन्दी के लिए समर्पित रहा है। महेन्द्र जी पिछले कई दशकों से यार्क विश्वविद्यालय में भाषाविज्ञान पढ़ाते रहे हैं और उषा जी का लेखन किसी से छिपा नहीं है। यार्क में भारतीय भाषा संगम संस्था के माध्यम से भी आप दोनों ने वहाँ हिन्दी को जनमानस से जोड़ने का सराहनीय कार्य किया है।

लन्दन के स्व. ओंकारनाथ श्रीवास्तव एवं कीर्ति चौधरी को कौन भूल सकता है? कीर्ति जी अज्ञेय के तार सप्तक की कवयित्री हैं और स्व. ओंकार जी लब्धप्रतिष्ठ कवि होने के साथ-साथ बी.बी.सी. हिन्दी सेवा, लन्दन के अत्यन्त सम्मानित सदस्य रहे हैं। बी.बी.सी. हिन्दी सेवा, लन्दन की ही अध्यक्ष, सम्मानित कवयित्री श्रीमती अचला शर्मा एवं परवेज़ आलम ने ब्रिटेन को कुछ अच्छे हिन्दी नाटक दिये हैं।

मैनचेस्टर की हिन्दी भाषा समिति के कर्ताधर्ता डॉ. अंजनि कुमार एवं श्यामा कुमार भी उन सक्रिय जोड़ियों में से हैं, जो हर वर्ष अन्तरराष्ट्रीय हिन्दी कवि सम्मेलनों के माध्यम से मैनचेस्टर के इलाक़े में हिन्दी का ध्वज फहराये हुए हैं।

मिडलैंड्स में कृति यू.के. के अध्यक्ष डॉ. नरेन्द्र अग्रवाल एवं प्रतिष्ठित लेखिका श्रीमती शैल अग्रवाल की जोड़ी हिन्दी के आयोजनों से लेकर हिन्दी की वेबसाइट

तक के कार्यों में लगी हुई है। श्रीमती स्वर्ण तलवार एवं कृष्ण तलवार की जोड़ी भी बर्मिंघम में अत्यन्त सक्रिय है।

हाल ही में लन्दन के नेहरू केन्द्र में भारत से आयी केन्द्र की निदेशक श्रीमती मोनिका मोहता एवं हिन्दी के प्रतिष्ठित कवि डॉ. मधुप मोहता ने ब्रिटेन की हिन्दी गतिविधियों में भाग लेना एवं संस्थाओं का मार्गदर्शन करना आरम्भ किया है एवं हमें इस दम्पती से बहुत उम्मीदें हैं।

अंग्रेज़ी की एक प्रचलित कहावत है, "चैरिटी स्टार्ट्स फ्रॉम होम" ब्रिटेन की इन सक्रिय हिन्दी जोड़ियों को देख कर वास्तव में लगता है कि जो संस्थाएँ और अभियान परिवार से शुरू होते हैं, वे अपने उद्देश्यों में विशेष सफलता अर्जित करते हैं। मुझे विश्वास है कि ब्रिटेन की ये हिन्दी जोड़ियाँ सिर्फ़ ब्रिटेन ही नहीं अपितु विश्व के अनेक दम्पतियों की प्रेरणा रहेंगी।

जनवरी, 2008 : विश्व में हिन्दी-13

प्रवासी हिन्दी उत्सव : एक सशक्त सेतु

भारतीय डायस्पोरा के भारतवंशी समाज को भारत से जोड़ने के लिए प्रवासी भारतीय दिवस के आयोजन को समस्त प्रवासी भारतीयों ने हृदय से सराहा। पहले दो प्रवासी भारतीय दिवस दिल्ली में आयोजित हुए और मुझे उसमें भाग लेने का अवसर प्राप्त हुआ। सम्मेलन में विश्व के विभिन्न देशों के भारतीय समाज से मिलने एवं भारत में निवेश सम्बन्धी अनेक सत्रों के बीच मैं अपने ही देश में अपनी भाषा को ढूँढ़ता रहा।

मैं मानता हूँ कि अंग्रेज़ी भारत के लिए आज अत्यन्त महत्त्वपूर्ण भाषा है परन्तु प्रवासी भारतीय दिवस जैसे आयोजन में जिसका उद्देश्य भारतवंशी समाज को भारत से जोड़ना है, उसमें हिन्दी या किसी भी भारतीय भाषा की कमी अनेक लोगों को खली।

उसी दौरान अक्षरम् संस्था ने दिल्ली में प्रवासी हिन्दी कवि सम्मेलन का आयोजन कर भारत सरकार की इस कमी को किसी हद तक पूरा किया। विदेशों से आये हिन्दी प्रेमियों को अपनी भाषा में एक रंगारंग शाम मिली।

श्री राजेश चेतन, गजेन्द्र सोलंकी एवं विमल कुमार सिंह जैसे हिन्दी के सेनानियों ने अक्षरम् के माध्यम से दो वर्षों तक प्रवासी कवि सम्मेलन कराए और उसके बाद

नरेश शांडिल्य तथा अनिल जोशी ने इसे प्रवासी हिन्दी उत्सव का रूप दे दिया। अब प्रवासी भारतीय दिवस के साथ सिर्फ़ एक कवि सम्मेलन ही नहीं बल्कि हिन्दी का तीन दिवसीय सम्मेलन भी होता है।

एक स्वैच्छिक संस्था होते हुए भी किसी भी सरकारी आयोजन से अधिक संख्या में वक्ताओं और विश्व के अनेक देशों के श्रोताओं को प्रतिवर्ष दिल्ली में एकत्रित कर अक्षरम् संस्था सही मायने में प्रवासी भारतीयों को भारत से जोड़ने का अत्यन्त सशक्त सेतु बन गयी है। अपनी प्रतिबद्धता एवं सक्रियता से अक्षरम् ने विदेश मन्त्रालय के हिन्दी विभाग एवं आई.सी.सी.आर. को भी प्रवासी हिन्दी उत्सव से जोड़ लिया है।

सबसे महत्त्वपूर्ण बात यह है कि प्रवासी हिन्दी उत्सव में सिर्फ़ कवि सम्मेलन या सम्मान समारोह करा कर अक्षरम् का उद्देश्य वाहवाही लूटना नहीं है अपितु वो इस उत्सव में साहित्य के अलावा अत्यन्त आवश्यक और व्यावहारिक विषयों पर परिचर्चाएँ करा के प्रवासी और निवासी भारतीयों के हृदय, विचार और सोच को मानसिक विस्तार प्रदान करती है।

'अक्षरम्' द्वारा आयोजित प्रवासी भारतीय उत्सव में मुझे सदैव अपनत्व एवं आत्मीयता का अहसास मिला है। प्रतिवर्ष एक ऐसा आयोजन जिसमें प्रवासी मन के उद्गार व्यक्त किये जाते हैं और खुल कर बातचीत की जाती है।

पिछले वर्ष प्रवासी हिन्दी उत्सव में ब्रिटेन के डॉ. निखिल कौशिक की फ़िल्म एवं कनाडा के प्रवासी लेखक द्वारा रचित नाटक की दिल्ली में प्रस्तुति करा कर अक्षरम् ने यह साबित कर दिया कि प्रवासी हिन्दी उत्सव का उद्देश्य प्रवासी भारतीयों के परिश्रम, उनके योगदान एवं उपलब्धियों को भारत के समक्ष रखना भी है।

सेतु तो बना दिया, अब उस पर आवागमन भी जारी रहे। इस बात का पूरा ख़याल रखते हुए आज वैश्वीकरण के युग में अक्षरम् संस्था द्वारा आयोजित प्रवासी हिन्दी उत्सव हर उस प्रवासी भारतीय के लिए किसी महायज्ञ से कम नहीं है जो इस बात में विश्वास रखता है कि भाषा ही संस्कृति की संवाहिका है और बिना हिन्दी या किसी अन्य भारतीय भाषा के भारतवंशी समाज की नयी पीढ़ी को भारत से जोड़ा नहीं जा सकता है। हिन्दी के वैश्वीकरण हेतु इस महत्त्वपूर्ण आयोजन 'प्रवासी हिन्दी उत्सव' को नमन।

फ़रवरी, 2008 : विश्व में हिन्दी-14

भाषा का बदलता स्वरूप

बोलचाल की भाषा में बदलाव हमेशा आता रहा है। अधिक लोगों तक पहुँचने का माध्यम वही भाषा होती है जो प्रचलित हो और अधिक से अधिक लोगों की समझ में आती है। यदि हम इतिहास के पन्नों को पलटें तो हिन्दी के बदलते स्वरूप को देखा जा सकता है। गोस्वामी तुलसीदास ने हिन्दी में अरबी-फ़ारसी के अनेक शब्दों का प्रयोग कर रामचरितमानस को जनमानस तक पहुँचाया।

आज के युग में भारत के नेता भले ही पार्लियामेंट में अंग्रेज़ी बोलें परन्तु जनसभाओं में हिन्दी का ही प्रयोग करते हैं। भारतीय फ़िल्म संसार का भी यही हाल है। उनके साक्षात्कार और समारोह ज़्यादातर अंग्रेज़ी में मिलेंगे और फ़िल्में हिन्दी में आती हैं। यह हिन्दी भी वह हिन्दी नहीं है जो किताबों में मिलती है या स्कूलों में पढ़ाई जाती है बल्कि वह हिन्दी है जो समाज में रोज़ाना जीवन में बोली जाती है।

भाषा के बदलते स्वरूप को सिर्फ़ हिन्दी ही नहीं बल्कि विश्व में बोलचाल की सभी भाषाओं में देखा जा सकता है। यदि हम अंग्रेज़ी को देखते हैं तो शेक्सपियर की अंग्रेज़ी सिर्फ़ अंग्रेज़ी के अध्यापकों और भाषाविद् लोगों की ही समझ में आती है। इंग्लैंड में राजघराने की अंग्रेज़ी भी जनमानस की अंग्रेज़ी से अलग है।

आज भाषा को लेकर इंग्लैंड और अमेरिका में सबसे गरमागरम विषय है टीनएजर्स की अंग्रेज़ी। उनकी अंग्रेज़ी का ये हाल है कि बच्चों की बातें उनके माता-पिता की समझ में भी नहीं आती हैं। किशोरों द्वारा बोली जाने वाली इस अंग्रेज़ी को टीनग्लिश कहा जाता है। इस समस्या को ध्यान में रखते हुए 'टीनग्लिश डिक्शनरी' का आविष्कार किया गया है जिससे माता-पिता को अपने बच्चों से संवाद करने में आसानी हो सके।

कुछ समय पहले खेल जगत के शब्द भाषा पर हावी हो रहे थे और नये मुहावरों को जन्म दे रहे थे। क्रिकेट का खेल लें तो उसके शब्दों का इस्तेमाल हम अपने संवाद में मज़े से करते थे जैसे 'क्या गुगली फेंकी है' और 'आपकी बात बाउंसर हो गयी' वग़ैरह-वग़ैरह। ब्रिटेन के हमारे सहयोगी एवं मित्र श्री बृज गोयल ने अपनी एक हास्य रचना में टेनिस के खेल में 'लव से हारने' का प्रयोग अत्यन्त रोचकता से किया है।

मेरे विचार में आज के युग में भाषा के बदलते हुए स्वरूप में टेक्नोलॉजी का बहुत बड़ा हाथ है। वे नये शब्द और नाम जो आये दिन नये-नये गैजेट्स और उनके

प्रयोग में आविष्कृत हो रहे हैं, उनके इस्तेमाल हमारी रोज़मर्रा की ज़िन्दगी में भी प्रवेश कर रहे हैं और नये मुहावरों और कहावतों को भी जन्म दे रहे हैं।

यदि कम्प्यूटर को ही लिया जाये तो 'लॉक कर देते हैं', 'ब्राउज़ कर के देखते है', 'दिमाग़ की फ़ाइल में सेव है' और 'दिमाग़ से डिलीट हो गया' जैसे नये मुहावरे रोज़ प्रयोग में लाए जाते हैं। सिर्फ़ बोलने में ही नहीं लेखन में भी ईमेल एवं मोबाइल फ़ोन पर टेक्स्ट सन्देश में शब्दों को छोटा कर के जिस तरह से लिखा जा रहा है उससे भाषा का स्वरूप बदल रहा है। बोलचाल में ही नहीं बल्कि आज कविताओं एवं कहानियों में भी इस बदलते स्वरूप की झलक देखी जा सकती है।

दिलचस्प बात यह है कि टेक्नोलॉजी की इस नयी शब्दावली का प्रयोग विश्व की समस्त भाषाओं में, ऐसी ही कहावतों में और इन्हीं अर्थों में पाया जा रहा है। इन नयी शब्दावलियों का प्रयोग हर भाषा के रचनात्मक लेखन में हो रहा है। सम्भवत: हमें मान लेना चाहिए कि हमारे भविष्य के साहित्य की भाषा का स्वरूप बहुत नया होगा।

मार्च, 2008 : विश्व में हिन्दी-15

ब्रिटेन के हिन्दी समुदाय को भारतीय उच्चायोग लन्दन द्वारा मान्यता

भारत से बाहर विदेशों में एक भवन जो उस देश में रहने वाले प्रत्येक भारतीय मूल के नागरिकों को आकर्षित करता है वह है भारतीय दूतावास। हर पहर, हर मौसम में अपनी इमारत के माथे पर तिरंगा लहराते हुए वह प्रवासी भारतीयों को भारत की याद दिलाता रहता है। भारतीय दूतावास के कार्यक्रमों में जाना उसके लिए सदैव गर्व का विषय होता है।

लन्दन का भारत भवन भी अपने आँचल में एक सुन्दर और सशक्त इतिहास रखता है। समय-समय पर इस भारतीय उच्चायोग ने ब्रिटेन में रहने वाले प्रवासी भारतीयों को अलग-अलग रूप में संरक्षण प्रदान किया है। उच्चायुक्त से लेकर अधिकारी बदलते रहे परन्तु प्रवासी भारतीय परिवार का भारतीय उच्चायोग से रिश्ता सदैव मज़बूत रहा है।

पिछले 20 वर्षों से मैं लन्दन के भारत भवन का नियमित विज़िटर हूँ और मैंने पाया कि ब्रिटेन में भारत के उच्चायुक्त से लेकर मन्त्री समन्वय, कमर्शियल विंग और प्रेस सेक्शन नियमित रूप से कोई न कोई ऐसा आयोजन करते रहते हैं जो प्रवासी भारतीयों को भारतीय उच्चायोग से जोड़े रखता है।

कभी किसी बड़े भारतीय मन्त्री के स्वागत का कार्यक्रम तो कभी दीवाली, ईद और बैसाखी जैसे भारतीय त्योहारों और स्वतन्त्रता एवं गणतन्त्र दिवस के उपलक्ष्य में भारत भवन लन्दन में प्रवासी भारतीयों के बड़े समुदाय को अत्यन्त उल्लासपूर्ण वातावरण में देखा जा सकता है।

डॉ. लक्ष्मीमल्ल सिंघवी जी के कार्यकाल में उनके निवास में हिन्दी की नियमित गतिविधियों ने जन्म लिया। हिन्दी के नियमित कार्यक्रम आज भी भारत भवन की आभा बने हुए हैं। हिन्दी के वार्षिक कवि सम्मेलन तो भारत भवन में होते ही थे परन्तु पिछले वर्ष से विश्व हिन्दी दिवस के सुअवसर पर भी भारत भवन ने ब्रिटेन के प्रवासी हिन्दी समुदाय को न केवल भारत भवन से जोड़ना आरम्भ किया है परन्तु उन्हें सम्मानित करने की नयी परम्परा से उनके कार्यों एवं उपलब्धियों को मान्यता देना भी शुरू कर दिया है।

भारतीय उच्चायोग जो एक कैटेलिस्ट की भूमिका निभाता था अब वह सक्रिय रूप से भी सामने आने लगा है। सम्भवत: भारत सरकार ने अपनी नीति में कुछ परिवर्तन किया है। जब 1999 में लन्दन में विश्व हिन्दी सम्मेलन का आयोजन हुआ था, भारतीय उच्चायोग एवं विदेश मन्त्रालय पूर्ण रूप से हम आयोजकों को समर्थन तो दे रहा था परन्तु आयोजन समिति अथवा किसी भी कार्यक्रम की संचालन समिति से अपने अधिकारियों का नाम दूर रखना चाहता था। स्वागत कक्ष हो या फिर किसी मंच का संचालन, हमें भारतीय उच्चायोग से यही हिदायत दी गयी थी कि भारत सरकार के मन्त्री से लेकर उच्चायुक्त तक, सभी मुख्य अतिथि के रूप में ही सम्मिलित होंगे। उसके बाद सूरीनाम एवं न्यूयॉर्क में हमें आयोजन के सामने एवं पीछे, दोनों ही स्थान पर भारत सरकार के अधिकारी ही नज़र आये।

विश्व हिन्दी दिवस पर भारत भवन में सम्मान समारोह का आयोजन, ब्रिटेन के हिन्दी लेखक संघ के संयोजक के रूप में भारतीय उच्चायोग के हिन्दी एवं संस्कृति अधिकारी एवं हिन्दी ज्ञान प्रतियोगिता के चयनित छात्रों को उच्चायोग के परिसर में पुरस्कृत करना इस नीति परिवर्तन की महत्त्वपूर्ण उपलब्धियाँ हैं।

भारतीय उच्चायोग एवं दूतावास विदेशी भूमि पर भारत सरकार का प्रतिनिधित्व करते हैं तथा उनके द्वारा दिया गया कोई भी सम्मान प्रवासी भारतीय के लिए सर्वोच्च सम्मान है। किसी भी सम्मान का स्तर जितना सम्मान देने वाले से बनता है, उससे अधिक उसका स्तर सम्मान प्राप्त करने वाले उस व्यक्ति से बनता है जिसका चयन किया जाता है। किसी भी सम्मान की असली गरिमा चयन समिति के सदस्यों के निर्णयों पर निर्भर करती है।

मुझे आशा है कि ब्रिटेन के हिन्दी समुदाय के लिए शुरू हुआ यह सर्वोच्च सम्मान अपनी पारदर्शिता और निष्पक्षता के साथ आगे बढ़ता रहेगा। पिछले दो वर्षों से भारतीय उच्चायोग द्वारा दिये जाने वाले इन पुरस्कारों की परिकल्पना की मैं प्रशंसा करता हूँ और ब्रिटेन के हिन्दी समुदाय को प्रोत्साहन देने के इस महत्त्वपूर्ण क़दम का मैं स्वागत करता हूँ।

चयनित आलेख और वक्तव्य

सितम्बर, 1999

छठे विश्व हिन्दी सम्मेलन 1999 तक की मेरी अनुभव यात्रा

हिन्दी साहित्य के माहौल में मेरा जन्म हुआ। लखनऊ के जिस आँगन में बचपन बीता उसके चारों ओर दोहों की तख्तियाँ लगी हुई थीं। मेरे पिता डॉ. दाऊजी गुप्त का साहित्यकार होना और घर में अक्सर गोष्ठियों के आयोजन मेरे हृदय में हिन्दी साहित्य के प्रति आदर एवं प्रेम की नींव रखते रहे। परन्तु अंग्रेज़ी एवं फ्रेंच माध्यम में पढ़ने के उपरान्त फ्रांस से जब लन्दन आया और व्यापार की दुनिया में संघर्ष करने लगा, हिन्दी साहित्य से कोई विशेष जुड़ाव न रहा, हाँ क़लम अवश्य काग़ज़ को कभी-कभी कविताओं से रंग देती।

लन्दन में भारतीय परिवारों से घनिष्ठता एवं मित्रता बढ़ती रही। नयी पीढ़ी को देख कर एक चिन्ता उभरने लगी, महसूस हुआ कि अपनी भाषा से दूर होती यह पीढ़ी भारतीय परम्पराओं, भारतीय सभ्यता, भारतीय संस्कृति की नींव तो दूर उसकी शाख को भी नहीं छू पा रही, भारतीयों की नयी पीढ़ी जो विदेशों में जन्म ले रही है सम्भवत: अपने को भारतीय मूल का कहने से भी इनकार कर दे, और भारत भविष्य की एक शिक्षित, सम्पन्न एवं सुनहरी पीढ़ी को खो दे। मैंने महसूस किया कि अपनी भाषा ही अपनी संस्कृति एवं सभ्यता की संवाहिका है और मेरे मन में हिन्दी के लिए कुछ करने की इच्छा उभरने लगी।

मैंने लन्दन में हिन्दी के अध्यापक श्री प्रेमचन्द सूद के नेतृत्व में हिन्दी समिति की स्थापना की। कुछ और भारतीय परिवारों के साथ हिन्दी के कुछ अंग्रेज़ विद्यार्थी भी हमसे जुड़े। सितम्बर, 1990 को भारत से पधारे विश्वात्मा बावरा जी महाराज के कर कमलों द्वारा हिन्दी समिति का उद्‌घाटन हुआ। इसी बीच पधारे भारत में हिन्दी के प्रचार-प्रसार के स्तम्भ श्री वेद प्रताप वैदिक। वे मेरे ही निवास पर ठहरे और उनके सान्निध्य से मुझे काफ़ी प्रेरणा एवं मार्गदर्शन मिला।

मैं लन्दन में 'हिन्दी' नाम से एक पत्र निकालने लगा। आरम्भ में इसे भारत से छपवाता फिर अपने कम्प्यूटर पर निकालने लगा। लन्दन के एक कार्यक्रम में मेरी भेंट हुई भारतीय उच्चायोग के हिन्दी अधिकारी डॉ. सुरेन्द्र अरोड़ा से। सुरेन्द्र जी ने सर्वप्रथम मेरे अन्दर सो रही कविता को जगाया और मेरा प्रथम काव्य संकलन 'आकृति' प्रकाशित हुआ।

इस बीच मेरी मुलाक़ात हुई श्री के.बी.एल. सक्सेना एवं उषा राजे सक्सेना जी से। उषा राजे के अन्दर कविता एवं साहित्य किसी साहित्यिक मंच की प्रतीक्षा कर रहा था। यह दम्पती भी हिन्दी समिति से जुड़ गया। उसी दौरान लन्दन में भारतीय उच्चायुक्त के रूप में नियुक्ति हुई डॉ. लक्ष्मीमल्ल सिंघवी जी की। सिंघवी जी का संरक्षण प्राप्त होते ही हम हिन्दी प्रेमियों में उत्साह एवं लगन की नयी लहर दौड़ गयी।

1992 में मैनचेस्टर की एक संस्था इंडिया सोसाइटी ने सिंघवी जी के संरक्षण में प्रथम अन्तरराष्ट्रीय हिन्दी सम्मेलन का आयोजन किया। इसमें भारत से नीरज जी, पद्मा सचदेव, कन्हैया लाल नन्दन समेत अनेक साहित्यकारों ने तथा योरोप से मनोहर पाण्डेय, रूपर्ट स्नेल, मारया नेज्येसी, सुरेश चन्द्र शुक्ल आदि ने भाग लिया। मैंने दो सत्रों में सह-अध्यक्षता की तथा 'हिन्दी–भारतीय सभ्यता एवं संस्कृति की संवाहिका' विषय पर अपना आलेख प्रस्तुत किया।

इस सम्मेलन के कुछ आयोजकों जिनमें डॉ. रंजीत सुमरा, राम पाण्डेय, डॉ. गौतम का नाम उल्लेखनीय है, ने डॉ. सिंघवी के प्रस्ताव पर 'अहिंसम भारतीय' संस्था का गठन किया। मैं संस्थापक सदस्य के रूप में इस संस्था से जुड़ा। 1993 में विराट कवि सम्मेलन का आयोजन मैनचेस्टर एवं लन्दन में हुआ। इस सम्मेलन में ज्ञानपीठ पुरस्कार विजेताओं को सम्मानित भी किया गया। डॉ. कन्हैया लाल नन्दन जी के संचालन ने इस कवि सम्मेलन को अभूतपूर्व गरिमा प्रदान की।

उसके बाद हिन्दी दिवस के अवसर पर वार्षिक कार्यक्रमों एवं समय-समय पर गोष्ठियों के दौर चलने लगे। विराट कवि सम्मेलनों के आयोजनों ने लन्दन के प्रवासी भारतीयों एवं हिन्दी प्रेमियों को हिन्दी साहित्य से जोड़ना आरम्भ कर दिया। उषा राजे, बृज गोयल, के.बी.एल. सक्सेना, दिव्या माथुर, उषा गोयल, जावेद हुसैन, प्रीति गुप्ता, तथा अन्य कई हिन्दी प्रेमियों ने मेरे साथ हिन्दी समिति की कमान सँभाली और इस दिशा में हिन्दी के इतिहास का नया अध्याय आरम्भ हो गया।

छठे विश्व हिन्दी सम्मेलन का आयोजन ऐसे समय हुआ जब पूरा पश्चिम जगत मिलेनियम यानी सहस्राब्दियों के स्वागत की तैयारी में लगा हुआ था। ऐसे समय छठे विश्व हिन्दी सम्मेलन को लन्दन, जो केवल ब्रिटेन ही नहीं अपितु पश्चिम जगत की राजधानी कहा जा सकता है, में आयोजित करने के हमारे प्रस्ताव, हमारे संकल्प, हमारी योजना का विश्व के समस्त भारतीय साहित्य प्रेमियों ने हृदय से स्वागत किया।

पिछले विश्व हिन्दी सम्मेलनों के आयोजन भारत, मॉरीशस एवं त्रिनिदाद में किये गये हैं। वहाँ भारतीय मूल के लोगों का वर्चस्व है। परन्तु ब्रिटेन तो अंग्रेज़ों का देश है। यहाँ की राजभाषा एवं सम्पर्क भाषा अंग्रेज़ी ही है। ब्रिटेन में रहने वाले भारतीयों का अपनी मातृभाषा के प्रति अपार प्रेम का परिणाम है कि आज ब्रिटेन की बहुराष्ट्रीय कम्पनियाँ जैसे ब्रिटिश टेलीकॉम एवं एस.एम.ए. मिल्क तथा अनेक काउंसिल एवं बार अपने विज्ञापन हिन्दी एवं अन्य भारतीय भाषाओं में कर रहे हैं। यहाँ तक कि अनेक स्कूल, कॉलेज एवं विश्वविद्यालयों में हिन्दी पढ़ाई जा रही है। परन्तु पिछले कुछ वर्षों से यह चिन्ता भारत मूल के निवासियों को अवश्य सता रही है कि यहाँ हिन्दी के विद्यार्थियों में कुछ कमी आ रही है और इस विषय को लेकर कई जागरूक संस्थाएँ इस विचार से इस प्रयास में लग गयी हैं कि अपनी भाषा ही हमारी संस्कृति की संवाहिका है अत: हमें अपने बच्चों को भारतीय भाषाएँ पढ़ानी चाहिए। इसी परिप्रेक्ष्य में छठे विश्व हिन्दी सम्मेलन का मुख्य विषय 'हिन्दी एवं भावी पीढ़ी' रखा गया।

लन्दन शहर की एक विशेषता यह भी है कि वहाँ होने वाली प्रत्येक गतिविधि पर पूरा विश्व नज़र रखता है, चाहे व्यापारिक दृष्टि से देखिए या मीडिया के फैले नेटवर्क सिस्टम की निगाह से, लन्दन विश्व में विशेष महत्त्व रखता है और इसी कारण लन्दन में विश्व हिन्दी सम्मेलन होने से हमारा सन्देश, हमारे विचार दुनिया भर में गये।

अंग्रेज़ों के भारत छोड़ने के उपरान्त 1949 में पूरे भारत से एक स्वर में यह आवाज़ उठी कि हिन्दी ही को राजभाषा का दर्जा दिया जाये। चाहे वे बंगाल के अरविन्दो घोष हों या पंजाब के लाला लाजपत राय, चाहे गुजरात के महात्मा गांधी हों या मद्रास के राजगोपालाचारी हों, सभी ने हिन्दी को भारत की राजभाषा पद की अधिकारिणी कहा। स्वतन्त्रता आन्दोलन की सम्पर्क भाषा भी हिन्दी ही थी। सुभाष चन्द्र बोस द्वारा विदेश में निर्मित आज़ाद हिन्द फ़ौज का सारा कार्य हिन्दी में ही होता था। जिसे जर्मनी तथा जापान जैसे देशों ने भारत की निर्वासित सरकार एवं भारत की राष्ट्रभाषा के रूप में मान्यता दे दी थी।

दिनांक 14 सितम्बर, 1999 को हमने राजभाषा हिन्दी की स्वर्ण जयन्ती वर्ष का उद्घाटन उसी देश की राजधानी लन्दन में किया जिसने 200 वर्षों तक भारत पर शासन किया और अपनी भाषा एवं संस्कृति से भारत पर गहरा प्रभाव छोड़ा है।

हम इस सत्य से भी इनकार नहीं कर सकते कि ब्रिटेन के मैक्समुलर, सिलवा लेवी, स्लेगन, कीथ तथा कामिल बुल्के जैसे भारतीय भाषाओं के विद्वानों ने भारतीय साहित्य को जो कुछ दिया है वह किसी से छिपा नहीं हैं। वे अंग्रेज़ ही थे जिन्होंने जायसी, सूर, तुलसी की खोज कर उन्हें प्रकाशित कर भारत का उस स्वर्णिम साहित्य से श्रृंगार किया। पीताम्बर दत्त बड़थ्वाल को हिन्दी में डी.लिट्. की डिग्री देने वाला भी इंग्लैंड का विश्वविद्यालय था। ब्रिटेन एवं भारत की साहित्यिक एवं आध्यात्मिक मित्रता हमें इस बात के लिए और अधिक प्रेरित करती रही कि हम विश्व हिन्दी सम्मेलन जैसे आयोजन से इस ऐतिहासिक मित्रता का सम्मान एवं अभिनन्दन करें।

भारत से सम्बन्धित साहित्य एवं शोध सम्बन्धी सामग्री आज भी लन्दन के इंडिया हाउस की लाइब्रेरी में उपलब्ध है। यू.के. में भारत के उच्चायुक्त डॉ. लक्ष्मीमल्ल सिंघवी के संरक्षण में 1992 एवं 1997 में दो अन्तरराष्ट्रीय हिन्दी सम्मेलन के आयोजन हुए जिसमें भारत तथा योरोप के मूर्धन्य साहित्यकारों ने भाग लिया। हिन्दी समिति यू.के., गीतांजलि बहुभाषीय साहित्यिक समुदाय, भारतीय भाषा संगम एवं अहिंसम भारतीय जैसी संस्थाएँ पिछले कई वर्षों से अन्तरराष्ट्रीय स्तर के कवि सम्मेलनों के आयोजनों से हिन्दी के प्रचार एवं प्रसार में लगी हुई हैं। 1992 से 1998 तक भारतीय उच्चायोग में तत्कालीन हिन्दी अधिकारी डॉ. सुरेन्द्र अरोड़ा का योगदान भी हिन्दी के प्रचार-प्रसार में अविस्मरणीय है।

लन्दन में 'पुरवाई' पत्रिका एवं यू.के. के हिन्दी कवियों के कविता संकलन 'दूर बाग में सोंधी मिट्टी' के द्वारा मुझे प्रवासी भारतीय साहित्यकारों एवं भारतीय साहित्य से जुड़ी विभूतियों के निकट आने का अवसर मिला, मुझे यह महसूस हुआ कि आज जो साहित्य भारत के बाहर जन्म ले रहा है, यदि उसकी परवरिश भारत स्वयं करे, भारत के साहित्यकारों का उसे संरक्षण प्राप्त हो तो भारतीय साहित्य को एक नया आयाम ही नहीं मिलेगा बल्कि उसमें विश्व भर के साहित्यिक एवं आध्यात्मिक विचारों का दर्शन भी मिलेगा।

हमने लन्दन में इस आयोजन के माध्यम से विश्व के भारतीय भाषाओं के साहित्य के प्रति एक नव जागृति को जन्म देने का प्रयास किया। हम दुनिया भर में

फैले भारतीय मूल के लोगों को हिन्दी के महत्त्व, उसकी विशेषताओं को बताना चाहते हैं ताकि केवल ब्रिटेन ही नहीं अपितु पश्चिम जगत के समस्त देशों का प्रत्येक विश्वविद्यालय, कॉलेज एवं स्कूल हिन्दी के विभाग खोले।

प्रथम विश्व हिन्दी सम्मेलन 1975 में नागपुर में हुआ था। इसमें निर्णय लिया गया था कि संयुक्त राष्ट्र में हिन्दी को आधिकारिक भाषा के रूप में स्थान दिया जाये तथा वर्धा में 'विश्व हिन्दी पीठ' की स्थापना हो। द्वितीय विश्व हिन्दी सम्मेलन के अवसर पर मॉरीशस में यह तय हुआ कि वहाँ एक 'विश्व हिन्दी केन्द्र' की स्थापना हो तथा एक अन्तरराष्ट्रीय पत्रिका का प्रकाशन किया जाये। इसी प्रकार तृतीय, चतुर्थ एवं पाँचवें विश्व हिन्दी सम्मेलनों में हिन्दी को अन्तरराष्ट्रीय भाषा का रूप प्रदान करने की योजनाओं पर महत्त्वपूर्ण निर्णय लिये गये।

अब तक संयुक्त राष्ट्र में हिन्दी को मान्यता नहीं मिली है, अनेक अन्तरराष्ट्रीय संस्थाओं में हिन्दी को स्थान नहीं दिया गया है, जिसका परिणाम है कि विश्व की श्रेष्ठतम भाषा हिन्दी के किसी साहित्यकार को अब तक नोबल पुरस्कार नहीं मिला है। लन्दन में विश्व हिन्दी सम्मेलन के आयोजन से विश्व स्तरीय संस्थाओं ही नहीं अन्तरराष्ट्रीय स्तर के प्रकाशकों की निगाह भी हिन्दी साहित्य पर पड़ी। इस सम्मेलन के द्वारा हमने भारतीय साहित्य को अन्तरराष्ट्रीय मंच दिया। हमने छठे विश्व हिन्दी सम्मेलन के द्वारा विश्व की प्राचीनतम संस्कृति का परिचय आधुनिक संसार से कराया। मानव सभ्यता की नींव को याद दिलाने का सफल प्रयास किया।

हिन्दी समिति यू.के., गीतांजलि बहुभाषीय साहित्यिक समुदाय, बर्मिंघम एवं भारतीय भाषा संगम, यॉर्क द्वारा छठे विश्व हिन्दी सम्मेलन का आयोजन लन्दन में 14-18 सितम्बर, 1999 तक किया गया।

14 सितम्बर को लन्दन में सम्मेलन एवं भारत की राजभाषा हिन्दी की स्वर्ण जयन्ती वर्ष का उद्घाटन समारोह अत्यन्त वृहद् रूप से किया गया। इस कार्यक्रम में मॉरीशस, त्रिनिदाद, सूरीनाम एवं फिजी जैसे देशों के हिन्दी भाषी प्रधानमन्त्रियों के भी सन्देश आये। इस सुअवसर पर कबीर की छह सौवीं जयन्ती के उपलक्ष्य में कबीर के चित्र के साथ चाँदी का सिक्का भी जारी किया गया।

सम्मेलन में जापान के ओसाका विश्वविद्यालय के छात्रों द्वारा श्री मिजोकामी के नेतृत्व में हिन्दी नाटक का मंचन भी हुआ जो सम्मेलन का एक विशेष आकर्षण रहा। यू.के. के यॉर्क, लन्दन, मिडलैंड, केम्ब्रिज तथा मैनचेस्टर विश्वविद्यालयों के अलावा सोआस एवं भारतीय उच्चायोग तथा लन्दन में भारतीय उच्चायुक्त श्री ललित

मान सिंह एवं उपउच्चायुक्त श्री हरदीप पुरी जी का विशेष संरक्षण एवं सहयोग भी प्राप्त हुआ।

लन्दन स्थित नेहरू केन्द्र, भारतीय विद्या भवन तथा बर्मिंघम की सम्पद संस्था भी सम्मेलन से जुड़ी। यू.के. में यॉर्क विश्वविद्यालय के श्री महेन्द्र वर्मा सम्मेलन के चेयर अकादमिक थे तथा उनके नेतृत्व में एक पैनल ने उच्चस्तरीय लेखों को एकत्रित एवं उनका चयन किया। गीतांजलि के अध्यक्ष डॉ. कृष्ण कुमार एवं सम्मेलन समिति की उपाध्यक्षा श्रीमती उषा राजे के नेतृत्व तथा बृज गोयल, दिव्या माथुर, तितिक्षा शाह, पियाली रे एवं श्री प्रफुल्ल अमीन के सहयोग का इस शताब्दी के अन्तिम विश्व हिन्दी सम्मेलन को उत्कृष्टतम बनाने में विशेष योगदान रहा। यू.के. में इस सम्मेलन को ले कर अभूतपूर्व उत्साह दृष्टिगोचर हुआ।

हमें पूर्ण विश्वास है कि छठे विश्व हिन्दी सम्मेलन के माध्यम से पश्चिम जगत ही नहीं पूरे विश्व ने भारतीय साहित्य को देखा, सुना और समझा। नयी सदी के नव समाज के निर्माण में यह सम्मेलन महत्त्वपूर्ण भूमिका निभायेगा।

छठे विश्व हिन्दी सम्मेलन, 1999 के समापन समारोह के अवसर पर संयोजक श्री पद्मेश गुप्त का धन्यवाद ज्ञापन

परम आदरणीय वसुन्धरा राजे जी, प्रातःस्मरणीय विद्या निवास मिश्र जी, आदरणीय महामहिम श्री ललित मान सिंह जी एवं विश्व भर से पधारे साहित्यकारगण...

प्रोफ़ेसर इन्द्रनाथ चौधरी जी के समापन भाषण के साथ सारे सत्र औपचारिक रूप से समाप्त हो गये हैं। अब मैं जो कुछ कहने जा रहा हूँ वह मेरे मन की बात है। इस परिसर में उपस्थित आप सभी विद्वानों, भाषाविदों से मेरा यही अनुरोध है कि आप मेरे इस सम्बोधन को भाषा से नहीं अपितु मेरी भावनाओं से तोलें।

सर्वप्रथम मैं एयर इंडिया को धन्यवाद देता हूँ जिसने 50 प्रतिशत की छूट देकर आप में से कई साहित्यकारों को भारत से लन्दन पहुँचाने का कार्य किया।

मेरा आभार भारत की विदेश राज्य मन्त्री आदरणीया श्रीमती वसुन्धरा राजे जी को जो भारत के चुनावों की व्यस्तता के बावजूद अपना अमूल्य समय निकालकर हमारे निमन्त्रण पर यहाँ आयीं और सत्रों में भी सक्रिय रूप से भाग लिया।

मैं विशेष धन्यवाद देता हूँ यूँ.के. में भारत के उच्चायुक्त श्री महामहिम ललित मान सिंह ज़ी को जिनके संरक्षण के साथ-साथ आपका सक्रिय मार्गदर्शन भी हमें प्राप्त रहा। आपने हमारी कई समस्याओं को बड़ी विनम्रता से सुलझाया।

मैं अब जिस व्यक्ति के प्रति आभार व्यक्त करना चाहता हूँ, उनके सन्दर्भ में मुझे रामायण का वह प्रसंग याद आता है कि जब अंगद ने लंका में अपने पाँव जमा लिए और ऐलान कर दिया कि यदि कोई भी योद्धा उनका पाँव हटा ले तो वे हार मान लेंगे। लंका का कोई भी योद्धा उनका पाँव हिलाने में सफल नहीं हुआ। उसके बाद जब उनके मित्रों ने उनसे पूछा कि मान लीजिए यदि आपका पाँव हिल जाता तो क्या वाक़ई हम हार मान लेते। अंगद ने उत्तर दिया, "मैंने भगवान राम का नाम लेकर अपना पाँव जमाया था और सीता राम की पत्नी थीं। अब यह चिन्ता राम को करनी थी कि मेरा पाँव न हिले।" मैं इस प्रसंग के माध्यम से यह कहना चाहता हूँ कि अगले विश्व हिन्दी सम्मेलन के आयोजक यदि श्री हरदीप पुरी जी को आयोजन के अवसर पर बुला लें तो वे बेफ़िक्र होकर सम्मेलन कर सकते हैं, पुरी जी सारी चिन्ता अपने ऊपर ओढ़ लेंगे। श्री हरदीप पुरी जो इस समय यू.के. में भारत के उप-उच्चायुक्त हैं उनकी कार्य-क्षमता की जितनी भी सराहना की जाये कम है।

मेरा धन्यवाद ज्ञापन भारत के विदेश मन्त्रालय के श्री विश्वनाथन जी को जिन्होंने भारत में बनी छठे विश्व हिन्दी सम्मेलन की समिति एवं हमारी कार्य समिति के बीच पूरा समन्वय बनाये रखा। भारत के विदेश मन्त्रालय के उप सचिव हिन्दी, श्री रतन लाल भगत जी ने भारत के साहित्यकारों के आलेखों को एकत्रित करने के साथ-साथ पूरे आयोजन की डोर उस ओर से सँभाले रखी। आपको हमारा हार्दिक धन्यवाद।

मैं धन्यवाद अर्पित करता हूँ भारतीय उच्चावास के अधिकारी श्री अब्दुल खलिक साहब को जिनका मिलनसार एवं ख़ुशमिज़ाज व्यक्तित्व हमारी कई समस्याओं को उनकी बातों से ही हल कर देता था।

मैं प्रशंसा करता हूँ श्री सोहन जी एवं उनके साथियों की जिन्होंने अतिथि साहित्यकारों को लन्दन के हवाई अड्डे पर रिसीव करने का महत्त्वपूर्ण कार्य किया और एयर इंडिया के इस विमान से 40 लोगों के आने की सूचना थी उसमें से 120 लोगों का दल जब बाहर आया तो उस परिस्थिति को सफलतापूर्वक सँभालने के लिए सोहन राही जी विशेष धन्यवाद के पात्र हैं।

छठे विश्व हिन्दी सम्मेलन से जुड़े हम सभी कार्यकर्ताओं ने केवल तीन महीने में इस आयोजन को करने का बीड़ा उठाया। सुबह से शाम अपने-अपने दफ़्तरों में हम अपने कार्य करते थे और रात-रात भर सम्मेलन का काम करते थे। कौन कितनी रातों से सोया नहीं है और कौन कितने पहर भोजन करना भूल गया है इसका आकलन कर पाना मुश्किल है।

भारत से आये जगन्नाथ जी ने अकादमिक कार्यों में अपना बहुत समय दिया। आपको पिछले 15 दिनों से मैंने रात-रात भर कम्प्यूटर पर बैठे देखा है। उनके साथ-साथ मैं धन्यवाद देता हूँ अकादमिक समिति के सदस्यों को, उसके अध्यक्ष श्री महेन्द्र किशोर वर्मा, उपाध्यक्ष श्रीमती उषा राजे, कृष्णा पाण्डेय, उषा वर्मा, चित्रा कुमार, दिव्या माथुर, कृष्ण कुमार, सतीश शर्मा एवं परामर्श तथा चयन समिति के सदस्यगण डॉ. दाऊजी गुप्त, प्रो. इन्द्रनाथ चौधुरी, हरदीप पुरी, फ्रेंचेस्का ऑरसीनी, स्टुअर्ट मैग्रेगर, सत्येन्द्र श्रीवास्तव, कैलाश बुधवार, अमरीक कलसी, श्याम मनोहर पाण्डेय एवं उषा चौधुरी जी को।

सम्मेलन में अपना पूरा समय देने के लिए सम्मेलन के मेडिकल ऑफ़िसर डॉ. के.के. श्रीवास्तव, आयोजन में भोजन व्यवस्था के लिए देव कुमार, अन्य सहायता के लिए स्वर्ण तलवार, अनुराधा शर्मा, अमित गोयल, अनीता गोयल, अबीर माथुर, शैली जिगिशा पटेल, विभोर प्रसाद, श्रिजा सिन्हा, मंजू सक्सेना, धीरेन रायचुरा, ए.एन. गिरधर, एम. राजावात एवं भारतीय उच्चावास के के.एम. सिंह, नथानी जी, चन्दोक जी एवं पाहुआ जी को भी मेरा धन्यवाद।

यू.के. हिन्दी समिति, गीतांजलि समुदाय एवं भारतीय भाषा संगम को सहयोग देने वाली संस्थाओं में भारतीय विद्या भवन, लन्दन, नेहरू केन्द्र एवं सम्पद-बर्मिंघम का प्रमुख योगदान है। इसके साथ ही साथ यह प्रशंसा की बात है कि यू.के. के विभिन्न समुदाय के लोगों ने जिस प्रकार से हमारा सहयोग दिया हम उनके आभारी हैं। जहाँ एक ओर उद्घाटन समारोह की संध्या को स्वामी नारायण मन्दिर ने सभी प्रतिनिधियों को प्रीतिभोज कराया वहीं आज समापन समारोह के अवसर पर हमारे मेज़बान हैं श्री जी.के. नन साहब। एक शाम भोजन कराया यंग मैन क्रिश्चियन एसोसिएशन ने, और दूसरी शामों में हमारे मेज़बान रहे श्री जोगिन्दर सागर एवं राज लूम्बा जी। आप सबको मेरा हृदय से धन्यवाद।

मेरा धन्यवाद सोआस, वेम्बली कॉन्फ्रेंस सेंटर तथा वेस्टमिन्स्टर थिएटर को जिनके परिसरों में हमारे कार्यक्रमों के आयोजन हुए। भारतीय विद्या भवन के डॉ. नन्द कुमार, नेहरू केन्द्र के श्री इन्द्रनाथ चौधुरी जी एवं उनके सहयोगी दीपाली पाल तथा नीलम जी को भी मेरा धन्यवाद।

मेरा विशेष धन्यवाद श्री कैलाश बुधवार जी को जिन्होंने स्थानीय कवि सम्मेलन का कुशल संचालन तो किया ही साथ ही समय-समय पर अकादमिक कार्यों में हमारा सहयोग भी किया। मैं कृतज्ञ हूँ, डॉ. कन्हैया लाल नन्दन जी का जिन्होंने

छठे विश्व हिन्दी सम्मेलन के सुअवसर पर प्रकाशित भारत सरकार की पत्रिका 'गगनांचल' के सम्पादन के साथ-साथ अन्तरराष्ट्रीय कवि सम्मेलन का संचालन भी किया।

मैं आभार व्यक्त करता हूँ अशोक चक्रधर एवं कुँअर बेचैन तथा उन सभी कवियों का जिन्होंने कल शाम यहाँ मंच को अपनी रचनाओं से सुशोभित किया।

मेरा आभार मीडिया रीच के जावेद हुसैन को एवं भारतीय उच्चावास के एन.के. सक्सेना जी के साथ भारत एवं अन्य देशों से आये पत्रकार मण्डल को। मेरा आभार संसद सदस्य एवं यू.के. में भारत के पूर्व उच्चायुक्त डॉ. लक्ष्मीमल्ल सिंघवी जी तथा श्रीमती कमला जी को जिनका मार्गदर्शन हमें भारत से मिलता रहा और हमारी संस्थाओं को आपके संरक्षण ने ही इतनी शक्ति प्रदान की कि हम इतने विशाल आयोजन को आयोजित करने में सफल हो पाये।

इससे पूर्व कि मैं अपनी कार्यकारिणी समिति का आभार व्यक्त करूँ, मैं उल्लेख करना चाहता हूँ श्रीमती सुधा खण्डेलवाल जी का जिनके सेवाभाव की सभी प्रतिनिधियों ने सराहना की एवं श्री के.बी.एल. सक्सेना जी का जिन्होंने अन्तिम समय पर भारत से आकर रजिस्ट्रेशन व्यवस्था का महत्त्वपूर्ण कार्य अपने हाथों में लिया। मैं धन्यवाद देता हूँ उषा गोयल, उषा वर्मा, चित्रा कुमार के साथ-साथ अपने पिता डॉ. दाऊजी गुप्त एवं पत्नी प्रीति जी का जिन्होंने केवल परिवार के सदस्यों के रूप में ही सहयोग नहीं दिया बल्कि आप लोगों की सम्मेलन के आयोजन में भी सक्रिय भूमिका रही।

मेरा धन्यवाद कार्य समिति के अध्यक्ष श्री महेन्द्र वर्मा जी को जिनकी अध्यक्षता में सारा कार्य कुशलता एवं सफलतापूर्वक सम्पन्न हुआ। समिति के चेयरमैन श्री कृष्ण कुमार जी के विषय में यही कहूँगा कि इनके नेतृत्व में कोई भी युद्ध बिना हथियार के जीता जा सकता है। मेरा आभार समिति की चेयर कल्चर पियाली रे जी को जिनके निर्देशन में छठे विश्व हिन्दी सम्मेलन एवं राजभाषा हिन्दी की स्वर्ण जयन्ती वर्ष का उद्घाटन समारोह इतनी गरिमा के साथ सम्पन्न हुआ। मैं धन्यवाद देता हूँ उपाध्यक्ष उषा राजे जी को जिन्होंने हिन्दी समिति द्वारा प्रकाशित पत्रिका पुरवाई के विशेषांक के सम्पादन में अपना सहयोग प्रदान किया। मैं समिति की महासचिव तितिक्षा शाह के विषय में यही कहूँगा अंग्रेज़ी में कि 'व्हेयर कृष्ण कुमार ऑर पद्मेश गुप्त फेल्ड, तितिक्षा शाह प्लेड'। समिति की वाइस चेयर दिव्या जी ने नेहरू केन्द्र से पूरे सम्मेलन का हेडक्वार्टर बहुत कुशलतापूर्वक कंट्रोल किया।

श्री बृज गोयल जो समिति के चेयर रिसेप्शन हैं, जिस कुशलता से 300 की जगह आये 500 से अधिक प्रतिनिधियों को तमाम कठिनाइयों के बावजूद सँभाला विशेष सराहना के पात्र हैं। कार्य समिति के चेयर फाइनेंस प्रफुल्ल अमीन जी सारे एकाउंट्स को संभालने की भूमिका निभा रहे हैं।

अन्त में मैं अपने बारे में यही कहता हूँ कि अव्यवस्था का जितना बड़ा तमगा आप चाहें तो सम्मेलन के संयोजक पद्मेश गुप्त की गर्दन हाज़िर है, परन्तु यदि आपको सम्मेलन की सार्थकता, उसकी उपलब्धियों को तौलना है तो तौलें श्री विद्यानिवास जी के सम्बोधन से, विष्णुकान्त शास्त्री, केदारनाथ सिंह, नामवर सिंह के उद्‌बोधन से। मैं कहता हूँ कि जिस कार्यक्रम में कमलेश्वर, डॉ. लक्ष्मीमल्ल सिंघवी, मधुकर राव चौधरी, महीप सिंह, शिवानी के शब्द हों, उनके विचार हों, जिस सम्मेलन में नरेन्द्र मोहन, राजेन्द्र अवस्थी, कन्हैया लाल नन्दन, अभिमन्यु अनत, केशरीनाथ त्रिपाठी आ जायें, वह सम्मेलन तो बाध्य हो जाता है सफलता के लिए, विवश हो जाता है कामयाबी के लिए।

यह सम्मेलन मुझे सिर्फ़ साहित्य का सम्मेलन नहीं लगा, केवल भाषा या हिन्दी का सम्मेलन नहीं लगा, यह सम्मेलन मुझे आत्मीयता का सम्मेलन लगा, मित्रता का सम्मेलन लगा, नये रिश्तों के बनने का सम्मेलन लगा, पुराने सम्बन्धों के मिलन का सम्मेलन लगा। जिस प्रकार से यहाँ आये विदेशी साहित्यकारगण मारिया नेग्येसी जी, तेशोबेव जी, मोरियल्ला अफरीदी, मिजोकामि जी मेहमान बनकर आये और हमारे कार्यों में सहायता करते-करते मेज़बान की भूमिका निभाने लगे, हम लोग उनके हृदय से आभारी हैं।

अपने जिन साथियों एवं सहयोगियों के नाम मैं यहाँ नहीं ले सका हूँ उनके विषय में बस यही कहूँगा कि 'हर चेहरे में अपने पसन्द की सूरत नहीं होती, हर तराशे पत्थर में भगवान की मूरत नहीं होती, भावों को समझने की शक्ति हो जिनमें, उन दोस्तों को शब्दों की ज़रूरत नहीं होती।'

यह केवल समापन सत्र नहीं है, विदाई का भी सत्र है। आप लोगों का सान्निध्य हम यू.के. के सभी वासी सदैव याद रखेंगे। मैं इन शब्दों के साथ अपना सम्बोधन समाप्त करता हूँ कि आप लोग हमारी कमियों के लिए हमें क्षमा करें और हमारे प्रेम, हमारी भावनाओं के साथ अपने-अपने घर वापस लौटें।

सन् 2000

छठे विश्व हिन्दी सम्मेलन का आयोजन एक चुनौती थी

अमेरिका में विश्व हिन्दी सम्मेलन का आयोजन नौ वर्ष पूर्व 1998 में होना था। कुछ कारणों से वहाँ आयोजन नहीं हो पाया तो उसे स्थानान्तरित करना पड़ा और हमने 1999 में लन्दन में छठे विश्व हिन्दी सम्मेलन का आयोजन किया। कम समय में लन्दन में उस आयोजन को करना एक बड़ी चुनौती थी। 1992 से 1998 तक लन्दन में भारतीय उच्चायुक्त डॉ. लक्ष्मीमल्ल सिंघवी के नेतृत्व में बनी हिन्दी सेना उस समय हिन्दी के लिए किसी भी चुनौती को स्वीकार करने के लिए तैयार थी अत: सितम्बर 1999 में अब तक के इतिहास में कहा जाने वाला सबसे बड़ा विश्व हिन्दी सम्मेलन लन्दन में आयोजित हुआ। छठे विश्व हिन्दी सम्मेलन का आयोजन ऐसे समय हुआ जब पूरा पश्चिम जगत मिलेनियम यानी सहस्राब्दियों के स्वागत की तैयारी में लगा हुआ था। ऐसे समय छठे विश्व हिन्दी सम्मेलन को लन्दन में, जो केवल ब्रिटेन ही नहीं अपितु पश्चिम जगत की राजधानी कहा जा सकता है, आयोजित करने के हमारे प्रस्ताव, हमारे संकल्प, हमारी योजना का विश्व के समस्त भारतीय साहित्य प्रेमियों ने हृदय से स्वागत किया तथा यू.के. में भारत के उच्चायुक्त श्री ललित मान सिंह जी ने संरक्षण दिया। पिछले विश्व हिन्दी सम्मेलनों के आयोजन भारत, मॉरीशस एवं त्रिनिदाद में किये गये हैं। वहाँ भारतीय मूल के लोगों का वर्चस्व है परन्तु ब्रिटेन तो अंग्रेज़ों का देश है। यहाँ की राजभाषा एवं सम्पर्क भाषा अंग्रेज़ी ही है। ब्रिटेन में रहने वाले भारतीयों के अपनी मातृ भाषा के प्रति अपार प्रेम का परिणाम है कि आज ब्रिटेन की बहुराष्ट्रीय कम्पनियाँ जैसे ब्रिटिश टेलिकॉम एवं एस.एम.ए. मिल्क तथा अनेक काउंसिल एवं बार अपने विज्ञापन हिन्दी एवं अन्य भारतीय भाषाओं में कर रहे हैं। यहाँ तक कि अनेक स्कूल, कॉलेज एवं विश्वविद्यालयों में हिन्दी पढ़ाई जा रही है। परन्तु पिछले कुछ वर्षों से यह चिन्ता भारत मूल के निवासियों को अवश्य सता रही है कि यहाँ हिन्दी के विद्यार्थियों में कुछ कमी आ रही है और इस विषय को लेकर कई जागरूक संस्थाएँ इस विचार से प्रयास में लग गयी हैं कि अपनी भाषा ही हमारी संस्कृति की संवाहिका है, अत: हमें अपने बच्चों को भारतीय भाषाएँ पढ़ानी चाहिए। इसी परिप्रेक्ष्य में छठे विश्व हिन्दी सम्मेलन का मुख्य विषय 'हिन्दी एवं भावी पीढ़ी' रखा गया है।

लन्दन विश्व भर में फैले हुए भारतीयों का प्रिय शहर है। भौगोलिक दृष्टि से भी वह अमेरिका और भारत के बीच में पड़ता है जहाँ आना लोगों के लिए आसान है। सम्भवतः इसी कारण हम जिस आयोजन में 300 प्रतिनिधियों की प्रतीक्षा कर रहे थे वहाँ विश्व के 23 देशों से 600 से अधिक प्रतिनिधियों ने हिस्सा लिया। इसे मैं किसी भी सम्मेलन की अपार सफलता ही मानता हूँ क्योंकि विफलता तो वह है कि जब लोग कम आयें। इस कारण व्यवस्था में मुश्किलें अवश्य आयीं परन्तु सम्मेलन की प्रतिभागिता ने हिन्दी जगत में नया इतिहास रचा। यू.के. हिन्दी समिति, गीतांजलि बहुभाषीय साहित्यिक समुदाय, बर्मिंघम एवं भारतीय भाषा संगम, यॉर्क द्वारा छठे विश्व हिन्दी सम्मेलन का आयोजन लन्दन में 14-18 सितम्बर, 1999 तक किया गया।

14 सितम्बर को लन्दन में सम्मेलन एवं भारत की राजभाषा हिन्दी की स्वर्ण जयन्ती वर्ष का उद्घाटन समारोह अत्यन्त वृहद् रूप से किया गया। इस कार्यक्रम में मॉरीशस, त्रिनिदाद, सूरीनाम एवं फिजी जैसे देशों के हिन्दी भाषी प्रधानमन्त्रियों के भी सन्देश आये। इस सुअवसर पर कबीर की छह सौवीं जयन्ती के उपलक्ष्य में कबीर के चित्र के साथ चाँदी का सिक्का भी जारी किया गया। सम्मेलन में जापान के ओसाका विश्वविद्यालय के छात्रों द्वारा श्री मिजोकामि के नेतृत्व में हिन्दी नाटक का मंचन भी हुआ जो सम्मेलन का एक विशेष आकर्षण रहा।

यू.के. के यॉर्क, लन्दन, मिडलैंड, केम्ब्रिज तथा मैनचेस्टर विश्वविद्यालयों के अलावा सोआस एवं भारतीय उच्चायोग तथा लन्दन में भारतीय उच्चायुक्त श्री ललित मान सिंह एवं उपउच्चायुक्त श्री हरदीप पुरी जी का विशेष संरक्षण एवं सहयोग भी प्राप्त हुआ। लन्दन स्थित नेहरू केन्द्र, भारतीय विद्या भवन तथा बर्मिंघम की सम्पद संस्था भी सम्मेलन से जुड़ी। यू.के. में यॉर्क विश्वविद्यालय के श्री महेन्द्र वर्मा सम्मेलन के चेयर अकादमिक थे तथा उनके नेतृत्व में एक पैनल ने उच्च स्तरीय लेखों को एकत्रित एवं उनका चयन किया। गीतांजलि के अध्यक्ष डॉ. कृष्ण कुमार एवं सम्मेलन समिति की उपाध्यक्षा श्रीमती उषा राजे के नेतृत्व तथा बृज गोयल, दिव्या माथुर, तितिक्षा शाह, पियाली रे एवं श्री प्रफुल्ल अमीन के सहयोग से इस शताब्दी के अन्तिम विश्व हिन्दी सम्मेलन को उत्कृष्टतम बनाने में विशेष योगदान रहा। यू.के. में इस सम्मेलन को लेकर अभूतपूर्व उत्साह दृष्टिगोचर हुआ। हमें पूर्ण विश्वास है कि छठे विश्व हिन्दी सम्मेलन के माध्यम से पश्चिम जगत ही नहीं पूरे विश्व ने भारतीय साहित्य को देखा, सुना और समझा। ब्रिटेन में भी सम्मेलन का

अभूतपूर्व प्रभाव पड़ा। यू.के. में हिन्दी की गतिविधियों ने ऐसी गति पकड़ी कि देखते ही देखते ब्रिटेन विश्व में हिन्दी का सबसे मुख्य केन्द्र बन गया।

आज यहाँ हर बड़े शहर में हिन्दी की अत्यन्त सक्रिय संस्थाएँ काम कर रही हैं। हिन्दी ज्ञान प्रतियोगिता जैसे आयोजन ने योरोप के सैकड़ों हिन्दी छात्रों को मंच प्रदान किया है। हिन्दी की साहित्यिक पुस्तकों के प्रकाशन का कार्य भी ज़ोरों पर है। अभी तक के विश्व हिन्दी सम्मेलनों के इतिहास में यू.के. के बाद यह पहला विश्व हिन्दी सम्मेलन है जो बड़े और सम्पन्न देश में हो रहा है। विश्व के सबसे शक्तिशाली देश में ऐसे सम्मेलन के आयोजन से इसका महत्त्व और अधिक बढ़ जाता है। इसमें प्रतिभागिता भी अच्छी होनी चाहिए और सम्मेलन में होने वाली गतिविधियों का प्रचार भी बड़े स्तर पर होना चाहिए। मुझे विश्वास है कि अमेरिका के इस आठवें विश्व हिन्दी सम्मेलन के सुखद परिणाम सामने आयेंगे।

सन् 2000

मेरे प्रेरणा पुरुष

मुझे याद नहीं है कि मैंने पिता जी की उँगली पकड़ कर चलना कब सीखा और न ही मैं कह सकता हूँ कि कब उन्होंने मुझे अक्षर-ज्ञान कराया। वह लखनऊ के महापौर थे जब मैं केवल 6 वर्ष का था, जिस उम्र में हर लड़के के लिए उसके पिता सुपर हीरो होते हैं, प्रेरणा-पुरुष होते हैं। मुझे वह दिन अच्छी तरह याद है जब वे मुझे जल्दी-जल्दी स्कूल ले जा रहे थे, क्योंकि हम लेट थे, हालाँकि कुछ ही मिनट से। ला-मार्टीनियर कॉलेज में लेट होने वालों पर बहुत सख़्ती होती थी। उसके प्रिंसिपल श्री केन्नेल डेनियल फाटक पर थे। पापा जी ने लेट होने के लिए श्री डेनियल से क्षमा माँगी और श्री डेनियल ने मुस्कुराते हुए कहा : "डॉ. गुप्ता, आप शहर के 'पिता' हैं, और आपकी बहुत ज़िम्मेदारियाँ हैं। इसलिए आज हम पद्मेश को माफ़ करते हैं।" मैं विस्मित हो गया था और जब मैं अपनी क्लास में गया तो श्री डेनियल के शब्द मेरे छोटे और मासूम मस्तिष्क में बार-बार गूँज रहे थे कि मेरे पिता शहर के 'पिता' हैं। इस वाक्य ने मेरी उन सब नाराज़गियों को एक झटके में दूर कर दिया जो मेरे धुँधले दिमाग़ में उनके प्रति उभरती रहती थीं या दबी हुई थीं, जिनका कारण मेरे जीवन के कई क्षेत्रों में उनका कुछ समय के लिए अनुपस्थित रहना था।

पापा जी के बारे में जो अख़बार में छपता था उसी को देख-देखकर मैंने अक्षरों को जोड़ना सीखा। मुझे बहुत अच्छा लगता था जब सबेरे आँख खुलते ही मैं उनका

नाम समाचारपत्रों में देखता था। अक्सर पत्रिकाओं में छपनेवाली उनकी कविताओं से मैंने पढ़ने का अभ्यास किया। समय-समय पर मुझे उनकी कहानियाँ और भाषण पढ़ने-सुनने में बहुत आनन्द आता था। कवि सम्मेलनों में उनकी जो कविताएँ मैं सुनता था, उन्हीं को प्राय: गुनगुनाया करता था। पत्र-पत्रिकाओं में प्रकाशित उनके लेखों की कटिंग्स इकट्ठा करना मेरी हॉबी थी, और उनकी जो पुस्तकें छपती थीं, वह मेरी साथी बन जाती थीं–मेरे स्कूल की पुस्तकों के साथ बसते में रखी रहती थीं। मैं उनका सबसे निष्ठावान फेन (भगत) बन गया था और अब भी हूँ।

जब मैं दस वर्ष का हुआ, मेरे सुपर हीरो इमरजेंसी के दिनों में राजनैतिक बन्दी के रूप में जेल में थे।

ओ मेरे बच्चो
पंकज, रत्तू, अनु
तुम अपने पापा को
बहुत शक्तिशाली समझते थे न।
यह मत समझना
मेरी ताक़त कम हो गयी है।
असली ताक़त ज़ंजीरों में नहीं
विचारों में हुआ करती है।

मुझे जब उनके जेल जाने का सन्देश मिला, मेरा दिल बैठने लगा और मुझे आश्चर्य हुआ कि कौन 'शहर के पिता' से भी ताक़तवर हो सकता है? किन्तु उनके सन्देश ने मेरी चिन्ताओं और दुविधाओं को शान्त किया, जिससे मैं उस तूफ़ान को सह सका जो मेरे अन्दर था और बाहर भी।

मैं हमेशा उनकी कविताओं से प्रभावित रहा हूँ। यह कविता, जिसमें वर्तमान समाज की क्रूरता का चित्रण है, दिल को छू लेती है :

...तरुण किशोरों को
घर से बुला कर
या कक्षाओं से घसीट कर
मुठभेड़ के नाम पर
सड़कों पर और खलिहानों में
गोली मार दी गयी।

या यह कविता, जिसमें गिरते हुए नैतिक मूल्यों पर उनका व्यथित हृदय हाहाकार कर उठता है :

वे, जो दिन-रात के साथी थे,
मिलने पर–
'इस समय ज़रूरी काम से जा रहा हूँ',
'अच्छा मैं ख़ुद आऊँगा'
कह कर सटक जाते थे

कौन नहीं प्रभावित होगा इन पंक्तियों से, जो उन्होंने अपने साथियों की विवशता पर लिखी हैं?

मैं समझ सकता हूँ
एक परिवार का कष्ट
जो एकमात्र पोषक और
कमाने वाले के
गिरफ़्तार होने पर होता है।

लेकिन फिर सन्तोष की भावना उत्पन्न होती है :

अच्छा ही हुआ
मैं आज गिरफ़्तार हो गया
कम-से-कम जेल में रोज़
मुक्त हो कर
भाषण तो दे सकूँगा

पापा जी हमेशा से बहुत पढ़ते हैं, किताबों से उनको इतना प्रेम है। विश्व साहित्य का उन्हें इतना ज्ञान है कि उन्होंने किसी एक भाषा के संकुचित दायरे से निकलकर अन्य भाषाओं की सुगन्ध को अपनी रचनाओं में मिला दिया है। वह उन लोगों में से हैं और फिर उस ज्ञान का मनचाहा उपयोग कर सकते हैं। इस तरह साहित्यकारों के बीच वह एक चलते-फिरते इनसाइक्लोपीडिया हैं। वह बहुत आराम से ऐसी बातें दोहरा सकते हैं, जो वर्षों पहले पढ़ी थीं।

किसी नीतिज्ञ ने कहा है -

अन्धे और मदहोश दोनों को दिखाई नहीं देता
ये अन्धे भी हैं और मदहोश भी!

और फिर अपनी बात को ज़ोरदार शब्दों में कहते हैं–

पर ये नहीं जानते
कि कोई भी इतिहासपुरुष
आज तक अपनी भूमिका
पूरी किये बिना नहीं गया है।

उनकी रचनाओं ने विश्व की विभिन्न संस्कृतियों और एक-दूसरे से भिन्न तौर-तरीक़ों और जनता की भावनाओं को अपने अन्दर समेटा है। इसके साथ उन्होंने जिस तरह लगातार विश्व-भ्रमण किया है, उससे उनके साहित्य में प्रौढ़ता आयी है।

इस कविता में वह भगवान बुद्ध से प्रार्थना करते हैं कि वे धरती पर प्रकट हों–

मैं तुम्हें दिखा सकता हूँ
जॉर्डन नदी, बेरुत सेगोन और नामपेन्ह के
तटवर्ती क्षेत्रों में बसे
वे लाखों निर्दोष लोग
जो एक-दो नहीं बीसियों बार
उजाड़े और मारे जाकर,
आजीवन शरणार्थी बन गये हैं।

लेकिन सामाजिक न्याय के प्रति प्रतिबद्धता और आक्रोश की यह भावना उनके मानवता में सच्चे विश्वास एवं दलित-शोषित लोगों के प्रति हमदर्दी से सार्वभौम हो जाती है, जिसकी छाया इन पंक्तियों में दिखाई देती है–

माटी में तुम्हारा रक्त नहीं मिला है
तुम्हारे रक्त को
माटी मिली है इस देश की
जिसमें उगेंगे करोड़ों गुलाब
और जो उगते रहेंगे अनन्त युगों तक
गुलाबों की परम्परा को
अमर बनाने के लिए।

अथवा

मैं इस देश का दलित हूँ।
मेरे लिए आरक्षण है, सुविधाएँ हैं।

जेल का आरक्षण
मरने पर महापालिका की ट्रक में ढोये जाने
और पोस्ट पोस्टमार्टम की सुविधाएँ!
मैं इस देश का एक दलित हूँ।

लगभग चालीस वर्ष की आयु में अपने सक्रिय जीवन का अर्द्धकाल बिता देने के बाद, अब मैं स्वयं एक ग्यारह वर्ष के पुत्र का पिता हूँ और मेरे जीवन का सफ़र मुझे अख़बारों की कतरनों से लेकर मार्मिक कविताओं तक ले गया है। अब मैं वहाँ हूँ जहाँ से उस मार्ग को देख सकूँ जिसके ऊपर से मेरा सुपर हीरो गुजरा था और उसके पदचिह्नों को फिर पहचानूँ जो समय की शिला पर अंकित हैं। मुझे उनकी साहित्यिक विरासत का सौभाग्य प्राप्त है, जिससे मैं इतना साहस जुटा सका कि उनकी कविताओं के भण्डार में से कुछ छाँटकर इस पुस्तक का संकलन करूँ, जिसमें बीते हुए युग की अनमोल रचनाएँ हैं। 1960 से 1980 के मध्य प्रकाशित यह सभी कविताएँ दलित, मानवतावादी, युद्धविरोधी, सामाजिक विसंगतियों पर प्रहार करनेवाली तथा आपातकाल के दौरान कारागार में लिखी गयी हैं।

प्रस्तुत संकलन के प्रकाशन में मुख्य रूप से अक्टूबर सन् 2000 में साउथहॉल, लन्दन में आयोजित द्वितीय विश्व दलित साहित्यकार सम्मेलन की प्रेरणा रही है।

सन् 2000

पुस्तक विमोचन, सागर का पंछी

यूट्यूब लिंक-https://www.youtube.com/watch?v=5_ulmeQflfU

आज मैं आभार की मुद्रा में और भावविभोर हूँ। एक साहित्य प्रेमी को उसकी पुस्तक के लिए लब्ध प्रतिष्ठित साहित्यकार श्री ओंकारनाथ श्रीवास्तव जी का आशीर्वाद पुस्तक की भूमिका के रूप में मिल जाये और उसकी कृतियों का लोकार्पण हिन्दी के सशक्त हस्ताक्षर डॉ. स्टुअर्ट मेगरेकर के कर कमलों द्वारा हो जाये तो उस व्यक्ति का भावविभोर होना स्वाभाविक भी है। ऐसे संरक्षकों को आभार देने के लिए शब्दों का चयन मुश्किल पड़ जाता है। मैं इस मंच से पूरी भावनाओं और आदर के साथ ऐसे संरक्षकों को प्रणाम करता हूँ। मैं यहाँ इस अवसर पर वाणी प्रकाशन का भी कृतज्ञ हूँ ही, नेहरू केन्द्र भारतीय उच्चायुक्त माननीय गिरीश कल्याण जी और दिव्या जी को भी मुझे यह अवसर प्रदान करने के लिए हृदय से धन्यवाद अर्पित करता

हूँ। जब डॉ. स्टुअर्ट मेगरेकर, डॉ. रूपर्ट स्नेल, डॉ. सत्येन्द्र श्रीवास्तव, डॉ. कृष्ण कुमार जी जैसे अनेक वरिष्ठ शिक्षक, रीडर मौजूद हों तो उनकी उपस्थिति में मुझे अपने अध्यापक की एक बात याद आती है।

मेरे अध्यापक ने कहा था कि परीक्षा के समय जब भी निबन्ध या लेख लिखना हो तो बहुत लम्बा नहीं लिखना क्योंकि जितना लम्बा लिखोगे ग़लतियों के आसार उतने ही बढ़ जाते हैं। आज जब यहाँ पर मेरी पुस्तक की समीक्षा वरिष्ठ पत्रकार श्री कैलाश बुधवार द्वारा की जाने वाली है, तो परीक्षा के बाद परिणाम सुनते समय जिस प्रकार का भय और उत्सुकता मन में होती है, कुछ उसी प्रकार के भाव मेरे मन में भी मँडरा रहे हैं। मैं यहाँ पर उपस्थित अपने अग्रज भारतेन्दु जी के आदेश का पालन करते हुए और अपने उन मित्रों जिनके प्रोत्साहन ने मुझे यह साहस दिया कि मैं अपनी कृतियों को प्रकाशन के लिए दे सका, उन मित्रों की उपस्थिति में उनके पसन्द की और अपने अध्यापक की बात को ध्यान में रखते हुए छोटी-छोटी पाँच रचनाएँ इस पुस्तक से यहाँ प्रस्तुत करता हूँ।

यह संग्रह पिछले दस वर्षों में जो कविताएँ मैंने लिखी हैं उनका संकलन है। और अभी इस अवसर पर पाँच रचनाओं का चयन मैंने इसलिए किया क्योंकि आज 14 तारीख है और न्यूमेरोलॉजी के हिसाब से चार और एक पाँच होता है। मेरी जन्मतिथि भी पाँच है और यहाँ मेरे सम्बोधन के लिए जो समय निश्चित किया गया है वह भी पाँच मिनट है। यहाँ जो पाँच नहीं है वह पुस्तक का दाम है जो सिर्फ़ ढाई पाउंड है।

मेरी पहली रचना 'बैसाखी' को आदरणीय सत्येन्द्र श्रीवास्तव का बहुत आशीष मिला है।

बैसाखी

मुझे सीढ़ी बनाने वालो
मैं उस धातु का हूँ
जब तुम गिरोगे
मैं बैसाखी बन जाऊँगा।

माथे की शिकन

द्वार पर बिछी हुई
माँ के माथे की शिकन,

प्रतिरात कुचली जाती है
मेरे पाँव तले।
ना वो छोड़ती है प्रतीक्षा करना
ना मैं कभी आता हूँ समय से पहले,

बर्लिन दीवार

बर्लिन की दीवार का टूटा हुआ पत्थर
कल मुझसे बोला
मुझे इतनी घृणा से मत देखो,
मेरे ज़ख़्म इतिहास के घाव पर मरहम हैं
मैं तो तुम्हारी हर धार, हर चुभन सहने को तैयार था।
तुम मुझे तराश कर ईसा भी बना सकते थे।

दिशा हवा की

दिशा हवा की कुछ भी मुझको अन्त:सलिला में बहना है
अधरों पे मत जाना मेरे, ख़ामोशी इनका गहना है।
निगाह किन्तु दोस्त सदा तुम, मेरे क़दमों पर ही रखना,
जोड़े में इन पाँवों के, चक्र क्रान्ति का पहना है,
अधरों पे मत जाना मेरे ख़ामोशी इनका गहना है।
दीवार गिरे मकान ढहे, मन के जिस हिस्से में मेरे
वास करें ज़िक्र तुम्हारा, मुझको उस घर में रहना है,
अधरों पे मत जाना मेरे ख़ामोशी इनका गहना है।
डंक से साँपों की क्या डर, जब चन्दन सी पुस्तक पर
वृक्ष से आलिंगनबद्ध हो, पंक्ति मुझको कहना है
दिशा हवा की कुछ भी मुझको अन्त:सलिला में बहना है।
अधरों पर मत जाना मेरे ख़ामोशी इनका गहना है।

अन्त में, अपने काव्यपाठ को एक मुक्तक से विराम देता हूँ –

रुख में हवाओं की मैं भी बह सकता था,
महलों में पत्थरों के मैं भी रह सकता था;
मैंने ख़ुद ही पतंगों की तरह जलना चाहा वरना
किसी मोड़ पर तुम्हें अलविदा मैं भी कह सकता था।

8 मई, 2001 : राज भवन, लखनऊ

श्री केशरीनाथ त्रिपाठी की पुस्तक 'आयु पंख' के लोकार्पण पर डॉ. पद्मेश गुप्त का सम्बोधन

परम आ. महामहिम श्री विष्णुकान्त शास्त्री जी, प्रातःस्मरणीय श्री विद्या निवास मिश्र जी, परम आ. श्री केशरीनाथ त्रिपाठी जी...आज के इस उत्सव में पधारे देवियो और सज्जनो...

आ. केशरीनाथ त्रिपाठी जी जैसी वरिष्ठ विभूति की कविताओं, उनकी पुस्तक का साहित्यिक मूल्यांकन या समीक्षा करने की तो मैं चेष्टा नहीं करूँगा, परन्तु उनके भाव जो शब्दों में ढल कर मुझ तक पहुँचते हैं उस अहसास को, उस अनुभूति को आज भावनात्मक मूल्यांकन के रूप में आपसे बाँटने में मुझे अत्यन्त प्रसन्नता हो रही है।

राजनीति और कविता का रिश्ता कोई नयी बात नहीं है। नयी बात है तो सिंहासन पर बैठ कर कविता लिखना। जेलों में, अपने संघर्ष के दौरान तो कविता कितने ही लोग लिख लेते हैं। अद्भुत बात तो यह है कि जहाँ एक ओर सदन में महाभारत का दृश्य चल रहा हो वहीं उस सदन के अध्यक्ष की क़लम इतनी संवेदनशील कविताओं का सृजन कर रही है। यह इस बात का प्रतीक है कि आसपास के होने वाले हादसे, वाक़ये किस प्रकार से उनके भावुक हृदय में चुभते हैं।

मुझे याद है, सन् 1998 में जब मैंने श्री केशरीनाथ त्रिपाठी जी को ब्रिटेन के अपने वार्षिक विराट कवि सम्मेलन के आयोजन में निमन्त्रित किया तो बड़ी सहजता से उसे उन्होंने सहर्ष स्वीकार कर लिया। और जब गीत के पहले अक्षर से अन्तिम अक्षर तक भारतीय संस्कृति, भारतीय परम्परा, भारतीय दर्शन, भारतीय इतिहास को हम लोगों ने पाया तो एक वरिष्ठ राजनेता, प्रसिद्ध अधिवक्ता, विख्यात विधिवेत्ता तो मीलों पीछे छूट गये और कवि श्री केशरीनाथ त्रिपाठी के हमें दर्शन प्राप्त हुए और ब्रिटेन के सभागार पूर्ण रूप से भारतमय हो गये।

तब से अब तक ब्रिटेन एवं योरोप में आपके दर्जनों साहित्यिक कार्यक्रम हो चुके हैं। बर्मिंघम की वह शाम तो अविस्मरणीय है जब आपकी रचना प्रक्रिया हमें सुनने को प्राप्त हुई।

सितम्बर, 1998 में जब पहली बार आप लन्दन आये तो आपकी परिधि हम लोगों के इस निवेदन से गूँज गयी कि अगली बार आप जब आयें तो अपनी रचनाओं

के प्रकाशित संग्रह के साथ आयें। जिसे आपने सहर्ष स्वीकार किया और क़रीब 8 माह के भीतर जब आप उत्तर प्रदेश के विधायकों के दल के साथ लन्दन आये तो आपके हाथ में 'मनोनुकृति' थी जिसकी एक अत्यन्त सुन्दर संगोष्ठी लन्दन के नेहरू केन्द्र में हुई। उसमें माननीया शीमा रिज़वी जी भी उपस्थित थीं और उनकी उर्दू ग़ज़ल की पुस्तक पर भी चर्चा हुई।

'आयु पंख' की भूमिका में आ. त्रिपाठी जी ने लिखा है कि इसमें उनकी अधिकांश कविताएँ पिछले दो वर्षों में लिखी गयी हैं और पिछले साढ़े तीन वर्षों में जो कवि केशरीनाथ त्रिपाठी का रिश्ता ब्रिटेन के साहित्य जगत से क़ायम रहा है उसे महसूस करते हुए मुझे इसमें अधिक आश्चर्य नहीं होता यदि वे लिखते कि इसकी अधिकांश कविताओं की प्रेरणा इंग्लैंड है।

'आयु पंख' पढ़ कर ऐसा महसूस होता है कि आ. त्रिपाठी जी का कवित्व इस समय पूरे शबाब पर है। हर रचना कवि के हृदय की जितनी गहराई से निकली लगती है उससे अधिक पाठक के हृदय की गहराई में सीधा उतर जाती है।

पूरे संकलन की हर दूसरी कविता में 'मन' शब्द का प्रयोग आपको मिलेगा। यह मुझे इस बात का परिचायक लगता है कि त्रिपाठी जी की सम्पूर्ण रचनाएँ क़लम के माध्यम से मन से सीधे काग़ज़ पर उतरती हैं। और सम्भवत: यही कारण है कि जहाँ एक ओर कवि का मन देश प्रेम में पूरी तरह से डूबा हुआ है वहीं उसकी चंचलता अक्सर उसे अपने बचपन की ओर ले जाने को व्याकुल रहती है।

पिछले दो वर्षों से त्रिपाठी जी सक्रिय राजनीति के नायक हैं। आज की राजनीतिक परिस्थितियों से उनका मन कितना कुंठित होता होगा, इस बात का अनुमान इस रचना से साफ़ लगाया जा सकता है..

राजनीति...मैं आत्म सुख के लिए यह पंक्तियाँ आप से बाँटना चाहता हूँ... ('राजनीति' कविता की कुछ पंक्तियाँ)

वैसे पं. रमानाथ अवस्थी के शब्दों में कहूँ तो "पाप किया पुण्य किया, जो भी किया मन से किया।"

मैं अधिक समय न लेते हुए बस यह कहना चाहूँगा कि मुझे याद है जब लन्दन के कार्यक्रम का वो अंग्रेज़ कैमरामैन जिसे सम्भवत: यह भी ज्ञान नहीं होगा कि यह कवि सम्मेलन भारत की किस भाषा में चल रहा है, इसमें तमिल-तेलुगू की रचनाएँ सुनाई जा रही हैं या हिन्दी-उर्दू की, पं. केशरीनाथ जी के काव्यपाठ के

बाद तालियाँ बजाने लगा। मैंने कार्यक्रम के उपरान्त बड़ी जिज्ञासा के साथ उससे पूछा कि 'Did you enjoy the programme?' वह पण्डित जी की ओर संकेत करके बोला, 'He was the best.' मैंने आश्चर्यचकित हो कर उससे पूछा, 'Do you understand his poetry?' वह बोला, 'No, not at all!! He was singing very well!'

शब्दों की सरलता, भावों की सहजता और आपके काव्य पाठ की सरसता अन्तरराष्ट्रीय जगत में फैले हुए हर उम्र, हर समुदाय के कवि प्रेमी को कवि केशरीनाथ त्रिपाठी का फैन, उनका प्रशंसक बनाती है। कवि श्री त्रिपाठी जी की Constituency आज यू.पी. से यू.के. तक फैली हुई है और आप यहाँ से वहाँ तक के साहित्य प्रेमियों के हृदय में बसे हुए हैं।

सन् 2003

अप्रवासी भारतीयों को सम्बोधन, नेहरू केन्द्र लन्दन

उपस्थित सज्जनो,

आज 'इस पार उस पार' एवं 'इंग्लैंड का भारतवंशी समाज' के लेखक आ. नरेश भारतीय जी एवं इन्द्रलाल जी को बधाई। तक़रीबन 12-13 वर्ष पूर्व जब मैं नया-नया इस देश में आया और यहाँ के भारतवंशी समाज से मिला, तो मुझे एक वैक्यूम महसूस हुआ और वह था अपनी संस्कृति से दूर होती नयी पीढ़ी।

जो पहली पीढ़ी यहाँ पर थी, वह अपने-अपने क्षेत्र में तो सफलता हासिल कर रही थी लेकिन मेरा ख़याल है कि समय के साथ चलते-चलते, चूँकि वे भारत से आये थे, अंग्रेज़ी देश में रहने के लिए यहाँ की संस्कृति में अंग्रेज़ों के साथ घुलने-मिलने में उनको वक़्त ज़्यादा लगा जो समय की डिमांड भी रही होगी। और इसका परिणाम यह हो रहा था कि दूसरी पीढ़ी जिसका जन्म, शिक्षा, परवरिश यहाँ हो रही थी वो भारतीयता से दूर होती जा रही थी। और अपनी संस्कृति से जोड़ने के लिए मुझे यह बहुत आवश्यक लगा कि हम किसी तरह उन्हें अपनी भाषा से जोड़ें। क्योंकि मेरे विचार में भाषा ही संस्कृति की संवाहिका है।

इसका सबसे बड़ा उदाहरण मुझे लगता है श्रीलंका। उसके प्राचीन इतिहास के द्वीपवंश एवं महावंश नामक ग्रन्थ में पाया जाता है कि जब राजकुमार विजय को सिंहपुर राज्य से निकाल दिया गया और अपने कुछ साथियों के साथ समुद्री मार्ग से होते हुए वे एक द्वीप पर पहुँचे जहाँ यक्ष एवं नाग नाम की जंगली आबादी रहती

थी उन्होंने यक्ष राजकुमारी से विवाह कर लिया और सिंहल राज्य की स्थापना की। यदि ध्यान से देखा जाये तो हम पाते हैं कि सिंहली भाषा भारत की दक्षिणी भाषाओं से तो भिन्न है परन्तु हिन्दी के कई शब्द उससे बहुत मिलते हैं जैसे एक-एक, दस-दहरा, कितना-कीयदा, ग्राम-गाम, मैं गया-मिम गया इत्यादि। और जैसे भारत की सबसे पवित्र नदी है गंगा उसी प्रकार सिंहली भाषा में तो नदी को ही गंगा कहते हैं जैसे महाबली गंगा, केवली गंगा आदि। सम्भवत: यही कारण है कि भगवान बुद्ध की बात वहाँ आसानी से लोगों की समझ में आ गयी और वहाँ बौद्ध इतना प्रचलित हुआ। केवल बौद्ध ही क्यों, विष्णु, स्कन्द और कार्तिकेय की पूजा भी वहाँ होती है।

तो यहाँ मैंने एक मुहिम चलाने का प्रयास आरम्भ किया कि जो पहली पीढ़ी है, यदि उसकी समझ में यह बात आ जाये तो वे भी अपने बच्चों को कहीं न कहीं से हिन्दी से जोड़ने का काम कर सकते हैं। वरना मामा, चाचा और ताऊ के रिश्ते को तो अंकल निगल जायेगा। इसका एक रास्ता मेरे और मेरे साथियों को दिखाई दिया वह था कवि सम्मेलन जिसके माध्यम से हम अपनी भावनाएँ मासेस तक...आम जनता तक पहुँचा सकते थे और सभी जानते हैं कि तत्कालीन उच्चायुक्त डॉ. लक्ष्मीमल्ल सिंघवी जी एवं भारतीय उच्चायोग के हिन्दी एवं सांस्कृतिक अधिकारी डॉ. सुरेन्द्र अरोड़ा जी के आशीर्वाद एवं सहयोग से हम इस मुहिम में बहुत सफल हुए।

ब्रिटेन में जो हिन्दी के विद्वानों और साहित्यकारों का गढ़ मैंने पाया वह था बी.बी.सी. हिन्दी सेवा जिसे भी शायद किसी ऐसे मंच का इन्तज़ार था जो उनकी बात को जनता तक पहुँचा सके। देखते ही देखते कारवाँ बनता गया, बर्मिंघम, मैनचेस्टर और यॉर्क की संस्थाएँ भी हमसे जुड़ीं और हम अपने आन्दोलन को बढ़ाते रहे। छठे विश्व हिन्दी सम्मेलन के आयोजन तक हम पहुँचने में कामयाब हुए।

फिर एक सूत्र मेरी समझ में और आया और हमने अपने उन मित्रों को इस मुहिम में शामिल किया जिनकी पत्नियाँ भारत से आयी थीं। और उन्हें प्रेरित किया कि वे अपने बच्चों को हिन्दी से जोड़ें। इसका परिणाम हाल ही में हमारे सामने आया हिन्दी ज्ञान प्रतियोगिता की सफलता से। सौ से अधिक बच्चों ने उसमें भाग लिया। इस वैक्यूम को भरने की प्रेरणा दी हिन्दी एवं सांस्कृतिक अधिकारी श्री अनिल शर्मा जी ने और इस आन्दोलन का नया अध्याय आरम्भ हुआ।

इस देश में हिन्दी बोलने और समझने वालों की संख्या कम नहीं है वरना सनराइज रेडियो, भारतीय फ़िल्में और टेलीविज़न चैनल्स इतने सफल नहीं होते।

बस उन्हें ऐसा मार्ग दिखाने की ज़रूरत है, ऐसी जागृति को पैदा करने की ज़रूरत है कि वे हिन्दी से जुड़ें।

जहाँ एक ओर हिन्दी समिति ने ब्रिटेन में ऐसा समुदाय बनाया जो श्रोताओं और दर्शकों के रूप में उभर कर हमारे सामने आया वहीं पुरवाई के मंच ने हिन्दी के पाठकों और लेखकों की अच्छी-ख़ासी संख्या तैयार की है।

मैं तो अपने मित्रों से बस यही कहता हूँ कि उन्हें अंग्रेज़ी को निगलेक्ट नहीं करना चाहिए क्योंकि वो तो एक हथियार है आज आगे बढ़ने के लिए, बस अंग्रेज़ी को अपना हथियार बनायें और हिन्दी को अपना हाथ।

यहाँ पर उपस्थित पी.सी. हलधर साहब इस बात को पूरी तरह से समझेंगे कि यदि भारत से बाहर रहने वाली पीढ़ी भारतीयता से जुड़ी नहीं रही तो भारतवर्ष अपनी आने वाली महत्त्वपूर्ण शिक्षित और सम्पन्न पीढ़ी को खो देगा जिसे जोड़े रखने का रास्ता केवल और केवल अपनी भारतीय भाषा ही है चाहे वो कोई भी हो, हिन्दी, पंजाबी, गुजराती, तमिल, बंगाली...किसी भी एक भारतीय भाषा से जुड़ना बहुत आवश्यक है।

सन् 2004

मेरे साहित्यिक एवं सामाजिक गुरु थे डॉ. सुरेन्द्र अरोड़ा

"अरे तुम...लखनऊ से हो...दाऊजी के बेटे, जब मैं लखनऊ में पीएच.डी. कर रहा था वो मेरे गाइड डॉ. प्रताप नारायण टण्डन के अभिन्न मित्र थे और मुझे उनसे बहुत सहयोग मिला था" जून 1992 को पूर्व लन्दन में हिन्दी समिति के कार्यक्रम में इस वाक्य के साथ सुरेन्द्र अरोड़ा जी मुझसे पहली बार मिले थे और उस रोज़ से जैसे उन्होंने मुझे अपने परिवार की सदस्यता दे दी थी।

भारतीय उच्चायोग में हिन्दी एवं संस्कृति अधिकारी के पद की ब्रिटेन में सशक्त पहचान बनाने वाले सुरेन्द्र जी की यह ख़ूबी थी कि वे जिससे भी मिलते उसे अपने परिवार से जोड़ लेते। सम्भवत: उनके व्यक्तित्व की यही प्रतिभा थी कि डॉ. लक्ष्मीमल्ल सिंघवी एवं कमला जी के परिवार के भी वे महत्त्वपूर्ण सदस्य बन गये थे और उनके इस स्वाभाविक प्रयास से ब्रिटेन में हिन्दी का एक बड़ा परिवार बनने लगा। आज यू.के. के अधिकांश नगरों में हिन्दी की जो सक्रिय संस्थाएँ दिख रही हैं उनके गठन में सुरेन्द्र जी की महत्त्वपूर्ण भूमिका रही है। यहाँ हिन्दी के स्तम्भ या हिन्दी की बुलन्द इमारत की उपाधि से पहचाने जाने वाले अधिकतर लोगों की

पृष्ठभूमि देखी जाये तो नींव में सुरेन्द्र जी का चेहरा स्पष्ट दिखाई देगा। ऐसा लगता है कि गोविन्द जी ने यह शेर जैसे उन्हीं के लिए लिखा है...

"कारनामे दूसरों के सर रहे, हम तो बस नींव का पत्थर रहे"

1992 में जब सुरेन्द्र जी लन्दन में आये तब हिन्दी की साहित्यिक गतिविधियाँ जनसाधारण लागों से या अवाम से दूर थीं। सक्रिय संस्थाओं के विज़न सीमित थे। यू.के. में हिन्दी का एक ऐसा वातावरण बनाने की आवश्यकता थी जिससे लोग हिन्दी के आयोजनों से जुड़ सकें। ऐसे मंच की कमी थी जो हिन्दी के लिए समर्पित अथवा हिन्दी से लगाव रखने वालों को प्रोत्साहन दे सके।

सुरेन्द्र जी ने इन विषयों पर मुझसे चर्चा दूसरी या तीसरी मुलाक़ात में ही की थी। मैं यू.के. हिन्दी समिति का 1990 में गठन कर चुका था और पूर्वी लन्दन के कुछ हिन्दी बोलने वाले परिवारों के साथ हिन्दी के सांस्कृतिक और साहित्यिक कार्यक्रमों को आयोजित करता रहता। हिन्दी का एक पर्चा भी निकालता जो हिन्दी समिति की गतिविधियों को छापता।

हमारा छोटा-बड़ा कोई भी आयोजन हो, सुरेन्द्र जी अवश्य आते और मुझे कुछ न कुछ सलाह-मशवरा देते। 1992 के ही सितम्बर महीने की बात है जब सुरेन्द्र जी ने मुझे फ़ोन कर के मैनचेस्टर चलने को कहा। वहाँ इंडियन एसोसिएशन एक कवि सम्मेलन आयोजित कर रहा था। मुझे आज भी सुरेन्द्र जी और उनकी पत्नी सरला जी के साथ लन्दन से मैनचेस्टर की वह यात्रा याद है। यात्रा का पूरा समय हिन्दी की वर्तमान स्थिति तथा भविष्य की चर्चाओं में बीता। मैनचेस्टर से लौटते हुए सुरेन्द्र जी मेरी कविताओं पर मुझे प्रोत्साहित करते रहे तथा कविता-संग्रह प्रकाशित करवाने के लिए प्रेरित करते रहे।

यह यात्रा मेरे जीवन के लिए अत्यन्त विशेष यात्रा रही। सुरेन्द्र जी ने मुझे एक ऐसा मार्ग दिखाया जिसमें मुझे न केवल अपने साहित्यिक एवं सामाजिक भविष्य का द्वार नज़र आया बल्कि हिन्दी एवं भारतीय संस्कृति को ब्रिटेन में नेतृत्व देने की शक्ति ने जन्म लिया। इस यात्रा से सुरेन्द्र जी मेरे सामाजिक एवं साहित्यिक गुरु बन गये।

इसके बाद मैंने सुरेन्द्र जी के साथ न जाने कितनी यात्राएँ कीं। निष्ठा, समर्पण, संगठनात्मक क्षमता, सामाजिक दायित्व जैसे शब्दों के अर्थ और उन्हें अपने जीवन में उतारना, उनका पालन करना मैंने उन्हीं से सीखा। मैंने हमेशा अपनी छोटी-छोटी उपलब्धियों पर सुरेन्द्र जी को प्रसन्न होते देखा।

आज उनके न रहने पर उनके सान्निध्य की अनगिनत मधुर स्मृतियाँ मेरे सामने चलचित्र की तरह घूम रही हैं। 1993 में जब मैनचेस्टर में डॉ. लक्ष्मीमल्ल सिंघवी जी के संरक्षण में इंडियन एसोसिएशन द्वारा प्रथम अन्तरराष्ट्रीय हिन्दी सम्मेलन के आयोजन की तैयारियाँ हो रही थीं, आरम्भ से ही सुरेन्द्र जी मुझसे सम्पर्क करते रहते और चर्चा करते। किस सत्र में कौन-सा विषय रखा जाये, कौन वक्ता हो जैसे अधिकांश निर्णयों में उन्होंने मुझे अपने साथ रखा। एक सम्मेलन के आयोजन और संचालन के अनेक सूत्र मैंने उनके साथ सीखे। उसके बाद लन्दन, मैनचेस्टर एवं बर्मिंघम में वार्षिक कवि सम्मेलनों के आयोजन, संगोष्ठियाँ एवं सम्मेलन की क़तार लग गयी। प्रत्येक आयोजन में सुरेन्द्र जी हर स्तर के कार्य में, इस प्रकार से हमारे साथ आगे रहते जैसे उनकी पुत्री का विवाह हो। दूसरों को मंच देना और सम्मान देना सुरेन्द्र जी के स्वभाव में था। अपने पाँच साल के कार्यकाल में उन्होंने ब्रिटेन के लोगों को ही नहीं अपितु भारत के अनेक लेखकों एवं साहित्यकारों को लन्दन में अभूतपूर्व प्रेम और सम्मान दिया। उनका घर सभी के लिए सदैव खुला रहता। कभी भोजन तो कभी गोष्ठियों के दौर उन्हें हम सबके और अधिक क़रीब लाते रहते।

टेलीफ़ोन पर घण्टों-घण्टों मेरी उनसे बात होती रहती। उन दिनों जब मोबाइल फ़ोन का चलन चला तो मुझे उसे ख़रीदने के लिए सबसे अधिक सुरेन्द्र जी ने प्रेरित किया। मुझे आज भी याद है जिस दिन मैंने मोबाइल ख़रीद कर उन्हें नम्बर दिया तो वे बोले "अब देखना पद्मेश...यह मोबाइल तुम्हें कहाँ से कहाँ तक ले कर जायेगा। सामाजिक जीवन में लोगों के सम्पर्क में रहना सबसे अधिक महत्त्वपूर्ण है।" फिर लोगों को मेरा मोबाइल नम्बर मैं कम और वे अधिक देते जैसे मेरा मोबाइल नम्बर उनका मोबाइल नम्बर है। कई बार तो सुरेन्द्र जी को ढूँढ़ते हुए कमला जी का भी फ़ोन मेरे मोबाइल पर आ जाता।

मेरे प्रथम कविता-संग्रह की भूमिका सुरेन्द्र जी ने ही लिखी, मेरे सम्पादन में ब्रिटेन में हिन्दी कवियों का प्रथम कविता-संग्रह 'दूर बाग़ में सोंधी मिट्टी' एवं 'पुरवाई' पत्रिका का प्रकाशन सुरेन्द्र जी की ही प्रेरणा और मार्गदर्शन में हुआ। 1997 में जब विश्व भर में भारत की स्वतन्त्रता की स्वर्ण जयन्ती मनायी जा रही थी, ब्रिटेन में द्वितीय अन्तरराष्ट्रीय सम्मेलन सुरेन्द्र जी के ही मार्गदर्शन में आयोजित हुआ।

आज कौन किसको श्रेय देता है यह तो मैं नहीं कह सकता परन्तु मैं मानता हूँ कि ब्रिटेन के अनेक हिन्दी के लेखकों को उनकी पुस्तक प्रकाशित करने की प्रेरणा देने में उनकी विशेष भूमिका रही है। वे अक्सर मुझसे इस विषय पर चर्चा करते

और कहते कि यहाँ कई ऐसे लोग हैं जो या तो अच्छा लेखन कर रहे हैं अथवा उनमें लिखने की प्रतिभा है परन्तु उन्हें प्रोत्साहन देने का कोई मंच नहीं है। उनके घर पर भी मैंने अक्सर कई अप्रकाशित पाण्डुलिपियाँ देखीं जिन्हें वे पढ़ कर लोगों को परामर्श देते थे।

सुरेन्द्र जी अत्यन्त प्रेमी स्वभाव के होने के साथ-साथ बहुत भावुक व्यक्ति भी थे। 1997 में हिन्दी समिति के वार्षिक कार्यक्रम में हमने जब सुरेन्द्र जी को सम्मानित किया तब वे इतना भावुक हो गये कि भारतीय विद्या भवन के मंच पर रोने लगे। उदार हृदय, भावुक स्वभाव, मधुर भाषी, आत्मीय व्यक्तित्व, छोटों-बड़ों सब के प्रति आदर एवं प्रेम की भावना रखना, अपने इन्हीं गुणों के कारण सुरेन्द्र जी अपने मित्रों एवं परिवार के बीच सदैव जीवित रहेंगे।

सुरेन्द्र अरोड़ा जी ने ब्रिटेन को हिन्दी का एक सुनहरा युग दिया है। उनके भारत लौटने के बाद उनके कार्यों का ज़िक्र हमेशा रहा है और रहेगा। सुरेन्द्र जी जैसे व्यक्तित्व वाले कार्यकर्ता, मर्मस्पर्शी साहित्यकार कभी मरते नहीं हैं। ब्रिटेन में हिन्दी की चर्चा जब-जब होगी, सुरेन्द्र जी को याद किया जायेगा।

मेरी उनसे अन्तिम मुलाक़ात अगस्त के महीने में दिल्ली में साउथ एक्स्टेंशन में हुई जब मैं यूरोप के हिन्दी विद्यार्थियों को भारत यात्रा पर ले गया था। ऐसा बिल्कुल नहीं लगता कि उन्हें ज़रा भी उम्मीद थी कि वे इतनी जल्दी हम सब को छोड़कर जाने वाले हैं, उनका अन्तिम वाक्य आज भी मेरे कानों में गूँज रहा है, "मैंने अब बड़ा मकान ले लिया है, अगली बार जब इन बच्चों को दिल्ली लाना तो सब को लेकर मेरे ही घर में ठहरना...।"

सन् 2005

गौतम जी की पुस्तक पर भाषण

https://www.youtube.com/watch?v=OmoJYC12ugo

मैं इस पुस्तक पर कोई साहित्यिक टिप्पणी करने की चेष्टा नहीं करूँगा, परन्तु एक पाठक के रूप में अपनी बात पूरी ईमानदारी से रखूँगा। जब यह पुस्तक मेरे पास आयी और मैंने इसकी पहली कहानी 'अनुष्ठान' पढ़ी, यह कहानी भारत और पाकिस्तान के विभाजन पर आधारित है। जब भारत-पाकिस्तान का विभाजन हुआ था, उस युग में मेरा जन्म नहीं हुआ था। वो मेरे पुनर्जन्म की बात है इसलिए मैं उस

एहसास से जुड़ा नहीं था, उस दर्द से जुड़ा नहीं था, लेकिन मैंने बहुत-सी कहानियाँ पढ़ी हैं, क़िस्से सुने हैं, फ़िल्में देखी हैं, नाटक देखे हैं, लेकिन इस कहानी ने जिस प्रकार से मेरे मन के उस एहसास को, उस दर्द को छेड़ा है, वह क़ाबिलेतारीफ़ है। जिस भाषा में जिस तरीक़े से गौतम जी ने इस कहानी को लिखा है उसके कुछ अंश मैं उद्धृत करना चाहूँगा, "वह किसी पेड़ से अंडे चुरा के लाया था मैं भागने लगा था, लेकिन उसने दूसरा अंडा मुझ पर दागा था उसका निशाना चूक गया था और ज़मीन पर अंडे ने एक अजीब सा नक़्शा बना दिया था हिन्दुस्तान और पाकिस्तान का मिलाजुला नक़्शा, जिसमें से देशों को अलग-अलग देखना मुश्किल था। यह नक़्शा घोंसलों से गिरने वाले अंडों से अब भी बनता है।" इन पंक्तियों में प्रतीक के रूप में अंडा लिया है गौतम जी ने और अंडे का ये प्रतीक अपने आप में पूरे इतिहास, एक पूरे युग को समेट कर अपने दर्द के साथ अपनी बात को कहता है।

इसी प्रकार आगे इसी कहानी की पंक्तियाँ हैं, "मैं उस दिन कहाँ गया था जिस दिन मेरे बाबा एक रोते हुए बच्चे को घसीट कर किसी सरहद के पार ले गये थे। वह बच्चा ठीक बीच में कट गया था, लेकिन जल्दी ही दोनों हिस्से फिर ज़िन्दा हो गये उसने अपना क़त्ल अपनी आँखों से देखा था। उसने देखा था लूटमार के बेमौसम पतझड़ ने पूरे वतन के पेड़ों का गला घोंट दिया था। जिन पर लटकती हुई ज़ख़्मी टहनियाँ फाँसी पर लटकी हुई लाशों की बाँहों और टाँगों जैसी लगती थीं, लेकिन उसने सब क़ातिलों को माफ़ कर दिया था।" इस प्रकार की भाषा का जो प्रयोग गौतम जी ने अपनी कहानियों में किया है, वह उसमें कई जगह ऐसा लगता है जैसे गौतम जी ने परकाया प्रवेश कर लिया है। अगर मुर्दे की बात है, तो लगता है कि शायद गौतम जी ने मुर्दे के अन्दर जाकर या स्वयं उसको जिया है। इस कहानी को पढ़ने के बाद मैं दूसरी कहानी 'अपनों के लिए' की ओर बढ़ा। जब मैं पहले पृष्ठ से आगे बढ़ने लगा तो मन में गुदगुदी होने लगी। ऐसा लगा जैसे मैं कोई एडल्ट फ़िल्म देख रहा हूँ। पहली कहानी में दर्द का एहसास, दूसरी कहानी में क्रोध का एहसास, तीसरी कहानी में गुदगुदी का। एक क्षण के लिए जब मैं इस कहानी को पढ़ते हुए इसमें डूब रहा था, तो गौतम जी का चेहरा नज़र आया कि कहीं ग़लती से मैंने दूसरी पुस्तक तो नहीं उठा ली और फिर मैंने पलट के उसके कवर को देखा मेरा सन्देह ग़लत निकला और यह पुस्तक गौतम जी की ही थी।

अधिकांश समय किसी पुस्तक की प्रशंसा में यह बात कही जाती है कि मैंने अमुक पुस्तक को उठाया और पहले शब्द से अन्तिम शब्द तक पढ़ गया और मेरी

आँख नहीं झपकी व मैं कोई और काम नहीं कर पाया। लेकिन मैं इसकी प्रशंसा में इसके विपरीत बात करूँगा। मुझे लगता है कि इस पुस्तक को एक बार में पढ़ा ही नहीं जा सकता। उसका कारण है इसकी कहानियाँ। अभी तो मैंने तीन ही कहानियों की चर्चा की है। इस पूरी पुस्तक में जिन कहानियों का संग्रह है, उन्हें पढ़ते हुए पहली चीज़ तो ऐसा लगता ही नहीं है कि किसी एक लेखक द्वारा लिखी गयी हैं। ऐसा लगता है जैसे कई लेखकों के कहानियों का संग्रह है और जिस तरीक़े से मैंने पुस्तक को पढ़ा उस अनुभव के साथ तो मैं यही कहूँगा कि कम-से-कम एक कहानी से दूसरी कहानी में जाते हुए एक कप कॉफ़ी के प्याले का अन्तराल तो निश्चित रूप से लेना पड़ेगा। किसी एक फ्रेम ऑफ़ माइंड में आप इस पुस्तक को नहीं पढ़ सकते।

एक कहानी से दूसरी कहानी का विषय, भाषा, शब्दावली, भाव सब अलग-अलग हैं। अलग-अलग मूड की कहानियाँ हैं, अलग-अलग समय की कहानियाँ हैं, अलग-अलग युग की कहानियाँ हैं। गौतम जी ने तो काफ़ी समय लेकर ये कहानियाँ लिखी होंगी। अलग-अलग समय में लिखी होंगी। हर कहानी में क्या चाहिए और किस प्रकार से उसकी प्रस्तुति की जाये, का विचार करके ही लिखा होगा। जैसे आज की कहानियाँ या 1950 की कहानियाँ हैं। मुझे तो पूरी पुस्तक में लगा कि बीसवीं शताब्दी की आधी शताब्दी का समय इन कहानियों में दिखाई देता है। शायद इसका एक महत्त्वपूर्ण कारण यह भी रहा हो कि यह गौतम जी का पहला कहानी-संग्रह है। इसलिए गौतम जी के जीवन की जो सभी बेहतरीन कहानियाँ हैं, वह इसमें दिखाई देती हैं, लेकिन जो बदलाव आता है कहानियों में, जो विभिन्न प्रयोग किये हैं गौतम जी ने, वह अद्‌भुत है। कहीं दार्जिलिंग की बात है, कहीं रिश्तों की बात है, कहीं मानवीय संवेदनाओं की बात है, कहीं भारत-पाकिस्तान विभाजन की बात है, कहीं लघु कथाएँ हैं, तो कहीं भ्रष्टाचार की बात है।

अपने जीवन में जो जो गौतम जी ने सम्भवतः अनुभव किया है, वो अलग-अलग रूप में इस पुस्तक में आया है। एक बात मैं और कहूँगा कि चूँकि मैं भी लिखता हूँ, इसलिए इस बात को समझता हूँ कि साधारण लेखक जब कहानियाँ या कविता लिखता है तो वह लिखने के बाद उसे दोबारा देखता है। उसे एडिटिंग या प्रूफ़ रीडिंग जो कह लीजिए और जो भाव उसने लिखे होते हैं, विशेष रूप से रचनात्मक लेखन में, उसको सही करने का प्रयास करता है। गद्य है तो स्ट्रक्चर को, शायरी या ग़ज़ल है तो उसके पैरामीटर को, ठीक करने के लिए वो उसे बार-बार

देखता है। कई बार इस काम में बनावटीपन आ जाता है, जो कि वह लेखक नहीं जान पाता, पर पाठक के समझ में आ जाता है कि कहीं ना कहीं इसमें बनावटीपन है। लेकिन मैं समझता हूँ कि इस संग्रह में समस्त कहानियाँ बनावटीपन से मुक्त हैं। चूँकि, गौतम जी विद्वान हैं, भाषाविद् हैं और उनका सभी विधाओं के ऊपर पूरा अधिकार है, इसलिए शायद वह एक ही प्रवाह में लिखते हैं और उनका वो प्रवाह एकदम सटीक होता है। जब वह सटीक होता है तो उसमें चेंज करने की आवश्यकता नहीं होती। इसलिए इसमें बनावटीपन कहीं भी नज़र नहीं आता है।

अक्सर हम लोग सोचते हैं कि गौतम जी समीक्षक हैं, आलोचक हैं, कवि हैं, बाल गीतों के ऊपर भी उन्होंने पुस्तक लिखी हैं, तो इतनी विधाओं के ऊपर उनका अधिकार कैसे है? इस पुस्तक की कहानियों में जिस प्रकार से बदलाव आता है, मुझे यह लगा कि गौतम जी का जो लेखन है, उनकी जो क़लम है, वह आज़ाद परिन्दे की तरह है जो डाल-डाल पर बैठती है और मौसम-मौसम बदलती है। उदाहरण के रूप में सावन का मौसम है तो आपकी कविताएँ निकलती हैं। इस प्रकार मुझे इतनी आज़ाद लेखनी महसूस हुई। फिर इस सवाल का जवाब भी मिला कि शायद गौतम जी की लेखनी में वह प्रतिभा है, जो हर रंग, हर समय की बात हर विधा में बड़ी बेबाक़ी व बड़ी आज़ादी से खुलकर कर लेते हैं। गौतम जी में यह प्रतिभा है कि जब वह चाहते हैं अपनी बात को ग़ज़ल में, कविता में, कहानी में, लेख में, समीक्षा में तथा और भी सभी विधाओं में कह लेते हैं।

इस संग्रह में 35 कहानियाँ हैं और यहाँ हर कहानी के विषय में अलग से कह पाना मुश्किल होगा। कुछ कहानियाँ 'अनुष्ठान' जैसी काफ़ी गम्भीर हैं और जिसमें इतिहास की बात है; कुछ कहानियाँ ऐसी हैं जो हमारे जन जीवन और हमारे आसपास की घटनाओं से जुड़े हुए प्रसंगों पर आधारित हैं। एक कहानी है जिसमें एक व्यक्ति का उसकी नौकरानी के साथ सम्बन्ध होता है। इस कहानी को जब पढ़ने लगा तो पता चला कि ये शायद 60-70 के दशक की बात रही हो। फिर केचोला की जो कहानी है उसमें एक मज़ेदार प्रयोग मुझे लगा कि उस कहानी में दृश्य बदलते हैं जैसे कोई नाटक लिखा गया हो, लेकिन वह नाटक भी पूरी तरह से नहीं है। दृश्य बदलने के साथ-साथ वह कहानी अपनी बात भी कहती जाती है। 'छोटे चरणदास' भी भारत और पाकिस्तान के ऊपर आधारित कहानी है। 'मीट मंडी' एक कहानी है जो इंग्लैंड में चल रहे देह व्यापार के ऊपर है, जिसमें रोम-इटली का भी ज़िक्र है जहाँ से लड़कियाँ यहाँ पर लायी जाती हैं।

'आपका स्टेशन आ गया है' नामक एक कहानी भी है। निशा इसकी पात्र है जो भारत से यहाँ पर आयी है और लोगों को आगे बढ़ने के लिए इस्तेमाल करती है। उसने कई शादियाँ की हुई हैं। इस कहानी के ऊपर मैं एक पैराग्राफ़ पढ़ता हूँ। इस पैराग्राफ़ को इस तरह से देखिए कि कहानी में जो पुरोहित पात्र है, जिसकी निशा स्टूडेंट रही है उसकी बात को गौतम जी ने कहानी में जिस शानदार तरीक़े से जोड़ा है, वह क़ाबिलेतारीफ़ है। किस तरह से अच्छा साहित्यकार लिखता है और कहानी किस तरह से महत्त्वता के शिखर पर पहुँच जाती है, यह इस कहानी में स्पष्ट हो जाता है। पैराग्राफ़ देखिए–"मुंजाल साहब और भी बहुत कुछ बताते रहे, लेकिन मैं उन दिनों की स्मृतियों में खो गया जब निशा की मैंने पहली बार शादी करायी थी। वह यूनिवर्सिटी की छात्रा थी, साहित्य से उसका अनुराग था और उन दिनों एक नयी लहर से साहित्य जगत आन्दोलित हो रहा था। प्रसिद्ध उपन्यासकार जैनेन्द्र जी के इस सिद्धान्त की उन दिनों बड़ी चर्चा थी कि साहित्यकार को पत्नी के अतिरिक्त एक प्रेरणादायिनी, एक प्रेमिका का होना अत्यन्त आवश्यक है। उदीयमान व प्रतिष्ठित, विवाहित और अविवाहित लिखने वाले और न लिखने वाले हर तरह के साहित्यकार प्रेमिका को ढूँढ़ने में लग जाते हैं। ज्ञानेन्द्र जी ने मानो कोई दरवाज़ा खोल दिया था या काव्यशास्त्र का कोई विस्मृत सूत्र प्रस्तुत कर दिया था।" अब जब लेखक के रूप में गौतम जी इस पात्र में गये और उस छात्रा के विषय में सोचने लगे कि क्यों वो इस तरह की लाइन में चली गयी। तब देखिए कि कहाँ वह लेखक के रूप में पहुँच जाते हैं, उस पात्र में ना जाकर वह अपने विश्वविद्यालय के दिनों में जैनेन्द्र जी के पास पहुँच जाते हैं। इस प्रकार साधारण जीवन की कहानियाँ किस तरह से महत्त्वपूर्ण हो जाती हैं, यह कहानी इसका उदाहरण है।

और भी कई कहानियाँ हैं जिनके मैंने नोट्स बनाये हैं। समय को देखते हुए मैं एक और कहानी की ओर चलता हूँ। मैं पहले उसका एक अंश पढ़ता हूँ फिर बताता हूँ–"वह अपने फ़िरोज़ी रंग की बेडरूम की दीवार पर सामने टँगा पिकासो का चित्र देखने लगा। विकट और बेडौल नंगी औरत जिसके बदन कर कोई भी अंग ठीक जगह सही अनुपात में नहीं था। अजीब चेहरा, एक आँख छोटी, एक आँख बड़ी। विचित्र और त्रिकोणी नाक, होंठ जैसे हैं ही नहीं। वक्षस्थल बे-ठिकाने। हाथ और पैर टूटे, सर पे जूट के वस्त्र की टोपी, लेकिन उस रचना में अनोखापन था। वृधु का आकर्षण औरत के औरतपन को देखते हुए उसके पार देखने की कोशिश। पिकासो की 1955 की कलाकृति। धीरज ने उसे जन्मदिवस पर उपहार के रूप में

दिया था। पहली कलात्मक फ्रेम में जुड़ी और औरत जाने कौन थी। अब पिकासो ने न जाने क्यों उसकी शारीरिक उत्कृतियों को अतिशयोक्ति में आँकना चाहा था। रज़ाई में नंगी डुबकी मैथिली अपने बारे में सोचने लगी कहीं वह ख़ुद भी पिकासो के चित्र का प्रतिरूप तो नहीं बन रही है।" अब मैं अपनी बात पर आता हूँ कि यह कहानी तो दो लोगों के सम्बन्धों की बात है। अब इसमें पिकासो की बात कहाँ से आ गयी? वह भी इतना वर्णन के साथ तो जब मैं पढ़ रहा था तो थोड़ा मुझे पिकासो के बारे में जानने को हुआ। उसका जन्म स्पेन में हुआ था। उस वक़्त एक दौर आया था चित्रकारों का जिसमें वे मॉडलों की पेंटिंग बनाते थे तो इससे उनके साथ रहते थे और कुछ समय के लिए, उनके साथ सम्बन्ध भी स्थापित हो जाते। जिस मॉडल की वो पेंटिंग बनाते थे उसके लिए गर्व और गौरव की बात होती थी कि किसी चित्रकार ने उनका चयन किया है। पिकासो, एक महिला थी, उसके साथ वो दस वर्ष रहे थे। वो प्रसंग जब आता है, तो इस कहानी को महत्त्वपूर्ण बना देता है। उसने केवल उपहार दिया था वह पेंटिंग, लेकिन गौतम जी ने बात यहीं नहीं ख़त्म की है, बल्कि इस क्लाइमेक्स के बाद उन्होंने कैसे इस कहानी का अन्त किया है वो देखने लायक है–"आलस्य के कारण वह फिर बिस्तर में जा दुबकी, जिसमें उसके और धीरज के जिस्म की मिली-जुली गन्ध मौजूद थी। सामने पड़ी पिकासो की तस्वीर उसे अपने ऊपर टिप्पणी करते हुए दिखाई दी। वह सोचने लगी जिस औरत ने इस चित्र के लिए मॉडलिंग की होगी वह कितनी आज़ाद और बेतकल्लुफ़ रही होगी। उसको पिकासो से कोई कमिटमेंट नहीं चाहिए होगी।" इस प्रकार सामान्य जीवन की कहानियाँ कितनी विशेष कर दी हैं गौतम जी ने अपनी विद्वत्ता के आधार पर या उनकी लेखनी के जो उन्मुक्त पंख हैं उनके ज़रिये। उन उन्मुक्त पंखों के साथ वह कहाँ से कहाँ उड़ते रहते हैं, कहाँ से कहाँ दाने बटोरते रहते हैं, यह तो गौतम जी ही बता सकते हैं, लेकिन मैं बस यह बताना चाह रहा हूँ कि एक सामान्य जीवन की कहानी को भी वे ऐसा बड़ा बना देते हैं कि वो पाठकों के मन में उतर आती है।

इन कहानियों में विविधताएँ हैं जैसे कि इनमें व्यंग्य हैं, लघु कथाएँ हैं और पूरी किताब में कोई भी कहानी बहुत लम्बी नहीं है। जब कहानियाँ लम्बी नहीं होंगी तो पॉइंट-टू-पॉइंट होंगी। पाठक को ऐसा नहीं लगेगा कि मेरा समय बर्बाद हो रहा है। इसी प्रकार इसमें एक कहानी है 'उड़ता त्रिकोण' जो सरोगेट मदर और एक तलाक़शुदा औरत के ऊपर है जो अपने मित्र के लिए बच्चा पैदा करके उसके परिवार

को सुखी करना चाहती है। लेकिन केवल इतना ही नहीं है और दूसरे सम्बन्धों को भी जोड़ा गया है। कॉलेज के दिनों से लेकर कई और पहलू भी सामने आते हैं।

बहरहाल, अब मैं इस पुस्तक की अन्तिम कहानी की तरफ़ आपको ले चलता हूँ, जिसका ज़िक्र अभी ललित जी ने भी किया था। कहानी का शीर्षक है 'विचारा दरियाई साह'। जब मैंने इस पुस्तक की सारी कहानियाँ पढ़ते हुए अन्तिम कहानी पर पहुँचा तब उस कहानी को मैंने एक बार पढ़ा। एक बार पढ़ने के बाद यह कहानी मुझे समझ में नहीं आयी फिर मैंने दूसरी बार पढ़ा। फिर दूसरी बार पढ़ा तो मुझे कुछ-कुछ समझ में आयी और लगा कि इसमें विभाजन और धर्म की बात है। लेकिन किस समय की बात है, कहाँ की बात है, यह मैं नहीं समझ पाया। फिर मैंने तीसरी बार कहानी पढ़ी पढ़ने के बाद एक किरदार को नोटिस किया–डॉ. मोहम्मद राम सिंह। तीसरी बार पढ़ने के बाद भी जब मुझे लगा कि अभी भी मैं पकड़ नहीं पा रहा हूँ कि यह कहानी कहाँ से निकली है, कहाँ जा रही है, क्या कर रही है। आख़िर मैंने गौतम जी को फ़ोन किया और उनसे कहा कि ये जो कहानी है इसके बारे में मुझे थोड़ा बताइए कि ये कहाँ से उठी और कहाँ ख़त्म हुई।

गौतम जी हँसने लगे तो मैं थोड़ा-सा सकपकाया। उन्होंने फिर आगे कहा कि तुम ही नहीं, मेरे तीन-चार ऐसे मित्र हैं जिनका फ़ोन आया। एक मित्र ने 5 बार पढ़ा, एक मित्र ने 8 बार पढ़ा है, इसलिए तुम अकेले नहीं हो। तब गौतम जी ने इसका थोड़ा सन्दर्भ बताया। फिर मैंने इस कहानी को चौथी और पाँचवीं बार पढ़ा तब जाकर मुझे ये कहानी कई और सन्दर्भ में नज़र आने लगी।

मुझे दो बातें लगीं। एक बात तो यह कि अच्छा हुआ, यह अन्तिम कहानी है, पहली नहीं। अगर पहली कहानी होती तो मैं पढ़के कोई बहाना ढूँढ़ता कि इस पुस्तक पर बोला कैसे जायेगा जो समझ में नहीं आया। दूसरी बात, 5 बार पढ़ने के बाद इस कहानी के सन्दर्भ अलग-अलग तरीक़ों से दिखाई देने लगे। यदि यही यह कहानी इस कहानी-संग्रह में 33 बार छपी होती तब भी यह पुस्तक उतनी ही रोचक होती। क्योंकि हर बार यह कहानी आपको नये प्रसंगों में दिखाई पड़ती। अन्त में यही कहूँगा कि यह ऐसी पुस्तक है जिसे एक वाक्य में नहीं बाँधा जा सकता। आप इस पुस्तक को यह नहीं कह सकते कि यह कहानियाँ इसके ऊपर हैं या उसके ऊपर हैं; प्रवासी जीवन के ऊपर हैं या एक समय की कहानियाँ हैं। दरअसल ये विविध विषयों की कहानियाँ हैं, विभिन्न समयों की कहानियाँ हैं, आधी शताब्दी की कहानियाँ हैं। इसे एक वाक्य में बाँध पाना निश्चित रूप से मुश्किल है और गौतम जी का जो लेखन है,

उसमें जिस तरह से मूल विषय बदलते रहते हैं, वह और चकित करता है। हालाँकि मुझे इन बदलते रंगों में एक ख़ास शेड नज़र आया वो ये कि आपके भीतर एक व्यंग्यकार है, जो चलता रहा है और कहानियों में व्यंग्य भी दिखाई देता रहा है। चाहें वह लम्बी कहानी हो, चाहे लघु कथा हो या रिश्तों पर आधारित कहानियाँ रही हों। मैं इन्हीं शब्दों के साथ गौतम जी को और वाणी प्रकाशन को बहुत-बहुत बधाई देते हुए अपनी वाणी को विराम देता हूँ। बहुत-बहुत धन्यवाद।

सन् 2007

भारतीय डायस्पोरा में बढ़ता क्रिकेट

क्रिकेट भारत में धर्म है। एक ऐसा धर्म जिसमें कोई भेदभाव नहीं है। कोई छोटा-बड़ा नहीं है। खिलाड़ी चाहे उत्तर का हो दक्षिण का, गोरा हो या काला, अमीर हो या ग़रीब, जो अच्छा खिलाड़ी है वही सबको प्रिय है। इंग्लैंड में जन्मा क्रिकेट का खेल आज भारत की रगों में दौड़ रहा है।

देखा जाये तो आज विश्व की सभी टीमों में गोरे, काले, भूरे सभी रंगों के लोग खेल रहे हैं। किसी भी देश की टीम को देख कर ऐसा लगता ही नहीं कि दुनिया में किसी भी भेदभाव की कोई समस्या है।

भारत का यह धर्म सिर्फ़ भारत में ही सीमित नहीं है। भारतीय डायस्पोरा भी दुनिया भर में नये और योग्य क्रिकेट खिलाड़ियों को जन्म दे रहा है। विश्व की क़रीब-क़रीब सभी टीमों में भारतीय मूल के लड़के क्रिकेट खेल रहे हैं। भारतीय मूल के दो नवजवान जय पोरिया और मनजीत सिंह ऑस्ट्रेलिया जैसी सशक्त टीम का भी द्वार खटखटा रहे हैं।

सोनी रामदीन भारतीय मूल के पहले खिलाड़ी थे जिन्होंने वेस्टइंडीज़ की ओर से 1950 में इंग्लैंड दौरे से अपनी शुरुआत की और उसके बाद रोहन कन्हाई और एल्विन काली चरण जैसे अनेक भारतीय मूल के क्रिकेट खिलाड़ियों ने वेस्ट इंडीज़ क्रिकेट टीम में अपनी जगह बनायी। भारतीय मूल के लोगों के लिए सबसे महत्त्वपूर्ण समय वह था जब क्रिकेट की जन्मभूमि इंग्लैंड की टीम के कप्तान भारतीय मूल के नासिर हुसैन हुए।

जिस प्रकार भारत वर्ष का नागरिक विश्व के किसी कोने में क्यों न रहता हो, वह अपनी सभ्यता और संस्कृति को हृदय से लगा कर रखता है उसी प्रकार वह दुनिया के किसी भी देश की नागरिकता लेने के बाद भी भारतीय क्रिकेट टीम

को ही सपोर्ट करता है। वह भारत को कभी भी किसी भी क्षेत्र में हारता हुआ नहीं देख सकता।

परन्तु प्रवासी भारतीयों की भारत के प्रति यह भावना उनके जीवन की सबसे बड़ी दुविधा बनती जा रही है। आज उनके बच्चे इंग्लैंड, कनाडा, आयरलैंड तथा अन्य देशों के लिए जम कर खेल रहे हैं। ऐसी परिथिति में जहाँ एक ओर वे भारत की हार स्वीकार नहीं कर पाते हैं वहीं दूसरी ओर स्वाभाविक रूप से अपने बच्चों के अच्छे प्रदर्शन के लिए दुआ भी करते हैं।

ब्रिटेन में काफ़ी समय से यह बहस चल रही है कि किसी भी खेल का कोई भी मैच क्यों न हो, यहाँ पर बसे एशियाई समुदाय के लोग इंग्लैंड के ख़िलाफ़ एशियाई देश का ही समर्थन क्यों करते हैं? जब उनका जन्म यहाँ हुआ है, परवरिश यहाँ की सरकार कर रही है, नागरिकता यहाँ की है, तो जब खेल की बात आती है तो उनकी निष्ठा भारत, पाकिस्तान या बंगलादेश के साथ क्यों होती है? यहाँ ऐसे युवा लोग मिलेंगे जो न तो कभी भारत गये हैं, न वे भारतीय भाषा जानते हैं और न ही अपने आपको भारतीय कहते हैं परन्तु ओवल में भारत और इंग्लैंड के बीच होने वाले क्रिकेट मैच में तिरंगे रंग की टीशर्ट पहन कर भारत को समर्थन देने अवश्य पहुँच जायेंगे।

अब अगर मुम्बई में होने वाले क्रिकेट मैच में कुछ भारतीय मुसलमानों के द्वारा पाकिस्तान को समर्थन देने पर श्री बाल ठाकरे यह कह सकते हैं कि पाकिस्तान को समर्थन देने वाले भारतीय मुसलमानों को देश के बाहर फेंक देना चाहिए तो इंग्लैंड, वेस्ट इंडीज़ या फिर कनाडा में रहने वाले इन भारतीयों के साथ क्या करना चाहिए?

स्वाभाविक है कि ब्रिटिश जनता को बुरा लगेगा ही। इंग्लैंड क्रिकेट टीम के भारतीय मूल के पूर्व कप्तान नासिर हुसैन ने भी कुछ समय पहले इसी प्रश्न को उठाते हुए ब्रिटिश एशियन्स की निन्दा की थी।

यह सही है कि भारतीय मूल का व्यक्ति भारत के अलावा किसी और देश को समर्थन नहीं दे पाता परन्तु यदि हम भारतीय मूल के उन खिलाड़ियों की दृष्टि से देखें जो अपनी जन्मभूमि के लिए खेल रहे हैं, उन नवजवानों के मन क्या बीतता होगा जब उनके अपने मित्र उनकी जगह विपक्षी टीम का समर्थन करते हैं।

इंग्लैंड क्रिकेट टीम के महत्त्वपूर्ण खिलाड़ी मोंटी पनेसर पहले ऐसे सिख हैं जिन्हें इंग्लैंड की टीम में जगह मिली है। यह प्रशंसा की बात है कि विश्व के तमाम

देश आज विदेशी मूल के अपने नागरिकों को अपनी टीम में जगह दे रहे हैं। वे राष्ट्रीयता या किसी भी भेदभाव से ऊपर उठ कर अच्छे खिलाड़ियों को अन्तरराष्ट्रीय स्तर पर खेलने का अवसर प्रदान कर रहे हैं। ये खिलाड़ी भी तन और मन से, पूरी ज़िम्मेदारी के साथ अपने कर्तव्य का निर्वाह कर रहे हैं। फिर भी कुछ फ़िरकापरस्त लोग अपनी संकीर्णता को प्रदर्शित करने से नहीं चूकते।

कुछ समय पहले किसी मैच के दौरान कुछ इंग्लैंड के लोगों ने मोंटी पनेसर के ख़िलाफ़ आवाज़ उठायी कि 'तुम अपने देश वापस जाओ।' वैसे ही कुछ पाकिस्तानियों ने भी इंग्लैंड के पाकिस्तान मूल के खिलाड़ी साजिद महमूद को गद्दार कह कर पुकारा।

समय अब बदल रहा है। अभी कुछ साल पहले तक इंग्लैंड टीम में कोई एशियाई चेहरा न देख कर सम्भवतः एशियाई समुदाय के लोग उसे अपना नहीं मान पा रहे थे। वे जिन परिस्थितियों में अपना वतन छोड़कर आये थे वह आज के वातावरण से भिन्न है। एक नयी जगह, अंग्रेज़ों के बीच भारत, पाकिस्तान और बांग्लादेश के लोग अपनी पहचान ही बनाने में संघर्ष करते रहे। वे अपने ही देश के हीरों को मानते रहे, चाहे वे सिनेमा या खेल जगत से हों या फिर राजनीति के क्षेत्र से। ब्रिटेन उनके लिए सिर्फ़ काम करने की और पैसा कमाने की जगह से अधिक कुछ और नहीं थीं। अपनी परम्पराओं, मान्यताओं, धर्म, त्योहारों से ऊपर कुछ सोचना उनके बस में नहीं था और वही सब वे विरासत में अपनी सन्तानों को देते रहे जिसके कारण यू.के. में एशियाई मूल का बच्चा अपनी पहचान को लेकर हमेशा कशमकश में रहा।

80 के दशक से उसके लिए ब्रिटिश एशियन की पहचान बनना आरम्भ हुई। परन्तु अब जब माइकल चोपड़ा, प्रेम झूटी, विक्रम सोलंकी, आफ़ताब हबीब, कबीर और कदीर अली जैसे एशियाई मूल के सितारे अन्तरराष्ट्रीय खेल जगत में ब्रिटेन को जीत का सेहरा पहना रहे हैं और जब कुछ समय पहले लीड्स फ़ुटबाल के पूर्व मैनेजर जार्ज ग्राहम को गर्व से यहाँ तक कहना पड़ा कि लीवरपूल के पास माइकल ओवन हो सकता है तो हमारे पास हरपाल सिंह है। ज़ाहिर है, ब्रिटेन में बसा एशियाई समुदाय इंग्लैंड टीम को अपना मानने लगा है।

वह दिन दूर नहीं है कि वैश्वीकरण के इस युग में भारतीय डायस्पोरा के क्रिकेट खिलाड़ी विश्व की हर टीम में सिर्फ़ अपनी सशक्त जगह ही नहीं बनायेंगे बल्कि विश्व क्रिकेट इतिहास में नये रिकॉर्ड भी स्थापित करेंगे।

अक्षरम, 2007

ब्रिटेन के सबसे ख़ास श्रोता और पाठक डॉ. के.के. श्रीवास्तव

ब्रिटेन के हिन्दी क्षेत्र में कौन है जो डॉ. के.के. श्रीवास्तव को नहीं जानता। एक हँसता, मुस्कुराता और गुदगुदाता हुआ व्यक्तित्व जो जिस कार्यक्रम में पहुँच जाता है तो सूरज की रौशनी के साथ बरसते हुए पानी में जिस प्रकार से इन्द्रधनुष आकाश को रंग देता है, वह महफ़िल साहित्य के विभिन्न रंगों से खिल उठती है।

के.के. न तो कोई कहानीकार हैं और न ही स्थापित कवि। वे न कोई हिन्दी के गम्भीर वक्ता हैं और न ही शिक्षक। के.के. जी तो यू.के. में हिन्दी के ऐसे श्रोता हैं जिनके कार्यक्रम में उपस्थित होने से वक्ताओं और कवियों को नयी उमंग मिल जाती है।

जो लोग के.के. जी को नज़दीक से जानते हैं वे ही उनकी प्रतिभाओं की क़द्र भी करते हैं। मेरे लिए डॉ. के.के श्रीवास्तव ऐसी प्रतिभा के धनी हैं कि कभी-कभी मुझे उनके ज्ञान एवं याद्दाश्त से ईर्ष्या होने लगती है। सच पूछिए तो यह शख़्स हिन्दी, उर्दू और अंग्रेज़ी भाषा एवं साहित्य का चलता-फिरता एन्साइक्लोपीडिया है। हिन्दी के मुहावरे या चुटकुले हों, उर्दू की शायरी हो या फिर अंग्रेज़ी की सूक्तियाँ? के.के. जी को एक शब्द दे दीजिए और कोई न कोई रोचक बात सुन लीजिए।

मैं ही नहीं, उनके अनेक मित्र के.के. की इस विद्वत्ता तथा प्रतिभा का लोहा मानते हैं। पेशे से मेडिकल डॉक्टर होते हुए भी के.के. जी को क्रिकेट की दुनिया के लोग एक अत्यन्त रोचक कमेन्ट्रेटर के रूप में जानते हैं। न जाने ही कितने अन्तरराष्ट्रीय मैचों को रेडियो एवं टेलीविज़न के माध्यम से उन्होंने लोगों तक पहुँचाया है।

के.के. जी की ज़ुबानी लन्दन में बी.बी.सी. के ओंकार नाथ श्रीवास्तव, रत्नाकर भारती, और कृष्ण गोल्ड के क़िस्से या फिर क्रिकेट की दुनिया के दिग्गज फारूख़ इंजीनियर जैसे लोगों के साथ गुज़ारे अनुभव सुन कर ब्रिटेन में 60 एवं 70 के दशक को महसूस किया जा सकता है।

मेरी उनसे पहली मुलाक़ात क़रीब 20 वर्ष पूर्व बर्मिंघम के एक कवि सम्मेलन में हुई जब मेरे साथ खड़ी एक महिला से उन्होंने प्रश्न किया कि "क्या आप भी कवयित्री हैं?" वो महिला बोली "जी नहीं!" डॉ. के.के. ने तपाक से कहा "अच्छा है, आपको कवयित्री होने की क्या आवश्यकता है, आप तो स्वयं ग़ज़ल हैं।"

तब से मैं डॉ. के.के. का मुरीद हो गया। क्षण भर में किसी अजनबी को इतनी सहजता से मित्र बनाने की कला एक व्यक्ति के व्यावहारिक और आत्मीय होने का परिचय देती है। कुछ ऐसा संयोग रहा कि मेरी कुछ कविताओं के पहले श्रोता के.के. जी रहे। मेरी सबसे प्रचलित कविता छड़ी, घड़ी, ऐनक के पहले श्रोता के.के. जी ही थे। मुझे याद है कि जब पहली बार मैंने पहले बहाव में यह कविता उन्हें सुनाई तो वे बोले, "तुम्हारी इस कविता ने मुझे अपने जीवन के अनेक अन्तर्द्वन्द को याद दिला दिया है, कभी कभी लगता है कि बुढ़ापे का कारण सिर्फ़ उम्र ही नहीं होती।" और के.के. जी के इस वाक्य ने मुझे अपनी इस कविता की अन्तिम पंक्ति दे दी।

इसी प्रकार पुरवाई में प्रकाशित लेखों पर के.के. जी की टिप्पणियाँ अपने आप में पूरा साहित्य हो सकती हैं। ऐसे-ऐसे मुहावरों और शेरों का इस्तेमाल करके वे उस लेखक की कभी प्रशंसा करते हैं, तो कभी धज्जियाँ उड़ाते हैं, कि कभी-कभी आनन्द भी आता है, तो कभी-कभी उस लेखक पर तरस!

कुछ वर्ष पूर्व मेरे आग्रह पर के.के. जी हास्य कवि के रूप में मंच पर उतरे। मैंने उन्हें समझाया कि वे अपने कुछ चुटकुले और पैरोडियाँ कार्यक्रम में सुना सकते हैं। पहले तो वे मना करते रहे फिर न न करते मंच पर आ ही गये। परिणाम यह हुआ उनकी पहचान एक हास्य और रोचक वक्ता के रूप में बनने लगी और लन्दन में नेहरू केन्द्र के तत्कालीन निदेशक श्री पवन वर्मा एवं वातायन की अध्यक्षा श्रीमती दिव्या माथुर ने उन्हें लन्दन के नेहरू केन्द्र में होली के अवसर पर आयोजित हास्य कवि सम्मेलन में मुख्य कवि के रूप में बुलाया। सच मानिए, वह कवि सम्मेलन के.के. जी ने ख़ूब जमाया।

फिर धीरे-धीरे अपने मित्रों के निवेदन पर उन्होंने गोष्ठियों का अत्यन्त रोचक संचालन करना भी आरम्भ कर दिया है। कई सालों से पुरवाई पत्रिका में उनका मुस्कान स्तम्भ भी प्रकाशित होता रहा है। प्रवासी टुडे में भी क्रिकेट के ऊपर के.के. जी के लेख पढ़ने को मिले। अक्सर महफ़िलों में किशोर कुमार के गीत के.के. जी पूरे तरन्नुम और अदायगी से सुनाते हैं। गीत संगीत के अत्यन्त शौक़ीन हैं डॉ. के.के. श्रीवास्तव।

सपाटबयानी के.के. जी का एक और गुण है। कभी भी किसी गम्भीर चर्चा के दौरान वे अपनी बात कहने में ज़रा भी संकोच नहीं करते। परन्तु कहने का अन्दाज़ ऐसा है कि किसी को बुरा भी नहीं लगता। हाँ में हाँ मिलाना तो जैसे के.के. जी को आता ही नहीं या तो गुड़ में चीनी मिलायेंगे या फिर मिर्ची! यानी कि अगर आपने

उनके पसन्द के किसी व्यक्ति की तारीफ़ कर दी तो समझिए कि आप भी उनके मित्र हो गये परन्तु यदि बुराई की तो आपकी ख़ैर नहीं। वे अनेक तर्कों एवं उदाहरणों के माध्यम से यह साबित करने में लग जायेंगे कि वह व्यक्ति सही है।

मैं मानता हूँ कि साहित्य, कला, संस्कृति, गीत एवं संगीत के अभिन्न प्रेमी डॉ. के.के. श्रीवास्तव जैसे लोगों के कारण ही आज विश्व में भारतीय संस्कृति के समस्त रंग फल-फूल रहे हैं। कलाकार स्थापित हों या फिर नये, साहित्यकार बड़े हों या फिर छोटे, आयोजन गम्भीर हों या फिर मनोरंजक, ब्रिटेन में डॉ. के.के. श्रीवास्तव अपनी उपस्थिति से उन्हें सुशोभित ही नहीं करते अपितु समाज में जीवित नागरिक होने का परिचय भी देते हैं। मेरा मानना है कि सम्भवतः इतिहास में के.के. जैसे लोगों का कोई ज़िक्र नहीं होगा परन्तु इतिहास के रचयिताओं को रचने में आप जैसे लोगों की अहम भूमिका रही है और रहेगी।

सन् 2007

अगली पीढ़ी को हिन्दी से जोड़ने का अभिनव अभियान, हिन्दी ज्ञान प्रतियोगिता विश्व हिन्दी सम्मेलन, न्यूयॉर्क

मैं 1990 से लन्दन में हिन्दी के प्रचार एवं प्रसार में सक्रिय हूँ। 90 के दशक में डॉ. लक्ष्मीमल्ल सिंघवी एवं कमला जी के संरक्षण में यू.के. में अनेक सम्मेलन आयोजित होने लगे। लन्दन में 'पुरवाई' पत्रिका एवं यू.के. के हिन्दी कवियों के कविता संकलन 'दूर बाग़ में सोंधी मिट्टी' के द्वारा मुझे प्रवासी भारतीय साहित्यकारों एवं भारतीय साहित्य से जुड़ी विभूतियों के निकट आने का सुअवसर मिला।

सन् 1999 के विश्व हिन्दी सम्मेलन के वृहद् आयोजन से लन्दन में हिन्दी का एक नया वातावरण तैयार हुआ। सन् 2001 में 'हिन्दी परामर्श मण्डल' की स्थापना हुई।

मैंने महसूस किया कि कवि सम्मेलनों, साहित्यिक गोष्ठियों, सम्मेलनों एवं प्रकाशनों से यद्यपि हम हिन्दी का प्रचार-प्रसार तो कर रहे हैं, ब्रिटेन में हिन्दी भाषा और साहित्य के प्रति लोगों में जागृति तो ला रहे हैं, परन्तु आयोजनों में युवाओं एवं बच्चों के प्रतिनिधित्व की कमी बनी हुई है।

नयी पीढ़ी को हिन्दी के आयोजनों से कैसे जोड़ा जाये? यह प्रश्न अक्सर मन में उभरता। सबसे बड़ी समस्या यही दिख रही थी कि हिन्दी के विद्यार्थी वर्ग को किस

प्रकार से एक मंच प्रदान किया जाये और उन्हें हिन्दी पढ़ने के लिए किस प्रकार से प्रोत्साहित किया जाये?

2001 में भारतीय उच्चायोग के तत्कालीन हिन्दी एवं संस्कृति अधिकारी श्री अनिल शर्मा ने लन्दन में हिन्दी परामर्श मण्डल यू.के. की एक बैठक में हिन्दी ज्ञान प्रतियोगिता के आयोजन का प्रस्ताव रखा जिसे डॉ. सत्येन्द्र श्रीवास्तव की अध्यक्षता में सभी ने एक स्वर में सराहा और स्वीकार किया।

उनकी इस परिकल्पना ने मुझे नयी पीढ़ी को हिन्दी से जोड़ने का रास्ता दिखा दिया और इस आयोजन के संयोजन की चुनौती को मैंने तुरन्त स्वीकार किया और कार्य आरम्भ हो गया।

इस प्रतियोगिता के लिए हमारे सहयोगी शिक्षक श्री वेद मित्र मोहला द्वारा बनाया गया पाठ्यक्रम आज यूरोप के अनेक केन्द्रों में हिन्दी शिक्षण के लिए काम आ रहा है। लन्दन के एक अधिवेशन में हिन्दी समिति की उपाध्यक्ष श्रीमती उषा राजे ने प्रस्ताव रखा कि हिन्दी ज्ञान प्रतियोगिता में भाग लेने वाले सबसे प्रतिभाशाली छात्र को वे भारत यात्रा का टिकट देंगी।

कारवाँ बनने लगा, उषा जी के प्रस्ताव के बाद राम भट्ट, सुखराज बसरा, पाल निश्चल एवं अनिल गुप्त ने भी हिन्दी विद्यार्थियों को भारत यात्रा पर ले जाने के प्रस्ताव पर अपना सहयोग देने की घोषणा कर दी।

2003 में यू.के. हिन्दी समिति द्वारा लन्दन में आयोजित यूरोप के तृतीय अन्तरराष्ट्रीय हिन्दी सम्मेलन में 'यूरोप हिन्दी समिति' की स्थापना हुई जिसकी सूरीनाम के विश्व हिन्दी सम्मेलन में प्रथम औपचारिक बैठक हुई। सन् 2001 में लन्दन में आरम्भ हुई हिन्दी ज्ञान प्रतियोगिता को यूरोप के अन्य देशों में कराने के प्रस्ताव आये। परिणामस्वरूप आज छठी हिन्दी ज्ञान प्रतियोगिता का लन्दन से निकल कर यू.के. के विभिन्न नगरों, आयरलैंड, रूस, क्रोशिया, रोमानिया, हंगरी तथा यूरोप के अन्य देशों में विस्तार हो गया है। इस वर्ष यूरोप के क़रीब 12 सौ छात्रों ने इसमें भाग लिया है।

इस वर्ष इस प्रतियोगिता में 3 से 63 वर्ष के लोगों ने भाग लिया है। इसके माध्यम से विश्व में हिन्दी के छात्रों और शिक्षकों के साथ-साथ उनके परिवारों का लम्बा-चौड़ा नेटवर्क तैयार होता जा रहा है। पिछले पाँच वर्षों से हिन्दी ज्ञान प्रतियोगिता के चयनित विद्यार्थियों को पुरस्कार में भारत यात्रा करायी जा रही है। इस भारत यात्रा से भारत जाने वाले छात्रों को तो लाभ हो ही रहा है, परन्तु विश्व

में नयी पीढ़ी को हिन्दी से जोड़ने के हमारे अभियान को भी एक नयी सशक्त दिशा मिल गयी है।

यू.के. हिन्दी समिति, कृति यू.के., कला निकेतन एवं हमारी सहयोगी संस्थाएँ स्वैच्छिक संस्थाएँ हैं और हिन्दी प्रेमियों के योगदान से ही चल रही हैं। हम सौभाग्यशाली हैं कि हमें आज सुदर्शन भाटिया, सत्येन्द्र श्रीवास्तव, सुरेखा चोपड़ा, कृष्ण तलवार, अख़्तर गोल्ड, विक्रम सिंह, दिनेश एवं कविता गुप्त जैसे लोग मिले हैं जो सिर्फ़ इस अभियान को आर्थिक सहयोग ही नहीं दे रहे हैं परन्तु वे हिन्दी ज्ञान प्रतियोगिता के इस अभियान में विश्वास रखते हैं। वेद मोहला, सुदर्शन मोहिन्द्रा, दिव्या माथुर, के.बी.एल. सक्सेना, अनुराधा शर्मा, तितिक्षा शाह, के.के. श्रीवास्तव, स्वर्ण तलवार, नीरव प्रधान, जय वर्मा जैसे अनेक हिन्दी के कार्यकर्ता आज हिन्दी ज्ञान प्रतियोगिता की सफलता के लिए कटिबद्ध हैं। क्रोशिया के सुनील भट्ट, रोमानिया से सबीना पोपरलेन और इमरे बंगा, हंगरी में मारिया नेज्येसी, मास्को में लुडमिला खोखलोवा जैसे हिन्दी के शिक्षकों ने भी हमारे साथ हिन्दी ज्ञान प्रतियोगिता को आगे बढ़ाने का संकल्प लिया है।

मैं समझता हूँ कि शायद विश्व में हिन्दी का यह एकमात्र ऐसा कार्यक्रम है जिसमें तैयारी से लेकर प्रतियोगिता के पुरस्कारों तक का पूरा आयोजन वर्ष में क़रीब नौ महीने तक चलता है और विश्व की 50 से अधिक संस्थाएँ और हिन्दी शिक्षण केन्द्र, क़रीब 100 से अधिक शिक्षक और 50 से अधिक हिन्दी के कार्यकर्ता इसके लिए काम करते हैं।

भारत की अक्षरम संस्था हिन्दी के इन दलों की व्यवस्था भारत में कराती है। पिछले वर्ष से भारत सरकार की संस्था आई.सी.सी.आर. भी हमारे इस अभियान के साथ जुड़ गयी है। आई.सी.सी.आर. के निदेशक श्री पवन वर्मा ने पिछले वर्ष से हिन्दी छात्रों के इस दल के भारत में ठहरने एवं लोकल ट्रांसपोर्ट की व्यवस्था आई.सी.सी.आर. की ओर से करवाना आरम्भ कर दिया है। ब्रिटेन में भारतीय उच्चायोग के हिन्दी एवं संस्कृति अधिकारी श्री राकेश दुबे एवं भारत के विदेश मन्त्रालय की श्रीमती मधु गोस्वामी के सहयोग से भारत सरकार ने भी हिन्दी के चयनित विद्यार्थियों को भारत यात्रा के लिए वित्तीय सहायता देना आरम्भ कर दिया है।

मैं इस प्रतियोगिता और अभियान में भारत यात्रा को इतना महत्त्व इसलिए दे रहा हूँ कि सबसे पहले पुरस्कार स्वरूप भारत यात्रा विद्यार्थियों में आकर्षण पैदा करती

है, यूरोप के अनेक ऐसे हिन्दी के विद्यार्थी जिनके लिए भारत देखना एक स्वप्न है उन्हें भारत जाने का अवसर मिलता है, वे इस यात्रा के दौरान अलग-अलग देशों के हिन्दी छात्रों के क़रीब आते हैं जिससे हिन्दी का विश्व परिवार बढ़ रहा है, यह हिन्दी के छात्र जब भारत यात्रा के बाद अपने-अपने देश लौटते हैं तो भारत की स्मृतियों से बहुत कुछ सीखते हैं। यूरोप के युवा वर्ग का एक शक्तिशाली नेटवर्क तैयार हो रहा है। अब तक यूरोप के 36 हिन्दी विद्यार्थी भारत यात्रा कर चुके हैं। विजेताओं के रूप में विश्व हिन्दी के राजदूत बन कर इन्होंने भारत के लोगों का मन जीता है। मैं चाहता हूँ कि जिस प्रकार अब तक इस आयोजन के संसाधन और ख़र्च की व्यवस्था यू.के. हिन्दी समिति लन्दन से करा रही है, अब और भी देश के हिन्दी प्रेमी और संस्थाएँ आगे आयें। अब इस अभियान को यूरोप से निकल कर अमेरिका तक पहुँचना चाहिए। अमेरिका जैसे विशाल देश से प्रतिवर्ष एक नहीं कम-से-कम पाँच छात्र भारत यात्रा पर जायें। लन्दन के भारतीय उच्चायोग की तरह अमेरिका का भारतीय दूतावास इस अभियान में महत्त्वपूर्ण भूमिका अदा कर सकता है।

हिन्दी ज्ञान प्रतियोगिता सिर्फ़ हिन्दी के छात्रों की प्रतियोगिता नहीं है, यह विश्व के हिन्दी शिक्षकों की प्रतियोगिता बन चुकी है, यह उन परिवारों और अभिभावकों की प्रतियोगिता है जो अपने बच्चों को हिन्दी जैसी समृद्ध भाषा सीखने के लिए प्रेरित करते हैं, यह प्रतियोगिता हम जैसे उन कार्यकर्ताओं की हैं जो हिन्दी को नयी पीढ़ी में फलता-फूलता देखना चाहते हैं। हिन्दी ज्ञान प्रतियोगिता के माध्यम से हम विश्व में हिन्दी प्रेमियों की युवा पीढ़ी का एक विशाल नेटवर्क तैयार कर रहे हैं।

कुछ संयोग ऐसा भी रहा कि इस प्रतियोगिता के आरम्भ होने के बाद ब्रिटिश सरकार ने पिछले वर्ष ब्रिटेन के हिन्दी शिक्षक श्री वेद मोहला को ओ.बी.ई. एवार्ड तथा इस वर्ष श्रीमती सुदर्शन मोहिन्द्रा को एम.बी.ई. एवार्ड से नवाज़ा है।

आज हम किसी नेता की तरह सिर्फ़ भाषण नहीं दे रहे या फिर हिन्दी के एक बड़े लेखक के रूप में हिन्दी को भावी पीढ़ी से दूर होता देख अफ़सोस नहीं प्रकट कर रहे हैं अपितु यूरोप में हिन्दी कार्यकर्ताओं की एक सशक्त टीम के साथ विश्व की नयी पीढ़ी को हिन्दी ज्ञान प्रतियोगिता से जोड़ कर नये हिन्दी समाज का निर्माण कर रहे हैं।

मैं चाहता हूँ कि न्यूयॉर्क में होने वाला यह सम्मेलन हिन्दी के इतिहास में मील का पत्थर साबित हो। मैं मानता हूँ कि इस प्रकार के सम्मेलनों की सच्ची उपलब्धि तब है जब हम कोई ऐसी योजनाएँ बनायें या ऐसे संकल्प लें जो हमारी बातों, हमारे विचारों को सिर्फ़ किताबों या दस्तावेज़ों में क़ैद न करें बल्कि अगली पीढ़ी तक पहुँचायें। हिन्दी के भविष्य को लेकर कुछ महत्त्वपूर्ण फ़ैसले लिए जायें और उन पर अमल भी किया जाये।

अब तक ब्रिटेन में हुए विश्व एवं अन्तरराष्ट्रीय स्तर पर तीन सम्मेलनों, 14 अन्तरराष्ट्रीय कवि सम्मेलनों, 100 से अधिक साहित्यिक गोष्ठियों, अध्यापकों के अधिवेशन एवं शिविरों के संयोजन के बाद मैं इस निष्कर्ष पर पहुँचा हूँ। इस कविता के माध्यम से अपने आज के वक्तव्य को विराम देता हूँ कि–

चर्चों पर चर्चे भी बहुत हो गये
पर्चों पर पर्चे भी बहुत हो गये
और अब तो मेरे दोस्तो
ख़र्चों पर ख़र्चे भी बहुत हो गये।
काम नहीं चलेगा अब
अध्याय में विराम से
यात्रा में विश्राम से।
जो लिखा, जो पढ़ा, जो सुना है
इस दौर की जिस दौड़ को हमने चुना है
जाती है वह उस सीढ़ी की ओर
जो सीढ़ी जाती है, नयी पीढ़ी की ओर।
अब यदि नहीं दी गति
हमने स्वयं को दौड़ कर
यह ख़र्चे, यह पर्चे, यह चर्चे सब सो जायेंगे यहीं,
कफ़न को ओढ़ कर।
एक बार फिर
किनारे पर ही डूब जायेगी नाव
हँसेगा हम पर एक और
नया पारित प्रस्ताव।

सन् 2007

मैं स्वागत करता हूँ 'अन्तर्मन' का अन्तर्मन से...

इन्दिरा आनन्द के 'अन्तर्मन' में मीरा वास करती है और मीरा के भाव उनकी रचनाओं में। कृष्ण की बाँसुरी इनकी काव्यधारा में लयबद्ध होती दिखाई देती है।

इन्दिरा जी की कविताओं को पढ़ कर मुझे आलौकिक प्रेम के भाव महसूस हुए। पवित्र प्रेम के समर्पण की अनुभूति इनके हर शब्द से छलकती है। कविता भावों की अभिव्यक्ति का सुन्दरतम माध्यम है और इस सुन्दरतम माध्यम के माध्यम से इन्दिरा जी ने जैसे अपना हृदय काग़ज़ पर परोस दिया है।

चंचल प्रतिबिम्ब बढ़ती घटती
आत्म दीप-शिखा की आलों में
आज वह बेसुध लौ साध दो
डाल प्रेम घृत प्यालों में।।

भाषा से लेकर भावों तक इन पंक्तियों में कवयित्री समर्पण का अत्यन्त सुन्दर चित्र खींचती हैं। वह अपनी भावों की यात्रा जैसे हृदय के रथ पर सवार होकर कर रही हैं। सीधी-सीधी बात, सरलता से कह गयीं और कहाँ से कहाँ पहुँच गयीं? पढ़ने पर यूँ लगा कि कुछ माँग रही हैं परन्तु मन टटोला तो पाया कि इन्दिरा जी तो समर्पण का समन्दर अर्पित कर रही हैं।

हर मनुष्य के अन्दर उसका अपना एक संसार रहता है पर इन्दिरा जी उन सौभाग्यशालियों में से एक हैं जिनका हृदय अपने भीतर के संसार से संवाद कर सकता है।

तभी तो कवयित्री कहती हैं–

सुख-दुःख धूप-छाँही डोरों में बँध
इक पल बैठूँ पिंजड़े में।
इक पल उड़ती सम्पूर्ण स्वच्छन्द
रूहानी उड़न खटोले में।

अपनी इन अनुभूतियों के साथ इन्दिरा जी रहती हैं परन्तु दुख समेट कर वे सुख को बाँटना चाहती हैं। सम्भवतः यह उनके व्यक्तित्व का अक्स है। इसी कविता के अन्त में वे कहती हैं–

जितना सुखमय मेरा अन्तर मेरे भीतर का संसार
वैसा ही रचना चाहती मैं निज कर्मकाण्डित भौतिक संसार।।

इन्दिरा जी की सोच और विचार में केवल अपना ही नहीं समाज का दर्द भी उमड़ता है। एक आम व्यक्ति के भाव में यदि किसी महापुरुष के विचार का प्रतिबिम्ब मिलने लगे तो निश्चित ही वह हज़ारों-लाखों में विशेष दिखाई देने लगता है।

रहीम का दोहा–

दुख में सुमिरन सब करैं, सुख में करे न कोय।
जो सुख में सुमिरन करे, दुख काहे को होय।।

इन्दिरा जी के भावों में जब गूँजता है तो उनकी अलौकिक अभिव्यक्ति मन को स्पर्श करने लगती है–

जब संसार भुलाये, प्रभु को बुलाये
तो समझो पग पग पर ठोकर खायेंगे।
जब उर-कमल में उसकी सुगन्ध न रहे
तो भला कैसे संसार को लुभायेंगे।।

भक्तिरस में बहते-बहते इन्दिरा जी का काव्य-हृदय जब 'ध्यान' कविता में आगे यह कहने लगता है कि–

पिया मिलन उपरान्त जो रूह देह नगरी में आयेगी
वाचा रहित निज कान्ति से उसका पैग़ाम सुनायेगी।
रौशन करेगी हर जीवन के मन-आँगन के
जिसके सन्मुख वह दो घड़ी भी जायेगी।।

रूहानी प्रेम में कृष्ण की बाँसुरी जैसे कोई गीत छेड़ रही है। कवयित्री की एक विशेषता यह भी है कि वे अपने रचना संसार में आँखें खोले हुए हैं। नीरज जी का एक दोहा मुझे याद आता है–

तितली के भी पंख से ज़्यादा नाज़ुक प्यार,
अहंकार का बोझ धर, यार न इसको मार।

इन्दिरा जी की कविता अपनों से संवाद करती है–

टूट जायेगा आडम्बरी दर्पण
एक दिन हँस देगा तुझ पर तेरा ही प्रतिबिम्ब

किसमें उचक उचक कर देखोगे तब
झूठी शोहरत की मूरत या आत्मश्लाघा के चिह्न!!

एक ईमानदार व्यक्ति की पहचान इससे अधिक और क्या हो सकती है जब वह अपने मनोभावों में वह सच देखने लगे जो केवल ज़मीन से ही महसूस किया जा सकता है। इन्दिरा जी अपनी रचनाओं में उस सच की अभिव्यक्ति कितनी मार्मिकता से करती हैं–

इस घाटी से क़ाफ़िले गुज़र गये हैं।
शिखरों पर जाने वाले धुन्धों में भटक गये हैं।
उस पार उजाला है, यह सब जाने हैं
लेकिन लोभ-मोह की बेड़ियों में जैसे जकड़ गये हैं।
जो हैं बन्धनमुक्त दलदल में कमल समान
उस योगी के जीने का अन्दाज़ अलग है।
माटी सब की एक सौरभ की बात अलग है।।

इन्दिरा जी की कुछ रचनाएँ पढ़ कर तो ऐसा लगता है कि इन्होंने इस एक जीवन में कई जीवन को जी लिया है। जीवन के सबसे कटु सत्य को अपने शब्दों की अभिव्यक्ति से जैसे मीठा कर दिया है-

क्यों तर है भयभीत मृत्यु से!
मृत्यु तो जीवन की मंज़िल,
क्यों रहना इसके विपक्ष में!
यह तो जीवन का अन्तिम पुष्पण!!

कहीं कलयुग के अत्याचार, आतंक और भेदों से दुखी मन ईश्वर से फ़रियाद करता है तो कहीं कवयित्री का सरल हृदय नव प्रभात की प्रतीक्षा के गीत गाता है। कहीं इन्दिरा जी का काव्यमन शिशु के आगमन का स्वागत कर रहा है तो कहीं जीवन के अस्तित्व की तलाश कर रहा है। कहीं कवयित्री अपनी साधना में ईश्वर के दर्शन करती हैं तो कहीं भारतीय तीज-त्योहारों के महत्त्व को अपनी काव्यधारा में पिरो लेती है।

भारतीय नारी का सरल और सहज मन इन्दिरा जी की कविताओं में दर्पण बन कर उभरता है। अपने आस-पास रहने वाले रिश्तों के प्रति इन्दिरा जी का कवि हृदय प्रेम के पुष्प भेंट करता दिखता है।

देर से आयीं लेकिन दुरुस्त आयीं, इन्दिरा जी लेखन में।
मैं स्वागत करता हूँ 'अन्तर्मन' का अन्तर्मन से...

सन् 2008

डॉ. कन्हैया लाल नन्दन और उनकी सूक्ष्म दृष्टि

डॉ. कन्हैया लाल नन्दन जी से मेरा पहला परिचय 1994 में मैनचेस्टर में हुआ था। उस समय हम यू.के. में तत्कालीन उच्चायुक्त डॉ. लक्ष्मीमल्ल सिंघवी जी के संरक्षण में ब्रिटेन में अन्तरराष्ट्रीय हिन्दी कवि सम्मेलनों के वार्षिक कार्यक्रमों की परम्परा डाल रहे थे। नन्दन जी डॉ. सिंघवी एवं कमला जी के बहुत प्रिय थे। उस वर्ष लन्दन और मैनचेस्टर में दो कवि सम्मेलन हुए जिसका संचालन श्री नन्दन जी ने किया। इन दोनों कवि सम्मेलनों में एक और ख़ूबी यह रही कि मैनचेस्टर में प्रसिद्ध कलाकार श्री दिलीप कुमार जी ने और लन्दन में श्री अमिताभ बच्चन जी ने अपनी उपस्थिति से कार्यक्रम को सुशोभित किया।

डॉ. सिंघवी जी ने इन कवि सम्मेलनों के संयोजन की ज़िम्मेदारी मुझको सौंपी। 1 अक्टूबर, 1994 शनिवार को मैनचेस्टर में कार्यक्रम समाप्त होने के बाद 2 अक्टूबर, रविवार को कवि सम्मेलन होना था। मैनचेस्टर में भारतीय उच्चायोग के तत्कालीन हिन्दी एवं संस्कृति अधिकारी डॉ. सुरेन्द्र अरोड़ा और मैंने ये तय किया कि हम रात को ही मैनचेस्टर से लन्दन के लिए रवाना हो जायेंगे। नन्दन जी और गंगा प्रसाद विमल जी भी हमारे साथ कार में बैठ लिए। रात को क़रीब दो बजे हम मैनचेस्टर से चले और सुबह सात बजे लन्दन पहुँचे। पूरा सफ़र हम नन्दन जी और विमल जी के क़िस्से सुनते रहे। यात्रा के हर पल का उन्होंने भरपूर लुत्फ़ उठाया।

ब्रिटेन में हिन्दी के इतिहास में इन दोनों कवि सम्मेलनों का बहुत बड़ा योगदान है और यह गौरव की बात रही कि इन दोनों कार्यक्रमों का संचालन नन्दन जी ने किया, जिसका ज़िक्र आज भी होता है। पूरी साहित्यिक गरिमा के साथ प्रवासी भारतीयों को अत्यन्त दिलचस्पी से तीन घण्टों से अधिक बाँधे रखने की अद्‌भुत क्षमता थी नन्दन जी में। इन कवि सम्मेलनों की परम्परा आज भी ब्रिटेन में चल रही है और आरम्भ में नन्दन जी कई बार इन कवि सम्मेलनों में भाग लेने यू.के. आये।

आरम्भ में वे यह नहीं जानते थे कि मैं उनके पुराने मित्र डॉ. दाऊजी का पुत्र हूँ। जब वे मेरे पिता जी से मिले तो कहने लगे कि वे भारत में दाऊजी को जानते

हैं और इंग्लैंड में पद्मेश को! एकाध बार तो मंचों पर भी मेरा परिचय कराते समय मेरे पिता जी का उल्लेख करते हुए उन्होंने कहा कि सूरज का अंश जहाँ भी होगा प्रकांश करेगा।

लन्दन में डॉ. सत्येन्द्र श्रीवास्तव जी के निवास को नन्दन जी अपना घर मानते थे और मेरी कार को अपनी गाड़ी। अक्सर भारत और अमेरिका की यात्रा के बीच वे लन्दन रुकते थे और मुझे फ़ोन करके कहते थे, 'मैं फलाँ फ्लाइट से लन्दन आ रहा हूँ, मुझे एयरपोर्ट से लेकर सत्येन्द्र के यहाँ पहुँचा दो।'

मेरी पहली कहानी नन्दन जी ने 'गगनांचल' में छापी और छठे विश्व हिन्दी सम्मेलन के सुअवसर पर ब्रिटेन में मेरी हिन्दी यात्रा पर लेख उन्होंने मुझसे कह-कह कर लिखवाया और फिर उसे प्रकाशित किया।

प्रवासी भारतीय रचनाकारों को भारत में उचित सम्मान देने में नन्दन जी ने मेरा बहुत साथ दिया। इतने बड़े यज्ञ के संयोजन में नन्दन जी का समय-समय पर मेरे कन्धे पर हाथ रखना और मार्गदर्शन देना इस बात को प्रमाणित करता है कि हर प्रकार की राजनीति से ऊपर वे हिन्दी के हित को प्राथमिकता दे रहे थे। परदे के पीछे रहते हुए अनेक अवसरों पर नन्दन जी मुझसे कान में आकर छोटी-छोटी कमियों से अवगत कराते रहते।

सन् 2002 में श्री प्रेम जनमेजय जी के संयोजन में त्रिनिदाद में अन्तरराष्ट्रीय हिन्दी सम्मेलन के सुअवसर पर नन्दन जी के साथ कुछ समय गुज़ारने का अवसर मिला। उसके बाद सूरीनाम के सातवें विश्व हिन्दी सम्मेलन और न्यूयॉर्क के आठवे विश्व हिन्दी सम्मेलन में भी मुझे उनका सान्निध्य प्राप्त हुआ। एक बार 14 सितम्बर को हिन्दी दिवस के अवसर पर मैं दिल्ली में था और नन्दन जी मुझे तत्कालीन प्रधानमन्त्री श्री अटल बिहारी वाजपेयी जी के घर आयोजित समारोह में भी बड़े प्रेम से लेकर गये।

मैंने जितना भी नन्दन जी को जाना, पहचाना, पढ़ा या सुना है, मैं इस बात को पूरे दावे से कहता हूँ कि नन्दन जी अत्यन्त सूक्ष्म दृष्टि रखते थे और उन्हें लोगों की पहचान बहुत अच्छी थी। बात समाज की हो, राजनीति की हो, व्यक्ति की हो या फिर साहित्य की, नन्दन जी की सूक्ष्म नज़र से कुछ छिपा नहीं रह सकता था। यह उनके संघर्षशील जीवन का अनुभव ही रहा होगा कि अपनी विभिन्न शैली के लेखन में वे अपने दृष्टिकोण को अलग-अलग तरह से हमेशा अभिव्यक्त करते रहे और अपने पूरे युग का आईना बनकर वे उसका अक्स हमें दिखाते रहे।

जहाँ एक ओर उनकी सम्पादकीय में एक अत्यन्त दीप्तिमान पत्रकार या समीक्षक नज़र आता था तो उनके लेखों में उत्कृष्ट विचारक और चिन्तक की झलक मिलती रही है। जहाँ एक ओर उनकी कविताओं में प्रेम की नाज़ुकता पूरे शबाब पर मिलती है, सपाट बयानी पूरी तीव्रता के साथ चोट करती है, वहीं मंचों पर उनकी आवाज़ सारे माहौल को मदहोश करने के लिए जानी जाती रही है।

नन्दन जी पूरी सदी के अत्यन्त जागरूक लेखक रहे हैं, एक ऐसे लेखक जो अपने साथ कुछ भी लेकर नहीं गये बल्कि अपने समस्त अनुभव और विचार हमें देकर गये हैं। उन्होंने सारा जीवन अपने लेखन के माध्यम से समाज में बाँटा और जब तक हिन्दी साहित्य पढ़ा जायेगा, नन्दन जी हमारे बीच उपस्थित रहेंगे, अमर रहेंगे।

सन् 2010

पुरवाई लेख : नयी दुनिया

वर्ष 1991 में हमने एक स्वप्न देखा, ब्रिटेन में एक पत्रिका का स्वप्न, स्वप्न-नये रचनाकारों के मंच का स्वप्न, स्वप्न–हिन्दी की गतिविधियों को सँजोने का स्वप्न, स्वप्न–विश्व के हिन्दी परिवार को जोड़ने का स्वप्न और स्वप्न एक साहित्यिक सेतु का जो भारत और ब्रिटेन के बीच साहित्यिक आदान-प्रदान कर सके।

पुरवाई का प्रथम अंक हमारे घर पर ही प्रकाशित हुआ। एक समय था जब श्री नरेश भारतीय जी ने लन्दन में हाथ से लिखकर हिन्दी पत्रिका का प्रकाशन आरम्भ किया था। हमने पुरवाई की पहली प्रति की टाइपिंग घर पर ही की और घर के ही प्रिंटर पर उसे छापा। क़रीब दो रातों तक प्रिंटर चलता रहा और पुरवाई के पन्ने छपते रहे। उस समय हिन्दी के इतने फॉण्ट और सॉफ्टवेयर उपलब्ध नहीं थे, फिर भी मैंने और उषा राजे जी ने हिम्मत की और प्रकाशित की पुरवाई।

डॉ. लक्ष्मीमल्ल सिंघवी जी ने और कमला जी ने हमारे इस स्वप्न को अपनी पलकों पर रखा और पुरवाई को स्वीकारते हुए हमें अपना संरक्षण प्रदान किया जिसमें हमें बहुत बल मिला। 11 सितम्बर, 1997 को नेहरू केन्द्र में डॉ. सिंघवी जी के करकमलों द्वारा पुरवाई का लोकार्पण हुआ। सिंघवी जी ने उस अवसर पर मुझसे कहा कि "मेरा नाम पुरवाई से जोड़ रहे हो, अब यह ज़िम्मेदारी तुम्हारी है कि यह पत्रिका लम्बे समय तक चलती रहे।"

पुरवाई ने घुटनों के बल चलना आरम्भ किया। सबसे पहले उँगलियाँ दीं भारत के श्री कमल किशोर गोयनका जी और सोहन राही जी ने जिनकी मदद से पुरवाई का दूसरा और तीसरा अंक प्रकाशित हो सका।

मेरा और उषा जी का हिन्दी में टाइपिंग का अभ्यास बढ़ने लगा। हम पूरी पत्रिका अपने ही कम्प्यूटर पर छापते और फिर प्रिंटिंग और बाइंडिंग के लिए कोई सहायक ढूँढ़ते। हारी 'पुरवाई' की तीसरी प्रति सोहन राही जी की दुकान पर फ़ोटोकॉपी मशीन पर छपी। उसके बाद 'पुरवाई' ने मुड़कर नहीं देखा और ब्रिटेन के इतिहास में साहित्यिक यात्रा आरम्भ हो गयी।

पुरवाई के बढ़ते क़दम विचारों और यथार्थ से जुड़ने लगे। कहीं कम्प्यूटर पर हिन्दी विशेषांक निकला तो कहीं तालिबान के बौद्ध मूर्तियों पर आक्रमण पर आवाज़ बनी 'पुरवाई'। 1999 के छठे विश्व हिन्दी सम्मेलन में विश्व के 23 देशों के हिन्दी लेखकों, प्रेमियों और प्रचारकों से ब्रिटेन की इस साहित्यिक पत्रिका का परिचय हुआ। यह विशेषांक उषा राजे जी के सक्रिय सम्पादन में प्रकाशित हुआ। मुझे आज भी याद है कि यह अंक 'पुरवाई' का जो सबसे मोटा अंक था, जिसकी पूरी टाइपिंग उषा जी ने अकेले ही की और 'पुरवाई' के छपते-छपते उनकी आँखें बुरी तरह से सूज गयी थीं।

फिर हिन्दी समिति के दस वर्ष के उपलक्ष्य में विश्व में स्वैच्छिक संस्थाओं पर विशेषांक और 'पुरवाई' के पाँच वर्ष पूरे होने पर विश्व में हिन्दी पत्रिकाओं के योगदान पर पुरवाई का अंक निकला। 2003 में पुरवाई सूरीनाम के सातवें विश्व हिन्दी सम्मेलन में पहुँची और कैरेबियन देशों के पाठकों और लेखकों से जुड़ी।

इस वर्ष जुलाई में न्यूयॉर्क के आठवें विश्व हिन्दी सम्मेलन में मुझे आभास हुआ कि पुरवाई अब सिर्फ़ उभरते हुए लेखकों की पत्रिका ही नहीं, लोगों को जोड़ने का सेतु ही नहीं अपितु पुरवाई तो केन्द्र बन चुकी है विश्व में हिन्दी की मूल धारा का।

मुझे याद आयी 'पुरवाई' के प्रथम अंक के सम्पादकीय में लिखी अपनी पंक्ति जिसमें मैंने यह कामना की थी कि पुरवाई विश्व जगत के साहित्यिक क्षेत्र में ही नहीं, अपितु यह लोगों के मन में भी अपना स्थान बनाये।

पुरवाई के प्रथम अंक से हमारी सह सम्पादक उषा राजे 'पुरवाई' के लिए जी रही हैं और पुरवाई उषा जी को जी रही है। मेरी निगाह में पुरवाई पत्रिका का अगर कोई पर्यायवाची शब्द हो सकता है तो वह है 'पुरउषा', पूरब से पश्चिम...उषा लाती है 'पुरवाई'...।

मुझे आज भी याद है कि जब पुरवाई प्रारम्भ हुई तो दिव्या माथुर जी ने पुरवाई का उछल कर गरमागरम स्वागत किया और इसे लन्दन के अत्यन्त विशेष वर्ग से जोड़ा। कला, संस्कृति और साहित्य के अनेक प्रतिष्ठित लोगों के बीच पुरवाई को स्थापित किया।

किसी भी पत्रिका का प्रकाशन व्यर्थ है यदि वह पाठकों तक न पहुँचे। के.बी. एल. सक्सेना साहब ने इस पत्रिका को घर-घर तक पहुँचाया। इसके वितरण की पूरी ज़िम्मेदारी उठायी। अपने विश्व भ्रमण के दौरान अनेक देशों के लोगों को पुरवाई से जोड़ने का महत्त्वपूर्ण कार्य किया।

डॉ. सत्येन्द्र श्रीवास्तव जी को मैं पुरवाई के साहित्यिक संरक्षक के रूप में देखता हूँ। अपने लेखों से न सत्येन्द्र जी ने पत्रिका को स्तरीयता प्रदान की बल्कि कई बार सत्येन्द्र जी के लेखों ने पुरवाई को दिशा प्रदान की। उन्होंने पुरवाई को सदा हृदय से प्रेम किया है।

डॉ. गौतम सचदेव जी हमारे बीच एक सशक्त आलोचक के रूप में प्रसिद्ध हैं और अपनी उसी सूक्ष्म दृष्टि के कारण उन्होंने पुरवाई को सदैव आलोचना से बचाया है। हिन्दी कहानियों पर विशेषांक के सुझाव के साथ-साथ गौतम जी ने पत्रिका में पाठकों से संवाद आरम्भ किया था। जहाँ-जहाँ कोई कमी दिखी, गौतम जी ने अपनी लेखनी से उसे पूरा किया। उषा वर्मा जी ने अनेक लेखकों की प्रकाशित पुस्तकों की समीक्षा पुरवाई के लिए लिखी। अपनी समीक्षाओं में उषा जी ने हमेशा इस बात का ख़याल रखा कि पुरवाई का उद्देश्य है नये लेखकों को प्रोत्साहन देना अतः उन्होंने अपनी सभी समीक्षाओं में नये लेखकों को उचित प्रोत्साहन प्रदान किया।

डॉ. के.के. श्रीवास्तव जी ने मुस्कान स्तम्भ के लिए, जैसे अपने यहाँ लतीफ़ों का कारख़ाना ही खोल दिया है। हर अंक में वे पुरवाई के पाठकों को मीठी मुस्कान भेंट करते रहे हैं। के.के. जी ने इस स्तम्भ के द्वारा पत्रिका को बहुत रोचकता प्रदान की है। प्राण शर्मा जी ने पुरवाई को अपने प्राणों से अधिक प्रेम किया है। ग़ज़लों पर विशेष लेखों की श्रृंखला के साथ-साथ 'खेल निराले हैं दुनिया में' के नाम से चलने वाले स्थायी स्तम्भ के द्वारा प्राण जी ने पुरवाई को अत्यन्त पठनीय बनाया है। भारत के हमारे मित्र श्री विमल कुमार सिंह व दीपक गुप्त के कारण पुरवाई के निरन्तर प्रकाशन व इसके निखार में सदैव वृद्धि होती रही है।

यू.के. हिन्दी समिति द्वारा प्रकाशित पुरवाई को ब्रिटेन की स्वैच्छिक संस्थाएँ गीतांजलि समुदाय, भारतीय भाषा संगम, हिन्दी भाषा समिति, कृति यू.के. एवं भारत की ऋचा प्रकाशन का बहुत स्नेह और सहयोग मिला है।

आप सबके आशीर्वाद से हमारा स्वप्न पुरवाई पत्रिका के माध्यम से एक अन्तरराष्ट्रीय अभियान बन गया। अभियान नये रचनाकारों के मंच का, अभियान प्रवासी भावनाओं की अभिव्यक्ति का और अभियान विश्व के हिन्दी लेखकों को जोड़ने का।

सन् 2013

ब्रिटेन में कविता की प्रत्येक विधा को पूरा सम्मान दिया जाता है

नेहरू केन्द्र, लन्दन

ब्रिटेन में अन्तरराष्ट्रीय कवि सम्मेलनों की परम्परा नब्बे के दशक से आरम्भ हुई है। यू.के. हिन्दी समिति ने 1994 में हिन्दी दिवस के अवसर पर अक्षरम भारतीय के साथ मिलकर लन्दन तथा मैनचेस्टर में अन्तरराष्ट्रीय हिन्दी कवि सम्मेलन का आयोजन किया जिसमें नीरज, अशोक चक्रधर, रमानाथ अवस्थी, कन्हैया लाल नन्दन, अमिताभ बच्चन, दाऊजी गुप्त, सुरेश शुक्ल, गंगा प्रसाद विमल, रूपर्ट स्नेल एवं शशांक प्रभाकर ने भाग लिया। इस अवसर पर भारत के ज्ञानपीठ विजेताओं को सम्मानित किया गया। कन्हैया लाल नन्दन ने कार्यक्रमों का संचालन किया।

इस वर्ष लन्दन में भारत के शीर्ष कवि श्री हरिवंश राय बच्चन के पुत्र एवं प्रसिद्ध कलाकार श्री अमिताभ बच्चन एवं मैनचेस्टर में वरिष्ठ कलाकार श्री दिलीप कुमार के भाग लेने से कवि सम्मेलन के आयोजन को ब्रिटेन में अभूतपूर्व ख्याति मिली।

डॉ. लक्ष्मीमल्ल सिंघवी एवं श्रीमती कमला सिंघवी जी के हिन्दी प्रेम एवं भारतीय उच्चायोग में तत्कालीन हिन्दी एवं संस्कृति अधिकारी डॉ. सुरेन्द्र अरोड़ा की हिन्दी के प्रति निष्ठा का परिणाम था कि आई.सी.सी.आर. भारत सरकार के सौजन्य से प्रति वर्ष भारत के लोकप्रिय कवियों का ब्रिटेन आना आरम्भ हो गया और ब्रिटेन में अन्तरराष्ट्रीय हिन्दी कवि सम्मेलनों के वार्षिक आयोजनों के दौर शुरू हो गये।

1998 में सिंघवी जी के भारत लौटने के उपरान्त इन वार्षिक आयोजनों को अपना संरक्षण प्रदान किया भारत से पधारे उ.प्र. हिन्दी संस्थान एवं उ.प्र. विधानसभा के अध्यक्ष श्री केशरीनाथ त्रिपाठी ने।

कवि सम्मेलनों के आयोजनों से प्रभावित होकर लन्दन के कवि सम्मेलन में उ.प्र. हिन्दी संस्थान के अध्यक्ष श्री केशरीनाथ त्रिपाठी ने ऐलान किया कि उत्तर प्रदेश से भी वे प्रति वर्ष क़रीब दो कवियों को हिन्दी दिवस के अवसर पर ब्रिटेन भेजा करेंगे।

मैं आरम्भ से ही इन कवि सम्मेलनों के संयोजक के रूप में जुड़ा रहने के कारण पूरे विश्वास के साथ कह सकता हूँ कि आज ब्रिटेन में हिन्दी की निरन्तर बढ़ती हुई लोकप्रियता तथा पूरे देश में हिन्दी का सशक्त वातावरण बनाने में इन अन्तरराष्ट्रीय कवि सम्मेलनों का सबसे बड़ा योगदान है।

भले ही आज भारत में यह कहा जाता हो कि वहाँ कवि सम्मेलन में अब स्तरीय कविताओं को भारत की जनता द्वारा सम्मान नहीं मिलता परन्तु मैं यही कहूँगा कि इस मायने में ब्रिटेन भारत से कहीं आगे है।

ब्रिटेन के हिन्दी प्रेमियों ने श्रोताओं के रूप में भारत के हर शैली के कवि को सहृदय स्वीकारा है। इसमें दो राय नहीं कि हास्य कविता सबसे लोकप्रिय विधा है परन्तु यहाँ पर कार्यक्रम में हास्य के अलावा गीतकार, ग़ज़लकार एवं नयी कविता को भी पसन्द किया जाता रहा है। यहाँ कविता की प्रत्येक विधा को पूरा सम्मान दिया जाता है। यहाँ के हिन्दी प्रेमियों ने भारत के कवियों को यह सम्मान सिर्फ़ प्रशंसा और स्नेह देकर ही नहीं बल्कि उन्हें प्रेरणा मान कर हिन्दी कविता की अलग अलग विधाओं में रचनात्मक लेखन का सुन्दर-सुन्दर सृजन करके उनके प्रति अपने सम्मान को प्रदर्शित किया है।

इतना ही नहीं बल्कि आज ब्रिटेन में मंचीय कवियों की ऐसी टीम तैयार हो चुकी है कि वे अपने बल पर एक उच्चस्तरीय कवि सम्मेलन करने की क्षमता रखते हैं।

अब हमारा स्वप्न यही है कि ब्रिटेन में हिन्दी कवियों की ऐसी नयी पीढ़ी तैयार हो सके जिनकी रचनाओं को न केवल भारत की मूलधारा से जुड़ने का अवसर मिले बल्कि कविता के माध्यम से हिन्दी साहित्य को नये युग के संवेदनशील और दार्शनिक लेखक भी प्राप्त हों जो हिन्दी लेखन को अन्तरराष्ट्रीय दृष्टिकोण दे सकें।

दिल्ली : मई, 2017

प्रवासी पुत्र लोकार्पण

सब कुछ जैसे मेरी पसन्द का हो रहा है, तो अलका सिन्हा जी जिनके साथ साहित्यिक संयोजन का मैं हमेशा से प्रशंसक रहा हूँ, तितिक्षा जी जो भी करती हैं पूरी शिद्दत के साथ करती हैं, आज आपने अपने दायित्व का इतना अच्छा निर्वाह किया, मेरे विषय में जो भी अच्छा कहा जा सकता था वह सब कहा, पुष्पिता जी हिन्दी साहित्य की सच्ची तपस्विनी कुछ और देर बोलती तो और अच्छा लगता।

माननीया सोनल मान सिंह जी देश की सांस्कृतिक गौरव, बचपन से इच्छा थी कि आपके साथ एक चित्र हो जाये। आदरणीय कमल किशोर गोयनका जी, देश के वरिष्ठतम प्रकाशक, आपने और आपकी समिति ने मुझे इस योग्य समझा कि केन्द्रीय हिन्दी संस्थान का इतना प्रतिष्ठित पुरस्कार मुझे मिले, इससे सर्फ़ मेरा ही नहीं बल्कि इंग्लैंड के अनेक हिन्दी साहित्यकारों का मनोबल बढ़ा है। हमारे अपने, सबके अपने आदरणीय पवन वर्मा जी, उत्कृष्ट बुद्धिजीवी वर्ग के सशक्त हस्ताक्षर, आपके साथ हमारी बहुत स्मृतियाँ हैं लन्दन की। माननीय अनिल शर्मा जोशी जी जिन्हें आज यहाँ मंच पर होना चाहिए था परन्तु वह इस समय फ़िजी में हैं, भारतीय उच्चायोग में कार्यरत, हिन्दी के अत्यन्त कर्मठ निष्ठावान ईमानदार हमारे मित्र; लेकिन फिर भी इस पुस्तक के माध्यम से मैं उन्हें यहाँ उपस्थित मान रहा हूँ जिसकी भूमिका उन्होंने लिखी है। मेरे पिता जी आदरणीय दाऊजी गुप्त जी और अति विशेष बात यह है कि आज मेरी माँ इस कार्यक्रम में आयी हैं। वह ऐसे आयोजनों में बहुत समय से बहुत कम जाती हैं। आज शायद पहली बार वह मुझे किसी मंच पर देख रही हैं। और सम्भवतः इसका कारण यह है कि मेरे नानाजी कृष्णा बाबू, सीतापुर से पाँच बार विधायक रहे, दो बार चेयरमैन और स्वत्रंतता संग्राम सेनानी थे। इधर पापा 31 वर्ष की आयु में मेयर हो गये थे। तब मम्मी बचपन में कहती थीं कि उधर तुम्हारे नाना और इधर तुम्हारे पापा, भैया अब तुम राजनीति में ना जाना। और शायद उन्हीं के संस्कार हैं कि मैंने पापा जी की राजनीतिक विरासत की जगह साहित्यिक विरासत को चुना। आज के ऐसे आयोजन में यह स्वाभाविक हो जाता कि ऐसे लोगों का स्मरण होता है या तो मेरी यात्रा में शामिल थे या फिर कहीं ना कहीं प्रेरणा थे। मैंने अधिकांश लोगों का उल्लेख अपनी कविताओं के माध्यम से इस पुस्तक में किया है, लेकिन मैं एक व्यक्ति का ज़िक्र आपके साथ यहाँ करना चाहता हूँ। कारण यह कि वे कुछ ऐसे वाक़यों के साथ मेरे साथ जुड़े हुए हैं जो वाक़ये मेरे जीवन के बहुत क़रीब हैं। जब कविता की बात हो और मन की बात ना हो तो बात भी कहीं ना कहीं अधूरी रह जाती है। वह नाम है डॉ. सत्येन्द्र श्रीवास्तव जी का, जो ब्रिटेन में हिन्दी के बहुत बड़े लेखक थे और कैम्ब्रिज विश्वविद्यालय में कई वर्षों तक उन्होंने हिन्दी पढ़ाई; मुझसे अक्सर कहते थे कि तुम लिखो और जितना लिख सकते हो लिखो क्योंकि अगर तुम लिखोगे नहीं तो आने वाली पीढ़ियाँ कैसे जान पायेंगी कि आज का समय आज का समाज कैसा था। सत्येन्द्र जी के कोई सन्तान नहीं थी, मुझे पुत्र तुल्य मानते थे अतः मैं उनसे मज़ाक़ में कहता था कि आप अपनी वसीयत में मुझे अपनी

क़लम लिख दीजिए। उनके देहान्त के बाद सत्येन्द्र जी की पत्नी के माध्यम से मेरे नाम का मुझे उस अस्पताल का लिफ़ाफ़ा मिला जिस अस्पताल में उनकी मृत्यु हुई थी। उस पर लिखा था पद्मेश के लिये। उस लिफ़ाफ़े में सत्येन्द्र जी की क़लम थी।

इन शब्दों के साथ मैं प्रवासी पुत्र में से कुछ रचनाएँ प्रेषित करता हूँ और आप सबका पुन: आभार व्यक्त करता हूँ।

जून, 2017

राजभवन, लखनऊ में 'प्रवासी पुत्र' पुस्तक का लोकार्पण

https://www.youtube.com/watch?v=clEodtt58c4

परम माननीय राज्यपाल श्री राम नाईक जी, आदरणीय दिनेश शर्मा जी, मेरे पिता आदरणीय डॉ. दाऊजी गुप्त एवं भाइयो और बन्धुओ; अभी भावना जी ने मेरा परिचय मेरे शहर, मेरे परिजनों से कराया, यह आवश्यक था। इसका कारण है कि जब लन्दन से फ्लाइट टेक ऑफ़ करती है तो उसमें पद्मेश चढ़ते हैं, लेकिन जब वह लखनऊ उतरती है तो उसमें से पंकज उतरते हैं। इसलिए, पद्मेश का परिचय यहाँ करवाने का यह अवसर भी है।

अभी ऐसा ही एक कार्यक्रम तीन दिन पहले दिल्ली में भी हुआ, मेरे मित्र प्रकाशक अरुण माहेश्वरी जी के सौजन्य से, वाणी प्रकाशन द्वारा आयोजित। वहाँ मैंने कहा था कि मैं विभोर हूँ, भाव विभोर हूँ; लेकिन यहाँ मैं कहता हूँ कि मैं सिर्फ़ विभोर या भाव विभोर नहीं आत्म विभोर हूँ। वहाँ मित्र थे, मित्रता थी, परन्तु यहाँ परिवार है, आत्मीयता है। वहाँ आदर था, सम्मान था, यहाँ स्नेह है और आशीष है। मेरी दृष्टि में जहाँ स्नेह, आशीष और आत्मीयता की कमी हो जाती है, वही जगह परदेस हो जाती है, वही जगह प्रवास हो जाती है। मेरे विचार से, प्रवासी का जो अर्थ है वह यह है कि जब परिवार का कोई सदस्य बहुत दूर चला जाता है लेकिन फिर भी उसे परिवार का असीम प्रेम मिलता है और वह घर का सबसे प्रिय वासी होता है, वही प्रवासी होता है। और मैं इसका सबसे बड़ा उदाहरण मानता हूँ भगवान राम को, वे वनवासी थे लेकिन चौदह वर्षों बाद जब अयोध्या लौटे, उन्हें अयोध्यावासियों का इतना अथाह प्रेम मिला कि दीवाली जैसे पर्व का जन्म हुआ। ऐसा पर्व जो हज़ारों साल बाद आज भी सिर्फ़ भारतवर्ष ही नहीं, पूरे विश्व में मनाया जाता है। आज वाशिंगटन के व्हाइट हाउस से लेकर लन्दन के हाउस ऑफ़ लार्ड्स में दीवाली के दीप जलाये जाते हैं। और जब बात प्रवासी साहित्य की आती है तो

इससे श्रेष्ठ, उत्कृष्ट रचना मुझे और लगती नहीं कि "जननी जन्मभूमिश्च स्र्वादपि गरीयसी" यानी जन्म भूमि स्वर्ग से भी सुन्दर होती है और मेरे मन में आज उसी सौन्दर्य की अनुभूति हो रही है। उसी सुन्दरता का अहसास हो रहा है। यह भारत यात्रा मेरे जीवन की सबसे महत्त्वपूर्ण और अविस्मरणीय यात्रा है। जब मैं अपने देश की राजधानी दिल्ली उतरता हूँ, तो इस देश का सबसे बड़ा घर प्रेसीडेंट हाउस मेरा स्वागत करता है। जब मैं प्रदेश की राजधानी लखनऊ उतरता हूँ, तो इस प्रदेश का सबसे बड़ा घर गवर्नर हाउस आज मुझे यह सौभाग्य एवं अवसर देता है कि मैं अपने उद्गार अपनों के साथ यहाँ पर बाँट सकूँ। इसके लिए मैं माननीय राज्यपाल श्री राम नाइक का हृदय से आभारी हूँ कि आपने मुझे आज जीवन का सबसे स्वर्णिम अवसर प्रदान किया है।

कई साल पहले की बात है। मेरे एक मित्र पत्रकार ने मुझसे एक प्रश्न किया। उन्होंने कहा कि आपकी एजुकेशन एक कॉन्वेंट कॉलेज में हुई है। आपने लखनऊ यूनिवर्सिटी से इंग्लिश लिटरेचर में बी.ए. किया उसके बाद आप फ्रांस गये, इंग्लैंड और अब आप बिज़नेस स्कूल के डायरेक्टर हैं ऑक्सफ़ोर्ड में, इन सबके बीच आपके जीवन में हिन्दी कहाँ से आयी, वह भी इतने वृहद् रूप में। उस समय तो मैंने उन्हें उत्तर दिया कि इंग्लिश मेरा प्रोफ़ेशन है और हिन्दी मेरा पैशन है। लेकिन वह सवाल मेरी सोच में उलझ गया और मैं उसका जवाब अन्दर ही ढूँढ़ने लगा। यहाँ पर मेरे बचपन के स्कूल और कॉलेज के मित्र बैठे हुए हैं। संदीप कोहली, फखरे आज़म, जयदीप बैठे हुए हैं। बचपन में मैं इन्हें जब कविता की कोई पंक्ति सुनाता था, तो ये मुझ पर हँसते थे और कहते थे कि पापा से लिखवाकर लाये हो और उसमें इनकी भी ग़लती नहीं थी क्योंकि जिस स्कूल में पढ़ते थे वहाँ हिन्दी भी अंग्रेज़ी में पढ़ाई जाती थी जैसेकि–मैथिलीशरण गुप्त वाज ए ग्रेट इंडियन पोएट। और इसमें स्कूल की भी ग़लती नहीं है क्योंकि यदि आप हिन्दी माध्यम के स्कूल में जायेंगे तो पायेंगे कि वहाँ अंग्रेज़ी भी हिन्दी में पढ़ाई जाती है। यह बात मेरे अन्दर गूँजने लगी और मैं स्वयं को तलाशने लगा। इस तलाश में मैंने पाया कि हिन्दी सिर्फ़ मेरी भाषा नहीं है, हिन्दी मेरा संस्कार है। लखनऊ के जिस घर में मेरा बचपन बीता है वहाँ आज भी चारों ओर तख्तियाँ लगी हैं, जिस पर कबीर के दोहे लिखे हुए हैं। उस आँगन में मेरे दादा जी, जब मैंने स्कूल जाना शुरू नहीं किया था, तो मुझे गोद में बिठाकर उन दोहों के शब्दों को मिलाकर अक्षर ज्ञान दिया करते थे। आज मुझे ऐसा लगता है जैसे कि दादा जी ने वो तख्तियाँ मेरे लिए ही लगवायी थीं। मेरी दादी की

कहानियों में सिर्फ़ राजा रानी ही नहीं होते थे। उनकी कहानियों में मैंने अपने दादा जी के संघर्षों को जिया है, उनके क्रान्तिकारी जीवन को जिया है। मैंने स्वतन्त्रता संग्राम की लड़ाई को जिया है। उन्हें किस प्रकार से यहाँ पर लखनऊ में लिटा दिया गया था और उन पर घोड़े दौड़ाये गये थे जब वे स्वतन्त्रता संग्राम की लड़ाई लड़ रहे थे। और उसके बाद वे सिर्फ़ एक फेफड़े पर अपना जीवन बिताते रहे और जीते रहे। किस प्रकार से हमारे पुराने मकान में क्रान्तिकारी छुपा करते थे। एक बार पुलिस की इंक्वायरी आ गयी तो दादी ने उन सबका सामान, वहाँ एक कुआँ था, उसमें डाल दिया। यह सब घटनाएँ मैंने सुनी हैं और सुनकर जी हैं।

बहुत साल पहले मेरी दादी आयी थीं लन्दन और उस समय में मैं एक कमरे के फ्लैट में रहा करता था। आप लोग जानते हैं कि मैं लखनऊ में जिस घर से मैं आता हूँ वहाँ आज भी बच्चे शर्त लगाते हैं कि इस घर में कमरे कितने हैं। तब दादी ने मेरा फ्लैट देखा और मुझे देखा, उन्होंने बहुत ही प्रेरणादायी आशीर्वाद देते हुए कहा कि ईश्वर करे एक दिन तुम्हारा घर तुम्हारे दादाजी के घर से भी बड़ा हो लेकिन मेहमानों के लिए हमेशा छोटा पड़े। मेरा बचपन बीता, मेरे चाचाओं, बुआओं और मामाओं के साथ। पापा जी तो फादर ऑफ़ द सिटी थे। लेकिन मैं इतना अवश्य कहूँगा कि पापा जी ने मुझे जो क्वालिटी टाइम दिया है। विश्व में ऐसे बहुत कम बच्चे होंगे जिन्हें वो मिलता होगा। जब पापा जी मुझे पिक करने आते थे उस समय हमें तीन से चार घण्टा कॉफ़ी हाउस में बैठना पड़ता था।

लेकिन पापा जी की जो मित्र मण्डली थी वो शहर की बहुत इंटलेक्चुअल और बुद्धिजीवी वर्ग की थी। उसमें डॉ. प्रतापनारायण टण्डन, सरोज जी, एन. एन. राय, कमलेश्वर जी, अशोक निगम जी, सुशील खरे, नरेन्द्र कलन्त्री, तपेश्वर नाथ जुत्शी जैसे कई लोग थे और मुझे लगता है कि उनमें जो गपशप होती थी, डिस्कशन होते थे, वो विचार कहीं न कहीं मेरे मस्तिष्क में भी संस्कार बनकर फीड होते गये।

और जब मैं फ्रांस और इंग्लैंड में था तो मेरे पास पापा जी के जो पत्र आते थे वे अपने आप में साहित्य और संस्कृति का एक महत्त्वपूर्ण दस्तावेज़ थे और उन्हें मैं किस तरह से ग्रहण करता गया, मुझे आज भी नहीं मालूम। मेरे नाना जी कृष्णा बाबू, सीतापुर से पाँच बार विधायक रहे, दो बार चेयरमैन और स्वत्रन्तता संग्राम सेनानी थे। इधर पापा 31 वर्ष की आयु में मेयर हो गये थे। तब मम्मी बचपन में कहती थीं कि उधर तुम्हारे नाना और इधर तुम्हारे पापा, भैया अब तुम राजनीति में ना जाना। और शायद उन्हीं के संस्कार हैं कि मैंने पापा जी की राजनीतिक विरासत

की जगह साहित्यिक विरासत को चुना। इन शब्दों के साथ मैं फिर कहूँगा आपने मुझे यहाँ बुलाया, आप सब लोग यहाँ पधारे इसके लिए आप सब के प्रति आभार। आपका आशीष और स्नेह मेरे लिए बहुत मायने रखता है।

मेरे जीवन की सबसे सुनहरी यात्रा!

भारत यात्रा (29 मई 2017 से 3 जून 2017 तक) के बाद मैंने कुछ मित्रों को शुक्रिया भेजा :

शुक्रिया दोस्तो,
My recent India visit :
'मेरे जीवन का सबसे सुनहरा सफ़र था,
किसी का साथ, किसी की दुआओं का असर था!'
Padmesh

इंग्लैंड की वरिष्ठ हिन्दी अध्यापिका और मेरी हिन्दी सहयोगी सुरेखा चोफला जी का सन्देश आया कि सिर्फ़ तस्वीरों से काम नहीं चलेगा सब कुछ विस्तार से बताना होगा। यह सन्देश पढ़कर मैं स्वयं को रोक ना सका और भावोर्ट (भावो की रिपोर्ट) लिखने लगा।

यह यात्रा मेरे लिए सिर्फ़ इसलिए स्वर्णिम नहीं रही कि मुझे भारत के राष्ट्रपति द्वारा पुरस्कार मिला या फिर मेरी पुस्तक के भव्य विमोचन कार्यक्रम हुए। सम्मान, पुरस्कार और कार्यक्रम तो पहले भी जीवन में अनेक हो चुके हैं, परन्तु यह बहुत अलग और विशेष रहे, मार्मिक रहे।

सच बात तो यह है कि जब इस पुरस्कार की सूचना मुझे मिली, मेरे मन में आया कि पुरस्कार लेने से मना कर दूँ पर दूसरे ही क्षण इस सोच को आगे बढ़ाने की हिम्मत नहीं हुई। मैं इतना भी बड़ा आदमी नहीं कि राष्ट्र के किसी निर्णय के ख़िलाफ़ जा सकूँ। हालाँकि मेरे इस ख़याल का कारण मेरा अति व्यक्तिगत था, एक दुखी मन की संवेदना थी परन्तु यह किसी को भी समझा पाना नामुमकिन लगा।

मैंने पिछले दो-तीन वर्षों में कुछ पुरस्कार और सम्मान के प्रस्तावों को विनम्रतापूर्वक अस्वीकार कर दिया था, यह कहते हुए कि इस समय इस सम्मान के लिए कुछ और लोग हैं जो मुझसे ज़्यादा उपयुक्त रहेंगे और अपनी तरफ़ से उनके नामों का सुझाव भी दे दिया था। मेरे लिए अपने पुरस्कार की परिभाषा कुछ और ही

रही है। मेरा पुरस्कार उन लेखकों की ख़ुशी में रहता था जिन्हें मैं 'पुरवाई' में छापता था, मेरा पुरस्कार उन हिन्दी विद्यार्थियों की जीत में रहता था जो भारत यात्रा पर जाते और उनकी मुस्कानों में मुझे अपनी उपलब्धि का प्रतिबिम्ब मिलता; लेकिन इस बार बात अलग न होते हुए भी कुछ अलग सी रही।

1990 में 25 वर्ष की आयु में मैंने लन्दन में हिन्दी समिति की स्थापना की, किसी पुरस्कार या पद के लिए नहीं अपितु आत्मसुख के लिए। मैं स्वयं नहीं जानता था कि यह मेरे जीवन की इतनी लम्बी और महत्त्वपूर्ण यात्रा बन जायेगी।

मेरे क़रीबी लोग जानते और समझते हैं कि कुछ वर्ष पूर्व मैं इंग्लैंड में हिन्दी की राजनीति को लेकर थोड़ा परेशान, क्षुब्ध और दुखी हो गया था जिसके कारण मैंने उन परम्परागत आयोजन जैसे सम्मेलन और गोष्ठियों से दूरी बना ली थी, और हिन्दी समिति ब्रिटेन के हिन्दी अध्यापकों को सौंप दी जिनमें मैंने सदैव हिन्दी के प्रति सम्पूर्ण प्रतिबद्धता और ईमानदारी देखी थी।

मैं यहाँ की राजनीति से हारा नहीं था, मैं तो स्वयं एक सफल राजनैतिक परिवार से आता हूँ और राजनीति को भली-भाँति जानता और समझता हूँ लेकिन मेरे संस्कार कहते हैं कि यदि राजनीति करनी है तो राजनीति में जा कर करो, सामाजिक हित में हो रहे कार्यों में नहीं। इसी सोच के साथ मैंने अपने आपको उन लोगों से दूर कर लिया जिनके लिए हिन्दी के आयोजन शौर्य प्राप्त करने का साधन है।

मैं हिन्दी अध्यापकों का आभारी हूँ कि उन्होंने मुझे पूरे सम्मान और प्रेम के साथ हिन्दी शिक्षण के प्रोजेक्ट्स से जोड़े रखा जो हमेशा मेरे मन के बहुत क़रीब रहे हैं।

ख़ैर, इस यात्रा और राष्ट्रपति पुरस्कार की जो ख़ुशी और गर्व मैंने अपनों में देखा उसने जैसे मुझे और ज़िम्मेदारी का अहसास कराया है, नयी ऊर्जा दी है। मुझे और मेरी क्षमता को अभूतपूर्व आशीष दिया है।

राष्ट्रपति भवन में सिर्फ़ पाँच लोगों को साथ ले जाने की इजाज़त थी। दो परिवार के सदस्यों और तीन मित्र सहयोगी जो ब्रिटेन से मेरे साथ भारत गये थे, उन्हें लेकर मैं राष्ट्रपति भवन गया परन्तु 30 मई को जब भवन से बाहर निकला तो मई की कड़ी धूप में बाहर मैंने अपने भाई रत्नेश और मम्मी जी को खड़े पाया। मम्मी जी इस उम्र में और रत्नेश जी अपनी पत्नी के साथ जिनका उस दिन जन्मदिन था, अपने बच्चों और मित्रों को छोड़ कर मेरी प्रतीक्षा कर रहे थे।

इंडिया इंटरनेशनल सेंटर जहाँ मैं ठहरा था, दूर-दूर से मेरे मित्र आये थे मुझे बधाई देने और मेरी हौसला अफ़ज़ाई के लिए। मैंने छोटों के माथे पर ख़ुद को प्रेरणा

बना पाया, बड़ों की आँखों में शाबाशी लिखी थी और मित्रों के गर्व मुझसे संवाद कर रहे थे। यह प्रेरणा, शाबाशी और गर्व सिर्फ़ इसलिए नहीं थे कि उनके किसी अपने को पुरस्कार मिला है बल्कि मैंने उनके अभिमान में पढ़ा कि वह प्रसन्न इसलिए हैं कि उनके किसी अपने ने समाज के प्रति किसी ऐसे दायित्व को निभाया है जिसका स्वागत और सम्मान आज पूरा राष्ट्र कर रहा है।

मेरी कविताएँ मेरे मित्र प्रकाशक अरुण माहेश्वरी जी की पास कई महीनों से प्रकाशन के लिए थी, उन्होंने निश्चय किया कि मेरी इसी यात्रा में उसका प्रकाशन और विमोचन हो जाये। 31 मई को इंडिया इंटरनेशनल सेंटर में वाणी प्रकाशन ने कार्यक्रम रखा। कार्यक्रम के आयोजन में अरुण जी और उनके परिवार, विशेष रूप से अदिति के उत्साह पर तो अलग से स्तम्भ लिखा जा सकता है।

इस आयोजन में श्री पवन वर्मा जी के वक्तव्य ने और तितिक्षा एवं डॉ. के.के. श्रीवास्तव के परिचय प्रस्तुति से मुझे अपने इस निर्णय पर ग्लानि होने लगी कि मैंने कुछ षड्यन्त्रकारियों के कारण क्यों हिन्दी के आयोजनों से दूरी बनायी?

इन वक्ताओं ने मुझे मेरी हिन्दी यात्रा के वह पक्ष दिखाये जिन्हें मैं जैसे भूल ही गया था। मुझे याद आने लगे स्व. लक्ष्मीमल्ल सिंघवी जी और स्व. सत्येन्द्र श्रीवास्तव जो मुझे प्रोत्साहित करने का कोई भी मौक़ा चूकते नहीं थे। मुझे याद आने लगे स्व कन्हैया लाल नन्दन, कमलेश्वर, राजेन्द्र अवस्थी, विष्णुकान्त शास्त्री, विद्यानिवास मिश्र जैसे अनेक महानुभाव जिनके मुझ पर विश्वास और जिनकी आशाओं पर पूर्ण उतरने के लिए मैंने हिन्दी को अपना जीवन बना लिया था। मुझे याद आने लगे विश्व के सबसे लोकप्रिय हिन्दी कवि अशोक चक्रधर जिन्होंने कई वर्ष पूर्व अपने एक लेख में मुझे और सिर्फ़ मुझे 'प्रिय' पद्मेश कह कर सम्बोधित किया था और हिन्दी कवि सम्मेलनों के महानायक कुँअर बेचैन जी ने तो अपनी एक पुस्तक ही मुझे समर्पित कर दी थी।

मैं आत्म मन्थन के लिए मजबूर हो गया। मैं अपने नि:स्वार्थ भाव के कारण जैसे स्वार्थी हो गया था। मैंने आत्मसुख को ऊपर रख कर उन कार्यों से दूरी बनायी जो वास्तव में योगदान थे समाज को। मैं अपनी क्षुब्धता में यह देख ही नहीं पाया कि मेरे हिन्दी कार्यों से दूर होने से कितनों को नुक़सान हो सकता है।

मैंने अनिल शर्मा जी की लिखी 'प्रवासी पुत्र' पुस्तक की भूमिका एक बार फिर पढ़ी, और जीवन में पहली बार अपना प्रतिबिम्ब देखा।

मैं यह सोच ही रहा था कि मेरे लेखक मित्र नरेश शांडिल्य, जिनसे कार्यक्रम में बहुत वर्षों बाद मुलाक़ात हुई, का फ़ोन पर सन्देश आया :

"पद्मेश जी

आप हमारे दिल में हमेशा रहोगे। आपसे मिलना, मुस्कुराहट से मिलने की तरह है। आपसे कहीं भी, कभी भी मिलने का हमें इन्तज़ार रहेगा...

आपको पुनः सम्मान की और पुस्तक विमोचन की बधाई।

आपका अपना

नरेश शांडिल्य"

2 जून को मैं आदरणीय केशरीनाथ त्रिपाठी जी जो पश्चिम बंगाल के राज्यपाल हैं, से मिलने कलकत्ता गया। कारण कि वह अस्वस्थता के कारण दिल्ली मेरे आयोजन में नहीं आ सके तो मैंने निश्चय किया कि मैं ही उन्हें देखने कलकत्ता जाऊँ। केशरीनाथ जी का आशीर्वाद और उनके चेहरे पर मैंने प्रसन्नता और सुख की ऐसी अनुभूति देखी जिसे शब्दों में बाँधना भावनाओं के साथ न्याय नहीं होगा। वह मुझसे कई बार कह चुके थे कि मुझे हिन्दी के आयोजनों से दूर नहीं होना चाहिए।

मेरा स्वागत राजभवन में त्रिपाठी जी ने पुष्पगुच्छ से किया और 'प्रवासी पुत्र' पुस्तक के पन्ने पलटते हुए समीक्षात्मक आशीर्वाद देने लगे।

3 जून को अपने शहर लखनऊ में मुझे ऐसा स्नेह मिला जिसकी मैंने कभी सपने में भी कल्पना नहीं की थी।

लखनऊ के राजभवन में, खचाखच भरे सभागार में मेरा अभूतपूर्व अभिनन्दन और पुस्तक विमोचन हुआ।

मैंने तो हमेशा की तरह अपने मन के उद्गार व्यक्त किये और दो कविताओं का पाठ किया। मैंने जो बोला उसे समझने के लिए आपको मेरे भाषण का वीडिओ देखना और सुनना पड़ेगा। मुझे उसके बाद जो प्रतिक्रिया मिली वह मेरे लिए अकल्पनीय थी।

मेरे सम्बोधन के बाद मेरे पिता जी दाऊजी गुप्त मंच पर भावुक हो गये जिसका उल्लेख उत्तर प्रदेश के उप मुख्यमन्त्री डॉ. दिनेश शर्मा ने अपने सम्बोधन में किया। पापा जी का वक्तव्य कि एक पिता का गौरव इससे बड़ा और क्या हो सकता है कि विदेशों में उनका नाम पुत्र के नाम से जाना जाये।

राज्यपाल श्री राम नाईक जी ने कहा कि ऐसा कार्यक्रम उनके पिछले तीन साल के कार्यकाल में राजभवन में नहीं हुआ है। आज इस आयोजन से राजभवन का गौरव बढ़ा है। उन्होंने यह भी कहा कि पद्मेश के योगदान से La Martiniere College का भी गौरव बढ़ा है जहाँ मेरी शिक्षा हुई है।

मैं राजभवन में, कार्यक्रम के बाद, क़रीब डेढ़ घण्टे एक टाँग पर खड़ा रहा और पचास से अधिक पुस्तकों पर साइन करता रहा।

एक क़रीब बारह वर्षीय लड़की चहक मेरे पास पुस्तक ले कर आयी और बोली कि अब वह अपना विषय हिन्दी लेना चाहती है। Redhill College की Principal आकर कहती है कि वह अपने स्कूल के विद्यार्थियों से मेरी कविताओं का पाठ करायेंगी। और ना जाने कितने ही लोगों का आशीष मुझे मिला।

मेरे बचपन के मित्र संदीप कोहली न केवल अपने पूरे परिवार के साथ राजभवन आये बल्कि उन्होने अपने दोनों पुत्रों को जो बाहर रहते हैं विशेष रूप से लखनऊ बुलाया और कारण–वह इस कार्यक्रम के माध्यम से उन्हें प्रेरित करना चाहते थे। भाई फखरे आज़म के पुत्र अमान मेरा हाथ पकड़ कर मेरे साथ कुछ समय बिताना चाहते थे। अनिल शर्मा जी के पुत्र संकल्प मेरी कविताओं की नाटकीय प्रस्तुति करना चाहते थे। मेरे मित्र संजय दीक्षित जो स्वयं एक सफल सामाजिक कार्यकर्ता और लोकप्रिय नेता हैं, मेरे साथ चित्र खिंचवाना चाहते थे; कुछ घण्टों के बाद ही देखा कि उन्होंने उस चित्र को बड़े आत्मीय गर्व के साथ अपने फ़ेसबुक पर लगाया है। मेरे परिवार के अनेक सदस्य भी मेरे साथ चित्र लेना चाहते थे और पुस्तक पर हस्ताक्षर!

मैं अभी भी असमंजस में हूँ, मैं तो इनका अपना हूँ, कभी भी कहीं भी मुझे बुला कर, आदेश के साथ समय बिता सकते हैं, फिर आज इतनी उत्सुकता क्यों? क्या वाक़ई हिन्दी का एक कार्यकर्ता इतनों का गर्व और प्रेरणा बन सकता है?

मेरी यह भावोर्ट अभी ख़त्म नहीं हुई है, इसने तो मेरे विचार, आदर्श और सोच पर कई नये सवाल खड़े कर दिये हैं, जिनके उत्तर मुझे अपने अन्दर ही तलाशने पड़ेंगे!

इन्दौर, दिसम्बर, 2017

हिन्दी बनेगी दुनिया के माथे की बिन्दी

यूट्यूब-https://www.youtube.com/watch?v=wpGA23Oeifc
https://www.youtube.com/watch?v=sBN0ivQxE8Q

प्रश्न है कि हिन्दी दुनिया के माथे की बिन्दी कैसे बन सकती है? कब बन सकती है? पहला सवाल तो यही है कि कैसे बनेगी। उसके दो पहलू मेरे विचार में आते

हैं। पहला यह कि दुनिया भर में ज़्यादा से ज़्यादा लोग हिन्दी बोलें, हिन्दी पढ़ें और हिन्दी समझें। दूसरा पक्ष मेरे ज़हन में यह आता है कि हिन्दी साहित्य का वैश्वीकरण हो। मैं क्रम से इन विषयों पर आऊँगा। पहले इस विषय पर अपना विचार रखना चाहूँगा कि विश्व में ज़्यादा-से-ज़्यादा लोग हिन्दी कैसे पढ़ और समझ सकते हैं। आप लोगों को इस बात की जानकारी होगी कि अगर संख्या के आधार पर देखा जाये तो विश्व में चीन की मंदारिन भाषा नम्बर एक पर है। दूसरे नम्बर पर स्पेनिश भाषा है और तीसरी नम्बर पर अंग्रेज़ी भाषा आती है। ख़ुशी की बात यह है कि चौथे नम्बर पर हिन्दी भाषा है, लेकिन एक बात ताज्जुब की है कि हिन्दी, अंग्रेज़ी और स्पेनिश के बीच एक प्रतिशत का ही अन्तर है, लेकिन मंदारिन जो चाइनीज़ भाषा है उसमें और इन तीनों भाषाओं को मिलाकर दस प्रतिशत का अन्तर है। इस प्रकार चीनी भाषा बोलने और समझने में नम्बर एक पर आती है। अब जब हम यह बात करते हैं कि हिन्दी विश्व के भाषायी मानचित्र पर बिन्दी कैसे बने तो इस वास्तविकता को भी देखना होगा कि अभी भारत में ही हिन्दी को प्राथमिकता नहीं मिल पा रही है या हम देना नहीं चाहते। हमारी प्राथमिकता भारत में अंग्रेज़ी होती है। यहाँ पर हम लोग अपने बच्चों और प्रियजनों पर अंग्रेज़ी माध्यम से पढ़ने और अंग्रेज़ी भाषा सीखने के ऊपर ही क्यों ज़ोर देते हैं? हम उन्हें क्यों नहीं कहते कि स्पेनिश या जर्मन सीखिए या द्वितीय भाषा के रूप में कोई भारतीय भाषा ही सीखिए? यह बहुत वास्तविक और बहुत व्यावहारिक प्रश्न है। हम अंग्रेज़ी इसलिए सीखना या सिखाना चाहते हैं क्योंकि अंग्रेज़ी रोज़गार से जुड़ी है। अंग्रेज़ी प्रगति की भाषा है। इसलिए हम रूस, फ्रांस और जर्मन के मुक़ाबले अंग्रेज़ी के आगे झुकना चाहते हैं, अंग्रेज़ी को बढ़ाना चाहते हैं और द्वितीय भाषा के रूप में अंग्रेज़ी सीखना चाहते हैं। यह जानते हुए कि अंग्रेज़ी विश्व में सबसे ज़्यादा बोलने और समझने वाली भाषा नहीं है, लेकिन पूरे विश्व में अंग्रेज़ी 'एज अ लिंक लैंग्वेज' नम्बर-1 पर आती है। जिस प्रकार भारत में हिन्दी लिंक लैंग्वेज है। अंग्रेज़ी विश्व में नम्बर एक लिंक लैंग्वेज है। अब जब हम विश्व के माथे पर हिन्दी की बिन्दी लगाना चाहते हैं जहाँ पर पहले से अंग्रेज़ी का तिलक लगा हुआ है, तो सवाल यह है कि वह हिन्दी की बिन्दी कैसे लगेगी? क्या हम अंग्रेज़ी के उस तिलक को हटाना चाहते हैं या हम उस तिलक के ऊपर बिन्दी लगाना चाहते हैं? अंग्रेज़ी भाषा में ऐसी क्या विशेषता है कि वह लिंक लैंग्वेज बन चुकी है, प्रगति की भाषा बन चुकी है। उसका एक ऐतिहासिक कारण है कि अंग्रेज़ों ने दुनिया भर में शासन किया और अंग्रेज़ी वहाँ छोड़ गये। इसलिए

कॉमनवेल्थ देशों में और अन्य देशों में अंग्रेज़ी बढ़ती चली गयी और आज पूरे पश्चिमी यूरोप में है।

अंग्रेज़ी आज व्यापार की भाषा बन चुकी है। अगर हम अंग्रेज़ी का स्थान दुनिया में लेना चाहते हैं और विश्व के माथे पर हिन्दी की बिन्दी लगाना चाहते हैं तो इसके लिए क्या हम हिन्दी को रोज़गार की भाषा बना सकते हैं? क्या हम उसे प्रगति की भाषा बना सकते हैं? जो लोग, विशेष रूप से भारत में, समृद्ध हैं या जिन्हें रोज़गार व काम नहीं चाहिए उनके लिए अंग्रेज़ी क्लास की भाषा है। हम हिन्दी को क्लास की भाषा बना सकते हैं, मेरे विचार में यह सम्भव नहीं है। लेकिन यह भी ग़ौरतलब है कि हिन्दी की जो विशेषताएँ हैं वह विश्व के किसी और भाषा से मेल नहीं खाती हैं। मैं उल्लेख करना चाहूँगा कि जब अमेरिका में कॉन्फ्रेंस हुई कि कम्प्यूटर की भाषा के रूप में किस लिपि का चयन किया जाये तो उसमें हिन्दी की देवनागरी लिपि नम्बर-1 पर आयी। उसका कारण है कि हिन्दी जैसे लिखी जाती है वैसे ही पढ़ी जाती है। यह सभी देशों ने माना है कि इससे साइंटिफिक और कोई लैंग्वेज नहीं है। वहाँ पर इस बात की भी चर्चा हुई कि अगर विश्व में एक सामान्य लिपि हो जाये, तो भाषा कोई भी हो देवनागरी लिपि का ही इस्तेमाल हो। इससे सारी दुनिया में दूसरी भाषाओं को सीखने और समझने में आसानी होगी। शायद आप लोगों में से कुछ लोग को मालूम है कि मलेशिया की जो मलय भाषा है, उसकी अपनी कोई लिपि ही नहीं है वह रोमन लिपि का इस्तेमाल करते हैं। विचार का मुद्दा यह है कि वहाँ पर इतने लोग चाइना के हैं तो उन्होंने रोमन लिपि का चयन क्यों किया? जब उनकी भाषा की लिपि नहीं थी, तो उन्होंने हिन्दी की देवनागरी लिपि का चयन क्यों नहीं किया?

बहरहाल, मैं इस बात पर आता हूँ कि हिन्दी में ऐसी क्या विशेषता है और क्या आकर्षण है कि विश्व के लोग हिन्दी की तरफ़ आकर्षित हो सकते हैं। मैं आपको जो बताने जा रहा हूँ वह किताबी बात नहीं है वह मेरे व्यक्तिगत अनुभव और वास्तविकता की बात है। पिछले 30-35 वर्षों से इंग्लैंड में रहता हूँ और पिछले 25 वर्षों से 'यूके हिन्दी समिति' नामक संस्था चला रहा हूँ। 2001 से हमने हिन्दी ज्ञान प्रतियोगिता का आयोजन इंग्लैंड में आरम्भ की। वहाँ पर जितने सेंटर हैं जहाँ हिन्दी पढ़ाई जाती थी वहाँ पर हिन्दी की प्रतियोगिता प्रारम्भ किया। एक वर्ष बाद उसमें यूरोप के कई देश जुड़ गये और पिछले 16 वर्षों से वह प्रतियोगिता पूरे यूरोप में होती है। रोमानिया, हंगरी, पोलैंड, स्विटजरलैंड, आयरलैंड, रसिया, इंग्लैंड इन सब जगह प्रतियोगिता होती है। सैकड़ों विद्यार्थी उसमें बैठते हैं, जिनमें 4 वर्ष से लेकर

60-70 वर्ष की आयु तक के विद्यार्थी होते हैं। इस प्रतियोगिता के माध्यम से मुझे यूरोप के सभी देशों में जाने और विद्यार्थियों से मिलने का अवसर प्राप्त हुआ। इसमें दो प्रकार के लोग हिन्दी सीखते हैं। एक वह जो प्रवासी भारतीय हैं या उनके परिवार के बच्चे हैं, वह इसलिए सीखना चाहते हैं कि वह भारत से जुड़े रहें और भारत में रिश्तेदारों से जुड़े रहें। यह सीधी बात है। दूसरे वह लोग हैं जो दो या तीन पीढ़ियों से वहाँ बसकर विदेशी मूल के हो गये हैं, लेकिन पहले भारतीय मूल के थे। आपको जानकर आश्चर्य होगा कि विदेशी मूल के जो लोग हिन्दी सीख रहे हैं उनके शिक्षक रूस, पोलैंड, हंगरी, रोमानिया वग़ैरह के विद्वान हैं और उन्होंने कई पुस्तकें लिखी हैं। जब मैंने उनसे पूछा कि आप लोग किस प्रकार से आकर्षित हुए हिन्दी के प्रति, उसमें से फिर 90% लोगों ने कहा कि उनका आकर्षण हिन्दी सिनेमा के कारण हुआ। हिन्दी सिनेमा के गीत-संगीत के माध्यम से हुआ।

मेरे कुछ मित्र इंग्लैंड में अरब देश के हैं, वह लोग बताते हैं कि उनके परिवारों में आज भी हॉलीवुड का सिनेमा नहीं देखते हैं, लेकिन हिन्दी सिनेमा परिवार के बड़े अनुमति देते हैं अपने बच्चों को अपने परिवार को देखने के लिए तो उनकी दृष्टि में यह पारिवारिक सिनेमा होता है उसमें कुछ अश्लीलता नहीं होती है। इस तरह हिन्दी के प्रसार में हिन्दी सिनेमा का बहुत महत्त्वपूर्ण योगदान है। इसे और गहराई से देखें कि हिन्दी सिनेमा में ऐसी क्या बात है जो और देशों के सिनेमा में नहीं है। हिन्दी सिनेमा के माध्यम से वह भारत का एक अलग अस्तित्व और अलग पहचान देखते हैं उन्हें कलरफुल इंडिया दिखाई देता है, रंग-बिरंगी संस्कृति का भी रंग-बिरंगे लोग, उनको पूरी एक विविधता दिखाई देती है। यहाँ की जो मित्रता है, यहाँ के जो भाव हैं, संवेदनाएँ हैं, वह सबटाइटल्स के माध्यम से हिन्दी सिनेमा में देखते हैं। हिन्दी सिनेमा में यहाँ के मन्दिर, यहाँ के क़िले, उन्हें भारत के प्रति आकर्षित करते हैं। अगर हम भाषा के रूप में हिन्दी का विकास चाहते हैं और देश-विदेश में हिन्दी से ज़्यादा से ज़्यादा लोगों को जोड़ना चाहते हैं तो उनके लिए सबसे बड़ा और आकर्षक माध्यम सिनेमा है। लेकिन मेरी समझ से इसमें जो सबसे बड़ा माध्यम होता है वह है इस देश की संस्कृति, यहाँ की कहानियाँ, इस देश के पुराण जो सिनेमा में व्यक्त होते हैं।

जब यह विदेशी लोग सिनेमा के माध्यम से हिन्दी गीत गाना चाहते हैं, तो फिर वह हिन्दी सीखना आरम्भ करते हैं और यहाँ की कहानियों, इतिहास, कथाओं से जुड़ना आरम्भ करते हैं। फिर उनका मुख्य उद्देश्य बन जाता है कि हम एक बार भारत की यात्रा करें। दूसरी महत्त्वपूर्ण बात इसी से जुड़ी मैं आपको बताऊँ कि जो

कॉमनवेल्थ देश हैं, वहाँ तो अंग्रेज़ी भाषा है, लेकिन जो ईस्ट यूरोप है, रसिया वग़ैरह हैं, वहाँ पर लोगों को हिन्दी पढ़ाई जाती है। हालाँकि यहाँ पर जो पुस्तकें लिखी जाती हैं पढ़ने और सीखने के लिए, उसका इस्तेमाल वह नहीं कर पाते, क्योंकि भारत में आज जो पुस्तकें उपलब्ध हैं, अधिकतर पुस्तकें हमारे अपने कुछ लोगों ने लिखी हैं। आप जानते हैं इन सब की डिजाइनिंग अंग्रेज़ी भाषा में की गयी है। ऐसे हिन्दी सीखनी है, तो फिर वह अंग्रेज़ी सीखें फिर उन पुस्तकों के माध्यम से हिन्दी सीखें, यह कठिन काम है। इसलिए वहाँ के शिक्षकों ने अपने-अपने पाठ्यक्रम तैयार किये हैं। सेंटपीटर्स वर्ग की एक शिक्षिका तान्या ने बताया कि वे हिन्दी फ़िल्म और हिन्दी गीतों के माध्यम से हिन्दी की शिक्षा देती हैं वहाँ पर इस प्रकार से उन अध्यापकों ने हिन्दी कैसे सिखायी जाये इसके लिए अपने-अपने पाठ्यक्रम और पुस्तकें तैयार की हैं।

दूसरी बात मैं आपको बताऊँ कि हिन्दी ज्ञान प्रतियोगिता 2001 से आरम्भ हुई तो 2003 से हमने पुरस्कार के रूप में यह तय किया कि 10-12 सर्वोत्तम विद्यार्थियों को भारत यात्रा पर लायेंगे और 2003 से हमने यह शुरुआत की। अभी तक यह परम्परा चल रही है और हर बार 10-12 विद्यार्थी जो वहाँ पर प्रतियोगिता में अव्वल आते हैं, हमारे साथ भारत भ्रमण करने आते हैं। 2003 में जब पहली बार वहाँ का दल आया तो वह दल लेकर मैं आया था और मुझे तब एक अलग अनुभव हुआ। यह कि जब यहाँ के लोग उनसे मिलते तो अंग्रेज़ी में बात करना चाहते थे और वह लोग हिन्दी में नमस्कार करते थे। ये लोग हिन्दी में बात करना चाहते थे, आये भी इसीलिए थे। दूसरी महत्त्वपूर्ण बात थी कि जो यूरोपियन विद्यार्थी थे वह अंग्रेज़ी नहीं जानते थे। वह या तो हिन्दी जानते थे या अपनी भाषा जानते थे, यहाँ पर जब लोग उनसे अंग्रेज़ी में बात कर रहे थे, तो वे बेचारे उसको भी समझ नहीं पा रहे थे। इसके बाद वह मेरे पास आ रहे थे कि इसका क्या उपाय है। फिर हम लोग जहाँ-जहाँ उनको लेकर जाते मुझे वहाँ मौजूद लोगों से कहना पड़ता कि भाई उनसे सिर्फ़ हिन्दी में बात करिए।

दूसरी दिलचस्प बात बताऊँ अभी बात करते-करते याद आया कि 2003 में उस समय अटल जी की सरकार थी और वेंकैया नायडू जी उस समय भाजपा के अध्यक्ष थे उनसे हम मिले उनको यह बात बहुत अच्छी लगी। उन्होंने इनाम स्वरूप एयर इंडिया के टिकट पूरे दल को दिये और कहा कि आप लोग भारत में कहीं भी घूमने जायें तो इंडियन एयरलाइंस से जायें। हम लोग दिल्ली से मुम्बई के लिए निकले थे। दिल्ली में उन विद्यार्थियों के स्वागत में एक बहुत बड़ा आयोजन हुआ था।

सुबह 8:00 बजे की फ्लाइट थी, 6:00 बजे जब हम एयरपोर्ट जा रहे थे, तो हमारे जो आयोजक मित्र हैं, उन्होंने मुझे फ़ोन किया कि आज आप हिन्दी के अख़बार देखिए सभी हिन्दी अख़बारों में बच्चों की तस्वीरें आयी हैं। हिन्दी का कार्यक्रम था, तो हिन्दी के अख़बारों में ही आयी थी। दिल्ली एयरपोर्ट पर 2003 में हमारा पूरा दल बड़े उत्साह और जिज्ञासा से ढूँढ़ते रहे, लेकिन एक भी हिन्दी का अख़बार दिल्ली एयरपोर्ट पर नहीं मिला। अंग्रेज़ी के बहुत अख़बार मिले। उसके बाद जब हम फ्लाइट से मुम्बई आ रहे थे, उस इंडियन एयरलाइंस में भी एक भी हिन्दी का अख़बार नहीं था। ऐसी नाक कटी थी मेरी विद्यार्थियों के आगे कि अब क्या कहूँ।

निष्कर्ष ये निकलता है कि हिन्दी को प्रसारित करने के लिए विश्व में, विश्व की भाषा बनाने के लिए हमें यहाँ की संस्कृति का प्रचार करना होगा। यहाँ की संस्कृति से जुड़ने और भारत को जानने के लिए ही विदेशी मूल के लोग हिन्दी पढ़ना और समझना चाह रहे हैं। दिलचस्प बात यह भी है कि मैं ऑक्सफ़ोर्ड बिज़नेस कॉलेज में पढ़ाता हूँ, ऑक्सफ़ोर्ड में मेरे यहाँ विदेशों से बहुत लोग अंग्रेज़ी सीखने आते हैं। हमारे स्कूल की एक बहुत बड़ी परम्परा है कि चीन, जापान, गल्फ आदि सारी दुनिया से और वहाँ की सरकार स्पॉन्सर करती है कि वहाँ के लोग अंग्रेज़ी सीखने आये। दुनिया भर से कितने लोग अंग्रेज़ी सीखने इंग्लैंड आते हैं इसलिए नहीं कि वह अंग्रेज़ी से प्रेम करते हैं। वह अंग्रेज़ी इसलिए सीखना चाहते हैं कि वह व्यापार की भाषा है। इसीलिए उनकी सरकार पैसा दे रही है। लेकिन जो लोग हिन्दी सीखना चाहते हैं वह इसलिए सीखना चाहते हैं कि उन्हें भारत से प्रेम है, वह भारत को जानना चाहते हैं। इससे बड़ी किसी भाषा की शक्ति और क्या हो सकती है! तो बात ये है कि हिन्दी, अंग्रेज़ी के मुक़ाबले बहुत ज़्यादा शक्तिशाली है, बस हम उस सूत्र को पहचान नहीं पा रहे हैं और जो लोग पहचान रहे हैं, हमारे जैसी बहुत संस्थाएँ इस प्रकार के लोगों को जोड़ने का काम कर रही हैं। आपको जानकर ख़ुशी होगी कि हज़ारों-लाखों विदेशी मूल के लोग हिन्दी सीख रहे हैं और सिर्फ़ इसलिए सीख रहे हैं कि वह भारत में आना और भारत को जानना चाहते हैं।

अब विषय का दूसरा पहलू मैं आगे बढ़ता हूँ कि हिन्दी साहित्य का वैश्वीकरण कैसे हो? यहाँ पर अनेक साहित्यकार बैठे हैं, तो मैं आपको बताना चाहता हूँ कि दुनिया में सिर्फ़ हिन्दी के पाठकों के बढ़ने से या हिन्दी की पुस्तकों के बिकने से दुनिया में हिन्दी के साहित्य का वैश्वीकरण नहीं हो सकता। हिन्दी के साहित्य का

वैश्वीकरण तब हो सकता है जब दुनिया भर की बातें हिन्दी साहित्य में संग्रहित हों। आज से सौ दो सौ साल बाद शायद एक दिन ऐसा आये जब रूस, अमेरिका या कनाडा के लोग अपने देश के बारे में कुछ जानना चाहें, तो उन्हें अपने देश में ना मिले, लेकिन हिन्दी साहित्य में मिल जाये। तब हिन्दी साहित्य का असली वैश्वीकरण माना जा सकता है। इसका एक अच्छा तरीक़ा है, अनुवाद। अगर सारे विदेशी साहित्य का हिन्दी में अनुवाद शुरू करते हैं, तो हिन्दी साहित्य का वैश्वीकरण हो जायेगा। फिर दुनिया भर के साहित्यकारों को आप हिन्दी में पढ़ सकते हैं। मैं मानता हूँ कि यह एक आसान और अच्छा तरीक़ा है। लेकिन क्या अनुवाद से वह बात आ सकती है जो मौलिकता से आती है? मैं मानता हूँ कि जो प्रवासी लेखन हो रहा है जो विश्व भर में प्रवासी लेखक लिख रहे हैं, वह सच्चे रूप में हिन्दी साहित्य का वैश्वीकरण कर रहे हैं। डॉ. सत्येन्द्र श्रीवास्तव की एक कविता है–'विंस्टन चर्चिल मैं लन्दन आ गया हूँ'। इसी प्रकार से दिव्या माथुर, तेजेन्द्र शर्मा जी, सुषम बेदी जी ऐसे बहुत से प्रवासी रचनाकार हैं। अभिमन्यु अनन जी को आप जानते ही हैं। 'लाल पसीना' उन्होंने मॉरीशस के ऊपर लिखी जब यहाँ के लोगों को सैकड़ों साल पहले वहाँ अंग्रेज़ मज़दूर बनाकर ले गये थे। प्रवासियों द्वारा वह जो हिन्दी साहित्य लिखा गया है, उसकी एक लाइब्रेरी या संग्रह तैयार किया जायेगा तब मुख्य रूप से हिन्दी का वैश्वीकरण हो सकता है और इसी से हिन्दी साहित्य का असली वैश्वीकरण भी हो सकता है। बहुत-बहुत आभार, बहुत-बहुत धन्यवाद।

सन् 2017

चाय की विश्व यात्रा

'चाय पर मिलते हैं', 'चाय पर बुलाया है', 'चाय पानी' जैसे कितने ही मुहावरे हम आये दिन प्रयोग करते हैं। चाय हमारे जीवन की दिनचर्या का एक ऐसा हिस्सा है कि शायद ही कोई दिन बिना चाय के गुज़रता होगा। कादम्बरी मेहरा जी ने हमारे जीवन के उसी हिस्से को अपनी लेखनी से नया जीवन प्रदान किया है। 'चाय की विश्व यात्रा' एक अद्भुत विषय ही नहीं गम्भीर शोध भी है।

चाय को विषय बनाकर कादम्बरी जी ने सिनेमा, साहित्य, इतिहास, धर्म, संस्कृति, अर्थव्यवस्था, विज्ञान, भाषा जैसे कितने ही पहलुओं को सिर्फ़ छुआ ही नहीं बल्कि, कहीं बहुत ही गम्भीर कटाक्ष किये हैं तो कहीं समाज का अक्स प्रस्तुत

किया है।

लेखिका चाय के इतिहास का वर्णन करते-करते अंग्रेज़ों के अत्याचार, बौद्ध धर्म के प्रचार, रामायण के प्रसंग, चीन, जापान और थाईलैंड जैसे देशों की संस्कृति को चाय से जोड़ते हुए अपने आलेख को अत्यन्त विचारणीय, ज्ञानवर्धक और संवादनात्मक बनाती हैं। चाय के साथ हम एक ऐसे विश्व भ्रमण पर निकलते हैं जो अलग-अलग देशों की संस्कृति और इतिहास को बताता चलता है।

आलेख में पाँचवीं शताब्दी में चीन और भारत में प्रखर होते बौद्ध और जैन धर्म के इतिहास के दिलचस्प प्रसंग मिलते हैं। इस शोध के अनुसार चाय का प्रयोग दक्षिणी पूर्वी एशिया और मध्य एशिया में व्याप्त था। इस आलेख में चाय सेवन के विभिन्न तरीक़ों का उल्लेख दिलचस्प है, किस प्रकार से थाईलैंड के किसी क्षेत्र में चाय की पत्तिया मांस के साथ खायी जाती हैं, तो मंगोलिया में चाय की पत्तियों को उबालकर उनकी टिक्कियाँ बना ली जाती हैं।

कादम्बरी जी के शोध से एक दिलचस्प पहलू यह भी देखने को मिलता है कि चाय उन्हीं देशों में जानी जाती थी जहाँ बौद्ध धर्म फैला। लेखिका के अनुसार चाय के चिकित्सक फ़ायदों का उल्लेख भी इतिहास में मिलता है। इस बात का अनुभव मुझे बाली में हुआ। कुछ वर्ष पूर्व मुझे इंडोनेशिया में बाली जाने का अवसर मिला।

उबुद के पास एक टी गार्डन में अनेक प्रकार की चाय उगाई जाती हैं और बेची जाती हैं। वहाँ के निवासियों का मानना है कि चाय की इन विभिन्न पत्तियों के प्रयोग से अनेक बीमारियाँ ठीक हो जाती हैं।

लेखिका चीन में चाय के इतिहास पर शोध करते हुए बताती हैं कि चाय को दैनिक जीवन में प्रयोग करने का श्रेय चीन को जाता है। चाय के एक पौधे के विषय में यह माना जाता था कि इससे नींद को भगाया जा सकता है और इस कारण चाय का इस्तेमाल बौद्ध और जैन धर्म के लोग चीन और जापान में करने लगे, जिसके कारण पहले चीन फिर जापान में चाय के सेवन को एक धार्मिक कृत्य माना जाने लगा।

लेखिका बताती हैं कि जापान के इतिहास में मिंग मध्ययुग के दौरान चाय का स्वर्णिम युग रहा और आज तक इसे धार्मिक सम्मान प्राप्त है। यूरोप में चाय के सफ़र को लेखिका कहती हैं कि यह दवा के रूप में चीन से मंजूरिया-बोखारा-दमिश्क-अरब-मिस्त्र-तुर्की होता हुआ यूरोप पहुँचा। चाय के इस व्यापार में भारतीय भी शामिल थे। ठण्डे देशों में चाय को काढ़े के रूप में पिया जाता था। आलेख में

इस बात को लेखिका ने अनेक उदाहरणों के माध्यम से साबित भी किया है।

इस यात्रा में अनेक ऐतिहासिक सन्दर्भों की प्रस्तुति के माध्यम से अमेरिका जैसे और अन्य देशों का उल्लेख भी मिलता है। चाय किस प्रकार से उस ज़माने में व्यापारियों के काम आयी और इंग्लैंड की ईस्ट इंडिया कम्पनी के निर्माण और फिर निर्ममता के प्रसंगों के द्वारा कादम्बरी जी ने उन निर्मम अंग्रेज़ों को अच्छी फटकार भी लगायी है।

आलेख में चाय के व्यवसाय में उसकी लदवाई, आयात-निर्यात के संघर्ष से लेकर ख़रीदने-बेचने की प्रक्रिया के अत्यन्त दिलचस्प क़िस्से और जानकारी मिलती है। इतना ही नहीं, बल्कि चाय को ट्रांसपोर्ट करने के लिए चीन ने जो विशेष जहाज़ों के निर्माण किये, उनका उल्लेख भी इस आलेख में मिलता है।

इंग्लैंड में चाय के यातायात, गोदामों की व्यवस्था से लेकर चाय के प्रचार की महत्त्वपूर्ण जानकारियाँ मिलती हैं। चाय की यात्रा को लेकर यह आलेख चीन के पतन के इतिहास को अत्यन्त पठनीय बनाता है।

भारत में चाय उगाने की प्रक्रिया, असम के आदिवासियों की व्यथा, असम के लोगों पर अँगरेज़ व्यापारियों की बुरी नीयत का सम्पूर्ण विवरण अत्यन्त रोमांचक रूप में प्रस्तुत करने के लिए लेखिका बधाई की पात्र हैं।

समय के साथ अंग्रेज़ों के हृदय परिवर्तन और भारत के स्वन्त्रता संग्राम पर प्रकाश डालते हुए कादम्बरी जी अनेक प्रसंगों के माध्यम से इस आलेख को अत्यन्त विचारशील और मेरे विचार में इतिहास का एक महत्त्वपूर्ण दस्तावेज़ बनाती हैं।

अगस्त, 2018

11वाँ विश्व हिन्दी सम्मेलन, मॉरीशस

प्रवासी संसार, क्या है प्रवासी संसार?

मैं अपनी बात शुरू करता हूँ लन्दन के हमारे प्रिय शायर श्री सोहन राही के गीत की इन पंक्तियों से :

कोयल कूक पपीहा बानी, ना पीपल की छाँव,
सात समन्दर पार बसाया हमने ऐसा गाँव;
हमरा ऐसा गाँव रे हमरा ऐसा गाँव!

भारत से बाहर, नये देश में, नये परिवेश में, नये वातावरण में, नयी भाषा में, नयी संस्कृति, नये संस्कार, नये क़ानून, नये खानपान, वेशभूषा में जब भारत की संस्कृति विकसित होने लगती है, अपनी जगह बनाने लगती है, वह है प्रवासी संसार!

जब भारत का कोई नागरिक भारत से बाहर जाता है तो मेरा मानना है कि उसकी परिधि में सम्पूर्ण भारतवर्ष बसता है, और उसके साथ फिर बसने लगता है प्रवासी संसार!

एक दोहरे जीवन के साथ जीता है हर प्रवासी नागरिक, एक तरफ़ मन-मस्तिष्क में भारत और भारतीय संस्कार तथा दूसरी तरफ़ नये देश के प्रति उसकी ज़िम्मेदारियाँ, निष्ठा, प्रतिबद्धता।

उस नागरिक का फिर बढ़ता है परिवार, जन्म लेती है नयी पीढ़ी, जो मनाती है भारत के तीज-त्योहार, बोलती है भारतीय भाषा, पहनती है भारतीय लिबास, गुनगुनाती है भारतीय गीत-संगीत; और उसके साथ गूँजने लगता है प्रवासी संसार!

यह परिवार फिर बनाने लगता है अपनी नयी पहचान। छोटा-बड़ा जो भी काम करता है, उसकी समस्त उपलब्धियाँ, नये देश में बनाती हुई अपनी पहचान है प्रवासी संसार!

मैं मानता हूँ कि अधिकांश प्रवासी भारतीय जब कोई ख़त लिखते हैं, घर-परिवार को अपने अनुभवों और व्यथा से भरा पत्र लिखते हैं, आरम्भ हो जाता है अत्यन्त मौलिक और सच्चा हिन्दी साहित्य! वह साहित्य जो व्यक्तिगत भाव, व्यक्तिगत अनुभव होते हैं, और व्यक्तिगत ही रह जाते हैं; परन्तु कुछ प्रवासी अपने लेखन क्षमता को गम्भीरता से लेते हैं, लोगों के साथ बाँटते हैं, प्रकाशित करवाते हैं, जिसे हम आज की तारीख़ में प्रवासी साहित्य कहते हैं।

फिर आरम्भ होता है, इस प्रवासी साहित्य का मूल्यांकन! यह एक बड़ा और महत्त्वपूर्ण विषय है।

विदेशों में चार प्रकार के हिन्दी लेखक हैं जो हिन्दी साहित्य का सृजन कर रहे हैं। पहले जो भारतीय मूल के विदेश में जन्मे या विदेशी मूल के लेखक, दूसरे जो युवावस्था में भारत छोड़कर विदेश में आ कर बस गये, तीसरे जो हिन्दी के रोज़गार से जुड़े रहे जैसे अध्यापक या पत्रकार और चौथे वह जो भारत में हिन्दी साहित्य से जुड़े रहे और 30-35 वर्ष की आयु के बाद विदेश आये। भाषा और शिल्प की दृष्टि से आप सब में अन्तर पायेंगे परन्तु भाव, अहसास, अनुभवों और विषयों में आपको समानता मिलेगी।

प्रवासी भाव, प्रवासी अनुभव, प्रवासी पीड़ा, संघर्ष और उपलब्धियाँ अपने शहर-गाँव में रहने वालों के मुक़ाबले, दूर देश में रहने पर स्वाभाविक रूप से अलग होती हैं।

इसका सबसे बड़ा उदाहरण मैं मानता हूँ रामायण के इस सन्दर्भ को–जब प्रवासी साहित्य की बात उठती है तो मुझे जो सम्भवत: पहली और सबसे श्रेष्ठ और उत्कृष्ट रचना लगती है वह है–

नेयं स्वर्णपुरी लंका रोचते मम लक्ष्मण।
जननी जन्मभूमिश्च स्वर्गादपि गरीयसी॥

अर्थात जब लंका जीतने के बाद लक्ष्मण ने राम से कहा कि यह स्वर्णपुरी सोने की लंका जीतने के बाद, इसे छोड़ कर हम वापस चलें? तब राम ने कहा कि हे लक्ष्मण, तुम इस स्वर्णपुरी पर आकर्षित मत हो, अपनी जन्मभूमि स्वर्ग से भी अधिक सुन्दर होती है।

मेरा तो मानना है कि आज हिन्दी साहित्य को सच्चे रूप में वैश्वीकरण करने का श्रेय प्रवासी लेखकों को सबसे अधिक जाता है। आज विश्व भर के अनुभवों से हिन्दी साहित्य को समृद्ध करने वाले प्रवासी हिन्दी लेखक ही तो हैं।

अब जब हमारे हिन्दी साहित्य के विशेषज्ञ प्रवासी साहित्य का मूल्यांकन करते हैं, तो मेरा विनम्र निवेदन है कि आप उसे भाषा या शिल्प के तराज़ू से ना तौलें बल्कि विषयवस्तु और मौलिकता के आधार पर तौलें। भाषा में यदि त्रुटि है या कमज़ोरी है, उससे वास्तविकता नहीं बदल जाती है। हाँ, मैं मानता हूँ कि प्रवास में रह रहे कुछ लोग लन्दन-अमेरिका के पते का लाभ उठा रहे हैं, दूसरी भाषा के साहित्य का अनुवाद कर अपनी मौलिक रचना बताकर अच्छे-अच्छे साहित्य विशेषज्ञों, प्रकाशकों और संस्थाओं को गुमराह कर अपनी निजी महत्त्वाकांक्षाओं को अंजाम दे रहे हैं, पुरस्कार पा रहे हैं; परन्तु ऐसे कुछ गिने-चुने लोगों के कारण हिन्दी और भारतीय साहित्य के वैश्वीकरण को ना रोकिये। हिन्दी और साहित्य के वातावरण से बहुत दूर, नये परिवेश में, मासूम लेखन कर रहे, अत्यन्त मौलिक साहित्य को प्रेरणा और मार्गदर्शन की ज़रूरत है।

मेरा निवेदन है कि जिन महानुभावों को प्रवासी लेखकों की भाषा, शिल्प इत्यादि से कष्ट है, नाराज़गी है, वह अपनी जगह जायज़ है और बहुत जायज़ है; लेकिन यदि क्रोध निकालना है तो उन प्रकाशकों, समीक्षाकारों, सम्पादकों और पत्रकारों पर निकालिए जो शायद कहीं ना कहीं अपने निजी लाभ के लिए ऐसे लेखकों को छापते हैं,

पुरस्कृत करते हैं या फिर ऐसी भूमिकाएँ और समीक्षाएँ लिखते हैं जो प्रवासी मासूम लेखकों को गुमराह करती हैं।

प्रवासी लेखन को एक्ज़ामिनर के रूप में नहीं शिक्षक के रूप में देखिए और उसे प्रेरणा और मार्गदर्शन दीजिये। साहित्य संसार में प्रवेश ना देने की जगह उसे अपने प्रयासशील विद्यार्थियों की तरह पनाह दीजिए।

प्रवासी लेखन को तिरछी निगाह से देखने के बजाय यदि आप पलकों पे बिठायेंगे, तो हिन्दी साहित्य का ऐसा वैश्वीकरण होगा जो दुनिया में किसी भी भाषा में नहीं हो सकता।

मैं मानता हूँ कि हिन्दी के वैश्वीकरण में प्रवासी लेखन का सबसे बड़ा योगदान है। भाषा की दृष्टि से देखा जाये तो यह कहा जा सकता है कि विश्व में कितने लोग हिन्दी बोलते हैं, कितने देश हिन्दी बोलते हैं परन्तु सोचिए, अगर आज से सौ दो सौ साल बाद, अमेरिका, कनाडा, ऑस्ट्रेलिया, योरोप के लोगों को यह जानना हो कि सौ दो सौ साल पहले उनकी दुनिया, उनका समाज, उनके लोग कैसे थे; और उन्हें यह पता लगे कि यह जानने के लिए उन्हें हिन्दी साहित्य पढ़ना पड़ेगा, तब मैं मानता हूँ कि हिन्दी का सच्चा वैश्वीकरण हुआ है। यह सिर्फ़ प्रवासी लेखक कर रहे हैं, जो आज दुनिया भर में, उनके समाज में, उनके निवास कर रहे देश में जो कुछ हो रहा है, वह अनुभव हिन्दी में लिख रहे हैं; और हिन्दी साहित्य को वैश्विक स्तर पर समृद्ध कर रहे हैं।

इसे और गहराई से समझना है तो अनिल जोशी जी की हाल ही में वाणी प्रकाशन द्वारा प्रकाशित पुस्तक 'प्रवासी लेखन' को पढ़िए और प्रवासी साहित्य की विशेषताओं को समझिये; लन्दन की दिव्या माथुर द्वारा संगृहीत विश्व की अनेक महिला लेखकों की कहानियों के संग्रह 'इक सफ़र है साथ-साथ' को पढ़िए।

इसके अलावा मैं अधिक गहराई में ना जाते हुए कहता हूँ कि आज के वर्तमान काल में हिन्दी सिनेमा का हिन्दी भाषा के वैश्वीकरण में जितना योगदान है, उतना किसी और प्रचलित विधा का नहीं है। आज योरोप और रूस के कितने ही हिन्दी के शिक्षक हिन्दी गीतों के माध्यम से छात्रों को पढ़ा रहे हैं। मुझे जानकर प्रसन्नता भी हुई और आश्चर्य भी जब ऑक्सफ़ोर्ड में मेरे कुछ अरबी मित्रों ने बताया कि खाड़ी के देशों में उनके अभिभावक उन्हें बचपन में हिन्दी सिनेमा तो देखने की अनुमति देते थे और देते हैं, परन्तु अमरीकी सिनेमा नहीं। कारण कि उन्हें लगता है कि भारतीय सिनेमा उन्हें संस्कारी सन्देश देते हैं।

अब मैं अन्त में कहना चाहता हूँ कि भाषा हो या संस्कृति, प्रवासी संसार के इस निर्माण में सबसे ज़मीनी और महत्त्वपूर्ण योगदान है संस्थाओं का! हज़ारों प्रवासी भारतीयों में से कोई एक जागरूक व्यक्ति चार लोगों को एकत्रित कर एक संस्था का गठन करता है। यह संस्था न केवल अपने लोगों को बल्कि विदेशी मूल के नागरिकों को भारतीय भाषा और संस्कृति की ओर आकर्षित करती है और अपना बनाती है।

यह हिन्दी और संस्कृति की संस्थाएँ ही हैं जो विश्व भर में, कोने-कोने में, गली-मुहल्लों में, भारतीय भाषाओं और संस्कृति को न केवल जीवित रखे हैं, अपितु कितने ही विदेशी मूल के लोगों और नयी पीढ़ी को भारत से जोड़ रही हैं।

अक्सर बात उठती है कि इस विश्व हिन्दी सम्मेलन से क्या होता है?

मैं अपने अनुभव के आधार पर यदि ब्रिटेन की बात करूँ तो 1999 में छठे विश्व हिन्दी सम्मेलन का अभूतपूर्व प्रभाव पड़ा। यू.के. में हिन्दी की गतिविधियों ने ऐसी गति पकड़ी कि देखते ही देखते ब्रिटेन विश्व में हिन्दी का मुख्य केन्द्र बन गया। छठे विश्व हिन्दी सम्मेलन का मुख्य विषय था, 'हिन्दी एवं भावी पीढ़ी'; और सन् 2001 से, आज 17 वर्ष हो रहे हैं, 'हिन्दी ज्ञान प्रतियोगिता' के आयोजन हो रहे हैं जिसमें 30 से 35 हिन्दी शिक्षण केन्द्र और सैकड़ों हिन्दी के विद्यार्थी भाग लेते हैं। हिन्दी के चयनित विजेताओं को भारत यात्रा पर ले जाया जाता है। छठे विश्व हिन्दी सम्मेलन से पहले इंग्लैंड में सिर्फ़ 3 से 4 हिन्दी की संस्थाएँ थीं आज यहाँ हर बड़े शहर में हिन्दी की अत्यन्त सक्रिय संस्थाएँ काम कर रही हैं। जो वार्षिक अन्तरराष्ट्रीय कवि सम्मेलन ब्रिटेन के 4 शहरों में होते थे अब 12-13 नगरों में होते हैं, भारत के बाहर विश्व में शायद ब्रिटेन ही वह देश है जहाँ से प्रति वर्ष सबसे अधिक मात्रा में हिन्दी की पुस्तकें प्रकाशित होती हैं, समय-समय पर बड़े ही सुनियोजित ढंग से अन्तरराष्ट्रीय हिन्दी सम्मेलन।

हिन्दी महोत्सव, शिक्षकों के अधिवेशन, हिन्दी छात्रों के डिबेट और भाषण के कार्यक्रम जैसे कितने ही आयोजन निरन्तर होते रहते हैं। छठे विश्व हिन्दी सम्मेलन के बाद उत्तर प्रदेश हिन्दी संस्थान से ले कर भारत के कई और राज्यों से ब्रिटेन के हिन्दी लेखक और कार्यकर्ता पुरस्कृत होने लगे, उन्हें पहचान मिलने लगी। पिछले तीन वर्षों से लगातार केन्द्रीय हिन्दी संस्थान ब्रिटेन के हिन्दी कर्मियों को पुरस्कृत कर रहा है, पिछले 10 वर्षों में ब्रिटेन के 3 लोगों को हिन्दी शिक्षण और साहित्य के क्षेत्र में इंग्लैंड की महारानी द्वारा सम्मान मिला है, यहाँ तक कि 2007 में डॉ. लक्ष्मीमल्ल सिंघवी जी की अध्यक्षता में विदेश मन्त्रालय भारत सरकार की

सम्मान समिति यह निर्णय लेने पर बाध्य हो गयी कि ब्रिटेन की इतनी अधिक हिन्दी गतिविधियों को देखते हुए विश्व हिन्दी सम्मेलनों में एक नहीं बल्कि दो लोगों को सम्मान दिया जाना चाहिए।

परन्तु मुझे अफ़सोस के साथ कहना पड़ रहा है, आश्चर्य है कि इस वर्ष यहाँ 11वें विश्व हिन्दी सम्मेलन में भारत सरकार को ब्रिटेन से एक भी ऐसा योग्य व्यक्ति नहीं मिला जिसे पुरस्कृत किया जा सके। इससे ब्रिटेन के हिन्दी कार्यकर्ताओं के मनोबल को चोट पहुँची है। लेकिन फिर भी ब्रिटेन के अनेक कार्यकर्ताओं और संस्थाओं ने बड़े स्नेह और उत्साह से 12वें विश्व हिन्दी सम्मेलन को लन्दन में कराने का भारत सरकार को निमन्त्रण और प्रस्ताव भेजा है।

मेरा निवेदन है कि आप हमारे इस आग्रह को स्वीकार करें और हमें एक और विश्व हिन्दी सम्मेलन करवाने का अवसर प्रदान करें।

इन शब्दों के साथ, मुझे आज यहाँ वक्तव्य देने का अवसर प्रदान करने के लिए हृदय से अपना आभार और धन्यवाद अर्पित करता हूँ।

सन् 2018

प्रवासी लेखन : नयी ज़मीन, नया आसमान रचनात्मक दृष्टि का दस्तावेज़

अनिल शर्मा जी द्वारा लिखित पुस्तक 'प्रवासी लेखन और सरोकार–नयी ज़मीन, नया आकाश' उनके प्रवासी जीवन का यात्रा वृत्तान्त है। एक ऐसा यात्रा वृत्तान्त जिसमें बात जगह की नहीं, जगह के मौसम, इमारत, नदियों और वादियों की नहीं बल्कि विश्व के विभिन्न भागों में प्रवास कर रहे लोगों की है, लोगों के मन में बस रहे विचारों, उनकी संवेदनाओं की है, भारतीय डायस्पोरा के परिवेश को रेखांकित करती, हिन्दी साहित्य को सच्चे मायने में वैश्विक करती उत्कृष्ट कृति है। जहाँ तक मैं जानता हूँ अनिल जी सन् 2000 में पहली बार लन्दन भारतीय उच्चायोग में हिन्दी एवं संस्कृति अधिकारी के रूप में आये, जहाँ से उनका प्रवासी जीवन आरम्भ हुआ। मुझे हिन्दी के इस महान योद्धा के मार्गदर्शन में काम करने का अवसर मिला। लोगों को जोड़ने की अभूतपूर्व शक्ति, एक सशक्त टीम बनाने और उसका नेतृत्व करने की कला, लोगों की रचनात्मकता को पहचानना और फिर उसे सँवारने का काम–यह सब कहने सुनने में बड़ी-बड़ी बातें लगती हैं, परन्तु अनिल जी के स्वभाव और व्यक्तित्व का महज़ एक रंग है। आपका यू.के. और फ़ीजी प्रवास हो, सुरीनाम,

त्रिनिदाद, यूरोप और अमेरिका की यात्राएँ या फिर भारत में प्रवासी भारतीयों के लिए पत्रिका प्रकाशन और प्रवासी उत्सवों के आयोजन; अनिल जी कहीं-न-कहीं कुछ-न-कुछ लिखते रहे–कभी कविताओं में तो कभी आलेखों में। यह पुस्तक उनकी इसी जागरूकता का प्रमाण है। मेरा मानना है की आज हिन्दी भाषा और साहित्य के वैश्वीकरण में प्रवासी लेखन का बहुत बड़ा योगदान है। उसका कारण यह है कि आज विश्व में जो कुछ हो रहा है, अच्छा-बुरा जो भी घट रहा है, उस घटनाक्रम को अपने अनुभवों में जीते हुए अनेक प्रवासी भारतीय लेखक हिन्दी में लिख रहे हैं। उनका यही लेखन हिन्दी साहित्य को वैश्विक स्तर पर समृद्ध कर रहा है। 'प्रवासी लेखन और सरोकार–नयी ज़मीन, नया आकाश' पुस्तक भारतीय डायस्पोरा पर एक संवेदनशील लेखक की रचनात्मक दृष्टि का दस्तावेज़ है, उन पाठकों के लिए विशेष पुस्तक है जो भारतीय डायस्पोरा को एक रचनात्मक दृष्टि से देखना और समझना चाहते हैं तथा यह पुस्तक हिन्दी के वैश्वीकरण के इतिहास में महत्त्वपूर्ण रचनात्मक क़दम है!

अनिल जी के साथ इस यात्रा में पूरी सक्रियता से उनका साथ निभाती उनकी सहयात्री सरोज जी को भी बधाई!

ढाका : जनवरी, 2019

'प्रवासी पुत्र' पुस्तक विमोचन

https://www.youtube.com/watch?v=0rE_1tMArfU&t=2481s

आज का दिन मेरे जीवन के लिए सबसे बड़े सौभाग्य और गौरव का दिन है, क्योंकि आज़ मेरी हिन्दी कविताओं का अनुवाद बांग्ला में हुआ है। बांग्ला भाषा एक ऐसी भाषा है जो सिर्फ़ अपने इतिहास से साहित्य और संस्कृति के लिए ही नहीं जानी जाती, बल्कि आज पूरे विश्व में इस भाषा को सबसे मीठी भाषा होने का भी गौरव प्राप्त है। आप लोगों में से कुछ लोग जानते होंगे कि यूनेस्को ने 'बांग्ला लैंग्वेज़ इज द स्वीटेस्ट लैंग्वेज़ ऑन द वर्ल्ड' घोषित किया है।

मैंने अभी कुछ दिन पहले इंग्लैंड में अपने कुछ मित्रों को बताया कि मेरी हिन्दी कविताओं का अनुवाद बांग्ला में हुआ है, तो वह लोग बहुत आश्चर्यचकित हुए क्योंकि जो लोग मुझे जानते हैं उन्हें मालूम है कि मेरा जन्म भारत के लखनऊ शहर में हुआ है और लखनऊ उर्दू भाषा और साहित्य का प्रमुख केन्द्र है। फिर मेरी हायर एजुकेशन फ्रेंच में हुई उसके बाद मैं इंग्लैंड आ गया। गत 15 वर्षों से मैं

ऑक्सफ़ोर्ड बिज़नेस कॉलेज का डायरेक्टर हूँ। ऑक्सफ़ोर्ड अंग्रेज़ी का महत्त्वपूर्ण केन्द्र है। उनके मन में प्रश्न आया कि उर्दू और अंग्रेज़ी को छोड़कर कैसे मैंने हिन्दी कविताओं के लिए बांग्ला भाषा का चयन किया और बांग्ला में कैसे अनुवाद हुआ। मैं यह बात आपके साथ साझा करना चाहता हूँ। इसके तीन विशेष कारण हैं। मुझे बचपन से बांग्ला भाषा और साहित्य का घर में माहौल मिला। मेरे पिता जी तीन बार लखनऊ के मेयर रहे हैं। वे ख़ुद लेखक और साहित्यकार रहे हैं। उनका बांग्ला भाषा और साहित्य से बहुत प्रेम और लगाव रहा है। मैं जब छोटा था, तब वे लखनऊ में 'बन्दना' नामक पत्रिका का सम्पादन और प्रकाशन करते थे। बचपन से वह मुझे बहुत प्रेरित करते थे बांग्ला भाषा सीखने के लिए और समझने के लिए। उन्होंने मुझे बहुत सारे बांग्ला साहित्य के गीत, कविताएँ बचपन में याद भी करायी थीं। इस तरह के माहौल में मेरा बचपन बीता।

उसके बाद दूसरा कारण जो विशेष कारण है वो ये कि मैं जब ऑक्सफ़ोर्ड आया, मेरे एक मित्र बने अज़ीज़ साहब वह बांग्लादेश से सांस्कृतिक कार्यक्रम करवाते हैं और कोई फ़रवरी, 2012 की बात है वह मुझे पहली बार बांग्लादेश घुमाने लाए थे। उन्होंने मुझे ढाका घुमाया, अपने होमटाउन ले गये, मैं उनके कुछ भाइयों-बन्धुओं से भी यहाँ मिला। बांग्लादेश में मुझे प्रेम भाव और अगाध सम्मान मिला। मैं बहुत भाव विभोर हो गया। मैं बांग्लादेश से बहुत अधिक जुड़ गया। मैं एक क़िस्सा सुनाता हूँ कि इस शहर में अज़ीज़ भाई ने मेरे सम्मान में ग़ज़ल संध्या का कार्यक्रम रखा। जब मैं वहाँ पर पहुँचा तो पाया कि वह पूरा हॉल ख़ाली था। मैं आधा घण्टा इन्तज़ार करता रहा। उस समय वहाँ कोई नहीं आया था। मैंने सोचा मेरे इंडिया-बांग्लादेश में ऐसा कल्चर है कि किसी को 8:00 बजे टाइम देते हैं तो 8:30 पहुँच जाते हैं, तो इसका मतलब यह नहीं कि वह देर से आया है बल्कि आपकी ग़लती आप जल्दी से आ गये। मैंने काफ़ी देर बाद पूछा कि लोग कहाँ हैं, एक महिला और बच्चे वहाँ पर थे। वह बोले कि लोग आ गये हैं और ऊपर वाले हॉल में थे। मैं ऊपर गया, वहाँ पूरी तरह ख़ामोशी थी और लोग बैठे हुए थे। टीवी चल रहा था तो मैं भी टीवी देखने लगा। उस समय एशिया कप चल रहा था बांग्लादेश में। उस दिन इंडिया और बांग्लादेश का मैच था और शायद आख़िरी के दो या तीन ओवर बचे हुए थे। मैं भी मैच देखने लगा वहाँ बैठ कर। बांग्लादेश जीत गया, भारत हार गया। सभी जश्न मनाने लगे मैं भी उसमें शामिल हो गया। उनको बधाई देने लगा और मैं भूल गया कि मैं इंडिया का हूँ, मैं हार गया हूँ। जय बांग्ला! जय बांग्ला बोला जाने लगा।

उसके बाद नीचे फिर प्रोग्राम शुरू हुआ तो तीन स्पीकर आये मेरे सम्मान में। मुझे कुछ कविताएँ पढ़नी थीं। जितने भी स्पीकर थे, उन्होंने 5 मिनट में से 1 मिनट मेरे स्वागत में बोला और 4 मिनट मैच की बात करते रहे, बधाई देते रहे। यहाँ तक कि अज़ीज़ भाई ने जब मुझे मंच पर बुलाया, तो बोले कि यूके से आये साहित्यकार हैं पद्मेश गुप्त भाई। सॉरी इंडिया लॉस्ट टुडे। जब मैं मंच पर आया तो मैंने कहा कि आज इंडिया भले ही बांग्लादेश से क्रिकेट का मैच हार गया है, लेकिन मैं बांग्लादेश में अपना दिल हार गया हूँ।

इसके बाद मेरी एक मित्र हैं यू.के. में प्याली रे, वह बांग्ला संस्कृति के लिए बहुत काम करती हैं और बहुत से प्रोग्राम में मुझे बुलाती भी रहती हैं। वहाँ से मैं उनके साथ इस बांग्ला संस्कृति और उनके गीत-संगीत के कार्यक्रमों से जुड़ा। उन्होंने बहुत नाम किया है, इंग्लैंड की महारानी से अवार्ड भी मिला है और जब मैं यहाँ आ रहा था तो उन्होंने एक सन्देश भी दिया था कि वे बांग्लादेश वूमेन राइटर के लिए एक बहुत बड़ा ऑनलाइन प्रोजेक्ट कर रही हैं और जो लोग जुड़ना चाहते हैं, वे मुझे बता दें। जब मैंने प्याली जी को अपने अनुवादित प्रवासी पुस्तक के बांग्ला संस्करण का कवर भेजा, तो उन्होंने तुरन्त जवाब भेजा–अब तुम प्रवासी पुत्र नहीं, बांग्ला पुत्र भी हो गये हो। और मैं यह बात पूरे अधिकार के साथ कहता हूँ कि कार्यक्रमों के साथ जोड़ कर मुझे ऐसा लगता है कि बांग्ला भाषा पूरे विश्व में साहित्य, संस्कृति, गीत, संगीत की सबसे महत्त्वपूर्ण और सबसे उत्कृष्ट प्रतिलिपि भाषा है। इसके बाद अब बात आती है अनुवाद की, तो बताता हूँ कि अनुवाद की क्या कहानी है। 2017 में जब मुझे भारत के राष्ट्रपति द्वारा नेशनल अवार्ड मिला इंडियन लिटरेचर को प्रमोट करने के लिए वहाँ पर मेरे मित्र सादिक अली भाई मेरे साथ इंग्लैंड से आये थे। सरकारी कार्यक्रमों में वह हमारे साथ रहे और मुझसे जुड़ने लगे। जब मेरी कविताएँ सादिक भाई ने सुनी, तो उन्हें बहुत से भाव उनके अपने लगे और इच्छा प्रकट करने लगे कि इसका अनुवाद बांग्ला में हो और ये कविताएँ बांग्लादेश तक पहुँचें और सादिक भाई उसके बाद वाणी प्रकाशन के सम्पर्क में आये व उनको लगातार बात करते रहे। डॉ. रंजीत साहा, जो बहुत विद्वान हैं बांग्ला के, उन्होंने इसका अनुवाद किया। माहेश्वरी जी ने सादिक भाई को कहा कि हम लोग यहाँ हिन्दी में प्रकाशन करते हैं और बांग्ला में यदि हम छापेंगे तो बेचेंगे कैसे? सादिक भाई ने कहा कि आप 10000 प्रति बांग्लादेश भेजेंगे तो बिकेंगी क्योंकि बांग्लादेश के लोग भाषा और साहित्य से प्रेम करते हैं। ऐसे ही यह बात आगे बढ़ी और एक प्रवासी पुत्र का बांग्ला वर्जन आपके समक्ष प्रस्तुत है। मैंने पुस्तक तीन

लोगों को समर्पित की है जिन्होंने मुझे बांग्ला भाषा साहित्य के लिए प्रेरित किया– प्याली रे जी, रहमान भाई और सादिक जी।

मैं इसके साथ नयी पीढ़ी के लिए एक सन्देश देना चाहता हूँ। मैं उनसे हमेशा कहता हूँ कि विश्व में हर व्यक्ति को दो भाषा कम-से-कम ज़रूर आनी चाहिए। एक अन्तरराष्ट्रीय भाषा, एक मातृभाषा। क्योंकि इससे आप संस्कृति, संस्कार और परम्पराओं से जुड़े रहते हैं। इसके लिए मैं बांग्लादेश को उदाहरण देता हूँ। विश्व इतिहास में बांग्लादेश एक ऐसा देश है जहाँ पर भाषायी आन्दोलन के ऊपर उसे आज़ादी मिली और इससे बड़ा उदाहरण दुनिया में कोई नहीं है। दूसरी अन्तरराष्ट्रीय भाषा आनी चाहिए या बांग्लादेश के सन्दर्भ में मैं कहूँ तो अंग्रेज़ी भाषा आनी चाहिए, क्योंकि प्रगति की भाषा से आप प्रगति करते हैं और जब आप प्रगति करते हैं तो परिवार और आपका देश भी प्रगति करता है। नयी पीढ़ी को सन्देश इन दो पंक्तियों की कविता से करता हूँ–

प्रगति है अंग्रेज़ी तो बांग्ला है संस्कार,
बांग्ला अपने हाथ बनाओ, अंग्रेज़ी हथियार।

अन्त में, मैंने इस 'प्रवासी पुत्र' संग्रह में से तीन कविताओं का चयन किया है जो आपके समक्ष हिन्दी में प्रस्तुत करता हूँ।

इतना सुन्दर और इतना रचनात्मक जो प्रबन्ध किया गया है, मैं बहुत भाव-विभोर हूँ और समझ सकता हूँ कि इतना सुन्दर बुक लॉन्च इवेंट मैंने दुनिया में कहीं नहीं देखा। ऐसा बुक लॉन्च, इतना दिल से शायद बांग्लादेश में ही हो सकता है जहाँ अपनी भाषा और साहित्य के प्रति प्रेम है।

दिल्ली, 2019

हिन्दी विद्यार्थी स्वागत समारोह

https://www.youtube.com/
watch?v=QxYuAo4ejUY&feature=youtu.be

मंच पर उपस्थित सभी विशिष्ट अतिथि, इन्दिरा गांधी राष्ट्रीय कला केन्द्र के इस परिसर में उपस्थित सभी मित्रो, ये बहुत हर्ष का समय होता है जब हम इंग्लैंड से, यूरोप से हिन्दी के विद्यार्थियों को यहाँ दिल्ली लाते हैं। 2001 से इसकी शुरुआत इंग्लैंड से हुई थी और 2003 में भारत यात्रा का प्रोजेक्ट शुरू हुआ। उसके बाद 19

वर्षों से यह ज्ञान प्रतियोगिता निरन्तर चल रही है और क़रीब 17 वर्षों से भारत यात्रा जैसे आयोजन हो रहे हैं। आज 2003-04 और 2005 के समय, जब हम इस दल को लेकर यहाँ आते थे, की कुछ यादें जैसे ताज़ा हो रही हैं। ऐसा लग रहा है जैसे सत्येन्द्र श्रीवास्तव, डॉ. गौतम सचदेव का शुभकामना सन्देश आने वाला है जो हिन्दी ज्ञान प्रतियोगिता के मार्गदर्शक रहे हैं।

याद आ रहा है कि हमारा पूरा दल तत्कालीन भारतीय जनता पार्टी के अध्यक्ष वेंकैया नायडू जी के घर नाश्ता कर रहा था, तभी तत्कालीन उड्डयन मन्त्री राजीव प्रताप रूडी जी आते हैं और दल के सभी विद्यार्थियों को भारत यात्रा के लिए एयर इंडिया का टिकट देते हैं। ऐसा लगता है कि अभी इंडिया इंटरनेशनल सेंटर में अरुण माहेश्वरी जी और वाणी प्रकाशन का दल भारत के श्रेष्ठ रचनाकारों और लेखकों से विद्यार्थियों को मिलवाने के लिए चाय पर इन्तज़ार कर रहा है। ऐसा लग रहा है कि इन विद्यार्थियों के हाथों में बुकमार्क के थैले हैं जहाँ दीपक गुप्त जी ने हमें कुछ पुस्तकें दी हैं और कुछ पुस्तकें उन्होंने वहाँ से ख़रीदी हैं। ऐसा लग रहा है जैसे अभी कुछ क्षणों में डॉ. लक्ष्मीमल्ल सिंघवी जी उपस्थित होंगे और हम सभी आयोजकों की तारीफ़ों और प्रोत्साहन के पुल बाँधेंगे। ऐसा लग रहा है जैसे आईसीसीआर का पकवान गरम हो रहा होगा और रात्रि भोज का आयोजन हो रहा होगा।

कुल मिलाकर कहने का तात्पर्य यह है कि इन वर्षों में बहुत-सी संस्थाएँ व बहुत से लोग हमारे साथ जुड़े। इसमें बहुत कुछ पुराना है और बहुत कुछ नया है। बहुत कुछ पुराना आज भी नया है। वही उत्साह भरी ऊर्जा संस्था के कार्यकर्ताओं की, वही उत्साही ऊर्जा अनिल शर्मा जोशी जी की, जिनकी परिकल्पना है यह हिन्दी ज्ञान प्रतियोगिता। क़रीब 2007-08 के समय हमारे मित्रों, सहयोगियों के माध्यम से हमारा सब प्रबन्ध हुआ था, और हमने विद्यार्थियों के टिकट की व्यवस्था शुरू की थी।

जब अनिल शर्मा जोशी जी, जो भारतीय उच्चायोग में हिन्दी और संस्कृत के अधिकारी थे, ने वहाँ पर एक प्रस्ताव बनाकर विदेश मन्त्रालय को भेजा। यह प्रस्ताव भारत यात्रा के सन्दर्भ में अनुदान और योगदान से सम्बन्धित था। उसके बाद राकेश दुबे जी आये जिन्होंने उस फ़ाइल का इम्प्लीमेंट करवाया था और 5 से 6 वर्षों तक भारत सरकार का विदेश मन्त्रालय विद्यार्थियों के उस पूरे दल को कंट्रीब्यूशन देता रहा। उसके बाद सरकारें बदलीं, अधिकारी बदले, हालात बदले, समय बदला, जो नये अधिकारी आये, उनके विचार से शायद यह काम उचित

नहीं था और यह फ़ाइलें बन्द होना शुरू हो गयीं। डॉ. सत्येन्द्र श्रीवास्तव, डॉ. गौतम सचदेव, वेद मित्र मोहला जी जैसे लोग स्वर्ग चले गये, हमारे परम मित्र अनिल शर्मा जोशी जी फिजी चले गये। उसके बाद कई वर्षों तक मैंने प्रयास किया कि कार्यक्रम बन्द न हो और फिर भारत यात्रा का आयोजन चलता रहा, फिर मैं कुछ अकेला सा महसूस करने लगा। मुझे लगा कि अवकाश की आवश्यकता है। चूँकि यह कार्यक्रम ऐसा है कि पूरे वर्ष चलता है। दो-तीन महीने पाठ्यक्रम बनते हैं। सेंटर्स को कॉन्टैक्ट किया जाता है। डेढ़ महीने तक वीकेंड पर परीक्षाओं का आयोजन होता है। उसके बाद परिणाम आते हैं फिर भाषण प्रतियोगिता होती है। इस तरह पूरे वर्ष यह कार्यक्रम चलता रहता है। इसके बाद भारत यात्रा का कार्यक्रम शुरू होता है।

इस बीच जो पाँच-छह साल मिले उसमें हमने यूरोप के देशों को भी जोड़ा। रूस, क्रोएशिया, अर्मेनिया जैसे देशों के प्रतियोगी भी इस दल में आने लगे। तब मेरे मन में एक विचार आया और मैंने सुलेखा चोपड़ा जी को फ़ोन किया जो इस प्रतियोगिता का आयोजन करने में हमारी विशिष्ट सहयोगी हुआ करती थीं।

मैंने सुरेखा जी से अपनी समस्या साझा करते हुए कहा कि स्पोंसर्स की समस्या आ रही है और मेरे लिए इस कार्यक्रम को आगे बढ़ाना मुश्किल हो रहा है। सुरेखा जी ने कहा कि आप सही कह रहे हैं। दिल्ली में लोग थकने लगे हैं कि हर साल हम लोग पहुँच जाते हैं। हमने सुरेखा जी से फिर कहा कि चलिए हम लोग एक बार फिर लोगों को संगठित करते हैं और कुछ कार्यक्रम आगे बढ़ाते हैं। तक़रीबन तीन-चार दिन बाद सुरेखा जी का फ़ोन आया और उन्होंने कहा कि मैंने यह बात अपने सहयोगियों से की है। जिसमें शशि वालिया जी हैं, सीमा बेदी जी हैं जो शिक्षक हमारे साथ जुड़े थे और हिन्दी ज्ञान प्रतियोगिता कराते थे। वे बोलीं कि ये सभी लोग बहुत नाराज हो रहे हैं कि प्रतियोगिता नहीं बन्द होगी। यह चलती रहेगी।

उस समय सुरेखा जी की इस बात से मुझे जो ख़ुशी हुई और मन को जो सन्तोष मिला वह कह नहीं सकता। मुझे दीप से दीप के जलने का मुहावरा यथार्थ रूप से सामने नज़र आने लगा। मैंने सुरेखा जी से कहा कि अब सिर्फ़ हिन्दी प्रतियोगिता नहीं बल्कि पूरी हिन्दी समिति आप चलाइये। यह शिक्षकों और विद्यार्थियों के हाथ में है।

सुरेखा जी ने इसे स्वीकार किया और क़रीब दो हफ़्ते बाद एक मीटिंग बुलायी।

सुरेखा जी ने मेरे समक्ष यह कंडीशन रखी कि वे सारी ज़िम्मेदारी लेने को तैयार हैं। उन्होंने कहा कि न हम आपका समय लेंगे न आपको बाधक करेंगे लेकिन हम आपका साथ नहीं छोड़ेंगे और आप वादा कीजिए कि आप भी हमारा साथ नहीं छोड़ेंगे। हमारे कार्यक्रमों में आप आयेंगे और संरक्षक की भूमिका में हमसे जुड़े रहेंगे। उन्होंने मुझसे यह वादा भी किया कि हम आपसे कुछ नहीं माँगेंगे। इन बातों के साथ जब मैं वहाँ मीटिंग में पहुँचा, तो हिन्दी ज्ञान प्रतियोगिता का जो महाआयोजन होता है उसे लेकर सभी ने उत्साह दिखाया लेकिन भारत यात्रा का जो प्रोजेक्ट होता है वह महँगा होता है। अत: इसे लेकर चिन्तन चलने लगा।

मैंने यह सुझाव दिया कि ऐसा करते हैं कि ज्ञान प्रतियोगिता के पुरस्कार में से 'भारत यात्रा' को हटाकर सिर्फ़ 'यात्रा' कर देते हैं। वर्ष में अगर बन्दोबस्त हो गया तो भारत यात्रा करा देंगे वरना जो विजेता विद्यार्थी हैं, उनका 15 दिन की जगह 4 से 5 दिन का यूरोप टूर करा देंगे। इतना हम लोग कर सकते हैं। उनको हम कुछ प्रोजेक्ट दे सकते हैं कि जाइए, हिन्दी में बात कीजिए और यात्रा वृत्तान्त हिन्दी में लिखकर आइए। यह सुझाव समिति को पसन्द आ गया और इसे मान लिया गया। इसके बाद उस साल पहली हिन्दी ज्ञान प्रतियोगिता हुई। फिर यह शुरू हो गया कि एक दो वर्ष विद्यार्थी यूरोप जाते हैं और जब व्यवस्था हो जाती है तो एकाध वर्ष छोड़ भारत यात्रा पर आ जाते हैं। इस प्रकार हमने आयोजन को आगे बढ़ाना शुरू किया। आज जब हम उन बातों को सुनते हैं, याद करते हैं, तो मन को बड़ा अच्छा लगता है।

जब 2010 में यूरोप के विद्यार्थी आते थे, 2010 और 2012 में जब मुझे रूस जाने का अवसर मिला, हिन्दी के नहीं कुछ अपने निजी कॉन्फ्रेंसों में, तो वहाँ क़रीब 150 विद्यार्थी इन्तज़ार कर रहे थे। उन्हें मुझसे मिलवाना शुरू किया गया। ऐसा लगा जैसे वे देख रहे हैं कि इन्द्र दरबार से कोई दूत आया है जो हमें भारत के दर्शन करायेगा। जब सभी लोग चित्र खिंचवा रहे थे तो मैंने एक बालिका जो सेंट्स पीटर्सबर्ग से आयी थी, उससे मैंने मज़ाक़ में पूछा कि आप जो मेरा चित्र खींच रही हैं इसका क्या करेंगी? तो वह मुझसे बोली कि यह चित्र तो मैं अपने कमरे में लगाऊँगी और रोज़ आपको याद दिलाऊँगी कि मुझे भारत जाना है।

अभी दो या तीन वर्ष पहले मोनिका मोहता जी बुल्गारिया में राजदूत थीं। उन्होंने मुझे फ़ोन किया और कहा कि "यहाँ पर एक हिन्दी का कार्यक्रम हो रहा है। फ़िनलैंड और क्रोएशिया के विद्यार्थियों का ये कार्यक्रम हम हर साल करते

हैं, उनके शिक्षक आपस में मिलते हैं और इस बात पर चर्चा करते हैं कि हिन्दी को कैसे पढ़ाया जाये, और इस विषय पर विद्यार्थी अपने-अपने पेपर्स लाते हैं। ये टोली जब मेरे पास आयी तो मैंने उनसे कहा कि मैं तो आऊँगी ही और लन्दन से डॉ. पद्मेश जी को भी बुलाऊँगी आपको उनसे मिलवाने के लिए।" मोनिका जी ने टिकट वग़ैरह की व्यवस्था की और मैं वहाँ गया। वहाँ सम्मेलन के बीच में एक युवा शख़्स ने मुझसे कहा कि मेरे कुछ विद्यार्थी आपसे मिलना चाहते हैं। यह तीन वर्ष पहले की बात है जब हमने यूरोप के विद्यार्थियों की भारत यात्रा बन्द कर दी थी।

फिर वहाँ 4-5 विद्यार्थियों का एक दल मेरे पास आकर बैठा और कहने लगा कि हम जानना चाहते हैं कि हमसे क्या भूल हुई कि आपने भारत यात्रा बन्द कर दी और अब आप हमको सम्मिलित नहीं करते हैं। इन बातों से मुझे इतना भावनात्मक कष्ट हुआ और सुख भी मिला कि कितने सम्मेलन कराये, कॉन्फ्रेंस कराये, लेकिन सब के बीच हिन्दी ज्ञान प्रतियोगिता का दुनिया भर में जो प्रभाव पड़ा है, जिसका मूल्यांकन करना शायद आसान नहीं है।

यह मैं विद्यार्थियों की बात कर रहा हूँ, यदि मैं अपने निजी सम्बन्धों की बात करूँ, अपने परिवार की बात करूँ, तो एक घटना आज मेरे साथ सुबह घटी। आपमें से बहुत से लोग जानते हैं कि पिछले सप्ताह मेरी माता जी नहीं रहीं, और मैं लखनऊ में था पिछले शुक्रवार को और आज मैं यहाँ पर आया हूँ। कल देर रात क़रीब ढाई बजे मैं अपने पिता के साथ बैठा था। मैंने उनसे प्रश्न किया कि पापा जी, मुझे रविवार को जाना है वापस, यदि आप कहें तो ना जाऊँ। दो-तीन दिन और रुक जाऊँ।

एक प्रवासी पुत्र चाहता है कि वह कितना अधिक समय घर पर गुजार सके। तो मेरे सवाल के बाद पिता जी उठे और जाकर अलमारी खोल कर कुछ फ़ाइलें खोजने लगे। मैं सोच में पड़ गया कि मैंने ऐसा कौन-सा प्रश्न पूछ लिया है कि जिसका जवाब पिता जी को उन फ़ाइलों में खोजना पड़ रहा है। फिर वे एक फ़ाइल लेकर आये और उसमें से कुछ पेपर की कटिंग दिखाने लगे और पूछा कि तुम इन्हें जानते हो? मैंने जब वे कटिंग्स देखीं तो वे राष्ट्रीय स्वयं सेवक संघ के गुरु जी की कटिंग्स थीं।

पिता जी ने बताया कि, "जून 1973 में उनका देहान्त हो गया था। तब मैंने लखनऊ नगर महापालिका में एक शोक सभा की थी जिसमें सभी पार्टियों के लोग

सम्मिलित थे। ये वही कटिंग हैं जिनमें हम सभी के नाम लिखे हुए हैं। उसके बाद मेरा धन्यवाद और आभार करने मेरे घर बाला साहेब देवरस जी आये थे।" मैं पिता जी की बात सुन रहा था और उसमें मेरे प्रश्न का उत्तर कहाँ है, यह खोजने की कोशिश कर रहा था।

वे आगे बोले कि, "जब बाला साहेब देवरस जी मेरे पास आये आभार और धन्यवाद करने मेरी इस शोक सभा के लिए, तो मैंने कहा इसके लिए यहाँ आने की क्या ज़रूरत थी? यह तो मेरा कर्तव्य है। तो उन्होंने कहा कि यह जो शोक सभा हुई है दाऊजी, यह दलगत भावनाओं से ऊपर उठकर राष्ट्रधर्म की भावना से हुई है इसलिए मैं आपका आभार और धन्यवाद करने आया हूँ।"

इसके बाद पिता जी मुझसे बोले कि, "कोई और उत्सव होता, कोई और कार्यक्रम होता तो मैं ख़ुद ही तुम्हें रोक लेता लेकिन यह हिन्दी ज्ञान प्रतियोगिता का कार्यक्रम है, यह राष्ट्रधर्म से जुड़ी चीज़ है, यह भारत के भविष्य और भावी पीढ़ी से जुड़ा हुआ विषय है, इसलिए मैं तुम्हें नहीं रोकूँगा, तुम परिवार की चिन्ता किये बिना वहाँ जाओ।"

चूँकि अभी मेरी माता का देहान्त हुआ है, इसी से मिलती-जुलती बात मेरी माता जी की भी याद आ रही। 18 वर्ष की उम्र में जब मैं फ्रांस जा रहा था तो उन्होंने कहा कि, "तुम विदेश जा रहे हो। तुम्हारे ऊपर बहुत बड़ी ज़िम्मेदारी है। एक बात का ख़याल रखना।" मैंने पूछा कि क्या? तो वे बोलीं कि "वहाँ तुम्हें कोई नहीं पहचानता न तुम्हारे पिता को कोई जानता है और न कोई तुम्हारे परिवार को जानता है। तुम्हारी पहचान सिर्फ़ एक भारतीय की रहेगी। इसलिए तुम जो कुछ भी करोगे वह भारत से जुड़ा हुआ होगा। यदि तुम एक बुज़ुर्ग को रास्ता पार कराओगे तो वह अपने घर जाकर कहेगा कि एक भारतीय ने मुझे रास्ता पार कराने में मदद की। यदि तुम किसी अंग्रेज़ के घर के सामने कूड़ा फेंक दोगे तो वे कहेंगे कि एक भारतीय ने मेरे घर के आगे कूड़ा फेंक दिया है। तो तुम्हारा एक ग़लत क़दम भारत की बदनामी कर देगा और एक सही क़दम भारत का सम्मान बढ़ायेगा। यह ज़िम्मेदारी तुम्हारी है कि तुम भारत का कितना सम्मान बढ़ा सकते हो।"

इन शब्दों के साथ जो अधिकांश लोग यहाँ बैठे हुए हैं विशेष रूप से हिन्दी के, मैं उनसे दो निवेदन करना चाहूँगा कि यह जो हिन्दी ज्ञान प्रतियोगिता है, भारत यात्रा है, यह सब तो हो ही रहा है, लेकिन यदि हिन्दी ज्ञान प्रतियोगिता की परीक्षा जो 19 वर्षों से हो रही है और बहुत व्यावहारिक रूप से होती है, इसे यदि मान्यता

मिल जाये किसी सरकारी संस्थान से तो विद्यार्थियों को जो प्रमाण-पत्र मिलते हैं, उसकी वैधता बढ़ जायेगी और वो उनकी निजी ज़िन्दगी में बहुत काम आयेगा।

दूसरी बात यह कहना चाहता हूँ कि यदि कोई शिक्षक यहाँ से आ सके और वहाँ हमारे शिक्षकों को ट्रेनिंग दे सके, क्योंकि वहाँ के अधिकांश शिक्षक सहयोग की भावना से पढ़ाते हैं। यदि यहाँ से वे शिक्षक आ जायें तो उन्हें वहाँ रहने की, उनके खाने-पीने की व्यवस्था हम लोग कर देंगे। वहाँ के शिक्षक यह चयन करें कि यहाँ के कैसे शिक्षक उन्हें चाहिए ताकि इसकी व्यावहारिकता बनी रहे।

इन शब्दों के साथ अन्त में यही कहना चाहूँगा कि जिस प्रकार सुरेखा चोपड़ा और उनकी टीम हिन्दी ज्ञान प्रतियोगिता का आयोजन करा रही है, वह क़ाबिले तारीफ़ है। हम लोग तो टाइपराइटर पर काम करते थे, ये लोग आइपैड पर काम कर रहे हैं। उस समय हम लोग तीन परीक्षाएँ आयोजित करते थे, अब उसकी 5 से 6 कैटेगरी बन गयी है। अब उस प्रतियोगिता का संचालन विद्यार्थी करते हैं। यदि 9 वर्ष से कम के विद्यार्थी भाग ले रहे हैं, तो 9 वर्ष से कम के विद्यार्थी ही संचालन भी करते हैं। उसमें से बहुत छात्र आगे बढ़ रहे हैं। उनकी संख्या बढ़ रही है। यह सब बहुत शानदार ढंग से चल रहा है।

अन्त में, मैं हिन्दी समिति की ओर से, अपने सभी विद्यार्थियों की ओर से, अन्तरराष्ट्रीय सहयोग परीक्षक, इन्दिरा गांधी राष्ट्रीय कला केन्द्र और वाणी प्रकाशन सभी के प्रति आभार प्रकट करते हुए आपको यह कविता प्रेषित कर रहा हूँ।

लेकर आये हैं हम आज तुम्हारे द्वारे
अंग्रेज़ी के आसमाँ से हिन्दी के सितारे
पश्चिम में बहती पुरवाई
आज तुम्हारे घर को आयी
तन इनका कुछ भी बोले
मन है भारत की परछाईं
पढ़ सको तो पढ़ लो
देख सको तो देख लो
थेम्स की धाराओं को गंगा के किनारे
लेकर आये हैं हम आज तुम्हारे द्वारे
अंग्रेज़ी के आसमाँ से हिन्दी के सितारे

दूर बाग़ की सोंधी मिट्टी
दूर गाँव की तुलसी पत्ती
पढ़ रहा विश्व जिनके मुख से
भारत प्रेम की पंक्ति पंक्ति
भारत के नवरत्नों को
हिन्दी के इन सपनों को
दे रहे जो भारत के बाहर हिन्दी के नारे
लेकर आये हैं हम आज तुम्हारे द्वारे
अंग्रेज़ी के आसमाँ से हिन्दी के सितारे

सन् 2020

जय वर्मा जी की जय हो!

'जय वर्मा' ब्रिटेन में हिन्दी सेवा और साहित्य का ऐसा बहुचर्चित नाम है जिससे आज विश्व में, शायद ही कोई हिन्दी का व्यक्ति ऐसा होगा जो परिचित नहीं होगा। अपने सक्रिय लेखन से, सौम्य स्वभाव से और सम्बन्धों को निभाने में अत्यन्त कुशल व्यक्तित्व से हर उस व्यक्ति के मन में स्थान बना लेती हैं, जो एक भी बार जय जी के सम्पर्क में आता है।

सन् 2000 के आसपास की बात होगी, जब पहली बार मैं जय जी के सम्पर्क में आया। उन दिनों मैं ब्रिटेन में पुरवाई पत्रिका का सम्पादन और प्रकाशन कर रहा था। कहीं पुरवाई की प्रति जय जी के हाथ लग गयी और उन्होंने मुझे फ़ोन किया। पुरवाई को लेकर मेरे जीवन में शायद ऐसा निवेदन कभी नहीं आया। जय जी ने कहा कि वह पुरवाई पत्रिका की सदस्यता लेना चाहती हैं; मैंने उन्हें अपना पता दिया और चेक भेजने को कहा। जय जी बोलीं, एक नहीं, दस पत्रिकाओं का दाम बताइये! मैंने अचम्भे से पूछा, आप पुरवाई की दस पत्रिकाओं का क्या करेंगी? उत्तर मिला कि एक उनके लिए और बाक़ी नौ नॉटिंघम में कला निकेतन हिन्दी स्कूल के लिए जिसकी वह मैनेजमेंट कमिटी में हैं और ट्रस्टी हैं।

उस दिन से मैं जय वर्मा जी का भक्त हो गया। भक्त इसलिए नहीं कि उन्होंने पुरवाई पत्रिका की इतनी प्रतियों की सदस्यता ली, बल्कि इसलिए कि उन्होंने मेरे जीवन में प्रेरणा के एक नये दीप को जन्म दिया। हिन्दी की पत्रिका को हिन्दी स्कूल

के प्राध्यापकों और विद्यार्थियों तक पहुँचा कर जय जी मेरी दृष्टि में निष्ठा और सेवा की परिभाषा बन गयीं। इसके बाद, जहाँ तक मुझे याद पड़ता है, जय जी से मेरी पहली मुलाक़ात लन्दन के भारतीय विद्या भवन में आयोजित अन्तरराष्ट्रीय कवि सम्मेलन में हुई। शायद 2001 में! वहाँ जय जी के साथ पाँच-सात और लोग भी नॉटिंघम से आये थे। मुझे आज भी याद है, कि पहली मुलाक़ात में ही जय जी ने मुझसे कहा कि वे नॉटिंघम में भी कवि सम्मेलन की परम्परा आरम्भ करना चाहती हैं। मैंने उत्तर में कहा, अवश्य, यदि हिन्दी की कोई संस्था हो तो मैं काम करना ज़रूर पसन्द करूँगा। जय जी ने तपाक से कहा, हम बना लेते हैं हिन्दी की संस्था। और फिर यहाँ से जय जी, महिपाल वर्मा और नॉटिंघम के अन्य लोगों के साथ हमारा जुड़ाव आरम्भ हो गया।

नॉटिंघम में हिन्दी की संस्था को जय जी ने जन्म देकर नॉटिंघम शहर में हिन्दी का ऐसा बिगुल बजाया जिसे विश्व हिन्दी के इतिहास में स्वर्ण अक्षरों से लिखा जायेगा। इसके बाद तो मैं यदि स्मृतियों में जाऊँ तो पूरी पुस्तक तैयार हो सकती है। पिछले बीस वर्षों में हिन्दी का सफ़र तय किया हम दोनों ने। जय जी और महिपाल जी साथ रूस की यात्रा अत्यन्त अविस्मरणीय रही। हम वहाँ अन्तरराष्ट्रीय हिन्दी सम्मेलन में साथ गये थे। इस यात्रा की उपलब्धि यही रही कि मुझे जय जी की साहित्यिक और काव्यात्मक उपलब्धि का परिचय होना शुरू हुआ।

रूस यात्रा के बाद मुझे जय जी के साथ कवि सम्मेलनों के अलावा अनेक और आयोजनों में साथ काम करने का अवसर प्राप्त हुआ। अनेक संगोष्ठियों और सेमिनार्स का आयोजन हमने यहाँ मिल कर किया। विश्व के अनेक और आयोजनों में साथ भागीदारी करने का अवसर मिला।

जय जी की कविताओं और कहानियों की सरसता और सरलता जैसे उनके व्यक्तित्व का प्रतिबिम्ब है। उन्हें पढ़ते हुए ऐसा लगता है कि हम जय जी से साक्षात् संवाद कर रहे हैं। यह उनके स्वभाव की ही शक्ति है, कि जय जी ऐसा साहित्य रचने में सक्षम हैं जो पाठक से संवाद करता हुआ लेखन है। और मेरे विचार में ऐसे लेखन की आज साहित्य जगत में बहुत कमी सी हो गयी है। ऐसे सरल, सहज और संवाद करने वाले लेखन को रचने की कला जय जी को साहित्य जगत में विशिष्ट पहचान देती है।

जय वर्मा जी की जय हो!

03 अप्रैल, 2020

फ़ेसबुक लाइव

https://www.youtube.com/watch?v=k-gYb2olfqA&t=76s

लॉकडाउन के तहत जो इमरजेंसी लगी हुई है, उसमें हम लोग दिन में एक बार बाहर टहलने जा सकते हैं या फिर जॉगिंग करने जा सकते हैं या फिर कुछ ज़रूरी सामान लेने जा सकते हैं। मैं तो फ़िलहाल पिछले दो हफ़्ते से नहीं निकला था, लेकिन कल शाम को कुछ खुली हवा में बाहर टहलने निकल गया। ऑक्सफ़ोर्ड शहर का यह जो सिटी सेंटर है, यह बहुत चहल-पहल वाला, बहुत रौनक वाला शहर है। यहाँ पर दुनिया भर के विद्यार्थी घूमते रहते हैं। शोर-शराबा बना रहता है। उस एकान्त में जब मैं वहाँ टहल रहा था तो मुझे अचानक से बहुत से लोग याद आये, जिनके साथ मैंने यहाँ पर बहुत अच्छा समय गुज़ारा है और मेरा यह सौभाग्य है कि ऐसे लोगों की मेज़बानी करने का भी कभी अवसर मिला है। यहाँ पर अशोक चक्रधर जी से लेकर मनोज मुंतशिर और न जाने कितने ही लेखक, साहित्यकार और कवियों का सान्निध्य मुझे मिल चुका है। मुझे याद है कि अशोक चक्रधर जी भाग्यश्री के साथ आये थे और उन्होंने यहाँ की गलियों में घूमते-घूमते एक कविता भी सुनाई थी।

'गलियाँ गलियों के अन्दर गलियाँ' अशोक जी की अपनी एक शैली है। यहाँ जो क़लम सिरीज़ हमने शुरू की है तो उसके तत्त्वावधान में गीताश्री जी, लीला धर जगूड़ी जी, इन लोगों के साथ नरेन्द्र कोहली जी, आदि लोगों का साथ मिला, अच्छा समय बीता। इसी प्रकार कई वर्ष पहले प्रदीप सौरभ जी आये थे। उन्होंने किन्नरों के ऊपर अपनी पुस्तक लिखी और बहुत अच्छा आयोजन यहाँ पर हुआ था। पिछले वर्ष अभिज्ञान प्रकाश जी आये थे।

दो वर्ष पूर्व मैं यूँ ही सड़कों पर चल रहा था तो मुझे वह जगह दिखाई दी जहाँ हम सब ने एक साथ खाना खाया था। हिन्दी महोत्सव हुआ था। दो साल पहले जिसमें अरुण माहेश्वरी जी और अनिल शर्मा जी, सरोज जी के साथ आये थे। अदिति जी, कुसुम अंसल जी, इन सब के साथ बहुत अच्छा समय बीता और वह सभी चलचित्र की तरह आजकल मेरे इस एकान्त को महफ़िल के जैसे सजा रहे हैं और मुझे ऐसा भी लग रहा है कि एकान्त अच्छा होता है कई बार, लेकिन जब मैं वहाँ से घर आया तो मुझे ऐसा लगा कि यहाँ ऑक्सफ़ोर्ड में ना कोई चहल है ना कोई पहल है और ना ही कोई अपना महल है। लेकिन आज सोशल मीडिया

के माध्यम से एक-दूसरे से हम जुड़ जा रहे हैं। यह बहुत अच्छी बात है और मुझे अच्छा लग रहा है।

मैं एक बात सोचता हूँ कि एकान्त और अकेलेपन में फ़र्क़ क्या होता है? मैं इस दुविधा में हूँ। एकान्त में मैं हूँ और अच्छा लगता है एकान्त में रहना, इस दौरान हम अपने से कुछ बातें कर सकते हैं। अपने आपका विश्लेषण कर सकते हैं और इन चीज़ों में अच्छा समय बीतता है। लेकिन निश्चित रूप से जो अकेलापन होता है वह ख़ालीपन-सा लगता है। हम रोज़मर्रा की ज़िन्दगी में जब व्यस्त हुआ करते थे तो इस एकान्त की तलाश करते थे लेकिन आज जब एकान्त हमें मिला है तो हम याद कर रहे हैं उन दोस्तों को, हम याद कर रहे हैं वह मिलना-जुलना, वह महफ़िलें और वह व्यस्तता। अक्सर लोग मुझसे पूछते हैं कि भाई! कैसा जीवन चल रहा है तो मैं उनको मुंशी अलीम-उल्ला साहब का यह शेर सुनाता हूँ कि–

'सुबह होती है, शाम होती है, उम्र यूँ ही तमाम होती है' लेकिन आज मैं सुबह बैठे-बैठे सोच रहा था कि यह शेर कितना अनुकूल है इस लॉकडाउन के माहौल में, अगर इस समय कोई हमसे पूछे तो हम यही कहेंगे कि सुबह होती है, शाम होती है उम्र यूँ ही तमाम होती है...

यहाँ मुझे इस अकेलेपन पर अपनी एक छोटी सी पुरानी कविता याद आ रही है–

'त्याग ही मित्रता की पहली शर्त है।
प्रेम ही पूजा का दूसरा अर्थ है।
अकेलापन बहुत बड़ा अभिशाप है
क्योंकि बाँटी न जायें तो खुशियाँ भी व्यर्थ हैं।

आज यह ख़ालीपन, यह एकान्त मैं आप सभी के साथ साझा करने बैठा हूँ। कहीं-कहीं मुझे ऐसा भी लग रहा है जैसे यह एकान्त वरदान साबित हो रहा है। इस सोशल मीडिया के माध्यम से बहुत से भूले-बिछड़े लोग सम्पर्क में आ रहे हैं जिनसे कुछ समय के लिए मैं दूर हो गया था। इसलिए मैं इस अकेलेपन को वरदान समझता हूँ। हालाँकि मैं बहुत कुछ मिस कर रहा हूँ, क्योंकि मार्च के महीने में यहाँ पर साहित्य से सम्बन्धित बड़े कार्यक्रम होने थे। 30 मार्च को यहाँ लन्दन के हाउस ऑफ लॉर्ड्स में एक बड़ा महत्त्वपूर्ण कार्यक्रम होने वाला था, जिसमें दिव्या माथुर जी की श्रेष्ठ कहानियों का विमोचन होना था। जिसका सम्पादन डॉ. कमल किशोर गोयनका जी ने किया है और साथ में शिखा वार्ष्णेय जी की पुस्तक 'देसी चश्मे

से लन्दन डायरी' का लोकार्पण होना था। इस किताब पर मुझे ही बोलना भी था। लॉकडाउन के पहले जब मैंने इस पुस्तक को पढ़ना शुरू किया, जब मैं इसके पन्ने पलट रहा था, इसी बीच यह सूचना मिली कि यह कार्यक्रम रद्द हो गया या यूँ कहिए कि पोस्पोंड हो गया है।

यहीं मुझे गौतम सचदेव जी की याद आती है। गौतम सचदेव जी यहाँ पर ब्रिटेन में हिन्दी के बड़े वरिष्ठ साहित्यकार, व्यंग्यकार, कवि, लेखक, आलोचक थे। अक्सर ऐसा होता था कि हम किसी पुस्तक के विमोचन में या फिर कभी कोई किताब की बात आती थी या फिर किसी के लेखन पर कुछ लिखवाना होता था तो हिन्दी साहित्य का जो समुदाय है, वह गौतम जी की ओर देखता था। मज़े की बात यह है कि यह समुदाय गौतम जी से कुछ लिखवाना चाहता था, कुछ टिप्पणी करवाना चाहता था, लेकिन उनसे घबराता भी था।

यह मेरा सौभाग्य है कि मेरे ऊपर गौतम जी का आशीर्वाद रहा, उनका सान्निध्य रहा और मैंने गौतम जी के ऊपर एक लेख लिखा—समीक्षक और आलोचक। उस लेख के कुछ अंश मैंने निकाले हैं।

"एक समीक्षक और आलोचक की परिस्थिति होती है कि लन्दन के नेहरू केन्द्र में ब्रिटेन के हिन्दी लेखक अक्सर कुछ ऐसी चर्चा करते हुए पाये जाते हैं कि पहला—भाई आपने सुना गौतम जी ने फलाँ लेखक के ग़ज़ल-संग्रह के बारे में क्या कहा? वे कहते हैं कि लेखक की पूरी पुस्तक में एक भी मुकम्मल शेर नहीं है। दूसरा—गौतम जी की क्या बात करते हो उनसे तो कुछ भी पूछना अपने पैर पर कुल्हाड़ी मारने के बराबर है। मैं तो उनसे अपने साहित्य के बारे में बात ही नहीं करता हूँ। तीसरा दूसरे से—लेकिन अभी कुछ दिन पहले तो तुम अपनी नयी कहानी-संग्रह के लोकार्पण में उन्हें (गौतम जी) को वक्ता बनाने की बात कर रहे थे। दूसरा हिचकी लेते हुए—हाँ सोच रहा था, पर कहूँगा नहीं उनका क्या भरोसा दोष निकालने में माहिर हैं वे। वैसे उन्होंने प्रशंसा कर दी तो ब्रिटेन के साहित्य जगत में धाक जम जायेगी।"

वस्तुत: गौतम सचदेव ब्रिटेन में हिन्दी साहित्य के ऐसे हस्ताक्षर हैं जिनसे हिन्दी का हर छोटा-बड़ा लेखक अपने साहित्य पर टिप्पणी चाहता भी है और टिप्पणी से घबराता भी है। कुछ लेखकों ने तो इसका तोड़ भी निकाल लिया है। एक लेखक ने अपनी एक कृति के लोकार्पण में गौतम जी को अध्यक्ष बना दिया जहाँ उनकी भूमिका सिर्फ़ आशीर्वाद देने की थी। मैंने एक बार यूँ ही गौतम जी से बात-बात में

पूछ लिया कि लोग आपसे अपने साहित्य पर बुलवाना भी चाहते हैं, लिखवाना भी चाहते हैं लेकिन घबराते भी हैं। गौतम जी मुस्कुराते हुए बोले, "मैं पहले तो किसी भी ग़लती को आम पाठक की तरह ही पढ़ता हूँ और उसका आनन्द लेता हूँ और जब मुझे इस पर टिप्पणी के लिए कहा जाता है तब मैं उस किताब को दूसरी बार पढ़ता हूँ। आख़िर में जब कुछ लिखने के लिए कहा जाता है तो मैं तीसरी बार पढ़ता हूँ, एक समीक्षक की दृष्टि से। यदि मैं पुस्तक पढ़ने के बाद उसके गुण और दोष को न दिखाऊँ तो यह मेरे सिद्धान्तों के ख़िलाफ़ होगा।"

ऐसे थे डॉ. गौतम सचदेव जी जिनकी याद मुझे आयी जब मैंने शिखा जी की पुस्तक पर बोलने की तैयारी करना शुरू किया था। मैं यह मानता हूँ कि गौतम सचदेव जी और डॉ. सत्येन्द्र श्रीवास्तव जी इन दोनों लेखकों और साहित्यकारों का मेरे ऊपर बहुत आशीर्वाद रहा और मेरा जो भी हिन्दी साहित्य का जीवन है, उसे प्रफुल्लित करने में इन दोनों महानुभावों का बहुत आशीर्वाद और सान्निध्य मुझे प्राप्त रहा है। मैं बहुत आभारी हूँ और अपने को बहुत सौभाग्यशाली मानता हूँ।

इसी सन्दर्भ में मुझे याद आता है सत्येन्द्र श्रीवास्तव जी के साथ एक वाक़या। हुआ यूँ कि बालकवि वैरागी जी नब्बे के दशक में यहाँ आये थे और हमने एक सम्मेलन आयोजित किया था। वैरागी जी मेरे पिता जी के मित्र थे और वे यह जानते नहीं थे कि मैं दाऊजी का पुत्र हूँ और उन दिनों इत्तेफ़ाक़ से मेरे पिता जी लन्दन में ही थे। इस कार्यक्रम का बालकवि वैरागी जी संचालन कर रहे थे जिनका एक तरीक़ा है संचालन करने का, मज़ाक़ करने का। जब उन्हें यह पता चल गया कि मैं दाऊजी का पुत्र हूँ तो उन्होंने मुझसे कहा कि पद्मेश तुम्हारे अन्दर तुम्हारे पिता के बहुत से गुण आये हैं जिसे मैं देख रहा हूँ, लेकिन तुम्हारे अन्दर यदि माँ का एक भी गुण हो तो तुम बहुत सफल हो जाओगे।

उसके बाद मैं बहुत समय तक, बहुत वर्षों तक यह सोचता रहा कि मेरे अन्दर माँ का ऐसा कौन-सा गुण आया है। सत्येन्द्र श्रीवास्तव जी से एक बार बात होने लगी। जब वैरागी जी का यह सन्दर्भ उठने लगा और मैंने उनसे कहा कि भाई यह बताइए कि माँ का कौन-सा गुण ऐसा होता है जो पुत्रों में आता है, जिसकी मैं तलाश कर रहा हूँ कि मुझे मिल जाये। सत्येन्द्र जी ने बड़ी दिलचस्पी से मेरे प्रश्न का उत्तर दिया और वह बोले कि शायद पद्मेश तुम जानते नहीं हो, मैं तुम्हारी माँ से मिल चुका हूँ और बहुत साल पहले तुम्हारे ननिहाल सीतापुर भी गया हूँ। मैंने आश्चर्य

से पूछा कि कैसे? तो वह बोले कि मैं लखनऊ में था और उन दिनों एक शोध कर रहा था। विषय था–स्वतन्त्रता संग्राम सेनानियों के परिवारों से मिलने का और उनकी रिकॉर्डिंग करने का तो उस सिलसिले में मैं तुम्हारे पिता जी से मिला और तुम्हारे ननिहाल भी गया और नानी से भी मिला। मैं तुमसे कह सकता हूँ कि तुम्हारे अन्दर जो तुम्हारी माँ का गुण आया है, वह तुम्हारी मौलिकता है और इस मौलिकता को बरकरार रखना अपनी लेखनी में। यही तुम्हारी माँ का गुण है।

सत्येन्द्र जी मुझे बहुत प्रोत्साहित करते थे। मुझसे हमेशा यह कहते थे कि "लिखो और बहुत लिखो, जितना लिख सकते हो उतना लिखो क्योंकि तुम जितना लिखोगे उतना समाज के लिए बेहतर होगा। उसका कारण यह है कि आज से सौ दो सौ वर्षों के बाद हमारी आने वाली पीढ़ी यह कैसे जान पायेगी कि इस समय हमारा समाज कैसा था, हम लोग कैसे थे और हमारा देश कैसा था। तुम्हारा लेखन ऐसा होगा जो आज की परिस्थितियों को, आज के जीवन को आगे ले जा सकता है।"

सत्येन्द्र जी की इस बात ने मुझे यह विचार दिया कि जब हम हिन्दी के वैश्वीकरण की बात करते हैं तो उसका एक मापदण्ड यह है कि दुनिया में कितने लोग हिन्दी पढ़ रहे हैं और दुनिया में कितने विश्वविद्यालयों में हिन्दी पढ़ाई जा रही है तथा दुनिया में कितने देश हिन्दी बोल रहे हैं।

मेरे विचार में भाषा अगर बनती है तो साहित्य से बनती है और अगर साहित्य नहीं होगा तो भाषा आगे कहाँ से बढ़ पायेगी और उस भाषा में गहराई कहाँ से आयेगी। अत: हिन्दी के वैश्वीकरण के साथ-साथ हिन्दी साहित्य का वैश्वीकरण भी आवश्यक है और जब हम हिन्दी साहित्य के वैश्वीकरण की बात करते हैं तो उसमें मुझे प्रवासी लेखकों का बहुत गहरा और बहुत बड़ा योगदान दिखाई देता है।

उसका कारण यह है कि हिन्दी का जो साहित्य, भारत में लिखा जा रहा है, उसमें भारत की बातें हैं, लेकिन जो भारत के बाहर लिख रहे हैं चाहे वह प्रवासी रचनाकार हैं या भारतीय मूल के लोग हैं, वे लोग सच्चे मायनों में हिन्दी साहित्य का वैश्वीकरण कर रहे हैं क्योंकि हिन्दी साहित्य का विस्तार इस तरह से हो रहा है कि कनाडा, रूस, अमेरिका, अफ़्रीका, दुनिया भर में कहाँ क्या हो रहा है, प्रवासी लेखक वही लिखते हैं। जो जीवन आज हम लोग कोरोनावायरस के चलते लॉकडाउन में जी रहे हैं, हम उसी को लिखते हैं। लिखने की कोशिश कर रहे

हैं। यही प्रवासियों का लेखन है जो हिन्दी साहित्य को मेरी निगाह में वैश्वीकरण प्रदान कर रहा है।

हमारे ब्रिटेन में जिस प्रकार दिव्या माथुर जी, शैल अग्रवाल जी, उषा राजे जी, निखिल कौशिक जी, मोहन राणा जी जैसे न जाने कितने नाम हैं जो लिख रहे हैं और यहाँ की बातें लिख रहे हैं। यहाँ के जीवन के बारे में लिख रहे हैं। इसलिए मैं यह मानता हूँ कि आज से सौ या दो सौ साल बाद जब रूस, कनाडा, अमेरिका, फ्रांस में कोई जानना चाहेगा कि ब्रेक्जिट के दिनों में, कोरोनावायरस में, उनका देश कैसा था। उनका समाज कैसा था, उनके लोग कैसे थे, वह कैसे जीवन जी रहे थे तो उसे हिन्दी पढ़नी होगी। हिन्दी साहित्य पढ़ना होगा। आपको तेजेन्द्र शर्मा की कहानियाँ पढ़नी होंगी। आपको अचला शर्मा की कहानियाँ पढ़नी होंगी। जय वर्मा की कहानियाँ पढ़नी होंगी। यह जानने के लिए कि उस समय हमारा समाज, हमारा देश कैसा था और तब मैं मान लूँगा कि हिन्दी का सच्चा वैश्वीकरण हुआ है।

मैं प्रवासी लॉकडाउन की बात करते हुए प्रवासी लेखन को उससे जोड़ रहा हूँ। दो वर्ष पूर्व अनिल शर्मा जोशी जी ने प्रवासी लेखन के ऊपर एक बड़ी सुन्दर सी पुस्तक लिखी है और उस पुस्तक में आज के विश्व में प्रवासी लेखन के क्षेत्र में जो हो रहा है उसका बहुत सुन्दर और विस्तृत विवरण है। बधाई अनिल शर्मा जोशी जी को।

प्रवासी लेखन के उदाहरण के रूप में अपनी दो कविताएँ यहाँ प्रस्तुत करता हूँ। पहली कविता है 'बर्लिन की दीवार', यह बर्लिन की दीवार कन्हैया लाल नन्दन जी को बहुत पसन्द थी। बर्लिन वॉल का इतिहास, आप जानते हैं कि 1960 का दशक जब यह दीवार खड़ी हुई थी ईस्ट और वेस्ट जर्मनी के विभाजन के दौरान, लेकिन 1990 के दशक में वापस समझौता हुआ और यह दीवार गिरा दी गयी। उस समय की कविता है कि–

बर्लिन दीवार का वह टूटा हुआ पत्थर कल मुझसे बोला
मुझे इतनी घृणा से मत देखो!
मेरे ज़ख़्म, इतिहास के घाव के मरहम हैं;
मैं तो तुम्हारी हर धार, हर चुभन सहने को तैयार था।
तुम मुझे तराश कर ईसा भी बना सकते थे...

यहाँ मैं 'ब्रेक्जिट' कविता की बात करना चाहूँगा। हम जानते हैं, ब्रिटेन एक ऐसा देश रहा है जिसका इतिहास डाइवर्सिटी का रहा है। लोगों को अपने यहाँ पनाह देने का रहा है। आत्मसात करने का रहा है, यहाँ तक कि आपको याद होगा जब ईदी अमीन ने युगांडा से, अफ्रीका से भारतीयों को निकालने का आदेश दिया था, तो ब्रिटेन ही वह देश था जिसने अधिकांश भारतीयों को यहाँ पर कॉमनवेल्थ कंट्रीज के तहत उनको बुलाया और पनाह दी थी। लेकिन ऐसा ब्रिटेन अब यूरोप से बाहर हो गया है। पूरी रात ब्रेक्जिट की गिनती के बाद सुबह 6:00 बजे इसका रिजल्ट आना शुरू हुआ और मैं सुबह 5:00 बजे सोकर जब उठा तो मैंने समाचार में देखा कि रुझान ब्रेक्जिट के फेवर में जा रहा है। और एक पत्रकार हैं जो यह कहते हैं कि 'वी हैव वोकैन अप इन ए डिफरेंट कंट्री!'

वहाँ से इस कविता ने जन्म लिया था जिसे मैं प्रस्तुत कर रहा हूँ कि–

चिड़ियों की चहक में
उत्साह कुछ कम था
सूरज की रोशनी में
प्रकाश कुछ नम था
आज सुबह जब मैं सो कर उठा
पाया, दीवार पर टँगे
मेरे यूरोप के नक़्शे पर कुछ ज़ख़्म था!
तुम्हें उड़ना मना है अब उस पार
कतरे जा रहे थे
मेरी गौरया के पर
मेरे acquirium *के बायें कोने में*
सहमी थी देश-विदेश की मछलियाँ उनका डर!

आज सुबह जब मैं सो कर उठा
लगा जैसे मेरी अंग्रेज़ी माँ
मुझे गोद में लेकर
छोड़ रही है
मेरे फ्रांसीसी पिता का घर!

इस माँ ने, जिसने कभी सिखाया ही नहीं
कि पड़ोसियों के संग रहने में है कोई बुराई
बचपन से खेलता आया मैं
रंग-बिरंगी तितलियों से
अब देखना पड़ेगा
कौन सी अपनी हैं और कौन परायी

आज सुबह जब मैं सो कर उठा
तो टूटा ही नहीं मेरा स्वप्न बल्कि
टूटे मेरे बाग़ की डालियों पर बसे
बरसों के घोंसले
मेरी कलियों की नन्ही-नन्ही पँखुड़ियों के
बड़े-बड़े हौसले,
टूटा मेरी छत पर के ऊपर से मेरा विश्वास
टूटा दुनिया को आलिंगन में लेने वाला इतिहास

आज 24 जून 2016 है!
ऑक्सफ़ोर्ड शहर के अपने घर में
जब मैं सो कर उठा
देख मौसम में ख़ुदगर्ज़ी की हवाएँ
सच बताऊँ हाँ, सच बताऊँ
मैं मुँह ढक कर फिर सो गया
इस आस में
विश्वास में
कि शायद जब दोबारा आँख खुले तो
तारीख़ तो बदले
पर तारीख़ न बदले!
चिड़ियों की चहक का
उल्लास न बदले
सूरज के प्रकाश का

विश्वास न बदले
जब मेरी दोबारा आँख खुले तो
पाऊँ, मेरे यूरोप के नक़्शे का
इतिहास न बदले!

उल्लास न बदले!
विश्वास न बदले!
इतिहास न बदले!

इसी प्रकार बहुत-सी ऐसी घटनाएँ और सन्दर्भ जीवन में आते हैं जब ऐसी रचनाएँ हो जाती हैं लेकिन यह मेरा आग्रह है, अपने यूरोप और यूके के मित्रों से कि इस कविता को राजनीतिक दृष्टि से ना देखें क्योंकि जिन लोगों ने ब्रेक्जिट के फेवर में वोट दिया है, उनका भी अपना पक्ष है और सही पक्ष है। मैं किसी के ख़िलाफ़ या किसी के समर्थन में नहीं हूँ। यह एक कविता के भाव हैं जो मैंने महसूस किया और काव्य के रूप में रख दिया। मैं क्षमा चाहूँगा यदि किसी को इस पर ऐतराज़ हो।

जिस प्रकार से गौतम सचदेव जी, सत्येन्द्र श्रीवास्तव जी का मुझ पर आशीर्वाद और सान्निध्य रहा है। इसी प्रकार मेरे शुरुआती दौर में 90 के दशक में डॉक्टर लक्ष्मीमल्ल सिंघवी जी का भी मेरे जीवन में बहुत आशीर्वाद और योगदान रहा है। उन्होंने आज देश में हिन्दी समाज को हिन्दी भाषा को हिन्दी साहित्य को बहुत प्रोत्साहित किया। सिंघवी जी की अपनी एक अदद शैली ही हुआ करती थी। 1999 में विश्व हिन्दी सम्मेलन का एक वाक़या मुझे याद आता है। विश्व हिन्दी सम्मेलन के दौरान डॉ. सिंघवी जी मंच पर आये और सम्मेलन के जो आयोजक थे उन्हें बधाई और शुभकामनाएँ देने लगे।

वह अपनी डिजाइन की हुई घड़ी लाये थे। सभी महानुभावों को घड़ी प्रदान करने के बाद अन्तिम में मेरा चयन हुआ, चूँकि मैं संयोजक था इसलिए अन्त में उन्होंने मुझे बुलाया।

मैं बायीं तरफ़ से आया और जब दायीं तरफ़ देखा तो उनके जो सेक्रेटरी थे, उन्होंने उधर से इशारा किया कि सारे गिफ्ट सारे तोहफ़े ख़त्म हो गये हैं। सिंघवी जी ने मुझे देखा और बड़े प्रेम से और अपने हाथ की घड़ी उतारकर मेरे हाथ में पहना दी। बोले कि पद्मेश जी आप स्पेशल हैं इसलिए मैं आपको यह घड़ी दे रहा हूँ। यह उनका तरीक़ा था प्रोत्साहन देने का और प्रोत्साहित करने का।

मुझे ऐसा लगा कि जैसे सिंघवी जी मुझे घड़ी दे रहे हैं और यह कह रहे हैं कि यह समय तुम्हें दे रहा हूँ और इस समय को साथ में रखो। समय के साथ आगे बढ़ो और हिन्दी को आगे बढ़ाओ। इस आशीर्वाद के साथ मैं आज सिंघवी जी को याद करता हूँ। मुझे याद है, 2007 में विश्व हिन्दी सम्मेलन के दौरान न्यूयॉर्क में उनसे मेरी आख़िरी मुलाक़ात हुई थी।

उन्होंने मुहिम चलायी दोहरी नागरिकता की, विश्व में जितने भी भारतवंशी हैं उन्हें दोहरी नागरिकता मिले। जिससे वह भी अपने को भारतीयता से जोड़ सकें। यह बहुत उच्च विचार था लेकिन जो यह मुहिम चली, यह बात दोहरी नागरिकता तक पहुँच नहीं पायी। इस भाव को लेकर मेरी एक कविता है जो मैं प्रस्तुत करता हूँ–

एक नये स्वप्न में जी रहे हैं
आजकल कृष्ण,
किसी ने उनसे कहा है
कि वे अब
दोनों के साथ रह सकते हैं,
यशोदा के भी और देवकी के भी!
नहीं देना पड़ेगा
अब उन्हें तौल कर
इस प्रश्न का उत्तर
कि वे किससे अधिक प्रेम करते हैं
यशोदा से, या फिर देवकी से!
उतारना चाहते हैं वे कोख का क़र्ज़
निभाना चाहते हैं कुछ फ़र्ज़
देवकी के गाँव पर
बिना छोड़े हुए
यशोदा की अँगुली
जिसे पकड़ कर
आज खड़े हैं वे
अपने पाँव पर।
मुक्त हो जायेंगे अब वे

तन और मन
के बँटवारे से,
नहीं उठेंगे अब
उनकी निष्ठा पर कोई सवाल,
नहीं कहलाये जायेंगे
वे अपनों के बीच पराये,
सिर्फ़ भाव, शब्द या इतिहास ही नहीं
दे सकेंगे वे
कुछ अधिकार भी
जन्मभूमि के
विरासत में,
चल सकेंगे
थाम कर
दोनों माँओं
के हाथ
अब कृष्ण।

एक नये स्वप्न में
दोहरी नागरिकता के
जी रहे हैं आज
विश्व के कोने कोने में
फैले हुए
भारत के कृष्ण।

आज विश्व के कोने-कोने में फैले हुए भारत के कृष्ण की दोहरी नागरिकता के लिए है समर्पित यह कविता।

एक और बात इस एकान्त और कठिन समय की मुझे दिख रही है, जिसे सोशल मीडिया के माध्यम से हम लोग हराने की कोशिश कर रहे हैं। जो यह सोशल मीडिया है, फ़ेसबुक है, जूम वग़ैरह हैं, इससे हम काम कर रहे हैं। हमारा अभ्यास हो रहा है, एक-दूसरे से बात करने का वरना सोचिए यदि यह सोशल मीडिया ना होता तो हमारा अभ्यास कैसे होता?

यदि ये न होता तो हम किसी का साक्षात्कार कर ही नहीं सकते इस लॉकडाउन में। हालाँकि जो लोग परिवार के साथ हैं, उनसे आप बात कर सकते हैं लेकिन सोशल मीडिया का एक बहुत बड़ा योगदान है कि आप दूर-दराज के लोगों से भी बात कर सकते हैं। इससे मुझे एक पौराणिक कथा याद आती है कि एक बार इन्द्र ने किसी बात से नाराज़ होकर कहा कि अगले 12 वर्षों तक बारिश नहीं होगी। प्रकृति को श्राप दिया और फिर उन्होंने देखा कि किसान अपने बेटे के साथ रोज़ खेतों में जा रहा है और हल चला रहा है, खेतों को जोत रहा है। कुछ समय तक इन्द्र ने उस किसान को देखा और उनसे फिर रहा नहीं गया। वे पृथ्वी पर आये और उस किसान से पूछा कि तुम्हें आकाशवाणी नहीं सुनाई थी। तुम नहीं जानते कि 12 वर्षों तक बारिश नहीं होने वाली है। फिर भी तुम हल चलाये जा रहे हो, बच्चे को भी उस धूप में मेहनत कराये जा रहे हो, इसका क्या कारण है?

उस किसान ने सामने से उत्तर दिया कि इन्द्र भगवान, मैं जानता हूँ कि 12 वर्षों तक बारिश नहीं होगी। यदि मैं 12 वर्षों तक घर पर बैठ गया और हल नहीं चलाऊँगा, खेत नहीं जोतूँगा तो मैं और मेरा पुत्र अगले 12 वर्षों में फल उगाने का, अपनी किसानी का कौशल ही भूल जायेंगे, खेत जोतने का कौशल ही भूल जायेंगे। इन्द्र भगवान सोच में डूब गये और उन्होंने कहा, बात तो सही कह रहा है, कहीं ऐसा ना हो कि 12 वर्षों में मैं पानी बरसाने का कौशल ही न भूल जाऊँ, तब उन्होंने अपना श्राप वापस ले लिया और वर्षा हो गयी।

कहने का तात्पर्य है कोरोना काल के दौरान भी हम जो काम कर रहे हैं वह करते रहें। इस उम्मीद के साथ कि जल्द ही यह कोरोना काल ख़त्म होगा और हम लोग वापस आम जीवन में पहुँच सकेंगे।

इन सभी बातों के साथ आपको कोरोना काल में शुभकामनाएँ देता हूँ, इस विश्वास से कि इस काल को आप रचनाकाल बनायें, इसे चित्रकाल बनायें, साहित्य काल बनायें और यही इस एकान्त की सबसे बड़ी उपलब्धि होगी।

अन्त करता हूँ मैं अपनी बात से वाणी प्रकाशन को, समर्पित करते हुए अपने यहाँ एक छोटी सी कविता जो मैंने प्रवासी पुत्र के पेज पर भी लगायी है। मैंने यह कविता अरुण माहेश्वरी जी को, प्रकाशकों को समर्पित की थी। मैं मानता हूँ प्रकाशक अगर दुनिया में ना होते तो सात्विक साहित्य ना होता और कोई इतिहास ना होता।

कविता कुछ इस प्रकार है कि–

पर्वत के उस हिस्से पर जहाँ हमारे पाँव ठहर गये थे
तुम्हारे स्पर्श से पिघल कर समन्दर हो गया
और मैं ग्लेशियर होने से बच गया...

नवम्बर, 2020

विश्वरंग यू.के. समापन भाषण

बहुत आभार अन्तरीपा जी, आपको ही विशेष आभार देता हूँ, क्योंकि लगता है कि आपके बिना पूरा विश्वरंग बिना मेरे परिचय के ही निकल जाता! आभार मीरा कौशिक जी आपका मुझे विनम्र शब्दों में श्रेय देने के लिए, और विश्वरंग यू.के. को अपना सक्रिय नेतृत्व प्रदान करने के लिए।

जब भी इस तरह के आयोजन होते हैं, एक बहुत बड़ी टीम काम करती है। कुछ लोग जो स्टेज पर सामने होते हैं, ऑडियंस की तालियों से हर्षित होते ही हैं, लेकिन एक वो टीम जो परदे के पीछे काम करती है, सच्चे मायने में जितनी गहराई से हर्षित होती है, उल्लसित होती है; उसका आकलन करना मुश्किल होता है; और मैं आज उसी उल्लास को मनोज त्रिपाठी जी और निखिल देशमुख जी की आँखों में जैसे देख रहा हूँ जो इस वैश्विक महायज्ञ के क्रिएटिव हेड्स हैं, मैं महसूस कर सकता हूँ गर्व लीलाधर मण्डलोई जी, सिद्धार्थ चतुर्वेदी, अदिति चतुर्वेदी जी के अन्तर्मन का जिन्होंने सारे विश्व के आयोजकों को टेक सपोर्ट प्रदान किया।

मैं अपने हृदय में उस चैन की साँस को पढ़ सकता हूँ जो हमारे विशेष सहयोगी सुचिंत मण्डलोई इस समय ले रहे होंगे, जो हमारी सारी रिकॉर्डिंग को एडिट और अपलोड करते रहे। मैं हर्ष और उल्लास का उत्सव देख रहा हूँ अरविन्द चतुर्वेदी जी के चेहरे पर, गर्व की पंक्तियाँ पढ़ रहा हूँ पूरे विश्वरंग भारत सेक्रेटरिएट के समस्त सदस्यों के चेहरे पर।

हमारी वातायन संस्था के समस्त सदस्यों के प्रति आभार, दिव्या माथुर जी ने अपने जीवन में नेहरू केन्द्र लन्दन में प्रोग्राम डायरेक्टर के रूप में जो लम्बा और सशक्त अनुभव प्राप्त किया, उसका पूरा लाभ उठाते हुए विश्वरंग यू.के. के आयोजन का एडमिन डेस्क सँभाला, अन्तरीपा जी–ब्रिटेन की मुख्यधारा में होने वाले दीवाली फ़ेस्टिवल ऑफ़ लाइट्स में व्यस्त होने के बावजूद, हमारे सेशंस के पोस्टर तैयार करती रहीं।

मेरा आभार यू.के. हिन्दी समिति को, सुरेखा जी और टीम जिनका मनोबल हमें शक्ति और प्रोत्साहन प्रदान करता रहा। सोआस, लन्दन यूनिवर्सिटी और कैम्ब्रिज यूनिवर्सिटी, ऐश्वर्य कुमार, तरुण कुमार HCI, की प्रतिभागिता...भारतीय विद्या भवन (डॉ. नन्द कुमार), सांसद वीरेन्द्र शर्मा के सन्देशों से हमारे आयोजन की गरिमा बढ़ी।

यहाँ मुझे राम गोविन्द जी का यह शेर याद आता है, 'कारनामे दूसरों के सर रहे, हम तो बस नींव का पत्थर रहे'। तो यह जो वैश्विक स्तर के इस वृहद् आयोजन की नींव वैश्विक हिन्दी परिवार (अनिल शर्मा जोशी जी) ने इस वर्ष मार्च में तैयार कर दी थी। अनिल शर्मा जोशी जी ने, ऑस्ट्रेलिया से रेखा राजवंशी जी, सिंगापुर से शार्दूला जी, संध्या जी, कनाडा से शैलजा सक्सेना जी, त्रिनिदाद से आशा मोर जी, नीदरलैंड से रमा तक्षक जी और अमेरिका से अनूप भार्गव जी को हम लोगों से और वातायन से जोड़ दिया था।

इसका लाभ यह हुआ कि जब अन्तरराष्ट्रीय विश्वरंग की तैयारियाँ शुरू हुई, हम सब एक-दूसरे को जान चुके थे, मित्र बन चुके थे, एक-दूसरे से हाथ में हाथ मिला कर, असीम अपनत्व की भावना के रथ पर सवार, आत्मीयता से ओतप्रोत, हँसते-खेलते उल्लास भरे वातावरण में बिना संकोच, बड़ी सहजता के साथ काम करते रहे और एक-दूसरे को प्रोत्साहित करते रहे। अनूप भार्गव जी हम सबको विश्वरंग से जोड़ने में सूत्रधार बने। अपने कम्प्यूटर ज्ञान से सबका मार्ग दर्शन करते रहे।

साथ ही यह बताना चाहूँगा कि हमारे वैश्विक हिन्दी परिवार के ह्वाट्स एप ग्रुप, वाट्सएप पटल पर विश्वरंग का प्रचार और टिप्पणियों-प्रतिक्रियाओं ने महत्त्वपूर्ण भूमिका निभायी, वहाँ से आयोजनों की जानकारी दूसरे पटलों पर जाती रही और इस पूरे महायज्ञ में विश्वरंग में हमें यह सुनहरा अवसर प्रदान करने के लिए डॉ. सन्तोष चौबे जी को जितना भी धन्यवाद दिया जाये, कम है; सन्तोष जी ने एक स्वप्न देखा, उसे उद्देश्य बनाया और फिर लक्ष्य तक पहुँचाया। एक अद्भुत व्यक्तित्व, कला और संस्कृति के साथ बेहतरीन मैनेजमेंट लीडर के नेतृत्व में काम करने से हमें आत्मिक, आध्यात्मिक, सृजनात्मक, रचनात्मक हर रूप में बहुत कुछ सीखने को मिला।

नरेन्द्र मोदी जी का एक नारा है : 'सबका साथ, सबका विकास' और सन्तोष चौबे जी के इस वैश्विक कार्य को अंजाम देते हुए जो नारा महसूस हो रहा ही वो यही है : विश्वरंग, विश्व संग!!!

इस संग इस साथ के ज़रिये हाथ में हाथ डाल विश्व के एक कोने से दूसरे कोने तक विश्वरंग की मशालयात्रा जारी रहे। एक अद्‌भुत अभूतपूर्व प्रयास को साधुवाद! जो ऊर्जा सन्तोष जी ने हम सबको ट्रान्सफ़र की, उससे समापन के बाद भी मुझे थका हारा नहीं, थका जीता का अहसास हो रहा है।

अन्त में सन्तोष जी आपको मैं यू.के. से यही सन्देश, पूरे अधिकार के साथ देता हूँ कि 'Your vision is our mission' इस कोरोना काल में सन्तोष जी और अरविन्द जी, आपने जैसे हम सब के घरों में कला, साहित्य और संगीत के माध्यम से, अध्यात्म के दीप जला दिये। मुझे हमेशा लगता है कि ऐसे आयोजनों से हमारी आध्यात्मिक एक्सरसाइज होती है, जिससे हमारा मानसिक विकास होता है। और जब आध्यात्मिक अभ्यास से मानसिक विकास हो तो स्वाभाविक है हमें आत्मिक उल्लास मिलता है। जिसके लिए पूरा विश्व मैं समझता हूँ कि आपका कृतज्ञ हो रहा है।

इस आयोजन का एक और बड़ा महत्त्व यह भी रहा कि जब ऐसे या विश्व हिन्दी सम्मेलन जैसे आयोजन होते हैं तो वहाँ किसी भी देश से दो-चार लोग ही पहुँच पाते हैं। परन्तु इन वर्चुअल गोष्ठियों के माध्यम से ब्रिटेन और विश्व के अनेक लोगों को विश्वरंग के मंच पर आने का सौभाग्य मिला।

अन्त में अपने सभी प्रतिनिधियों जिन्होंने विश्वरंग में यू.के. के मंच पर लेखन और प्रतिभाओं, उसके अंशो को प्रस्तुत करने मे अपना सहयोग प्रदान किया और एक प्रकार से यू.के. में हिन्दी को 'शो केस' किया, के प्रति आभार में यही कहता हूँ।

हर चेहरे में अपने पसन्द की सूरत नहीं होती
हर तराशे पत्थर में प्रभु की मूरत नहीं होती
भावों को समझने की शक्ति हो जिनमें
उन दोस्तों को शब्दों की ज़रूरत नहीं होती।

और आप सभी लोगों से कहना चाहता हूँ कि यह विश्वरंग यू.के. का समापन सत्र अवश्य है, लेकिन विश्वरंग अभी ख़त्म नहीं हुआ है, हम सबको इसी प्रकार से जुड़ना है, विश्वरंग भारत के मुख्य आयोजनों से जो 20 से 29 नवम्बर को आयोजित होंगे। मन तो यह हो रहा है कि हम सब 20 को भोपाल पहुँच जायें और टैगोर विश्वविद्यालय के अपने विश्वरंग परिवार के सदस्यों का हाथ बँटायें और इस महा महोत्सव में सम्मिलित हों।

दीपावली की शुभकामनाओं के साथ आप सबका हमारे साथ जुड़ने के लिए और प्रोत्साहित करने के लिए विनम्र आभार, धन्यवाद!

अप्रैल, 2021

ईमानदार लेखन के प्रेरणास्त्रोत : श्री नरेन्द्र कोहली

नरेन्द्र कोहली जी के निधन से उन लाखों-करोड़ों पाठकों को तो दुख पहुँचा ही है, जो उनके प्रशंसक थे, परन्तु जो लोग उन्हें व्यक्तिगत रूप से जानते थे, उन्हें स्वाभाविक रूप से अधिक दुख पहुँचा है। मुझे उन्हें व्यक्तिगत रूप से जानने और समझने का सौभाग्य मिला। नरेन्द्र कोहली जी दो बातों के लिए जाने जाते थे, एक पौराणिक कथाओं के लेखक, विशेषज्ञ और दूसरी अपनी स्पष्टवादिता के लिए। उनका सान्निध्य मुझे वैसे तो **कई बार** प्राप्त हुआ है, 2002-3 में वे लन्दन आये थे, त्रिनिदाद और मॉरीशस सम्मेलन में साथ रहे, दिल्ली में अनेक कार्यक्रमों में भी मिलते रहे, अक्षरम के एक आयोजन में नरेन्द्र जी ने मेरी कहानी 'डेड एंड' पर वक्तव्य भी दिया था; परन्तु जब दो वर्ष पूर्व, मार्च, 2019 में वह हमारे निमन्त्रण पर क़लम के कार्यक्रम में इंग्लैंड आये थे, तो मेरे ही निवास पर ठहरे थे। उनके साथ तीन-चार दिन बिताने का सुअवसर मिला, और मेरी दृष्टि में उनकी दोनों ही छवियाँ बदल गयीं।

मैंने पाया कि स्पष्टवादिता में कितना प्रेम और आत्मीयता है। मुझे वह कविता याद आयी जो मेरे पिता जी मुझे मेरे बचपन में सुनाया करते थे–'हृदय सदैव समीप है जिसके दूर वही हो जाता है, क्रोध उसी पर आता है जिससे अपना कुछ नाता है!'

उन तीन-चार दिनों में मेरे साथ उनकी आत्मीयता इतनी बढ़ गयी कि उन्होंने अपने जीवन के कुछ ऐसे अनुभव और संघर्ष मेरे साथ साझा किये। यह कहते हुए कि न उन्होंने इसके बारे में कहीं लिखा है और ना ही सार्वजनिक रूप से बताया है।

उनका जन्म अविभाजित भारत में हुआ था, जो अब पाकिस्तान है और विभाजन के समय, किस प्रकार से किन परिस्थितियों में वे भारत आये। जिस बस या ट्रक में उनका पर वार आने वाला था परन्तु किन्हीं कारण से उसमें उन लोगों को जगह नहीं मिली, उन्हें दूसरी बस लेनी पड़ी, और शायद रास्ते में उन लोगों को पता चला कि उस पूरी बस के लोगों को मार-काट दिया गया। मैंने उनसे कहा कि आप अपने यह अनुभव लिखते क्यों नहीं हैं, हमारी पीढ़ी और आने वाली पीढ़ी के लिए आपको

लिखना चाहिए, उन्होंने मुझे आश्वासन दिया कि वे अवश्य लिखेंगे। विभाजन के प्रति उनके अन्दर के आक्रोश को मैं जान पाया।

दूसरी बात जिसके लिए वे जाने जाते हैं, पौराणिक कथाओं के लेखक के रूप में, तो मैं बताना चाहता हूँ कि, जो पुस्तक नरेन्द्र कोहली जी लन्दन लेकर आये थे, वह है 'सागर मन्थन'। 'सागर मन्थन' पूर्णतः अत्यन्त आधुनिक उपन्यास है और आज विश्व में बदलते सांस्कृतिक परिवेश के ऊपर नरेन्द्र कोहली जी के अनुभव पर आधारित है। मेरी उस पर भी नरेन्द्र जी से बड़ी आत्मीय चर्चा हुई। पहले ही दिन जब 'सागर मन्थन' मेरे हाथ लगी, मैंने उसे पढ़ डाला और नरेन्द्र जी को थोड़ा जानने के बाद उनसे पूछा कि इस उपन्यास में बहू का जो पात्र है, यदि अन्त की तरफ़ आते-आते ससुर को पता लगता कि वह बहू, नाम से तो अमेरिकन है परन्तु मूलतः पाकिस्तानी है तो भी क्या उपन्यास का यही अन्त होता? तो वो हसने लगे, बोले, 'नहीं, यदि तो तुम ऐसा समझते हो तो तुम लिखो।' मैंने उनसे मज़ाक़ में कहा कि, मैं आपके इस उपन्यास से इतना प्रभावित हूँ कि इसकी पटकथा से खेलना चाहता हूँ और आपकी ही विचारधारा के अनुरूप बहू के किरदार को पाकिस्तानी मूल का बनाना चाहता हूँ, और यदि आप मुझे इस उपन्यास का वर्ड फॉर्मेट भेजें तो मुझे बदलने में आसानी हो जायेगी।

भारत लौटते ही नरेन्द्र जी ने 'सागर मन्थन' की वर्ड फ़ाइल मुझे भेज दी। फिर उन्होंने मुझे फ़ोन किया कि यदि ईमेल मिल गया और कहा जब उनके उपन्यास पर मैं काम कर लूँ तो उन्हें अवश्य बताऊँ।

यह सारी बातें अधूरी रह गयी क्योंकि नरेन्द्र जी आकस्मात हमें छोड़ कर चले गये और ईमानदार लेखन का सन्देश दे गये। मैंने सीखा कि एक बड़ा लेखन करने के लिए, लेखन की मौलिकता और रचनात्मकता कितनी महत्त्वपूर्ण है जो सिर्फ़ लेखन के प्रति ईमानदारी से ही आ सकती है।

सन् 2021

निशंक जी का सक्रिय संरक्षण, साहित्यिक और वैचारिक मार्गदर्शन विश्व इतिहास में स्वर्णिम अक्षरों से लिखा जायेगा!

रमेश पोखरियाल 'निशंक' जी एक अत्यन्त सफल राजनेता हैं, लोकप्रिय समाज सेवी हैं, जनप्रिय कवि हैं और साहित्य की अनेक विधाओं में कुशल लेखन के

माध्यम से, भारत ही नहीं अपितु वैश्विक साहित्यिक मंच पर एक यशस्वी प्रतिष्ठित साहित्यकार के रूप में अपना विशेष स्थान रखते हैं।

जब हम किसी भी व्यक्ति विशेष की चर्चा करते हैं, उसके कार्यों का मूल्यांकन करते हैं फिर कार्यानुसार, किसी मापदण्ड पर तौल, परखकर, उस कार्य से जुड़े क्षेत्र में 'विशेष' होने का दर्जा प्रदान करते हैं। मेरी दृष्टि में यदि पूरे वैश्विक परिदृश्य का अध्ययन किया जाये तो सम्भवतः निशंक जी जैसी बहुमुखी प्रतिभा का इतना धनी व्यक्ति, बहुत ढूँढ़ने पर गिनाचुना ही मिलेगा।

हिन्दी के श्रेष्ठ कवि पण्डित रमानाथ अवस्थी जी की पंक्तियाँ हैं, "पाप किया, पुण्य किया, जो भी किया मन से किया।" सम्भवतः निशंक जी की सफलता का यही राज़ है कि वे जीवन में जो भी करते हैं, मन से करते हैं, पूरी लगन, निष्ठा, प्रतिबद्धता और ईमानदारी के साथ करते हैं। आपके व्यक्तित्व के इस पक्ष को मैंने जितना भी जाना और समझा है, पूरे अधिकार के साथ कहता हूँ कि ऐसे लोग लाखों, करोड़ों में, एक होते हैं।

निशंक जी से मेरी पहली मुलाक़ात सन् 2000 के आसपास लखनऊ के राजभवन में आयोजित एक हिन्दी के कार्यक्रम में हुई थी। मैं जब भी लखनऊ में होता हूँ, यदि शहर में कोई साहित्यिक कार्यक्रम रहता है, अक्सर मेरे पिता डॉ. दाऊजी, मुझे साथ उस आयोजन में ले जाते हैं। श्री विष्णुकान्त शास्त्री जी उस समय उत्तर प्रदेश के गवर्नर थे, श्री केशरीनाथ त्रिपाठी जी उत्तर प्रदेश विधानसभा के अध्यक्ष एवं मेरे पिता जी उत्तर प्रदेश विधान परिषद् के सदस्य थे। लखनऊ के राजभवन में आयोजित उस कार्यक्रम में, मुझे आज भी याद है कि निशंक जी से मुझे त्रिपाठी जी ने मिलवाया था और कहा था कि 'आप दोनों युवा हो, हिन्दी के प्रति समर्पित हो इसलिए मैं मिलवा रहा हूँ।' मुझे याद है कि इस आयोजन में निशंक जी के साथ ही मैं बैठा था और हम दोनों के बीच कुछ आत्मीय वार्तालाप भी हुई। इसके बाद निशंक से मेरी संक्षिप्त मुलाक़ात यदाकदा लखनऊ या दिल्ली के किसी आयोजन में हो जाती परन्तु कोई विशेष सम्पर्क नहीं रहा। हाँ, अवसर मिलने पर मैं निशंक जी को पढ़ता अवश्य रहा और एक पाठक के रूप में उनका प्रशंसक भी रहा। परन्तु पिछले वर्ष सन् 2020 में, कारोना काल के दौरान, एक वेब संगोष्ठी में निशंक जी से नमस्कार करने पर, निशंक जी क़रीब 7-8 मिनट तक मुझसे मुख़ातिब होते हुए मेरे विषय में बोलते रहे और उन्होंने लन्दन के मेरे कार्यों के विषय में कई जानकारियों को भी साझा किया। मैं निशंक जी की स्मृति और उनके वक्तव्य से

अचम्भित रह गया। भारत में, इतने शीर्ष पद पर होते हुए, मेरे जैसे हिन्दी के एक प्रवासी कार्यकर्ता के प्रति इतना प्रेम और आदर का भाव रखना, मुझे याद रखना, यह कोई आम बात नहीं है। निशंक जी की यही विशेषता उन्हें दुनिया भर के अनेक नेताओं और लेखकों से विशिष्ट बनाती है, वन्दनीय बनाती है।

आपका यही चरित्र आपकी अपनी ही इस रचना में मिलता है :

आते जाते लोग अनेकों,
कुछ दिल में बस जाते हैं।
लाख भुलाने पर यह भी,
याद सतत ही आते हैं।
लघु जीवन के लम्बे पथ में,
कुछ राही मिल जाते हैं।
जिनको हम पथ से मंज़िल तक,
साथ-साथ ही पाते हैं।

अक्सर यह कहावत सच पायी जाती है कि 'कथनी और करनी में फ़र्क़', परन्तु निशंक जी के लिए नहीं! निशंक जी ने अपने एक कविता-संग्रह को नाम दिया है–'तुम भी मेरे साथ चलो', और निशंक जी के साथ मेरे अनुभव यही कहते हैं कि निशंक जी सिर्फ़ कहते ही नहीं, करते हैं और लोगों को साथ लेकर चलना जानते हैं।

मुझे अपने जीवन में अनेक बड़े लेखकों को व्यक्तिगत रूप से जानने का अवसर मिला है, उनका सान्निध्य मिला है। परन्तु उनके व्यक्तित्व और चरित्र को मैंने उनके लिखे भाव, संवेदना और उपदेशों से कहीं विपरीत पाया तो कहीं उनमें समानता ढूँढ़ने में संघर्ष करता रह गया। परन्तु निशंक जी के अपने लेखन में रचित विचार और संवेदना, उनके अपने चरित्र और व्यक्तित्व की कसौटी पर पूर्णतः खरी उतरती है, वह भी राजनीति में होने के बावजूद! इसे उनके व्यक्तित्व को ईश्वर का वरदान कहा जाये या उनकी अपनी साधना और तपस्या?

निशंक जी की यही साधना उनकी प्रतिबद्धता से परिचय कराती है, और इन पंक्तियों में साफ़ झलकती है–

मैं,
जानता हूँ
वर्षों की मेरी साधना

सौगन्ध तेरी खा रहा हूँ।
कि–
अब तुम्हारी कामना,
मैं–
पूर्ण करने जा रहा हूँ।

निशंक जी अपनी एक कविता में नयी पीढ़ी के भविष्य का स्वप्न देखते हैं–

यह अंकुर है अभी,
कल हरा पौधा होगा।
पत्ती होंगी फूल खिलेंगे,
फल भरा पौधा होगा।
एक दिन वटवृक्ष बनकर,
छाया सभी को दे सकेगा।
फूल-फल अनगिन रहेंगे,
भटका पथिक भी ले सकेगा।

सम्भवत: यही कारण है कि भारत सरकार में, शिक्षा मन्त्री का पद ग्रहण करने के उपरान्त, निशंक जी ने भारत में नयी शिक्षा नीति को कार्यान्वित कर भारत की भविष्य की पीढ़ियों के लिए नये सशक्त द्वार खोल दिये हैं, भारत के स्वर्णिम भविष्य का आगाज़ किया है।

अब शिक्षा बच्चों के लिए बोझ नहीं रहेगी बल्कि उन्हें उनकी रुचि के अनुसार पढ़ाया जायेगा। उनकी अपनी पसन्द की भाषा में, अपनी पसन्द के विषय में शिक्षा लेने की सुविधा की हम सब ने कभी परिकल्पना भी नहीं की, ऐसी वृहद् सोच को कार्यान्वित करने वाले निशंक जी की दूरदर्शिता, निश्चित रूप से अत्यन्त प्रशंसनीय है। एक महत्त्वपूर्ण और उल्लेखनीय बात यह भी है कि भारत की इस नयी शिक्षा नीति से विश्व के अनेक देश प्रेरणा ले रहे हैं।

नयी शिक्षा नीति विद्यार्थियों के लिए एक ऐसा उद्‌देश्य ले कर सामने आयी है, जिससे उनकी सोच और रचनात्मकता को शक्ति मिल सके और उसकी क्षमता में बढोतरी हो सके। इसका मूल उद्‌देश्य ही यही है कि भारत एक नयी कुशल और योग्य पीढ़ी को तैयार करने जा रहता है। इस नयी शिक्षा नीति में स्कूल स्तर के साथ-साथ उच्च शिक्षा की व्यवस्था में भी अनेक बदलाव सम्मिलित हैं।

व्यवस्था बदलने की बात तो बहुत लोग करते हैं, परन्तु उस बदलाव के लिए क़दम बढ़ाना, एक अत्यन्त दुर्लभ व्यक्तित्व को दर्शाता है।

निशंक जी के इस क़दम के पीछे उनकी अपनी संवेदना झलकती है उनकी इन पंक्तियों में–

अभिलाषा लिए हृदय में
विद्रोह उठा है अब मन में।
गूँगा इतिहास जो बाँझ व्यवस्था
वही बदलती है क्षण में।

आज जब किसी भी बुद्धिजीवी वर्ग में राजनीति का विषय उठता है तो उसे अच्छी निगाह से नहीं देखा जाता है। स्वार्थ, लोभ, हिंसा और माया का पर्यायवाची ही माना जाता है। निशंक जी के साहित्य का यह अत्यन्त विशाल स्वरूप रहा है कि आप ने समाज के प्रति अपनी संवेदनात्मक अभिव्यक्ति को अपने लेखन में बख़ूबी उतरा है। राजनीति में रहते हुए, निस्संकोच आज के समाज की विसंगतियों को बेबाक़ी से लिखा है, पीड़ा को साझा किया है।

मन करता है, कि यहाँ से
कहीं दूर
बहुत दूर चला जाना चाहिए।
किन्तु शर्त यह है कि
वहाँ
स्वार्थों में जकड़ा,
माया को पकड़ा
हिंसा का पूजक
दानव सूचक
आदमी कहलाने वाला
आज का यह आदमी नहीं होना चाहिए।

परन्तु एक क्रान्तिकारी चरित्र की भाँति, निडर नागरिक की तरह, स्वाभिमान और पूरे आत्म विश्वास के साथ, समाज की विसंगतियों को महसूस करते हुए उससे लड़ने का प्रण लेते हैं और लोगों को प्रेरणा देते हुए लिखते हैं :

हे निशंक! सुन लो चुनौती,
राह में न क्षणिक रुकना।
भयभीत विपदा हो मगर
तुम कभी न तनिक झुकना।

और संकल्प लेते हैं–

इन्सान सोया,
सुधबुध को खोया।
उसे ही उठाने तो, मैं जा रहा हूँ,
ठोकर मैं दर-दर की खा रहा हूँ।
पर बाधा को तोड़े बढ़ा जा रहा हूँ।

निशंक जी की जन्म और कर्म भूमि उत्तराखण्ड है अत: उनकी रचनाओं में हिमालय भूमि के संस्कार कविताओं में प्रतीक बन कर पाठकों को बहुत आकर्षित हैं।

हिमालय की विशालता, गंगा का प्रवाह, देव भूमि की सांस्कारिक जड़ों में रचा बसा निशंक जी का व्यक्तित्व, चरित्र, जीवन और लेखन अद्भुत भेंट है हमारे वर्तमान समाज को।

हिम के शिखर से बहता,
यह आ रहा है कहता।

भूलना न यह क्षण
क्षणिक विमुख न होना।
दुश्मन के हाथ दे कर,
तनिक न लाज खोना।
वह पूत है धरा का,
जो मृत्यु तक भी सहता।
हिम के शिखर से बहता,
यह आ रहा है कहता।

निशंक जी के लेखन में इतना विस्तार भी देखने को मिलता है कि उन्हें किसी एक शैली या विचार में बाँधा नहीं जा सकता। साहित्य में एक चिन्तक और विचारक

का दृष्टिकोण उन्हें एक अत्यन्त श्रेष्ठ बुद्धिजीवी की श्रेणी की अग्रिम पंक्ति में साफ़ देखा जा सकता है।

सिर्फ़ अपने लेखन के माध्यम से ही नहीं अपितु अपने कर्म, कार्यों से आज विश्व में निशंक जी का नाम बहुत गौरव और सम्मान के साथ लिया जाता है। भारतीय भाषा के साहित्यकारों की बात हो या भारतीय साहित्य के संग्रहालयों की, नयी पीढ़ी को शिक्षा के माध्यम से भारत के स्वर्णिम भविष्य की चिन्ता हो या प्रवासी भारतीयों में भारतीय संस्कृति, साहित्य, भाषा और संस्कार के प्रचार के माध्यम से भारतीय डायस्पोरा की योग्य और समृद्ध पीढ़ी को भारत से जोड़ने का अभिनव प्रयास, निशंक जी का सक्रिय संरक्षण और मार्गदर्शन विश्व इतिहास में स्वर्णिम अक्षरों से लिखा जायेगा। वैश्विक परिदृश्य को अपने संवेदनशील लेखन और क्रान्तिकारी कार्यों में समाहित करने के लिए निशंक जी को हार्दिक नमन!

सन् 2021

ब्रिटेन में हिन्दी कविता के तीन दशक

मैं 1985 के वर्ष में विद्यार्थी के रूप में यूरोप आया था परन्तु ब्रिटेन में मेरी हिन्दी यात्रा आरम्भ हुई, 1990 में जब मैं लन्दन के कुछ हिन्दी अध्यापकों और लेखकों के सम्पर्क में आया। मैं इस लेख में उन लोगों के उल्लेख को प्राथमिकता दे रहा हूँ, जो मेरी दृष्टि में मूलत: कवि थे अथवा कविता को निरन्तरता और गम्भीरता के साथ लिख रहे थे एवं कवि के रूप में अपनी प्रतिष्ठा बनाने में सफल रहे।

1992 में मैनचेस्टर के एक कवि सम्मेलन के मंच पर मेरा परिचय हुआ, उस समय के हिन्दी कवियों से जिसमें सत्येन्द्र श्रीवास्तव, गौतम सचदेव, अचला शर्मा, भारतेन्दु विमल और निखिल कौशिक के नाम उल्लेखनीय हैं। यह मेरे जीवन का पहला अवसर था जब मैं किसी मंच पर काव्यपाठ कर रहा था।

डॉ. सत्येन्द्र श्रीवास्तव विश्वविख्यात कैम्ब्रिज विश्वविद्यालय में अध्यापन करते थे और श्रेष्ठ कवि थे। सत्येन्द्र जी की कविता 'विंस्टन चर्चिल मेरी माँ को जानते थे' उनकी हस्ताक्षर कविता रही। सत्येन्द्र जी के लेखन की एक विशेषता यह भी थी कि उनके लेखन में यहाँ के जीवन को अत्यन्त गहनता से देखा जा सकता है और अपने समय का प्रतिबिम्ब पूरी बौद्धिकता के साथ इतिहास का महत्त्वपूर्ण दस्तावेज़ माना जा सकता है।

डॉ. गौतम सचदेव ब्रिटेन के ऐसे रचनाकार थे जिनकी विद्वत्ता का लोहा अच्छे अच्छे मानते थे। साहित्य की हर विधा में पारंगत और पूरी निरन्तरता के साथ लिखने की अद्‌भुत क्षमता रखते थे। कविता की भी क़रीब-क़रीब सभी विधाओं में उनका लेखन गौतम जी को अत्यन्त विशिष्ट श्रेणी में खड़ा करता था। गौतम जी की कविता 'अलविदा दिल्ली' ने तमाम कविता प्रेमियों को उनका प्रशंसक बना दिया था।

अचला शर्मा बीबीसी हिन्दी सेवा लन्दन के माध्यम से रेडियो नाटकों के लिए जानी जाती थी। परन्तु अचला जी की कविताओं और उनकी प्रस्तुति किसी भी मंच को जीवन्त करने में पूर्ण रूप से सक्षम रही है। अचला जी की 'प्रेम प्रसंग' जैसी अनेक प्रेम कविताएँ पाठकों और श्रोताओं को मन्त्र मुग्ध करती हैं। 'सन्दर्भ पुराने हैं/ व्याख्याएँ अधूरी/प्यार की बहस में अब क्या रखा है' पंक्तियाँ अचला जी के लेखन शैली का सशक्त उदाहरण हैं।

भारतेन्दु विमल संस्कृत भाषा के प्रकाण्ड विद्वान होने के साथ-साथ हिन्दी फ़िल्म जगत से भी सम्बन्ध रखते हैं, अत: उनके लेखन में साहित्य का मर्मत्व मिलना स्वाभाविक हो जाता है। विमल जी की हस्ताक्षर कविता 'कलंक का टीका' बेहतरीन व्यंग्य है।

निखिल कौशिक की कविताओं की श्रेष्ठता यह है कि उनकी रचनाएँ पाठकों से बात करती हैं। संवाद करती कविताओं की यही ख़ूबी है कि वह अपने पाठकों के मन में सीधे-सीधे, बिना किसी लागलपेट के उतर जाती हैं। 'तुम लन्दन आना चाहते हो' कविता ने डॉ. निखिल कौशिक को इंग्लैंड ही नहीं अपितु भारत में भी प्रशंसकों की क़तार खड़ी कर दी थी।

९0 के दशक में, इनके अलावा ब्रिटेन में ओंकारनाथ श्रीवास्तव, कीर्ति चौधरी, सोहन राही और चमन लाल चमन के नाम सिर्फ़ इंग्लैंड में ही नहीं, भारत में भी सम्मान के साथ प्रतिष्ठा पा चुके थे या पा रहे थे।

ब्रिटेन आने से पूर्व ही ओंकार जी और कीर्ति जी भारत में हिन्दी साहित्य के क्षेत्र में अपना स्थान बना चुके थे।

सोहन राही और चमन लाल चमन की गिनती इंग्लैंड में सेलिब्रिटी कवियों में होती थी। बिना चमन जी या राही जी के लन्दन का कोई भी मुशायरा पूरा नहीं माना जाता था। हिन्दी के अलावा उर्दू और पंजाबी भाषाओं में भी आप दोनों के गीत और ग़ज़ल ख़ूब पसन्द किये जाते थे। जहाँ एक ओर सोहन राही के गीत बड़े-बड़े गायकों की आवाज़ बन रहे थे तो दूसरी ओर चमन जी के गीत सिनेमा जगत का सौन्दर्य बन रहे थे।

90 के दशक में हिन्दी कविता को और अधिक बल मिला जब डॉ. लक्ष्मीमल्ल सिंघवी जी ब्रिटेन में भारत के उच्चायुक्त बन कर आये, और साथ आयीं उनकी पत्नी, कमला सिंघवी जी। सिंघवी दम्पती स्वयं कवि थे, हिन्दी प्रेमी थे अत: ब्रिटेन में हिन्दी कविता को अभूतपूर्व प्रवाह मिलने लगा।

1997 में मैंने ब्रिटेन की हिन्दी कविता को संगठित करने के उद्देश्य से यहाँ के 25 कवियों का संग्रह 'दूर बाग़ में सोंधी मिट्टी' संगृहीत, सम्पादित और प्रकाशित किया एवं पुरवाई पत्रिका का प्रकाशन आरम्भ किया जिससे मुझे अवसर मिला इस देश के इन सशक्त कवियों की रचनाओं से परिचित होने का और प्रकाशित करने का।

90 के दशक के अन्त की ओर दिव्या माथुर, उषा राजे, शैल अग्रवाल, उषा वर्मा, प्राण शर्मा की कविताओं ने भी अपनी पहचान बनानी शुरू की। दिव्या माथुर की काव्य लेखनी में अनोखी क्षमता यह थी कि दिव्या जी एक विषय को उठा कर उस पर अनेक कविताएँ लिख लेती हैं। उनके कविता-संग्रह 'ख़याल तेरा', 'अन्त:सलिला', 'झूठ' उनकी इस अद्भुत क्षमता के उदाहरण हैं।

दिव्या माथुर, उषा राजे, शैल अग्रवाल और उषा वर्मा का रचना-संसार बड़ा है, सशक्त और मार्मिक कविताओं के अलावा कथा-साहित्य में भी इन चारों का महत्त्वपूर्व योगदान रहा है।

उषा राजे की कविताएँ जीवन के अनेक अनुभवों को अत्यन्त नज़दीक से देखती और समझती ही नहीं अपितु मार्मिक अभिव्यक्ति में भी सफल रही हैं।

मैं शैल जी की कविताओं में उनके शब्दों के चयन का प्रशंसक हूँ। शैल जी की लेखनी में काव्यात्मक प्रवाह अत्यन्त प्रभावशाली है, फिर चाहे वह कविता हो, कहानी हो या कोई लेख। उषा वर्मा की रचनाएँ विचारशीलता और बौद्धिकता में मँझी हुई, पाठकों के मस्तिष्क को सोचने पर मजबूर कर देती हैं।

प्राण शर्मा ग़ज़ल और शायरी के बहुत बड़े उस्ताद रहे हैं। विशेष रूप से अपनी ग़ज़लों के माध्यम से प्राण जी ने ब्रिटेन के हिन्दी साहित्य में अपना विशेष स्थान बनाया। इस दौरान डॉ. रूपर्ट स्नेल के अवधी भाषा में लिखे दोहे भी आकर्षण का केन्द्र रहे।

2000 के दशक के आरम्भ के साथ जय वर्मा जी के अलावा अनिल शर्मा जोशी के साथ मेरी पीढ़ी के अन्य कवि मोहन राणा, तितिक्षा शाह, वन्दना मुकेश, अजय त्रिपाठी, तेजेन्द्र शर्मा, दिवाकर सुकुल, बृज गोयल, अरुण अस्थाना जैसे नाम प्रकाश में आने लगे। इसे ब्रिटेन में हिन्दी कविता का स्वर्णिम युग माना जाने लगा।

सत्येन्द्र जी ने यहाँ तक लिख दिया कि ब्रिटेन में हिन्दी का विस्फोट हो गया है। इसके साथ ही ब्रिटेन के कवियों, उनकी रचनाओं को भारत की मूल धारा से जुड़ने की शुरुआत हो गयी, प्रकाशकों के सम्पर्क, विश्वविद्यालयों में यहाँ के लेखकों को मान्यता मिलने लगी। जय वर्मा के लेखन में जीवन की अनेक समस्याएँ और उनके समाधान मिलते हैं।

सन् 2000 में अनिल शर्मा जोशी जी लन्दन के भारतीय उच्चायोग में भारतीय राजनयिक के रूप में, हिन्दी एवं संस्कृति अधिकारी के पद पर आये। अनिल जी एक श्रेष्ठ कवि होने के साथ-साथ अद्‌भुत संगठन क्षमता रखते हैं, अतः लन्दन आते ही अनिल जी की अगुवाई में ब्रिटेन में हिन्दी कविता का सैलाब आ गया। वर्ष में तीन से चार कवि सम्मेलन सिर्फ़ ब्रिटेन के कवियों के आयोजित होने लगे।

अनिल जी लम्बी कविता के कवि हैं, साथ ही विषय की जड़ों तक पहुँच अपने विषय के समस्त कोण व्यक्त करते हैं जो पाठकों को उनका बड़ा प्रशंसक बनाने में कामयाब रहती है। मुक्तछन्द की कविता होने के बावजूद कविता का प्रवाह लिए अनिल जी की प्रवासी जीवन की अनेक रचनाओं ने अपनी प्रासंगिकता के कारण ब्रिटेन में हम जैसे अनेक कवियों को अपना अनुगामी बना लिया था। अनिल जी की कविता 'नींद कहाँ है' ब्रिटेन के हिन्दी समाज के लिए अत्यन्त प्रेरणादायी कविता बन कर उभरी।

मेरी अनेक चर्चित कविताओं का जन्म अनिल जी के ही सान्निध्य और उसी दौरान हुआ जैसे 'पौधा', 'कबूतर' और 'छड़ी घड़ी ऐनक'; जिसे 2005 में अनिल जी द्वारा संगृहीत और सम्पादित पुस्तक 'धरती एक पुल'–ब्रिटेन के हिन्दी कवियों के संग्रह में स्थान भी मिला।

मोहन राणा जी के विषय में यही कहूँगा। कि ऐसे कवि सदियों में गिनेचुने ही पैदा होते हैं। यह मेरा सौभाग्य है कि मोहन जी मेरे समकालीन ही नहीं अपितु मेरी पीढ़ी के कवि हैं और इंग्लैंड के निवासी हैं जो मेरी भी कर्म भूमि है। मोहन राणा आम पाठक के कवि नहीं हैं। उनका बौद्धिक स्तर, कविता के प्रति अद्‌भुत समझ, अभिव्यक्ति में कल्पना और प्रतीकों का विस्तार मोहन जी को कवियों की अत्यन्त विशेष श्रेणी का कवि बनाता है।

तितिक्षा जी की कविताएँ भावनाओं और अनुभवों के मध्य, अभिव्यक्ति का संवाद करती, प्रवासी जीवन को चित्रित करती अपने लेखन प्रवाह से पाठकों को आकर्षित करती हैं।

वन्दना मुकेश मेरी दृष्टि में ऐसी कवयित्री हैं जिन्हें कहानी को भी कविता में पिरो कर लिखना आता है। आज के सामाजिक परिप्रेक्ष्य में अपनी बात को पूरी बेबाक़ी के साथ ग़ज़लों के माध्यम से व्यक्त करती अजय त्रिपाठी की रचनाएँ निश्चित रूप से वर्तमान समाज का प्रतिबिम्ब हैं।

तेजेन्द्र शर्मा मूलतः कहानीकार हैं, शब्दों और विषयों का भण्डार लिए, प्रवासी जीवन को अभिव्यक्त करती तेजेन्द्र जी की कविताएँ ऐसे विषयों का स्पर्श करती हैं जो हम आम प्रवासियों की भावनाओं को अपनी बात लगती है।

दिवाकर सुकुल पेशे से मनोचिकित्सक हैं, अतः मनुष्य के मनोविज्ञान को समझती दिवाकर जी की कविताएँ पाठकों के मन-मस्तिष्क को भीतर तक छू जाती हैं।

अरुण अस्थाना एक अत्यन्त मँझे हुए लेखक हैं। उपन्यास, कहानियों के अलावा अपनी कविताओं में भाव प्रवाह के साथ ऐसे शब्दों और प्रतीकों का प्रयोग करते हैं जिन्हें पढ़कर बड़े-बड़े दिग्गज कवि अरुण से प्रभावित हो जाते हैं।

बृज गोयल ब्रिटेन में एक मात्र मूलतः हास्य-व्यंग्य के कवि हैं। बृज जी हास्य और व्यंग्य के माध्यम से गम्भीर सन्देश देने से नहीं चूकते।

इन दो दशकों में नरेश भारतीय, तोशी अमृता, डॉ. कृष्ण कुमार, अरुणा सभरवाल, शन्नो अग्रवाल, शशि माथुर, रघुवीर मल्होत्रा, कृष्ण कन्हैया, पुष्पा राव, महेन्द्र वर्मा, पुष्पा भार्गव, श्यामा कुमार, रमा जोशी, स्वर्ण तलवार जैसे कवियों की रचनाएँ भी प्रकाश में आयीं।

2010 का दशक, ब्रिटेन में हिन्दी कविता के लिए कुछ दुर्भाग्यपूर्ण रहा या इसे ट्रांज़िशनल दशक भी कह सकते हैं। लन्दन के कवि परिवार में शिखा वार्ष्णेय का आगमन अवश्य हुआ परन्तु एक पूरी पीढ़ी हमसे दूर होने लगी। सत्येन्द्र श्रीवास्तव, गौतम सचदेव, चमन लाल चमन, ओंकारनाथ श्रीवास्तव, कीर्ति चौधरी, प्राण शर्मा अस्वस्थ रहने लगे और धीरे-धीरे हमें छोड़ कर चले गये। सोहन राही जी की अस्वस्थता, उषा राजे, तितिक्षा, दिव्या जी कविताओं के सक्रिय लेखन से दूर होने लगे जिसके परिणामस्वरूप इस दशक में कविता लेखन की प्रगति में कमी आयी।

शिखा वार्ष्णेय की कविताएँ पाठकों से सीधे संवाद ही नहीं करतीं अपितु शब्दशः अपने पूरे भावार्थ के साथ पाठकों और श्रोताओं के मन में उतर जाती हैं, बल्कि घर कर जाती हैं। हमारी रोज़मर्रा के जीवन का प्रतिबिम्ब हैं शिखा की रचनाएँ।

अब नया दशक नये लेखकों का नया दौर स्वर्णिम लग रहा है। नयी सम्भावनाओं का दशक लग रहा है। ब्रिटेन में नयी प्रवासी पीढ़ी के लेखकों और कवियों का

नया युग प्रवेश कर चुका है जिसमें तिथि दानी, ऋचा जैन, अन्तरीपा ठाकुर मुखर्जी, आशुतोष कुमार, अभिषेक त्रिपाठी, आशीष मिश्र, शेफाली फ्रॉस्ट एवं इन्दु बरौट उल्लेखनीय हैं।

यदि हम तिथि दानी की कविताओं की गहनता और लेखन शैली की बात करें तो तिथि की लम्बी कविताएँ–अपने विषय को हर कोण से उसकी जड़ों में पहुँच कर प्रस्तुत करने की अद्‍भुत क्षमता रखती हैं। विषय की गहराई में उतरकर, शिखर तक भावों की यात्रा, कविता लेखन की इस कठिन शैली को तिथि अपनी कविताओं में बड़ी आसानी से अभिव्यक्त कर लेती हैं।

ऋचा जैन अपने लेखन में प्रतीकों के माध्यम का शानदार प्रयोग करती हैं। उनकी हर रचना, कविता की सम्पूर्णता को बौद्धिकता की पराकाष्ठा के साथ, पूर्ण होती दिखाई देती है। मुक्तछन्द की कविता होने के बावजूद तिथि और ऋचा की कविताओं की सुन्दर संरचना उन्हें पठनीय बनाती है। उनकी रचनाओं की बौद्धिकता समाज में बुद्धिजीवी पाठकों का एक बड़ा वर्ग तैयार करती है।

अन्तरीपा की कविताओं में संवेदनशीलता आज के समाज के अनेक ऐसे प्रसंगों को उठाती है, यथार्थ को उजागर करती है, जिन पर सम्भवतः लोग कुछ कहने या लिखने से कतराते हैं।

अभिषेक त्रिपाठी की कविताओं में एक तरफ़ व्यंग्य की धार और दूसरी तरफ़ गम्भीर गीत लिखने की प्रतिभा उनको हर वर्ग के पाठकों और श्रोताओं को बहुत जल्द ही अपना प्रशंसक बना लेते हैं।

आशुतोष का लेखन ग़ज़ल और गीत की विधा में सशक्त पकड़ रखता है। महत्त्वपूर्ण बात यह है कि उनकी रचनाएँ छन्द में बँधे होने के बावजूद, बिना अपने विषय से भटके, कविता की हर कसौटी पर खरी उतरती हैं।

आशीष मिश्र का लेखन कविता के संस्कार का अवतार लगता है। उनके छन्द की मौलिकता और प्रासंगिकता देखकर ऐसा लगता ही नहीं कि आशीष ने कविता लिखने के लिए लिखी है। एक प्रवाह में गीत के आरम्भ से अन्त तक, पाठकों को बांधती आशीष की कविताएँ, नये दशक में प्रवासी ही नहीं अपितु वैश्विक हिन्दी साहित्य की उपलब्धि है।

शेफ़ाली फ्रॉस्ट आज ब्रिटेन में हिन्दी की श्रेष्ठ रचनाकारों में से एक हैं। शेफाली की कविताएँ उनकी अभिव्यक्ति एक चलचित्र सा दिखाती चलती है। जीवन को परदे के पीछे से देखतीं उनकी रचनाएँ शेफाली को अत्यन्त विशिष्ट श्रेणी का रचनाकार बनाती हैं।

इन्दु बरौट की रचनाओं में सरलता और सहजता हर वर्ग के पाठक को आकर्षित करती है। इन्दु का साहित्यिक भविष्य सम्भावनाओं से भरपूर है। साथ ही ज़किया ज़ुबैरी, रश्मि खुराना और मधु कुमारी चौरसिया जैसे अनेक कवियों की सशक्त कविताएँ प्रकाश में आ रही हैं और ब्रिटेन के हिन्दी इतिहास को समृद्ध कर रही हैं।

हाल में लन्दन के भारतीय उच्चायोग में हिन्दी अधिकारी के पद पर आये तरुण कुमार जी ने 'प्रवासी मन' के नाम से ब्रिटेन के हिन्दी लेखकों का संग्रह सम्पादित किया जिसमें इस देश के अनेक लेखकों की रचनाएँ प्रकाशित हैं।

मैं मानता हूँ कि ब्रिटेन में हिन्दी साहित्य का इतिहास अत्यन्त गौरवशाली रहा है और विश्व में हिन्दी साहित्य का पिछले तीन दशकों से महत्त्वपूर्ण केन्द्र रहा है। यहाँ के लेखन को हमेशा गम्भीरता के साथ लिया गया है। ब्रिटेन के प्रवासी लेखन का हिन्दी साहित्य को समृद्ध करने में विशेष योगदान रहा है। मुझे आशा ही नहीं अपितु पूर्ण विश्वास है कि इस नये दशक में भी ब्रिटेन के प्रवासी लेखक, विश्व के हिन्दी साहित्य को समृद्ध ही नहीं करेंगे बल्कि साहित्य के इतिहास को गौरव प्रदान करेंगे।

सन् 2021

प्रवासी कविता का नेतृत्व करतीं सत्येन्द्र श्रीवास्तव की कविताएँ!

पिछले क़रीब 15-20 वर्षों से हम डाकिये का इन्तज़ार नहीं करते। यदि कभी करते भी हैं तो किसी अपने के पत्र का नहीं, अपितु क्रेडिट कार्ड वग़ैरह जैसी किसी सरकारी डाक का या फिर कोरियर द्वारा किसी आवश्यक वस्तु का! ऐसे में, कभी किसी मित्र का हाथ से लिखा, बिना किसी कार्यवश कोई पत्र आ जाये तो मन का प्रसन्न होना कितना स्वाभाविक हो जाता है।

मुझे यह सुख निरन्तर प्राप्त होता रहा, जब तक सत्येन्द्र जी जीवित थे। साल में दो-चार पोस्टकार्ड पर सुन्दर तस्वीर के साथ, स्मरण करती हुई पंक्तियाँ मुझे आत्म-विभोर करती रही हैं।

जापान, अमेरिका, वेल्स, मॉरीशस और न जाने कहाँ-कहाँ से सत्येन्द्र जी का पत्र, कभी किसी समुद्र तट पर से, तो कभी किसी ऐतिहासिक स्थल से। यदि वे कभी किसी लेखक के ऐतिहासिक घर पर पहुँच जायें, भले ही वह किसी भी देश या भाषा का क्यों न हो तो सत्येन्द्र जी के पत्र में एक अलग ही आनन्द देखने को मिलता है।

सत्येन्द्र जी का यह स्वरूप एक अत्यन्त प्रेमी व्यक्ति और महान लेखक के अद्भुत चरित्र का परिचायक था। एक दिन मैंने सत्येन्द्र जी से पूछा कि आज के ज़माने में वे ईमेल वग़ैरह पर क्यों नहीं हैं? आज भी चाहे पत्र हों या कविताएँ, काग़ज़ पर क़लम से ही लिख कर भेजते हैं।

वे हँसते हुए बोले, "भाई पद्मेश, मैं बहुत ग़रीब आदमी हूँ, एक क़लम से ही गुज़ारा करता हूँ।" तब से मैंने सत्येन्द्र जी को चिढ़ाना आरम्भ कर दिया कि मैं चाहता हूँ कि आप अपनी विल में अपनी क़लम मेरे नाम लिख दें।

हमारे उनके बीच यह मज़ाक़ चलता रहता था। घूमने के शौक़ीन, सत्येन्द्र जी को साहित्य के अलावा कला से बहुत प्रेम था। मुझसे मिलने के लिए वे कभी मुझे लन्दन के साउथ बैंक पर बुलाते थे तो कभी रायल एकेडेमी आफ़ आर्ट्स के कॉफ़ी शॉप में।

सत्येन्द्र जी अक्सर मुझसे मिलने ऑक्सफ़ोर्ड भी आते थे। ऑक्सफ़ोर्ड में उन्हें बोल्डियन लाइब्रेरी का इलाक़ा बहुत पसन्द था। हालाँकि सत्येन्द्र जी के कुछ नाटक, लघु एकांकी अवश्य प्रकाशित हुए हैं, जिनमें मुझे 'अनडिक्लेयर्ड विश्व सुन्दरी' अत्यन्त पसन्द है।

हिन्दी के भविष्य को लेकर सत्येन्द्र जी को मैंने सदैव बहुत गम्भीर पाया है। यू.के. हिन्दी समिति द्वारा हिन्दी ज्ञान प्रतियोगिता में भाषण प्रतियोगिता आरम्भ करवाने वाले सत्येन्द्र जी ही हैं। कई वर्षों तक उनकी माता श्री सावित्री श्रीवास्तव के नाम से 150 पाउंड की धनराशि, सत्येन्द्र जी भाषण प्रतियोगिता के विजेता बच्चों को देते रहे हैं।

टारोंटो, लन्दन और कैम्ब्रिज विश्वविद्यालयों में अध्यापन कार्य करने के अलावा आपकी प्रकाशित पुस्तकें 'जलतरंग', 'थेम्स में बहती गंगा की धार', 'एक किरण एक फूल', 'मिसेज़ जोंस की वह गली' बहुत प्रचलित हुईं। आपके नाटक 'शहीद ऊधम सिंह', 'बेगम समरू' और 'आधा घण्टा' अत्यन्त चर्चित रहे। 'नवभारत टाइम्स', 'संडे मेल', 'प्रवासी टुडे' और 'पुरवाई' जैसे पत्र-पत्रिकाओं में आप निरन्तर छपते रहे।

एक बार मैंने उनसे 'पुरवाई' के लिए कहानी माँगी तो उन्होंने मना कर दिया। वे हँसते हुए बोले कि वे कवि हैं और लेखक हैं, उन्हें कहानियाँ बनाना नहीं आता। सत्येन्द्र जी के जाने के बाद मैं ऐसे प्रेरणादायी कवि और लेखक की रचनाओं के संग्रह पर काम करना चाहता था परन्तु जीवन के और तमाम कार्यों एवं ज़िम्मेदारियों

के मध्य समय निकालना हमेशा ही एक चुनौती रहता है। 2017 में भारत के एक आयोजन में आदरणीय कमल किशोर गोयनका जी ने मुझे मंच से यह आदेश दिया कि मैं सत्येन्द्र जी के समग्र साहित्य पर काम करूँ। गोयनका जी सदैव दूसरे साहित्यकारों को प्रकाशित और सहयोग करने में सबसे आगे रहते हैं, उनके शब्दों ने मेरी विचार शक्ति को अभूतपूर्व ऊर्जा प्रदान की और मैंने प्रण लिया कि सत्येन्द्र जी के समग्र साहित्य को संगृहीत करने के कार्य को मैं प्राथमिकता दूँगा। भारत से लन्दन लौटते ही मैंने सत्येन्द्र जी की पत्नी आदरणीय मुन्नी श्रीवास्तव जी से सम्पर्क किया, मुन्नी जी ने मेरे अनुरोध को सहर्ष स्वीकार किया और जो भी पुस्तकें, काग़ज़, डायरियाँ वग़ैरह उनके पास उपलब्ध थीं, मुझे सौंप दिया। कार्य आरम्भ हो गया। फिर मुन्नी जी और मैंने सत्येन्द्र जी की मित्र, युट्टा ऑस्टिन से सम्पर्क किया, जिन्होंने मुझे इस कार्य में बहुत सहयोग दिया। मैं, मुन्नी जी और युट्टा जी का हृदय से आभारी हूँ, जिनके सहयोग के बिना यह कार्य असम्भव था।

सत्येन्द्र जी से जुड़ी मेरी अनेक स्मृतियाँ हैं, उनकी बातों में भी कविता प्रवाहित होती थी। चूँकि वे सदैव यही कहते थे कि वे मूलतः कवि हैं, मैंने सोचा कि क्यों न पहले हम सत्येन्द्र जी की समस्त कविताओं का संग्रह तैयार करें।

सर विंसटन चर्चिल मेरी माँ को जानते थे...सत्येन्द्र जी की अत्यन्त सशक्त कविता है। एक सत्याग्रही माँ के पुत्र के रूप में सत्येन्द्र जी ने यह कविता लिखी क्योंकि सत्याग्रहियों ने चर्चिल के सैनिक दस्तों के सामने जो सत्याग्रह किया था उसमें उनकी माँ भी शामिल थीं। इंग्लैंड आने के बाद सत्येन्द्र जी अपनी इस कविता के अन्त में कहते हैं–

'लन्दन पहुँचते ही मैं हाइड पार्क गया था, और सर विंसटन के बन्द मकान के सामने खड़ा होकर, सादर नमस्कार करके, यह ज़ोर से कह पड़ा था–

सर विंसटन आप मेरी माँ को जानते हैं,
वह भी सात महीने के बच्चे का पेट फुलाये,
मेरे पिता का आशीष लेकर
मसूरी के उसी रास्ते पर लेट गयी थी,
जहाँ से फ़ौजियों के दस्तों को लौटना पड़ा था।
मैं उसी माँ के पेट से जन्मा बेटा हूँ और मेरा नाम सत्येन्द्र है
और मैं आप से यह कहने आया हूँ कि मैं इंग्लैंड आ गया हूँ।

यह कविता सत्येन्द्र जी की ही नहीं बल्कि प्रवासी कविताओं की भी पहचान बनी। आज भी कितने ही आयोजनों में इस कविता का उल्लेख किया जाता है।

अपने अनुभवों में जन्मे विचारों और दृष्टिकोण की कविताओं के माध्यम से प्रस्तुति, सत्येन्द्र जी की विशेषता रही है–

क्रस्टीज़ के रंगीन नीलाम घर में आज
मैंने सब कुछ
नीलाम होते देखा
अलावा इन्सान के
यहाँ हर वस्तु पर लग रही है बोली।

अपने जीवन का अधिकांश हिस्सा इंग्लैंड में बिताने वाले, कैम्ब्रिज और लन्दन की कला और संस्कृति के अभिन्न प्रशंसक, दुनिया घूमने और वैश्विक सौन्दर्य के प्रति ख़ूब आकर्षित रहने वाले सत्येन्द्र जी ने अपना भारतीय पासपोर्ट नहीं बदला, क्यों? शायद उनकी कविता की यह पंक्तियाँ उत्तर देती हैं–

नहीं हूँ यहाँ क्योंकि
यह देश मेरा नहीं है...
क्योंकि इसका है ना है
इसका भूगोल इसमें है
विस्तार
पर्वत, घाटियाँ, कान्तार मरुभूमि
पेड़, पौधे, वीरान, झाड़-झंखाड़ और हैं लोग...लोग...लोग।
नहीं हूँ यहाँ क्योंकि...

लन्दन शहर को अपने कवि मन की संवेदनाओं को शब्द देते हुए सत्येन्द्र जी 'लन्दन के चैरिंग क्रॉस के लोग' कविता में लिखते हैं–

रात आधी
सो रहे कुछ लोग पुल के पास
साथ कुछ रंगीन चेहरे
माँगते सहवास
गाड़ियों और मनुष्यों की

झेलकर रफ़्तार
ऊँघता लन्दन शहर का व्यस्त
चैरिंग क्रॉस

एक यायावर के रूप में विश्व को देखने, परखने और फिर उसके अनछुए पहलुओं को भाव देने की अद्भुत कला लिए सत्येन्द्र जी की कविता–

अब कितनी अजीब-सी
लगती है वह बात
जब मैंने गोता लगाने के बाद गुनगुनाते हुए होने भाई
का ध्यान खींचा
और कहा
देखो मैं गंगा के पानी पर
देख रहा हूँ एक बहता हुआ ताजमहल!

सत्येन्द्र जी की कविता 'मिसेज़ जोंस' भी एक अत्यन्त प्रभावशाली रचना है, एक वृद्ध ब्रिटिश महिला को पात्र बना कर, कविता में सत्येन्द्र जी ने ब्रिटिश साम्राज्य, भारत, गांधी और वर्तमान सामयिक परिदृश्य का अद्भुत परिदृश्य प्रस्तुत किया है–

मिसेज़ जोंस और उनकी बची रह
गयी गली,
इस उदास गली में
गैस का जो चिराग जलता है
उसे मिसेज़ जोंस
एक गुज़र गये सुनहले युग का प्रतीक और साक्षी
मानती हैं
और इस बची हुई गली का आख़िरी
संघर्ष–आख़िरी स्टैंड। बक़ौल इनके
सिर्फ़ यही है जो रोज़ अँधेरे को मिटाता है
सूर्य यहाँ पहुँच नहीं पाता है,
और धीरे-धीरे

जो कुछ भी बचा रह गया है
सीलता-टूटता-बिखरता जाता है।

हिन्दी साहित्य के वैश्वीकरण में महत्त्वपूर्ण भूमिका निभाते हुए सत्येन्द्र जी की प्रत्येक रचना प्रवासी कविता की परम्परा का नेतृत्व करती है। आम जीवन से अतीत, वर्तमान और भविष्य के सम्बन्धों को जोड़ते हुए, ऐतिहासिक सन्दर्भों के रचनात्मक उल्लेख, आज की परिस्थितियों पर मानवीय संवेदना सत्येन्द्र जी की कविताओं को कालजयी बना देती हैं।

मैं इसे अपने जीवन का सबसे बड़ा सौभाग्य मानता हूँ कि मुन्नी श्रीवास्तव जी ने मुझे सत्येन्द्र जी की समग्र कविताओं को संग्रहित और सम्पादित करने का सुअवसर प्रदान किया, कमल किशोर गोयनका जी ने प्रोत्साहित किया, युट्टा ऑस्टिन का सहयोग और अनिल शर्मा जोशी ने आशीर्वाद प्रदान कर इस संग्रह को केन्द्रीय हिन्दी संस्थान का सहयोग दिलवाया, जिससे सत्येन्द्र जी की समग्र रचनाएँ टैगोर विश्वविद्यालय, भोपाल से प्रकाशित हो रही हैं। आभार भाई पीयूष द्विवेदी जी और अरविन्द चतुर्वेदी जी का, इस पुस्तक के प्रकाशन में विशेष सहयोग प्रदान करने के लिए!

सन् 2024

भारतीय संस्कार और संस्कृति की आराधना हैं, आराधना की कविताएँ!

एक प्रखर वक्ता, कुशल मंच संचालिका और मधुर गायिका; माँ सरस्वती की वन्दना कहूँ या आराधना, भारतीय संस्कार और संस्कृति की आराधना हैं, आराधना की कविताएँ!

मैं हमेशा से मानता हूँ कि भारत का कोई भी व्यक्ति, दुनिया के किसी भी कोने में भी क्यों न बस जाये, उसकी परिधि में सदैव एक भारत बसता है। भारत सिर्फ़ एक देश या राष्ट्र नहीं है, भारत संस्कृति है, संस्कार है, भारत एक सम्पूर्ण जीवनशैली है। मेरे इस कथन का महत्त्वपूर्ण उदाहरण है आराधना की लेखनी। मैं पूरे अधिकार से कहता हूँ कि एक युवा प्रवासी की मौलिक भावनाओं में ख़ुद को पिरोये हुए, भारतीय संस्कृति के प्रति उनके सक्रिय जीवन को रेखांकित करती हैं उनकी कविताएँ। आइए, अब मैं इस संग्रह का साहित्यिक मूल्यांकन करता हूँ।

'भारत मुझमें बसता है' में आराधना द्वारा लिखित नौ खण्डों में विभिन्न धार्मिक, आध्यात्मिक, सामाजिक, और मानवीय भावनाओं पर आधारित कविताएँ शामिल हैं। 'आस्था का स्वर' में भक्ति और प्रेम की कविताएँ आत्मनिरीक्षण को प्रेरित करती हैं, जबकि 'चेतना, चिन्तन और समर्पण' गहरे दार्शनिक विचारों को सरलता से प्रस्तुत करता है। 'आस्था का स्वर' विभिन्न धार्मिक और आध्यात्मिक विषयों पर आधारित कविताओं का एक समृद्ध खण्ड है। इसमें भक्ति, प्रेम, जीवन के विभिन्न पहलुओं, और धार्मिक विचारों को बड़े ही सुन्दर और भावनात्मक तरीक़े से प्रस्तुत किया गया है। हर कविता एक विशेष अनुभव और भावना को उकेरती है, जो पाठकों को आत्मनिरीक्षण और आन्तरिक शान्ति की ओर आकर्षित करती है। इस पुस्तक का खण्ड 'चेतना, चिन्तन और समर्पण' विभिन्न मानवीय भावनाओं, धार्मिक विचारों और जीवन के विविध पहलुओं को प्रस्तुत करता है। कविताओं के माध्यम से लेखक ने गहरे दार्शनिक और आध्यात्मिक विचारों को सरल और सजीव तरीक़े से व्यक्त किया है।

'जननी जन्मभूमिश्च...' मातृत्व और त्याग को संवेदनशीलता से उकेरता है, जो धार्मिक, आध्यात्मिक और मानवीय भावनाओं का गहन और सजीव चित्रण करता है। कविताओं में भाषा की सरलता और भाव की गहराई स्पष्ट है, जो पाठकों को सहज ही आकर्षित करती है। इस खण्ड की सबसे बड़ी विशेषता इसकी विविधता है, जो विभिन्न धार्मिक और आध्यात्मिक अनुभवों को समाहित करती है। यह खण्ड एक मार्मिक और भावपूर्ण प्रस्तुति है, जो मातृत्व, जन्मभूमि, और मानवीय भावनाओं को केन्द्र में रखकर लिखी गयी है। कविताओं के माध्यम से कवयित्री ने माँ की महिमा, त्याग, प्रेम, और उनके अद्वितीय योगदान को बेहद संवेदनशील और प्रभावी तरीक़े से प्रस्तुत किया है।

'ये जो देश है मेरा' में देशभक्ति और सांस्कृतिक धरोहर पर कविताएँ हैं। यह खण्ड भारत और उसके विभिन्न पहलुओं, प्रवासी भारतीयों की भावनाओं, और मातृभूमि के प्रति गहरे प्रेम को दर्शाता है। कविताओं के माध्यम से कवयित्री ने देशभक्ति, सांस्कृतिक धरोहर, और भारतीय समाज के विविध रंगों को बड़े ही संवेदनशील और प्रभावी तरीक़े से प्रस्तुत किया है।

'हस्तक्षेप' समसामयिक मुद्दों पर विचारशील कविताएँ प्रस्तुत करता है, और 'यत्र नार्यस्तु पूज्यन्ते...' महिलाओं के संघर्षों और संवेदनाओं पर केन्द्रित है। 'हस्तक्षेप' एक प्रभावशाली खण्ड है जो समसामयिक मुद्दों, समाजिक परिस्थितियों

और मानवीय संवेदनाओं पर गहरी नज़र डालता है। इसकी कविताएँ मनुष्य के जीवन के विभिन्न पहलुओं को दर्शाती हैं और पाठकों को आत्ममन्थन के लिए प्रेरित करती हैं। 'यत्र नार्यस्तु पूज्यन्ते...' एक संजीदा और मार्मिक खण्ड है, जो महिलाओं के विविध अनुभवों, संघर्षों और संवेदनाओं को बड़े ही प्रभावी ढंग से प्रस्तुत करता है। इस संग्रह की कविताएँ महिलाओं के जीवन की विविधताओं को रेखांकित करती हैं और पाठकों को एक गहन और संवेदनशील दृष्टिकोण प्रदान करती हैं।

'प्रकृति से प्रीति' एक दिलकश और आत्मीयता से भरा खण्ड है जो प्रकृति और मानव जीवन के सम्बन्धों को बहुत ही सुन्दर और संवेदनशील तरीक़े से उजागर करता है। कविताएँ जीवन के विभिन्न पहलुओं को प्रकृति के माध्यम से बख़ूबी प्रस्तुत करती हैं।

'भाषा, भाव और शब्द-साधना' एक समृद्ध और विविधतापूर्ण खण्ड है, जिसमें कविताओं की गहराई और उनकी अभिव्यक्ति का स्तर अत्यन्त उत्कृष्ट है। इसमें भाषा, शब्द और भावों के मेल से एक अद्वितीय साहित्यिक अनुभव मिलता है।

'ढाई आखर प्रेम का' एक अत्यन्त संवेदनशील और गहराई से भरी कविताओं का खण्ड है, जो प्रेम के विभिन्न पहलुओं को बेहद मार्मिकता और सजीवता से प्रस्तुत करता है। कविताओं के माध्यम से प्रेम के विभिन्न रूपों, उसके अनुभवों और उसकी अनन्तता को बड़ी ही ख़ूबसूरती से बयाँ किया गया है।

कुल मिलाकर 'भारत मुझमें बसता है' कविता-संग्रह में आराधना ने नौ खण्डों के माध्यम से धार्मिक, आध्यात्मिक, सामाजिक और मानवीय भावनाओं की गहराई को बड़े ही संवेदनशील और प्रभावी तरीक़े से काव्यात्मक स्वरूप दिया है। प्रत्येक खण्ड अपनी विशेषता और विविधता के साथ पाठकों को अलग-अलग भावनात्मक और बौद्धिक अनुभव प्रदान करता है। इस संग्रह में भक्ति, प्रेम, मातृत्व, देशभक्ति, समसामयिक मुद्दे, महिलाओं के संघर्ष, प्रकृति, भाषा, और प्रेम के विभिन्न पहलुओं पर आधारित कविताएँ शामिल हैं। आराधना की कविताएँ न केवल सरल और सजीव भाषा में लिखी गयी हैं, बल्कि वे पाठकों को आत्मनिरीक्षण, आन्तरिक शान्ति और जीवन के गहरे अर्थों की ओर प्रेरित करती हैं। यह संग्रह सभी साहित्य प्रेमियों के लिए एक अनिवार्य पठनीय सामग्री है, जो जीवन के विभिन्न पहलुओं को समझने और महसूस करने की एक अद्वितीय यात्रा पर ले जाता है।

आराधना को उनके इस प्रथम काव्य-संग्रह के लिए हार्दिक शुभकामनाएँ और आशीष!

दिल्ली : अप्रैल, 2024

'डेड एंड' पुस्तक लोकार्पण

आज मुझे आईआईसी का यह पूरा परिसर ही साहित्य के किसी श्रेष्ठ मंच से कम नहीं लग रहा है। जिस परिसर में इतने श्रेष्ठ कहानीकार, कवि, साहित्यकार, भाषाविद्, पत्रकार एक साथ उपस्थित हों, तो पूरा का पूरा क्षेत्र ही मंच हो जाता है। आप सबका यहाँ आने के लिए हृदय से आभार। सबसे पहले मैं आदरणीय सच्चिदानन्द जोशी जी, ममता कालिया, सन्तोष चौबे, अनिल जोशी, तेजेन्द्र शर्मा और दिव्या माथुर का आभार व्यक्त करता हूँ जिन्होंने अपने आशीर्वचनों से मेरे प्रथम कहानी-संग्रह 'डेड एंड' के लिए जैसे हिन्दी साहित्य की मूल धारा के दरवाज़े खोल दिये हैं और आप सबकी उपस्थित से ऐसा लग रहा है कि जैसे उसे आज स्वीकृति भी मिल गयी हो। आज रामनवमी का दिन है, और मेरे कहानी-संग्रह 'डेड एंड' में नौ कहानियाँ है और संयोग से निन्यानवे पृष्ठ हैं; और आज के इस कार्यक्रम में वक्ता भी नौ हैं। मैंने अपने गद्य के इन नवरत्नों को समर्पित किया है ब्रिटेन की हिन्दी शिक्षिका सुरेखा चोफला जी को। उसका कारण यह है कि मैं इस पुस्तक और समर्पण के माध्यम से यह सन्देश देना चाहता था कि, और सन्देश देना चाहता हूँ, कि जब ऐसे उत्सव महोत्सव होते हैं या साहित्यिक आयोजन होते हैं उसमें जो शिक्षक कवि साहित्यकार या पत्रकार नहीं होते हैं, उन्हें वह सम्मान और मान्यता नहीं दिया जाता जिसके वे हक़दार होते हैं। शायद मेरी इस भावना को समझेंगे यहाँ उपस्थित शिक्षाविद् संदीप मारवाह जी, रेखा सेठी, अरविन्द चतुर्वेदी और दिविक रमेश जी। पिछले महीने लन्दन पुस्तक मेले के इतिहास में जब पहली बार किसी हिन्दी पुस्तक का लोकार्पण हुआ तब वहाँ मैंने कहा था कि when Hindi is the 3rd largest spoken language of the world and Hindi cinema is the 2nd biggest film industry in the world, why Hindi literature has not been recognised on the international platforms. However I am sure it's going to happen now, when we have visionaries and missionaries like Maheshwaris. मैं अरुण माहेश्वरी, अदिति और वाणी प्रकाशन को बहुत बधाई देता हूँ कि उन्होंने विशेष साहस दिखा कर हिम्मत की कि पहली बार हिन्दी पुस्तकों का प्रदर्शन लन्दन पुस्तक मेले में किया। और बात यहाँ सिर्फ़ हिन्दी या भारतीय भाषाओं तक सीमित

नहीं है, भारत के श्रेष्ठ और प्रचलित अंग्रेज़ी लेखकों को भी जैसे अन्तरराष्ट्रीय मंच स्वीकार करने के लिए तैयार नहीं दिख रहे हैं। यहाँ उपस्थित भारत के सेलिब्रिटी लेखक अभिज्ञान प्रकाश जैसे best sellers के प्रकाशन क्यों नहीं हमें लन्दन के water stones या अमेरिका के barnes and noble जैसे प्रतिष्ठानों में आसानी से उपलब्ध हैं। हम लोगों को अन्तरराष्ट्रीय पाठकों तक इन्हें पहुँचने का दायित्व उठाना होगा। और इस दिशा में वाणी प्रकाशन का यह क़दम अत्यन्त महत्त्वपूर्ण है और ऐतिहासिक है। Paul Gustafson and myself are witness, just after my book launch at the LBF, Aditi got an invite from the Oxford Literature Festival and also from the Frankfurt book fair to participate. She was also invited for a VIP dinner in Oxford with the Noble laureate Paul Nurse. यह इस बात को दर्शाता है कि विश्व के लोगों में हिन्दी और भारतीय साहित्य को लेकर कितनी जिज्ञासा है। परन्तु हम वहाँ तक पहुँच नहीं रहे हैं। अब मैं प्रवासी लेखन की ओर आता हूँ। मेरी दृष्टि में प्रवासी लेखन बहुत मासूम और मौलिक है। मैं उन लेखकों की बात नहीं कर रहा हूँ जो एक उम्र के बाद विदेशों में जाकर बसे हैं, जो भारत में स्थापित और प्रतिष्ठित लेखक थे, भारत में साहित्यकार या पत्रकार थे और उन्हें विदेशी के प्रतिष्ठानों में नौकरी मिल गयी। मैं यू.के. प्रवासी लेखकों की बात कर रहा हूँ जो अपने विद्यार्थी जीवन में, युवावस्था में, लड़कियाँ विवाह के बाद में, विदेशों में जा कर बसे हैं। उनके लेखन में मैं पाता हूँ कि उनमें कल्पना कम और यथार्थ अधिक है। वह कहीं ना कहीं उनकी ज़रूरत बन जाता है जो नॉस्टैल्जिया से शुरू होता है। अनिल शर्मा जोशी जी की एक कविता है, कुछ इस प्रकार से, “मेरी सोच मेरी मजबूरी है, एक तनावग्रस्त आदमी के लिए लिखना कितना ज़रूरी है”। ऐसे लेखक passionately लिखते हैं और सम्भवत: प्रोफेशनली इतना नहीं लिखते। लेकिन उनका जो योगदान है हमारे भारतीय साहित्य को वैश्विक स्तर पर सम्मृद्ध करने में, वह अत्यन्त महत्त्वपूर्ण और बड़ा है क्योंकि वह वो लिख रहे हैं जो उनके जीवन में घटित हो रहा है, जिस देश जिस परिवेश में वह रह रहे हैं। जब हिन्दी साहित्य के वैश्वीकरण की बात आती है तो मैं यही कहता हूँ कि सच्चा वैश्वीकरण तो तब होगा जब तीन सौ साल बाद अमेरिका और ऑस्ट्रेलिया के लोग जानना चाहेंगे कि कोविडकाल में उनके पूर्वजों पर क्या बीती, ब्रिटेन और यूरोप के लोग यह जानना चाहेंगे कि ब्रेक्सिट के दौरान उनका समाज कैसे प्रभावित हुआ और तब उनसे

कहा जायेगा कि यदि आप यह सब जानना चाहते हैं तो आप ऊषा प्रियंवदा, दिव्या माथुर, तेजेन्द्र शर्मा, अनूप भार्गव, शैलजा सक्सेना, शैल अग्रवाल, जय वर्मा, रेखा राजवंशी जैसे साहित्यकारों को पढ़िए तो आपके प्रश्नों और जिज्ञासा का समाधान निकल सकता है। यह कार्य आज प्रवासी लेखन में बहुत ज़ोर-शोर से चल रहा है। प्रवासी लेखन ने एक संघर्ष के साथ बहुत लम्बा सफ़र तय किया है भारतीय साहित्य की मूल धारा से जुड़ने के लिए; उन्नीस सौ अस्सी और नब्बे के दशक में कितने प्रवासी लेखक भारत के किसी प्रतिष्ठित प्रकाशन द्वारा प्रकाशित होते थे? बहुत ही गिनेचुने। आज पच्चीस वर्ष हो रहे हैं लन्दन में आयोजित छठे विश्व हिन्दी सम्मेलन के। सम्मेलन के संयोजक होने के कारण मेरा परिचय विश्व के अनेक हिन्दी लेखकों और प्रेमियों से हुआ। परन्तु उस सम्मेलन की मैं सबसे बड़ी उपलब्धि मानता हूँ अरुण माहेश्वरी जी को। दो हज़ार के दशक में जब यह बात उठती थी कि प्रवासी लेखकों को प्रकाशक नहीं मिलते हैं, लेकिन आप देखेंगे कि उस दशक में कितने प्रवासी लेखकों को भारत के मान्यता प्राप्त प्रतिष्ठित प्रकाशक मिलने लगे। इसमें पुरवाई पत्रिका, नरेश शांडिल्य जी के सम्पादन में अक्षरम पत्रिका का भी योगदान रहा है। मेरी कहानी 'डेड एंड' को नरेश जी ही ने अक्षरम में प्रकाशित किया था और इस कहानी पर एक कार्यक्रम भी हुआ था नरेन्द्र कोहली जी की अध्यक्षता में जिसमें अलका सिन्हा जी ने मेरी कहानी का पाठ भी किया था। दो हज़ार के दशक में ही मैंने हिन्दी समिति की ओर से एक प्रोजेक्ट भी शुरू किया था कि ब्रिटेन की श्रेष्ठ पाण्डुलिपि को प्रतिवर्ष हम प्रकाशित करायेंगे। तब अरुण माहेश्वरी जी सामने आये और उन्होंने कहा कि चयन तुम करो और प्रकाशन हम करेंगे। उसी शृंखला में भारतेन्दु विमल जी के उपन्यास 'सोन मछली' का प्रकाशन वाणी प्रकाशन द्वारा हुआ था। उसके लोकार्पण आयोजन में लन्दन में अशोक चक्रधर जी और कमलेश्वर जी भी उपस्थित हुए थे। यह आयोजन लन्दन के नेहरू केन्द्र में हुआ था और उस समय शायद मोनिका मोहता जी नेहरू केन्द्र की डायरेक्टर थीं। मोनिका जी के समय नेहरू केन्द्र में हिन्दी के जितने कार्यक्रम हुए उतने शायद केन्द्र के इतिहास में नहीं हुए। मधुप मोहता जी भी उस समय लन्दन में थे। प्रवासी लेखकों के इस संघर्ष के गवाह अनिल शर्मा जी, राकेश दुबे जी और तरुण कुमार जी भी हैं जो आज यहाँ उपस्थित हैं। यह लोग लन्दन के भारतीय उच्चायोग में हिन्दी अधिकारी रहे हैं। अभी राहुल देव जी ने कहा कि मैं मूलतः कवि हूँ और कहानी भी लिखता हूँ, यह सत्य है। मैं मूलतः अपने आपको कवि मानता हूँ और कहानी लिखना मुझे मुश्किल लगता है। उसका

कारण यह है कि जब मैं कहानी लिखने चलता हूँ, उस विषय पर अक्सर मुझसे कविता हो जाती है और मुझे लगता है कि जब कुछ पंक्तियों में काम हो गया तो और आगे क्यों बढ़ा जाये। ऐसी मेरी अनेक रचनाएँ हैं। गोपाल दास नीरज जी कहते थे कि जब लिखने के लिए लिखा जाता है तो वह होता है गद्य, परन्तु जब लिखे बिना रहा ना जाये स्वयं लिख जाये तो वह होता है पद्य! अब मैं यह नहीं जानता कि मैंने गद्यों का पद्यान्तरण किया है या पद्यों का गद्यान्तरण किया है परन्तु इतना अवश्य जानता हूँ कि मैंने अपनी भावनाओं का लिख्यान्तरण किया है। अब आज मैंने यहाँ इन तीन शब्दों का प्रयोग : गद्यान्तरण, पद्यान्तरण और लिख्यान्तरण इसलिए किया है, यह बताने के लिए उदाहरणस्वरूप कि प्रवासी लेखन कितना मासूम और मौलिक होता है। उसको उसकी भावनाओं से तौलना चाहिए और भाषा से नहीं, उसका कंटेंट कितना महत्त्वपूर्ण है जिससे आज हिन्दी साहित्य का वैश्वीकरण हो रहा है। आज का यह सत्र मेरे जीवन का सबसे श्रेष्ठ क्षण है, जहाँ मुझे राहुल देव जैसे मर्मज्ञ का स्नेह प्राप्त हो जाये, अनिल शर्मा जोशी जी का प्रोत्साहन, जितेन श्रीवास्तव जी का मार्गदर्शन, विवेक कश्यप जी का endorsement और इतना गम्भीर वक्तव्य, अरुण माहेश्वरी जी के सौजन्य में और जिन्हें मैं मानता हूँ, कवि सम्राट, साहित्य सम्राट और मंच सम्राट, हृदय सम्राट आदरणीय अशोक चक्रधर जी की अध्यक्षता प्राप्त हो जाये; तो वह शाम बहुत महत्त्वपूर्ण हो ही जाती है। मेरा सौभाग्य है कि आज यहाँ मेरी बहन वर्तिका, मेरे पारिवारिक मित्र संदीप कोहली, ममता, दिनेश शर्मा जी भी उपस्थित हैं। आप सबका और वाणी का पुनः बहुत बहुत आभार।

सन् 2024

अन्तरराष्ट्रीय हिन्दी साहित्य की महत्त्वपूर्ण कृति

'वैश्विक गाँव, प्रवासी पाँव-एक माया' कहानी-संग्रह प्रवासी जीवन के विविध अनुभवों का एक समृद्ध दस्तावेज़ है। यह संग्रह भारतीय प्रवासियों के मानसिक, सामाजिक और सांस्कृतिक संघर्षों को गहनता से उजागर करता है। प्रत्येक कहानी अपने आप में एक अद्वितीय परिप्रेक्ष्य को प्रस्तुत करती है, जो न केवल भौगोलिक सीमाओं को पार करती हैं, बल्कि अपने साथ प्रवासी जीवन की जटिलताओं और भावनात्मक उथल-पुथल को भी लेकर आती हैं।

महत्त्वपूर्ण बात यह है कि इस संग्रह के सभी प्रवासी एवं विदेशी मूल्य के रचनाकार युवा पीढ़ी का प्रतिनिधित्व करते हैं। अत: इसकी कहानियों में आज के

आधुनिक परिप्रेक्ष्य का अक्स मिलता है।

इस संग्रह की विशेषता यह भी है इसके लेखक विश्व के अलग-अलग देशों और परिवेशों से ही नहीं आते हैं, अपितु अलग अलग पेशे से भी आते हैं। इसके कारण संग्रह की कहानियों में लेखकों के अनुभवों का अत्यन्त विविध स्वरूप मिलता है और वास्तव में इसे सच्चे मायने में अन्तरराष्ट्रीय हिन्दी साहित्य की महत्वपूर्ण कृति बनाता है।

मैं अक्सर इस बात को कहता आया हूँ और रेखांकित करता हूँ कि हिन्दी साहित्य के वैश्वीकरण में प्रवासी लेखकों का बहुत बड़ा योगदान है। आज विश्व में, हिन्दी साहित्य का सृजन उनके द्वारा हो रहा है जो उस देश परिवेश को अपनी दिनचर्या में अनुभव कर रहे हैं। प्रवासियों के लेखन में कल्पना कम और वास्तविकता के दर्शन ज़्यादा मिलते हैं। यही कारण है कि हिन्दी का प्रवासी लेखन सच्चे मायने में हिन्दी साहित्य का वैश्वीकरण कर रहा है।

प्रवासी जीवन को इस संग्रह में एक प्रतीकात्मक दर्पण के रूप में प्रस्तुत किया गया है, जहाँ विभिन्न पात्रों के माध्यम से प्रवासियों की जड़ों से जुड़े रहने की लालसा, नयी ज़मीन पर अपनी जगह बनाने की चुनौती और सामाजिक पहचान के संघर्षों को चित्रित किया गया है। इन कहानियों में कई बार अपने देश और संस्कृति से जुड़े सम्बन्धों की मिठास होती है, वहीं दूसरी ओर, अपनाये गये नये देश में मिलने वाली कठिनाइयों का भी सजीव चित्रण किया गया है।

संग्रह की हर कहानी एक नए देश और अनुभव को प्रस्तुत करती है। लेखकों ने प्रवासी जीवन के हर पहलू को अत्यधिक संवेदनशीलता से उकेरा है : चाहे वह मानसिक, सामाजिक या सांस्कृतिक संघर्ष हो। विशेष रूप से, प्रवासी जीवन की मानसिक उलझनों और पहचान की खोज को विभिन्न कथाओं के माध्यम से प्रकट किया गया है।

उदाहरण के तौर पर, 'प्रतिबिम्ब' (अन्तरीपा ठाकुर मुखर्जी) प्रवासी जीवन के आत्म-संवाद और आन्तरिक संघर्षों को दर्शाती है, जबकि 'मेरी पहली नौकरी' (आशीष मिश्र) प्रवासी के नौकरी के संघर्षों और नये वातावरण में ताल-मेल बिठाने की कठिनाइयों पर केन्द्रित है। आस्था देव की 'अच्छा मदद' प्रवासी जीवन में मिलने वाली सहायता की महत्ता को रेखांकित करती है।

इसके साथ ही, 'एमी' और 'अमेरिका में आई.ए.एस.' (आस्था नवल) सांस्कृतिक समायोजन और पेशेवर संघर्षों को प्रस्तुत करती हैं। वहीं, ऋचा की 'अ

लडी एंड अ जेंटलमैन' ब्रिटेन में लिंगभेद और प्रवासी संघर्षों को कॉर्पोरेट जीवन के सन्दर्भ में उकेरती है।

'परवरिश' (डॉ. ऋतु शर्मा पाण्डे) में प्रवासी माता-पिता के लिए भारतीय मूल्यों को बनाये रखने के संघर्ष को दिखाया गया है, जबकि 'जीवन के रंग' (कुसुम नेपसाक) और 'जट्टा और चिरैया' (प्रियंका ओम) प्रवासी जीवन के विभिन्न रंगों और सांस्कृतिक द्वन्द्वों पर प्रकाश डालती हैं।

'काग़ज़ के फूल' (डॉ. यूरी बोत्वींकिन) और 'स्टर्लिंग हाईवे वाली' (रीता कौशल) जीवन, रिश्तों और आत्म-खोज की जटिलताओं को प्रस्तुत करती हैं, और 'यात्रा' (रूही सिंह) प्रवासी जीवन के शारीरिक और मानसिक बदलावों का प्रतीकात्मक चित्रण करती है।

यह संग्रह प्रवासी जीवन के संघर्ष, उपलब्धियों और भावनाओं का एक समग्र दृष्टिकोण प्रदान करता है। प्रत्येक कहानी के माध्यम से पाठकों को प्रवासी जीवन की उन अनदेखी जटिलताओं से रू-ब-रू होने का अवसर मिलता है, जो सांस्कृतिक, सामाजिक और व्यक्तिगत स्तर पर गहराई से प्रभावित करती हैं।

यह साहित्यिक कृति न केवल प्रवासी भारतीयों के जीवन की विविधताओं का आईना है, बल्कि उन मानसिक, सामाजिक और सांस्कृतिक संघर्षों का भी दस्तावेज़ है, जिनका सामना हर प्रवासी करता है। यह संग्रह निश्चित रूप से प्रवासी जीवन के बहुआयामी दृष्टिकोणों को समझने के लिए एक महत्वपूर्ण योगदान है। इसके लिए इस संग्रह के सभी लेखक, सम्पादक एवं वाणी प्रकाशन बधाई एवं साधुवाद के पात्र हैं।

भारतीय विद्या भवन, सितम्बर, 2024

वैश्विक पटल पर हिन्दी के प्रचार-प्रसार में प्रवासी भारतीय साहित्यकारों का योगदान

1990 और 2000 के दशक में, वैश्विक पटल पर प्रवासी भारतीय साहित्यकारों के हिन्दी प्रचार एवं प्रसार का केन्द्र हुआ करता था भारतीय विद्या भवन। बहुत समय बाद आज इस केन्द्र में हिन्दी का मौसम देखकर बहुत अच्छा लग रहा है। आभार भारतीय उच्चायोग का और भवन का! मैं इस विषय के वैचारिक पक्ष को रेखांकित करने का प्रयास करता हूँ।

यह विषय बहुत वृहद् है, और हिन्दी के साहित्यिक गलियारे में विवादास्पद भी है।

वृहद् इसलिए कि इसमें भूगोल भी है, इतिहास भी है और विविधता भी है।

भौगोलिक इसलिए कि एक बहुत बड़ा भूभाग हिन्दी लिख रहा है, आज हिन्दी के राज्य में सूर्यास्त नहीं होता। अत: किस भाग को पकड़ा जाये और किसे छोड़ा जाये।

इतिहास और काल इसलिए कि तक़रीबन तीन सौ वर्ष का इतिहास लिए हुए जब 1800 में भारतीय बँधुआ मज़दूरों का प्रवास आरम्भ हुआ या फिर और पहले जायें और विदेशी मूल के साहित्यकारों की बात करें तो छह सौ साल पहले जाना पड़ सकता है। परन्तु आज के विषय को देखते हुए 300 वर्षों के इतिहास से काम चल जायेगा।

और विविधता की बात करें तो इसमें सिर्फ़ रचनात्मक लेखों को लिया जाये और क्या कहा जाये कि पत्रकार साहित्यकार नहीं होते, यदि हाँ तो पत्रकारों को भी जोड़ा जाये। पत्रकारिता और हिन्दी के पत्रों के विश्व भर में प्रकाशन का भी इतिहास और भूतकाल अत्यन्त वृहद् है। इस पर अभी भोपाल के जवाहर कर्णावत की शोध पुस्तक प्रकाश में आयी है।

और विवाद इसलिए कि...

प्रवासी-अप्रवासी शब्दों को लेकर अधिकांशत: हर सम्मेलन में बहस हो ही जाती है। कौन प्रवासी है और कौन अप्रवासी? विदेशी साहित्यकारों की हिन्दी कृतियों को भी हम प्रवासी साहित्य की छतरी में रखते हैं।

प्रवासी व्यक्ति है साहित्य नहीं। ऐसा भी इसी गलियारे के कुछ बुद्धिजीवियों का मानना है। अत: उनके अनुसार प्रवासी साहित्य जैसी कोई चीज़ है ही नहीं। जो भी हिन्दी में लिखा गया वह साहित्य है।

प्रवासी साहित्यकारों का हिन्दी के प्रचार में कोई योगदान नहीं। उनका काम लेखन है प्रचार नहीं!

हमें यह मान लेना चाहिए कि प्रवासी एक ब्रांड बन चुका है। जो भी व्यक्ति भारत से बाहर है और हिन्दी में लिख रहा है, उसके साहित्य को प्रवासी साहित्य माना जाता है। इस शब्द के भावनात्मक अर्थ को रेखांकित करते हुए, दिल्ली के प्रवासी भारतीय सम्मेलन में क़रीब बीस वर्ष पूर्व, ऐसे ही एक विषय पर मैंने कहा था कि, प्रवासी प्रथम वासी है या फिर प्रिय वासी है।

मैं अपनी प्रवासी पुत्र कविता की अन्तिम पंक्तियों को रखते हुए अपनी बात को आगे बढ़ाना चाहता हूँ–

प्रवासी पुत्र...
वह तीज-त्योहारों में नहीं रहता
रहता है लेकिन हर दुआ, हर फ़िक्र में,
घर के हर ज़िक्र में!
प्रवासी पुत्र पिता के हाथ पकड़ कर चलना शायद इसलिए नहीं सीखता
कि एक दिन उसके काँधे पर हाथ रख कर चल सकेंगे उसके पिता,
वह तो पंख बन जाता है पिता के सपनो का
तारा तारा धागा बुनता है
धागा धागा तारा सीता है;
वह पिता के साथ नहीं रहता
पिता पुत्र के अन्दर जीता है पिता पुत्र के अन्दर जीता है!
हम भारत में नहीं रहते भारत हमारे अन्दर रहता है।

कहने का तात्पर्य यह है, कि जो भी भारत के बाहर रहता है परन्तु भारत उसके हृदय में, मन में बसता है, वही प्रवासी है।

जो भारत से बाहर है वह प्रवासी और उसका लेखन प्रवासी साहित्य।

अब इस गलियारे की दूसरी बात कि साहित्य साहित्य है और प्रवासी साहित्य क्या होता है? हमारी एक पूरी पीढ़ी ख़र्च हुई है अपनी पहचान बनाने में, आज से पच्चीस-तीस वर्ष पूर्व, प्रवासी लेखकों के पास प्रकाशक नहीं थे, उनके लेखन को भारत की पत्रिकाओं में स्थान नहीं मिलता था, वे हाशिये पर थे। परन्तु आज, प्रवासी साहित्य पर भारत सरकार के कई मन्त्रालयों और प्रदेशों में पुरस्कार हैं, भारतीय विश्वविद्यालयों में प्रवासी साहित्य सिलेबस में है, पत्र-पत्रिकाओं में प्रवासी साहित्य के अलग से स्तम्भ हैं, प्रवासी लेखकों के पास प्रकाशक हैं। हमने बड़े परिश्रम से अपनी एक पहचान बनायी है, और मैं सीना ठोंक कर कहता हूँ, हिन्दी साहित्य का कोई ठेकेदार माने या ना माने, मैं गर्व से कहता हूँ कि मैं प्रवासी साहित्यकार हूँ।

अब तीसरी बात आज के विषय को लेकर जो उठी कि प्रवासी साहित्यकारों का हिन्दी के प्रचार-प्रसार में कोई योगदान कैसे हो सकता है, वह तो लेखक हैं प्रचारक नहीं।

नहीं होगा। अत: हम प्रवासियों को अपने आलोचक और समीक्षक स्वयं पैदा करने होंगे। ठीक उसी प्रकार से जैसे हमने अपने बच्चों के लिए हिन्दी के शिक्षक यहीं पैदा किये हैं जो उन्हें यहाँ के तौर तरीक़ों से आज पढ़ा रहे हैं!

सन् 2025

आशीष मिश्र की कविताओं की आत्मा, उसका प्रवाह है!

आशीष मिश्र के रचनात्मक प्रवाह को देखकर मुझे लगता है कि यह शख़्स ख़्वाब भी कविताओं में ही देखता होगा। कोई भी पर्व हो या फिर घटना, यदि आशीष को छू जाये तो एक गीत निश्चित है। निरन्तर लिखने का यह प्रवाह आज आशीष के जीवन्त कवि होने का श्रेष्ठ प्रमाण है। यही प्रवाह आपकी रचनाओं में भी पूरी लय के साथ मिलता है। आशीष के साहित्यिक जीवन के प्रवाह को मैं इनकी कविताओं में भी बख़ूबी पाता हूँ। आशीष की कविताओं की आत्मा, उसका प्रवाह है। यह प्रवाह ही उनकी लेखनी को संगीतमय, अर्थपूर्ण और प्रभावशाली बनाता है। प्रवाह का तात्पर्य कविता में शब्दों, भावों, ध्वनियों और लय का अद्‌भुत संयोजन है जो पाठक या श्रोता को सहज रूप से जोड़ लेता है। आशीष की कविताओं में भावनाओं की सहज अभिव्यक्ति में उसकी संगीतात्मकता उसके सौन्दर्य को अत्यन्त आकर्षक बना देता है।

आशीष की कविताएँ, केवल शब्दों का संकलन नहीं, बल्कि आत्मा की गहराइयों से उपजा वह संगीत है, जो संवेदनाओं की पराकाष्ठा तक पाठक को ले जाता है। आशीष का काव्य संग्रह 'क्या हारा क्या जीत गया' इसी संवेदनात्मक यात्रा का दस्तावेज़ है। यह संग्रह न केवल उनके व्यक्तिगत अनुभूतियों का प्रतिबिम्ब है, बल्कि एक प्रवासी मन की संवेदनशीलता, संघर्ष, स्मृतियों और आशाओं को भी सँजोता है।

आशीष मिश्र की कविताएँ जीवन की नितान्त सच्चाइयों, समय की परिवर्तनशीलता, अपनत्व की खोज और आत्मसंवाद की अनुगूँज हैं। संग्रह की शीर्षक कविता 'क्या हारा क्या जीत गया' जीवन की अस्थिरता, समय की धार और अनुभव की गहराई को सरल शब्दों में बड़ी गहराई से प्रस्तुत करती है। कवि यहाँ विजयी या पराजित होने की संकीर्ण परिभाषाओं से परे, अनुभव को ही अन्तिम सत्य के रूप में स्वीकार करता है।

'धीरे-धीरे जब आँगन में यहाँ फैलता सूनापन' जैसी पंक्तियाँ, कवि की भावनाओं की कोमलता और गहराई को दर्शाती हैं। प्रवासी जीवन का यह सूना आँगन केवल भौगोलिक दूरी का प्रतीक नहीं, बल्कि स्मृतियों और यथार्थ के बीच खिंची उस अदृश्य रेखा का सजीव चित्रण है, जिसे हर प्रवासी अपने हृदय में अनुभव करता है।

'शब्द की परिकल्पना' कविता में आशीष भाषा और अभिव्यक्ति के प्रति अपनी आस्था को प्रकट करते हैं। अक्षरों को पूजने की बात कहकर वे न केवल साहित्य की पवित्रता को स्वीकारते हैं, बल्कि उसे आत्मा के विस्तार का माध्यम भी मानते हैं। 'यूँ तो उनसे फ़ोन मिलाकर बातें तो कई बार करी' इस कविता में पत्र लिखने की परम्परा को सँजोकर, कवि ने आधुनिक युग में संवेदनाओं के लुप्त होते संवाद की ओर इंगित किया है। यह कविता प्रेम, स्मृतियों और अनकही बातों का सुन्दर मिश्रण है, जो पाठकों के हृदय में एक गहरी अनुभूति उत्पन्न करता है।

'पानी की बूँद' कविता जीवन के प्रवाह और अनिश्चितता का प्रतीकात्मक चित्रण है। बूँद की यात्रा को मानवीय अस्तित्व की यात्रा से जोड़कर, कवि जीवन के संघर्ष और उसकी सम्भावनाओं को दर्शाते हैं।

'काश! मुझे कविता आती' कविता कवि के अन्तर्मन की सबसे मार्मिक अभिव्यक्ति है। यह कविता केवल शब्दों की रचना नहीं, बल्कि कविता की आत्मा को खोजने और महसूस करने की ललक है।

संग्रह की सबसे प्रभावशाली रचना 'प्रवासी गीत' प्रवासी जीवन की पीड़ा, संघर्ष और उसमें निहित गौरव को एक सुन्दर काव्यात्मक रूप देती है। विदेश में बसने वाला प्रत्येक व्यक्ति इस कविता में अपनी कहानी को महसूस कर सकता है। 'जो लाता है गंगा जल की शीशी अपने झोले में'–यह पंक्ति भारतीयता और मातृभूमि के प्रति प्रवासी मन की गहरी श्रद्धा को प्रकट करती है।

इस संग्रह की सबसे बड़ी विशेषता इसकी सहजता और भावप्रवणता है। आशीष मिश्र की भाषा सरल है, परन्तु उनकी संवेदनाएँ गहरी हैं। उनकी कविताओं में जीवन के हर रंग हैं–प्रवास का अकेलापन, बीते पलों की स्मृतियाँ, जीवन की अनिश्चितता, प्रेम की कोमलता और आत्मा की जिजीविषा।

'क्या हारा क्या जीत गया' केवल एक काव्य-संग्रह नहीं, बल्कि जीवन का एक दार्शनिक दृष्टिकोण है, जो पाठक को आत्मविश्लेषण और अनुभव की यात्रा पर ले जाता है। यह संग्रह साहित्य प्रेमियों के लिए एक अमूल्य धरोहर है और

प्रवासी साहित्य की समृद्ध परम्परा में एक महत्त्वपूर्ण योगदान है। मुझे ख़ुशी है कि इस संग्रह की पाण्डुलिपि को भारतीय उच्चायोग, लन्दन की चयन समिति ने वर्ष की श्रेष्ठ पाण्डुलिपि घोषित करते हुए उसे विश्व हिन्दी दिवस के सुअवसर पर डॉ. लक्ष्मीमल्ल सिंघवी पुरस्कार से अलंकृत किया है। भारतीय उच्चायोग को बधाई एवं आभार एवं आशीष को अनेक शुभकामनाएँ!

□□